基礎から学ぶ
労　働　法
第2版

川口美貴

信　山　社

はしがき

労働法は、アルバイトも含め、企業や事業者の下で働いている人・働こうとしている人、労働組合の組合員、管理職、事業経営者等にとって、必要不可欠な知識・学問である。

本書は、法学の基礎知識を有していない人も含め、これから労働法を学びたいと考えている人を対象として、労働法の複雑な条文を整理・明確化し、労働法を、基礎から、体系的に、かつ、正確に理解するために、必要な知識と理論を提供することを目的としている。

本書の基礎となっている文献は、川口美貴『労働法（第４版）』（信山社）である。さらに深く労働法を学びたい人、法学部・法科大学院生、労務管理担当者、労働組合の役員、労働委員会の委員・労働審判員、法曹実務家の方々には、本書と共に、是非、同書も読んでいただきたい。また、司法試験の受験を考えている方は、是非、『労働法演習（第４版）』（信山社）も読んでいただきたい。

本書の出版にあたっては、『労働法（第４版）』、『労働法演習（第４版）』に引き続き、信山社の稲葉文子さん、袖山貴さんにご尽力・ご配慮いただいた。厚く御礼を申し上げたい。

また、本書の執筆・編集・校正については、『労働法（第４版）』、『労働法演習（第４版）』に引き続き、古川景一弁護士に全面的にご協力いただき、レイアウト・台割り、図表の作成、基礎から学ぶキーワードや目次・判例索引についてもお手伝いいただいた。心から感謝したい。

最後に、私の父・川口洋一と母・川口昱子、そして、私の人生の良きパートナーである夫・古川景一に、心から感謝の意を表したい。

２０２０年９月

川　口　美　貴
（古川）

目　次

凡　例　・　参考文献

1　法令名

＊　法令名は現行の法令名、改題前の旧法令名は記載略、＜＞内の太字は当該法令の略語

(1)　**「個別的労働関係法」の領域の法令**

①　労働基準法(昭 22 法 49)＜**労基法**＞
　・労働基準法施行規則(昭 22 厚令 23)＜**労基則**＞
　・女性労働基準規則(昭 61 労令 3)＜**女性則**＞
　・年少者労働基準規則(昭 29 労令 13)＜**年少則**＞
　・事業附属寄宿舎規程(昭 22 労令 7)
　・建設業附属寄宿舎規程(昭 42 労令 27)

②　労働契約法(平 19 法 128)＜**労契法**＞
大学の教員等の任期に関する法律(平 9 法 82)
研究開発システムの改革の推進等による研究開発能力の強化及び研究開発等の効率的推進等に関する法律(平 20 法 63)
専門的知識等を有する有期雇用労働者等に関する特別措置法(平 26 法 137)

③　雇用の分野における男女の均等な機会及び待遇の確保等に関する法律(昭 47 法 113)＜**均等法**＞
　・雇用の分野における男女の均等な機会及び待遇の確保等に関する法律施行規則(昭 61 労令 2)＜**均等則**＞

④　障害者の雇用の促進等に関する法律(昭 35 法 123)＜**障雇法**＞

⑤　高年齢者等の雇用の安定等に関する法律(昭 46 法 68)＜**高年法**＞

⑥　最低賃金法(昭 34 法 137)＜**最賃法**＞
　・最低賃金法施行規則(昭 34 労令 16)＜**最賃則**＞

⑦　賃金の支払の確保等に関する法律(昭 51 法 34)＜**賃確法**＞
　・賃金の支払の確保等に関する法律施行令(昭 51 政令 169)＜**賃確令**＞
　・賃金の支払の確保等に関する法律施行規則(昭 51 労令 26)＜**賃確則**＞

⑧　家内労働法(昭 45 法 60)＜**家労法**＞
　・家内労働法施行規則(昭 45 労令 23)＜**家労則**＞

⑨　労働安全衛生法(昭 47 法 57)＜**安衛法**＞
　・労働安全衛生法施行令(昭 47 政令 318)＜**安衛令**＞
　・労働安全衛生規則(昭 47 労令 32)＜**安衛則**＞

⑩　じん肺法(昭 35 法 30)

⑪　育児休業、介護休業等育児又は家族介護を行う労働者の福祉に関する法律(平 3 法 76)＜**育介法**＞
　・育児休業、介護休業等育児又は家族介護を行う労働者の福祉に関する法律施行規則(平 3 労令 25)＜**育介則**＞

⑫　労働者災害補償保険法(昭 22 法 50)＜**労災保険法**＞
　・労働者災害補償保険法施行令(昭 52 政令 33)＜**労災保険令**＞
　・労働者災害補償保険法施行規則(昭 30 労令 22)＜**労災保険則**＞
労働保険の保険料の徴収等に関する法律(昭 44 法 84)＜**徴収法**＞
　・労働保険の保険料の徴収等に関する法律施行規則(昭 47 労令 8)＜**徴収則**＞
　・失業保険法及び労働者災害補償保険法の一部を改正する法律及び労働保険の保険料の徴収等に関する法律の施行に伴う関係政令の整備等に関する政令(昭 47 政令 47)＜**関係政令整備令**＞

⑬　会社分割に伴う労働契約の承継等に関する法律(平 12 法 103)＜**承継法**＞
　・会社分割に伴う労働契約の承継等に関する法律施行規則(平 12 労令 48)＜**承継則**＞

⑭　短時間労働者及び有期雇用労働者の雇用管理の改善等に関する法律(平 5 法 76)＜**パート・有期法**＞

・短時間労働者及び有期雇用労働者の雇用管理の改善等に関する法律施行規則
(平5労令34)＜**パート・有期則**＞

⑮ 労働者派遣事業の適正な運営の確保及び派遣労働者の保護等に関する法律
(昭60法88)＜**派遣法**＞

・労働者派遣事業の適正な運営の確保及び派遣労働者の保護等に関する法律施行令
(昭61政令95)＜**派遣令**＞

・労働者派遣事業の適正な運営の確保及び派遣労働者の保護等に関する法律施行規則
(昭61労令20)＜**派遣則**＞

⑯ 個別労働関係紛争の解決の促進に関する法律(平13法112)＜**個別紛争法**＞

・個別労働関係紛争の解決の促進に関する法律施行規則(平13厚労令191)
＜**個別紛争則**＞

⑰ 労働審判法(平16法45)＜**労審法**＞

・労働審判規則(平16最裁規2)＜**労審則**＞

⑱ 船員法(昭22法100)
船員保険法(昭14法73)

(2) 「集団的労使関係法」の領域の法令

① 労働組合法(昭24法174)＜**労組法**＞

・労働委員会規則(昭24中労委規1)＜**労委則**＞

② 労働関係調整法(昭21法25)＜**労調法**＞

③ 電気事業及び石炭鉱業における争議行為の方法の規制に関する法律(昭28法171)
＜**スト規制法**＞

(3) 「雇用保障法」の領域の法令((1)で記載したもの以外)

① 労働施策の総合的な推進並びに労働者の雇用の安定及び職業生活の充実等に関する法律
(昭41法132)＜**労働施策法**＞

② 職業安定法(昭22法141)＜**職安法**＞

・職業安定法施行規則(昭22労令12)＜**職安則**＞

③ 雇用保険法(昭49法116)＜**雇保法**＞

④ 職業能力開発促進法(昭44法64)＜**能開法**＞

⑤ 青少年の雇用の促進等に関する法律(昭45法98)＜**青少年法**＞

⑥ 職業訓練の実施等による特定求職者の就職の支援に関する法律(平23法47)
＜**求職者支援法**＞

⑦ 船員職業安定法(昭23法130)＜**船員職安法**＞

(4) 公務員・公企業等関係

① 国家公務員法(昭22法120)＜**国公法**＞
国家公務員災害補償法(昭26法191)＜**国公災法**＞

② 独立行政法人通則法(平11法103)
行政執行法人の労働関係に関する法律(昭23法257)＜**行労法**＞

③ 地方公務員法(昭25法261)＜**地公法**＞
地方公務員災害補償法(昭42法121)＜**地公災法**＞
地方公営企業法(昭27法292)
地方公営企業等の労働関係に関する法律(昭27法289)〈**地公労法**〉
地方独立行政法人法(平15法118)

(5) 社会保障関係、その他

① 健康保険法(大11法70)〈**健保法**〉

② 厚生年金保険法(昭29法115)〈**厚年法**〉

③ 勤労者財産形成促進法(昭46法92)〈**財形法**〉

④ 次世代育成支援対策推進法(平15法120)

⑤ 過労死等防止対策推進法(平26法100)

⑥ 女性の職業生活における活躍の推進に関する法律(平27法64)

2　判決・決定・命令等

(1) **裁判所名・労働委員会名**

最大	最高裁判所大法廷
最二小	最高裁判所第二小法廷
仙台高	仙台高等裁判所
東京地	東京地方裁判所
大阪地堺支	大阪地方裁判所堺支部
中労委	中央労働委員会
神奈川労委	神奈川県地方労働委員会(2004<平成 16>年 12 月 31 日まで) 神奈川県労働委員会(2005<平成 17>年 1 月 1 日以降)

(2) **出典**

民集	最高裁判所民事判例集
刑集	最高裁判所刑事判例集
集民	最高裁判所裁判集民事
労民	労働関係民事裁判集
労判	労働判例
判時	判例時報
判タ	判例タイムズ
労旬	労働法律旬報
労経速	労働経済判例速報

3　省令・告示・通達

(1) **省令(国家行政組織法 12 条 1 項)**

厚令／厚生省令　　労令／労働省令　　厚労令／厚生労働省令

(2) **告示(国家行政組織法 14 条 1 項)**

労告／労働大臣告示　　厚労告／厚生労働大臣告示

(3) **通達**

発基	事務次官発各都道府県労働局長宛通達(労働基準局関係)
基発	労働基準局長発各都道府県労働局長宛通達(法令解釈基準等)
基収	労働基準局長発各都道府県労働局長宛通達(疑義への回答等)

4　主な参考文献

川口美貴『労働法(第 4 版)』(信山社、2020 年)
川口美貴『労働法演習(第 4 版)』(信山社、2020 年)
川口美貴『労働者概念の再構成』(関西大学出版部、2012 年)
古川景一＝川口美貴『労働協約と地域的拡張適用－ UI ゼンセン同盟の実践と理論的考察』(信山社、2011 年)
菅野和夫『労働法(第 12 版)』(弘文堂、2019 年)
荒木尚志『労働法(第 4 版)』(有斐閣、2020 年)
土田道夫『労働法概説(第 4 版)』(弘文堂、2019 年)
土田道夫『労働契約法(第 2 版)』(有斐閣、2016 年)
西谷敏『労働法(第 3 版)』(日本評論社、2020 年)
西谷敏『労働組合法(第 3 版)』(有斐閣、2012 年)
水町勇一郎『詳解労働法』(東大出版会、2019 年)
野川忍『労働法』(日本評論社、2018 年)

基礎から学ぶキーワード

労働法に特有の用語・概念の定義や内容は本書の本文中で説明する。

しかし、法学全般で使用される基礎的用語・概念については、その都度説明するのは煩瑣であり、また、法学の基礎知識を有している人には説明は不要である場合も多い。

そこで、本文に入る前に、法学の基礎知識をまだ十分に習得していないが労働法について学びたいという人を対象にして、法学上の主な基礎的用語・概念について、簡潔に判りやすく説明する（ただし、厳密な定義・内容ではない）。

Ⅰ　権利と義務

1　義務

(1) 道義的義務・道徳的ルールとの区別

法学の世界では、「義務」とは、これを守らないときに、裁判所からその履行や損害賠償を命じられたり、刑罰を科されたりして、守ることを強制される性質のものをいう。社会には様々な「守るべきルール」があるが、その中で、その人の「善意」「気配り」「優しさ」に委ねられ、裁判所から強制されないものは「道義的義務」や「道徳的ルール」等と呼ばれ、法的な「義務」と区別される。

(2) 義務の発生・変更・消滅の根拠

義務を発生・変更・消滅させるものは、二つしかない。一つは、法律（→Ⅲ）であり、もう一つは契約（→Ⅱ）である。法律は、国家が、本人の意思とは直接関係なく義務を発生・変更・消滅させ、「法律は守られなければならない」との理由で、その遵守を強制する。これに対し、契約に基づく義務の発生・変更・消滅は、本人が同意し約束をしたことにより生じ、「約束は守られなければならない」という理由で、その遵守が強制される。

2　権利

法学の世界では、「権利」とは、誰かを相手に義務の履行を求めることが可能であることをいい、相手が義務を履行しない場合には、裁判所にその実現等を求めることができる。例えば、労働者は、一定の要件のもとで使用者に対して賃金支払を求める権利を有し、使用者が支払をしないときには、裁判所を通じて権利の実現を図ることができる。

Ⅱ　契約

1　契約

(1) 権利義務関係の変動を生じさせるもの

権利義務関係の変動（発生・変更・消滅）を生じさせるものは、法律か又は契約のいずれかである（→前記Ⅰ１(2)）。

契約とは、ある人とある人との間の「合意」や「約束」であって、権利義務関係を発生・変更・消滅させるものである。

契約の中には、既存の契約を終了させる契約も存在する。例えば、労働者が退職願を出し、使用者がこれを受理して退職する場合には、労働契約を終了させる合意が存在しており、この合意も「契約」の一種である。

(2) 契約の成立

契約とは、ある人とある人との間の「合意」や「約束」であり、契約を成立させるのは、契約の当事者の意思である。一方当事者の「契約を成立させましょう」という意思(申込み)と、他方当事者の「そうしましょう」という意思(承諾)が合致することにより、契約が成立する。

2　契約当事者

(1) 「自然人」と「法人」

法律の世界では、動物のうちホモサピエンス(ヒト)は、「自然人」である。「自然人」と呼ぶ理由は、「法人」と区別するためである。契約を結ぶ当事者について「ある人」と表現した（→前記１(1)）が、法律の世界で「人」とは「自然人」だけでなく、「法人」をも含む概念である。

(2) 「法人」の定義・意味

「法人」とは、「自然人」以外のもので、法律上の権利義務の主体となりうるものである。例えば、会社や私立学校等がある。法律は、契約等を媒介として社会を規律するための技術として、「自然人」以外に「法人」という存在を権利義務の主体として認めた。

3　意思表示

(1) 法律効果を生じさせる表明

自然人又は法人が、権利義務関係の成立、変更、消滅という法律効果を生じさせるために必要なことを対外的に表明することを、「意思表示」という。法人の場合は、法人それ自体が言葉を発したり文字を書いたりすることは不可能であるから、法人の機関である代表者が必要なことを対外的に表明して「意思表示」を行う。

例えば、法人が採用試験を行い、応募者に採用通知を発することが労働者に対する「労働契約締結申込みの意思表示」であり、当該労働者が「入社します」と返事をすることが「労働契約締結の申込みに対する承諾の意思表示」であれば、これにより契約が成立する。

また、意思表示には一方当事者が他方当事者に対して一方的に通告するだけのものもある。例えば、使用者が労働者に対して行う「解雇の意思表示」は、労働者の同意等を必要としない一方的な意思表示であり、一定の要件を充足すれば、労働契約の終了という法律効果を生じさせる。

(2) 対外的な表明の方法

権利義務関係の成立、変更、消滅という法律効果を生じさせるために必要なことを対外的に表明する方法は、普通は音声または文字によって行われるが、場合によっては、黙示の意思表示(あうんの呼吸で、黙っていても表明したいことが相互に理解できる)もある。

(3) 事実認定

意思表示があったのかなかったのか、あったとすればいかなる内容であったのかは、言い換えれば、当事者が対外的に何らかの表明をしたかしないか、また、その内容は何かという事実の存否と内容の問題である。事実の存否と内容を明確にすることを「事実認定」という。

例えば、労働者が契約書に署名押印している場合、原則として、書面記載の内容に同意する意思表示があったと認定されるが、内容を知らずに署名押印をしている場合には、内容に同意する意思表示の存在が認められないこともある。

4　契約自由の原則

(1) 契約自由の原則の内容と必要性

契約自由の原則は、近代法の原則の一つである。個人が国家から支配・介入を受けずに、その自由な意思に基づき、自由に契約を締結することによって、その社会的関係を自由に規律できることをいう。契約の自由の原則の具体的な内容としては、契約を締結するか否かを選択する自由、契約の相手方を選択する自由、契約の内容を決定する自由、及び、契約の方式を決定する自由がある。

(2) 契約自由の原則の弊害

契約自由の原則は、契約当事者が対等な交渉能力を有している場合には、社会にとって有用である。しかし、契約当事者の交渉能力が対等でない場合には、「契約自由の原則」は有効に機能しない。例えば、企業が新規採用者の募集を行い、応募者が多数いるような場合には、応募者の側から企業に対して賃金や労働時間等の契約内容の提案をすることは事実上不可能であり、採用する側が一方的にこれらの契約内容を決定することになり、様々な問題を引き起こす。労働法の分野の法律の中には、この契約の自由を労働者(応募者)を保護するために修正するものが数多くある。

Ⅲ　法律

1　強行法規と任意法規

(1) 強行法規(強行規定)

権利義務関係の変動（発生・変更・消滅）を生じさせるのは、法律か契約かのいずれかである（→前記Ⅰ１(2)）。

法律の条文うち、当事者意思とは無関係に、すなわち、当事者の納得や同意の有無とは関係なく、当事者意思に反する場合でも、権利義務関係を発生・変更・消滅させるものを強行法規(強行規定)という。例えば、民法 90 条は「公の秩序又は善良の風俗に反する事項を目的とする法律行為は無効とする。」と定めており、この規定は強行法規である。したがって、人身売買契約は、売買される本人が同意していても、民法 90 条により無効となる。

契約自由の原則は、重要であるが、対等な交渉能力を持たない契約当事者間では様々な弊害を生じさせる。この弊害を除去する方法の一つとして、強行法規が存在する。

(2) 任意法規(任意規定)

法律の条文のうち、当事者の意思を優先し、法律に定めがあっても、これとは別の内容の契約を締結できるものが任意法規(任意規定)である。任意法規は、当事者が契約で定めていない事項を補充的に規律することが多い。

(3) 強行法規と任意法規の区別

法律の各条文が強行法規か任意法規かは、その条文自体で判る場合がある。例えば、「…………は無効とする。」という条文は強行法規である。

しかし、条文それ自体で強行法規か任意法規かが見分けられるものは、さほど多くない。多くの条文では、その目的・趣旨・内容に鑑み、強行法規か任意法規かが解釈される。このため、同じ条文に関して、強行法規か任意法規か解釈が分かれることもある。

2 (法律)要件と(法律)効果

(1) (法律)要件

「(法律)要件」とは、権利義務の変動(発生、変更、又は、消滅)を生じさせるために必要な事項をいう。

(2) (法律)効果

「(法律)効果」とは、いかなる権利義務に関して、いかなる変動(発生、変更、又は消滅)が生じるのかという変動の内容ないし変動結果をいう。

「(法律)要件」と「(法律)効果」は法律の条文解釈によって導かれる。

3 証明責任

(1) 証明責任とは何か

裁判官は、法律が定める「要件」を充足する事実の存否について、事実認定を行い、「要件」を充足する事実の存在が肯定されれば、法律が定める「効果」の発生を肯定する。しかし、現実の事実認定の際には、「要件」に該当する事実の存否について白黒つかず、明確な心証が形成できない場合が往々にしてある。この場合、訴訟当事者のどちらが敗訴の危険を負うのかを不明にしたまま、裁判官の恣意的判断ができるようにすると、裁判制度は不安定となり、信頼性が失われる。そこで、「要件」に該当する事実の存否について裁判官が明確な心証を得られない場合、訴訟当事者のどちらが不利益な扱いを受けるのかのルールを定める必要があり、これを「証明責任の分配」と呼ぶ。

例えば、近代的刑事裁判制度の下では、刑法等が定める構成要件に該当する事実の存在についての証明責任は検察官が負い、その存否につき裁判官が明確な心証を得られない場合には、犯罪の成立は認められず、被告人は無罪となる。このことを表す言葉が「疑わしきは被告人の利益」や「推定無罪」である。

民事事件の場合には、裁判官が「要件」に該当する事実の存否について明確な心証形成ができないことによる不利益を受けるのは、「要件」に該当する事実の存在を証明することによって法的な利益を得られる側である。証明責任をどちらが負うかは、当該法律の条文の解釈により導かれる。

(2) 立証責任との相違

「証明責任」と混同されやすい言葉として「立証責任」がある。「立証責任」とは、法廷で当事者が証拠を提出する責任であり、「当事者がなす責任」である。これに対し、「証明責任」は、裁判官が「要件」に該当する事実の存否について明確な心証形成ができない場合に「当事者が受ける責任」である。

Ⅳ　損害賠償

1　債務不履行責任と不法行為責任

損害賠償請求権の発生原因については、債務不履行責任と不法行為責任に大別される。ごく簡単に言えば、債務不履行責任とは、契約関係（又は一定の法律関係）のある当事者間において発生するものであり、債務（義務）を負っている者がそれを履行しなかったことによって負う責任である。

これに対し、不法行為責任とは、契約関係（又は一定の法律関係）のある場合とない場合の双方で発生するものであり、「故意又は過失によって他人の権利又は法律上保護される利益を侵害した者」は、これによって生じた損害を賠償する責任を負う。

2　無過失責任

損害賠償請求権を行使しようとする場合、原則として、加害者の責任原因を被害者が特定しなければならない。債務不履行責任を根拠に損害賠償請求をするには、加害者の履行すべき債務の具体的内容を被害者が特定しなければならない。また、不法行為責任を根拠に損害賠償請求をするには、加害者の故意・過失を被害者が具体的に明らかにする必要がある。しかし、被害者の情報収集能力が加害者と比較して劣る場合、加害者の責任原因を被害者が特定するのは困難であり、また、事業活動により利益を得ている者が事業活動の過程でそれに伴う危険を発生させている場合、加害者の責任原因を被害者が特定できないことを理由に、加害者に賠償責任を免れさせるのは、社会正義に反する。そこで、特別法により、被害者が加害者の責任原因を特定できなくても、加害者に賠償義務を負わせる無過失責任の制度が設けられた。労災補償制度、自動車損害賠償制度、原子力損害賠償制度等である。これらの制度は、加害者の賠償金支払能力を担保するための強制保険制度を伴うのが通例である。

3　財産的損害と精神的損害

賠償の対象となる損害については、財産的損害と精神的損害に二分される。例えば、他人に怪我をさせられた場合、財産的損害としてありうるものは、治療費、治療のための休業期間中に喪失した所得、後遺障害による将来の所得の減少分、破損した衣類の再取得費用等であり、精神的損害としては、傷害を受けた苦痛や、後遺障害がある場合の苦痛等がありうる。

4　相当因果関係のある損害

損害賠償責任を負う者が賠償すべき損害の範囲は、責任原因と因果関係のある損害である。しかし、因果関係の連鎖はときとして「風が吹けば、桶屋が儲かる」式に拡大することがあり、無限定に因果関係を肯定すると、賠償義務者に過重な賠償義務を負わせることになるという不都合が生じる。そこで、因果関係の連鎖をどこかで断ち切り、賠償義務を負う損害の範囲を、社会通念上合理的かつ予測可能な範囲に限定する必要がある。この範囲内の損害を「相当因果関係のある損害」と呼ぶ。

第１部　総論

序　労働法の目的と対象

1　労働法の目的
－労働力以外の商品を有していない人間の労働権保障

労働法は、労働力以外の商品を有していない人間を中核的対象とし、その生存権（憲 25 条）保障を、労働権保障（人権保障を内包した雇用・労働条件の保障）という観点から実現することを目的とする「法分野」である（「労働法」という名称の法律はない）。

独立した事業に必要な施設、工場、機械等（一般に生産手段といわれる）や多額の金融資産を持たず、労働力以外の商品を有していない人間は、第一に、自分の労働力を売って、自ら他人に有償で労務を供給することによってしか生活することができない（他人の下での労働の必要性）。

第二に、労働力は、その所有者である人間の人格から切り離すことができないので、労働力の売り手である、自ら他人に有償で労務を供給する人間については、その身体、生命、健康、自由、人格権、幸福追求権、平等権その他憲法で保障されている権利保障を内包した、雇用・労働条件の保障が必要となる（人権保障を内包した雇用・労働条件保障の必要性）。

第三に、労働力は、商品としてストックすることができず一般に供給過剰であるので、労働力の売り手である、自ら他人に有償で労務を供給する人間は、労働力の買い手である、労務の供給を受ける者と、労務供給契約の内容について、実質的に対等に交渉することができない立場にある（交渉における非対等性）。そのため、労務の供給を受ける者と契約自由の原則に基づき個別に交渉したのでは、人権保障を内包した人間らしい雇用・労働条件が保障されない。

したがって、労働法は、労働力以外の商品を有していない人間を中核的対象として、人権保障を内包した雇用・労働条件保障を行うことを目的とする。

2　労働権保障の対象
－自ら他人に有償で労務を供給する自然人

(1) 原則

労働法の目的（→前記 1）に鑑みれば、労働法が労働権保障の対象とする者は、第一次的には、「自ら他人に有償で労務を供給することによって生活する自然人（失業者〈自ら他人に有償で労務を供給する契約を締結したいと思っているが締結していない者〉を含む）」であろう。

しかし、「自ら他人に有償で労務を供給する（している・しようとしている）自然人」は、厳密に言えば「自ら他人に有償で労務を供給することによってしか生活することができない」のではなくても、すなわち、当該労務供給が主たる生計維持手段でなくても（配偶者や親の収入が主たる生計維持手段でも）、また、別の職業活動を行っていても（兼業農家や兼業商店主でも）、当該労務供給が生活のために必要な収入を得る手段でその報酬によって生活を維持又は補助しているのが通常であること、労働力をその人格から切り離すことができず、労務の供給を受ける者と実質的に対等に交渉することができない立場であることに変わりはないことから、人権保障を内包した雇用・労働条件保障の必要がある。

また、「自ら他人に有償で労務を供給することによってしか生活することができない者」も含め「自ら他人に有償で労務を供給する者」全体の労働権と生存権を保障するためには、労働市場に参入する者全て、すなわち、「自ら他人に有償で労務を供給する者」全てを労働法の対象とし、その雇用・労働条件を維持し、自ら他人に有償で労務を供給する者相互間と労務の供給を受ける事業者相互間の公正競争を保障しなければならない。けだし、賃金や労働条件が低くてもいいという人間を放っておくと、その人に雇用を奪われ、自ら他人に有償で労務を供給する者の賃金と労働条件の水準全体が低下するからである。また、労働法の規制対象でない者から労務の供給を受け労働力コストの負担が少ない事業者が事業者間競争で有利となり、労働法の定める労働条件で労働力コストを負担している事業者の経営が困難となるからである。

したがって、労働法が労働権保障の対象とする者は、原則として、労働市場に参入する人間全て、すなわち、「自ら他人に有償で労務を供給する（している・しようとしている）自然人」全てである。

(2) 例外

ただし、例外的に、労務の供給を受ける者と実質的に対等に交渉することができる立場にあり、公正競争の観点からも問題がない場合は、労働権保障の対象ではない。

具体的には、第一に、「独立事業者」である。すなわち、1）独立した事業に必要な生産手段等を有し、当該生産手段を用いて労務を供給し（「事業者性」）、かつ、2）①消費者に直接労務を供給している場合、又は、②事業者に労務を供給しているが、供給する労務の内容が労務の供給を受ける事業者の事業内容の一部ではなく、専属的継続的な労務供給でもない場合（「独立性」）は、労務の供給を受ける者と対等に交渉することができない立場にあるという「交渉の非対等性」が存在せず、公正競争の観点からも特に問題はない。それゆえ、当該労務供給契約において当該労務供給を受ける者（消費者及び事業者）との関係では、労働権保障の対象ではない（例：法律事務所を経営する弁護士が顧客〈個人・消費者〉の離婚訴訟業務を行う場合、会計事務所を経営する公認会計士が顧客の一人である建築設計事務所〈事業者〉の確定申告業務を行う場合）。

第二は、「独立労働者」である。すなわち、独立した事業に必要な生産手段等を有し当該生産手段を用いて労務を供給しているわけではないが、①労務供給の相手方が消費者であり、かつ、②当該消費者に専属的に労務を供給している（専属的家事使用人等）のではない場合（「独立性」）は、労務に関する一定の技術・知識を有し、一般に「交渉の非対等性」が存在せず、公正競争の観点からも特に問題はない。それゆえ、当該労務供給契約において当該労務供給を受ける消費者との関係では、労働権保障の対象ではない（例：英会話教師が生徒〈消費者〉と直接契約して英会話のレッスンをする場合）。

(3) 労働法の対象とする労働者

したがって、労働法が労働権保障の対象とする者は、「自ら他人に有償で労務を供給する自然人で、労務の供給を受ける者との関係で独立事業者又は独立労働者ではない者」である。これを、「労働法の対象とする労働者」と呼ぶ。

「労働法の対象とする労働者」は、具体的な労務供給契約のもとで、労務の供給を受ける者との関係で決定されるので、一人の人間がある場面では「労働者」で、ある場面では「労働者」ではないということは当然ありうる。

「労働法の対象とする労働者」か否かを、労務の供給を受ける者が「事業者」（当該労務を利用して事業を行う者）か「消費者」（商品・サービスのエンドユーザー）かで区別して説明するならば、1）労務の供給を受ける者が「事業者」であるときは、当該事業者との関係で「独立事業者」に該当する例外的な場合を除き、当該事業者との関係では、労働法の対象とする「労働者」である。これに対し、2）労務の供給を受ける者が「消費者」であるときは、専属的家事使用人等を除き、当該消費者との関係では、労働法の対象とする「労働者」ではない。

3　まとめ－労働者の労働権保障

以上をまとめると、労働法は、労働者（「自ら他人に有償で労務を供給する自然人で、労務の供給を受ける者との関係で独立事業者又は独立労働者でない者」）を対象として、労働権保障（人権保障を内包した雇用・労働条件保障）という観点から、その生存権を実現することを目的とする法分野である。

第１章　労働法の位置づけと体系

本章では、労働法の位置づけ(→第１節)、及び、体系(→第２節)を検討する。

第１節　労働法の位置づけ

１　労働法と憲法

労働法は、第一に、憲法 25 条の生存権保障をその理念とし、憲法 27 条及び 28 条所定の権利・原則(→ 2 ～ 4)を保障する法分野である[*1]。また、第二に、憲法の定める自由や平等原則等を内包した雇用・労働条件を保障することによって基本的人権保障を労働関係において具体化する法分野でもある。

２　勤労権(労働権)

憲法 27 条 1 項は「すべて国民は、勤労の権利を有し、義務を負ふ」と定める。

同条文は、国に対し、国民の勤労権(労働権)を保障するための措置を講ずることを求めるものであり、同条文の定める勤労権(労働権)保障は、労働法の中の「雇用保障法」の法領域(→第 2 節 5)の基本原則である。

また、労働者と労働契約を締結している使用者や一定の関係者が、労働者の労働権を尊重すべきことは「公序」(民 90 条)であり、使用者及び一定の関係者は、労働者の労働権保障のために配慮する義務を信義則上の義務として負う。

なお、憲法 27 条 1 項は、勤労義務(労働義務)も規定しているが、国が国民に労働義務を課しているわけではなく(むしろ、憲法 18 条、労基法 5 条は強制労働を禁止している)、国は労働能力があるのに労働しない者の生存権を保障する義務を負わないとの方針の表明と解されている。

３　勤労条件の基準の法定

憲法 27 条 2 項は、「賃金、就業時間、休息その他の勤労条件に関する基準は、法律でこれを定める」と規定し、同条 3 項は、「児童は、これを酷使してはな

---

*1　ただし、労働法分野に属する現行の法律は、明治時代から形成されてきた法令・規則等を継承しつつ発展してきたものであり、日本国憲法の制定に伴い全く新たに創設された「天から降ってきた法律」ではない。

らない」と定める。

憲法27条2項は、国に対し、「勤労条件に関する基準」について「法律」で定めることを求め、憲法27条3項は、国が児童の酷使を防止することを求めるものであり、同条文の定める勤労条件(労働条件)の基準の法定、及び、児童の酷使の禁止は、労働法の中の「個別的労働関係法」の法領域(→第2節3)の基本原則である。

図1.1　憲法と労働法の関係

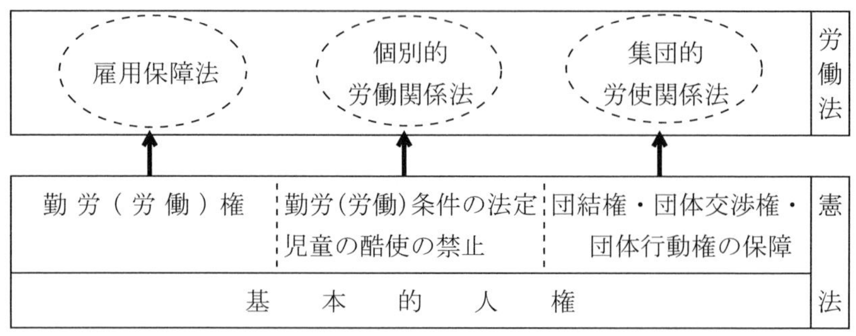

4　団結権・団体交渉権・団体行動権

(1)　内容

憲法28条は、「勤労者の団結する権利及び団体交渉その他の団体行動をする権利は、これを保障する」と定める[*2]。

「団結権」は、労働者が雇用・労働条件の維持・改善等を図ることを主たる目的として一時的又は継続的な団結体(労働組合のみではない)を結成し、それを運営し、強化・拡大する権利である。

「団体交渉権」は、労働者が使用者と団体交渉を行う権利であり、「団体交渉」は、労働者がその代表者を通じて使用者又はその団体と雇用・労働条件その他の待遇や労使関係上のルールで当該使用者又はその団体が処分可能な事項について行う交渉である。労働者の代表と使用者又はその団体が合意した場合、一定の要件を充足するものは「労働協約」として特別の法的効果を有する。

*2　全逓東京中郵事件・最大判昭41・10・26刑集20巻8号901頁/判時460号10頁は、憲法28条は、憲法25条に定める生存権保障を基本理念とし、勤労者に対して人間に値する生存を保障すべきものとの見地に立ち、経済的に劣位にある勤労者に対して実質的な自由と平等を確保するための手段として、団結権、団体交渉権、団体行動権を保障するものと判示している。旧東京第一陸軍造兵廠事件・最大判昭24・5・18刑集3巻6号772頁も同旨。

「団体行動権」は、労働者が雇用・労働条件その他の待遇や労使関係上のルール等に関する要求を示威又は実現するために、一定の団体行動を行う権利であり、「団体行動」の中には、労務の不提供又は不完全な提供である、同盟罷業（ストライキ）・怠業（サボタージュ）、及び、ピケッティング、ビラ貼り、ビラ配布、集会等が含まれる。

同条文の定める、団結権、団体交渉権、団体行動権の保障は、労働法においては、「集団的労使関係法」の法領域（→第2節4）の基本原則である。

(2) 法的効果

憲法28条は、その法的効果として、第一に、団結の結成・運営、団体交渉、団体行動を合理的な理由なく制限・禁止する立法・行政行為を違憲・無効とする効果（自由権的効果）を有する。

第二に、団結の結成と運営、団体交渉、団体行動については、正当性が認められる限り、刑事上・民事上の違法性が阻却され、刑事上・民事上の責任を免除する効果（刑事・民事免責付与の効果）を有する。

第三に、使用者その他の関係者が、同条の定める団結権・団体交渉権・団体行動権を尊重することは、公序（民90条）であり、信義則（民1条2項、労契3条4項）上の義務でもある。したがって、団結権・団体交渉権・団体行動権を侵害する法律行為は無効であり、これらを侵害する行為は不法行為に該当しうる。

(3) 権利の主体

ア　勤労者（労働者）

憲法28条の権利主体は、第一次的には「勤労者」である。「勤労者」は、「自ら他人に有償で労務を供給する者（自然人）で、労務の供給を受ける者との関係で独立事業者又は独立労働者でない者」（＝労働法の対象とする労働者[*3]）と解され、公務員を含む[*4]。

イ　勤労者（労働者）の団結体

憲法28条の保障する団結権・団体交渉権・団体行動権は、団結体の結成・加入を除き、権利の性質上、集団的に行使される。

したがって、憲法28条は、「勤労者（労働者）」の権利を保障するとのみ定めているが、第二次的には、勤労者（労働者）の団結体が、団結権・団体交渉権・団体行動権の権利主体となる[*5]。

---

*3　前記序参照。

*4　全逓東京中郵事件・最大判昭41・10・26刑集20巻8号901頁/判時460号10頁、全農林警職法事件・最大判昭48・4・25刑集27巻4号547頁/労判175号10頁等。

*5　後記第16章「団結の結成と運営」第1節参照。

第２節　労働法の体系

１　労働法の形成

労働法分野の法律は、明治時代から形成されてきた法令・規則等を継承しつつ発展してきたものであり、日本の労働法の形成は明治維新(1868 年)に遡る。

日本の労働法の発展は、①明治維新(1868 年)からＩＬＯ創設(1919 年)まで、②ＩＬＯ創設(1919 年)から終戦(1945 年)まで、③終戦(1945 年)以降の三つの時期に区分することができ、現在に至っている。

２　労働法の法領域

労働法は、憲法 27 条及び 28 条との関係、及び、その目的を実現する方法と機能により、①個別的労働関係法(→ 3)、②集団的労使関係法(→ 4)、③雇用保障法(→ 5)の三つの「法領域」に分類することができる(これらは「法領域」の名称で、法律の名称ではない)。

また、国家公務員と地方公務員の労働条件・労働関係については、別途法律に詳細な規定があり、「公務員労働法」として一つの法領域を形成している。

本書は、労働法のうち、①個別的労働関係法(→第 2 部)、及び、②集団的労使関係法(→第 3 部)を中心に検討する。

３　個別的労働関係法

(1)　意義

労働者は、労務の供給を受ける者と実質的に対等に交渉することができない立場にある(交渉における非対等性)ので、労務の供給を受ける者と契約自由の原則に基づいて個別に交渉すれば、人間らしい雇用・労働条件が保障されない。

「個別的労働関係法」は、憲法 27 条 2・3 項の定める勤労条件の法定と児童酷使の禁止を具体化し、契約自由の原則を制限して、労働者及びその契約相手方である使用者等が遵守すべき人権保障規定、雇用・労働条件の最低基準、労働契約の成立・内容の設定と変更・終了等に関するルール、紛争解決制度等を設定することにより、直接、労働者の雇用・労働条件と人権保障を図ることを目的とする法領域である(→第 2 部)。

(2)　主な法律

個別的労働関係法の領域に属する具体的な法律(雇用保障法の領域にも属するものもある)としては、①労働基準法〈労基法〉(昭 22 法 49)、②労働契約法〈労契法〉

(平 19 法 128)、③雇用の分野における男女の均等な機会及び待遇の確保等に関する法律〈均等法〉(昭 47 法 113)、④最低賃金法〈最賃法〉(昭 34 法 137)、⑤賃金の支払の確保等に関する法律〈賃確法〉(昭 51 法 34)、⑥労働時間等の設定の改善に関する特別措置法(平 4 法 90)、⑦労働安全衛生法〈安衛法〉(昭 47 法 57)、⑧じん肺法(昭 35 法 30)、⑨育児休業、介護休業等育児又は家族介護を行う労働者の福祉に関する法律〈育介法〉(平 3 法 76)、⑩職業安定法〈職安法〉(昭 22 法 141)、⑪労働者派遣事業の適正な運営の確保及び派遣労働者の保護等に関する法律〈派遣法〉(昭 60 法 88)、⑫短時間労働者及び有期雇用労働者の雇用管理の改善等に関する法律〈パート・有期法〉(平 5 法 76)、⑬船員法(昭 22 法 100)、⑭家内労働法〈家労法〉(昭 45 法 60)、⑮高年齢者等の雇用の安定等に関する法律〈高年法〉(昭 46 法 68)、⑯障害者の雇用の促進等に関する法律〈障雇法〉(昭 35 法 123)、⑰労働者災害補償保険法〈労災保険法〉(昭 22 法 50)、⑱会社分割に伴う労働契約の承継等に関する法律〈承継法〉(平 12 法 103)、⑲個別労働関係紛争の解決の促進に関する法律〈個別紛争解決法〉(平 13 法 112)、⑳労働審判法〈労審法〉(平 16 法 45)等がある。

4　集団的労使関係法

(1)　意義

個別的労働関係法の領域の法令等により設定される労働条件の基準や労働契約のルール等は、大企業であれ零細企業であれ、日本において就労している全ての労働者に適用されるので、その水準は必ずしも高いものではなく、また、全ての産業部門・職種・企業の労働者に適用されるので、その内容は基本的事項にとどまり、各産業部門・職種・企業の特殊性や具体的な経営内容から生じる雇用・労働条件等に対応するものではない。

「集団的労使関係法」は、憲法 28 条の定める労働者の団結権・団体交渉権、団体行動権の保障を具体化し、労働者が使用者と実質的に対等に交渉することができる法的枠組みを整備し、法令の定める水準よりも高く、各産業部門・職種・企業の特殊性や経営内容に対応した詳細な内容で、よりよい雇用・労働条件を労働者が獲得することを可能にする法分野である(→第 3 部)。

(2)　主な法令

集団的労使関係法の領域に属する具体的な法令としては、①労働組合法〈労組法〉(昭 24 法 174)、②労働委員会規則〈労委則〉(昭 24 中労委規 1)、③労働関係調整法〈労調法〉(昭 21 法 25)、④電気事業及び石炭鉱業における争議行為の方法の規制に関する法律〈スト規制法〉(昭 28 法 171)等がある。

5　雇用保障法

(1)　意義

労働者は、自ら他人に有償で労務を供給することにより生活を維持・補助しているのが通常であるので（他人の下での労働の必要性）、その雇用（労務供給先）を確保し、また、雇用喪失時、労務供給を行っていない期間（休業期間）、賃金が低下した時等の生活保障が必要である。

「雇用保障法」は、憲法 27 条 1 項の労働権保障を具体化し、労働者の雇用の確保・促進と失業・休業時等における生活保障等を行う法領域である。

(2)　主な法律

雇用保障法の領域に属する具体的な法律としては、①労働施策の総合的な推進並びに職業生活の充実等に関する法律〈労働施策法〉（昭 41 法 132）、②職業安定法〈職安法〉（昭 22 法 141）、③職業能力開発促進法〈能開法〉（昭 44 法 64）、④雇用保険法〈雇保法〉（昭 49 法 116）、⑤職業訓練の実施等による特定求職者の就職の支援に関する法律〈求職者支援法〉（平 23 法 47）、⑥高年齢者等の雇用の安定等に関する法律〈高年法〉（昭 46 法 68）、⑦障害者の雇用の促進等に関する法律〈障雇法〉（昭 35 法 123）等がある。

(3)　概要

①労働施策法は、労働者の雇用の安定及び職業生活の充実等を目的とした国の労働施策の総合的な推進等を定めるものであり、②職安法は、各人にその能力に適合する職業に就く機会を付与するために、公共職業安定所、職業紹介・労働者の募集・労働者供給事業の禁止等を定めるものであり、③能開法は、職業に必要な労働者の能力の開発・向上を促進するための措置を定めるものであり、④雇用保険法は、労働者の失業、育児・介護休業、高年齢者の賃金の低下に対応し、賃金の喪失又は減少に対する所得保障と再就職支援のために、被保険者に対する「失業等給付」を定めるものであり、⑤求職者支援法は、雇用保険の受給資格がない者に対する職業訓練の実施や職業訓練受講給付金等を定めるものであり、⑥高年法は、60 歳未満の定年の原則禁止や、65 歳までの安定雇用を確保するための措置、シルバー人材センター等を定めるものであり、⑦障雇法は、障害者の雇用の促進のための制度を定めている。

この他、外国人労働者について、出入国管理及び難民認定法（昭 26 政 319）は、外国人が日本に在留し職業活動に従事するための在留資格を定め、外国人の技能実習の適正な実施及び技能実習生の保護に関する法律（平 28 法 89）も定められている。

第２章　労働法の主体

本章では、労働法における主体である、労働関係の当事者につき、①労働者(→第 1 節)、②事業主・事業者・使用者(→第 2 節)、③労働者代表(→第 3 節)の順に検討する。

第１節　労働者

１　「労働者」概念

労働法における「労働者」は、労働契約の当事者であるとともに、労働法分野の法律の適用対象となる労務供給者を画定する概念である。

労働法の分野において、「労働者」概念は、①労基法上の労働者、②労契法上の労働者、③労組法上の労働者の三つに大別される。

①「労基法上の労働者」は、労基法、及び、その他の個別的労働関係法の領域に属する法律(労契法を除く)の適用を受ける労働者である。

②「労契法上の労働者」は、労契法の適用を受ける労働者である。

③「労組法上の労働者」は、労組法の適用を受け、労働組合等の団結体を結成し、これを通じて使用者又は使用者団体と団体交渉を行うことができ、また、団結活動・争議行為を行うことができる労働者である。

以下、これらの労働者概念の定義と適用範囲(→ 2 ～ 4)、及び、判断基準(→ 5)を検討する。

図 2.1　労働者概念

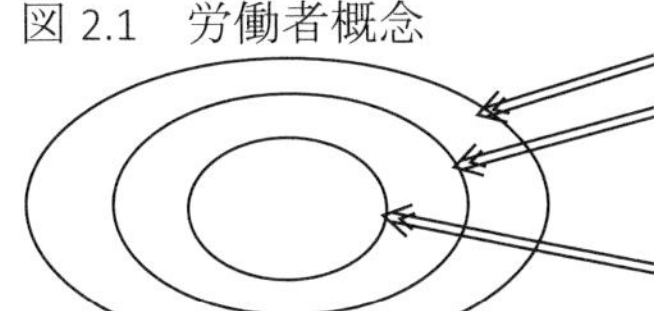

労働組合法上の労働者　［失業者を含む］
労働契約法上の労働者
［労働契約の相手方である使用者は事業者だけでなく消費者も含む］
労働基準法上の労働者
［労働契約の相手方である使用者は事業者のみ］

２　労基法上の労働者

(1) 労基法９条の「労働者」の定義

労基法の適用対象となる、労基法上の「労働者」について、労基法９条は、

「職業の種類を問わず、事業所又は事務所（以下『事業』[*1]という。）に使用される者で、賃金を支払われる者」と定義している[*2]。

「事業に使用される者」は、事業者に自ら労務を供給する自然人である。また、「賃金を支払われる者」は、労基法11条が「賃金」を「労働の対償として使用者が労働者に支払うすべてもの」と定義しているので、労働の対象として報酬を支払われる者である（無償のボランティアではない）。

したがって、労基法9条及び11条から、「労基法上の労働者」は、「自ら事業者に有償で労務を供給する自然人」であることは導かれるが、さらなる限定の要否や、限定される場合の判断基準については検討が必要である（→後記5）。

(2) 適用除外

第一に、労基法は、①「船員」（船員1条1項）については、労基法の総則規定（1～11条）とこれに関する罰則を除き、適用を除外し、また、②同居の「親族」（民725条）のみを使用する事業、及び、③家事使用人についても適用除外としている（労基116条）。

第二に、特別法により、公務員については労基法の適用が全部又は一部除外される場合がある。①国家公務員の一般職のうち、行政執行法人[*3]の職員以外の職員については、労基法は全て適用されず（国公附則16条）[*4]、②地方公務員の一般職については、労基法の規定は一部適用除外とされる（地公58条3項）。しかし、③国家公務員の一般職のうち、行政執行法人の職員には労基法の適用があり（行労法37条1項は国公附則16条の適用を除外している）、また、④地方公務員の一般職のうち、地方公営企業[*5]の職員及び単純労務職員にも労基法の14条2項、3項及び災害補償の条文以外の条項が適用される（地方公営企業39条1項、

---

*1　事業とは、「工場、鉱山、事務所、店舗等の如く、一定の場所において相関連する組織のもとに業として継続的に行われる作業の一体」（昭22・9・13発基17）であり、全ての事業が労基法の適用対象となるが、各事業は労基法の別表第1の1～15号に列挙されている。

*2　日本国内に存在する「事業」に使用されこの定義に該当する者は、その国籍にかかわらず、労基法が適用される。

*3　独立行政法人通則法（平11法103）に基づく独立行政法人（2条1項）の一つであり、2条4項に定義規定がある。内閣府所管の国立公文書館、総務省所管の統計センター、財務省所管の造幣局と国立印刷所、農林水産省所管の農林水産消費安全技術センター、経済産業省所管の製品評価技術基盤機構、及び、防衛省所管の駐留軍等労働者労務管理機構の7法人が存在する。独立行政法人通則法51条により、行政執行法人の役員及び職員の身分は、国家公務員とされている。

*4　国公法「第一次改正法律附則」3条1項により、労基法の一部が準用されることはある。

*5　水道、工業用水道、軌道、自動車運送、鉄道、電気、ガスの事業を行う地方公共団体が経営する企業と定義されている（地方公営企業法<昭27法292>2条1項）。その職員は、地公法3条1項括弧書きにより地方公務員である。

地公労附則5項)。

(3)「労基法上の労働者」に適用される法律

「労基法上の労働者」は、安衛法(同法2条2号参照)、じん肺法(同法2条4号参照)、最賃法(同法2条1号参照)、賃確法(同法2条2項参照)の適用対象となる労働者をも定める概念である。

また、労災保険法は、労働者を使用する事業を適用事業としているところ(同法3条1項)、同法には労働者の定義が定められていないが、労災保険法は、保険の適用は労基法に規定する災害補償事由が発生したときに行うと定め(労災保険12条の8第2項)、労基法は、労災保険法に基づき労基法の災害補償に相当する給付が行われるべき場合は、使用者は補償の責を免れる旨規定している(労基84条1項)こと等に鑑みると、「労災保険法上の労働者」は、「労基法上の労働者」と同一と解される[*6]。

さらに、労基法と同じく雇用・労働条件の最低基準や平等原則等を定め、事業主を規制対象とし、労基法を補充する関係にある、均等法、育介法、パート・有期法、派遣法等の法律(労契法を除く個別的労働関係法の領域に属する法律)の対象となる労働者も「労基法上の労働者」と同一と解される。

したがって、「労基法上の労働者」は、労基法のみならず、労契法を除く個別的労働関係法の領域の法律(労災保険法を含む)が適用される労働者である[*7]。

3　労契法上の労働者

(1) 労契法2条の「労働者」の定義

労契法の適用対象となる、「労契法上の労働者」について、労契法2条1項は、「使用者に使用されて労働し、賃金を支払われる者」と定義している。

「使用者に使用されて労働する」者は、労契法2条2項が「使用者」を「その使用する労働者に対して賃金を支払う者」と定義していることに鑑みれば、他人に自ら労務を供給する者以上に明らかではなく、「賃金[*8]を支払われる者」

*6　新宿労基署長(青銅プロダクション)事件・東京地判平13・1・25労判802号10頁、藤沢労基署長(H木材)事件・横浜地判平16・3・31労判876号41頁等。横浜南労基署長(旭紙業)事件・最一小判平8・11・28集民180号857頁/労判714号14頁、藤沢労基署長(H木材)事件・最一小判平19・6・28集民224号701頁/労判940号11頁等もこれを肯定している。

*7　雇用保険の被保険者となりうる「労働者」(雇用保険4条1項)の範囲も、労基法上の労働者と同じと解される。

*8　労基法上の賃金を言うと解され、労基法11条は先に述べたように、「賃金」を「労働の対償として使用者が労働者に支払うすべてのもの」と定義している

は、労働の対償として報酬が支払われる者である。

したがって、労契法2条1項及び関連条文からは、「労契法上の労働者」は、「自ら他人に有償で労務を供給する自然人」であることは導かれるが、さらなる限定の要否や、限定される場合の判断基準については検討が必要である(→後記5)。

(2) 適用除外

労契法 22 条は、①国家公務員と地方公務員、及び、②使用者が同居の親族のみを使用する場合の労働契約については労契法の適用除外とし、同法 21 条は、船員法の適用される「船員」については同法 12 条、17 条～ 20 条を適用しないと定めている。

4　労組法上の労働者

(1) 労組法3条の「労働者」の定義

労組法の適用対象となる、「労組法上の労働者」については、労組法3条が、「この法律で、『労働者』とは、職業の種類を問わず、賃金、給料その他これに準ずる収入によって生活する者をいう」と定義している。

「賃金、給料その他これに準ずる収入によって生活する者」は、労組法上の労働者が、自らの労務供給の対償(賃金、給料その他これに準ずる収入)により生活を維持・補助する者であることを明らかにするにとどまる。

したがって、労組法 3 条の文言からは、「労組法上の労働者」は、自らの労務供給の対償により生活を維持・補助する自然人であることは導かれるが、さらなる限定の要否や、限定される場合の判断基準については検討が必要である(→後記5)。

(2) 適用除外

国家公務員及び地方公務員は、労組法上の労働者に該当する[*9]が、特別法により、労組法の適用が全部又は一部除外されている。

第一に、①国家公務員の一般職で、行政執行法人の職員以外の者、及び、②地方公務員の一般職で、地方公営企業・特定地方独立行政法人[*10]の職員と単純労務

---

*9　中労委(大阪府<教育委員会>・大阪教育合同労組)事件・東京高判平 26・3・18 労判 1123 号 159 頁/労旬 1814 号 59 頁。

*10　「地方独立行政法人」(地方独立行政法人法<平 15 法 118>2 条 1 項)の一つであり、これが行う業務の範囲は、試験研究、管理、水道事業・軌道事業・自動車運送事業・鉄道事業・病院事業等の経営、社会福祉事業の経営等であり、その役員及び職員に地方公務員の身分を与える必要があるものとして定款で定められているものである(同法 21 条、2 条 2 項)。その職員は、地公法3条1項括弧書きにより地方公務員である。

職員以外の職員については労組法は適用されず、これらの者の集団的労使関係は、①は国公法、②は地公法の定めるところによる（国公附則16条、地公58条1項）。

第二に、①行政執行法人の職員については、行労法が、②地方公営企業・特定地方独立行政法人の職員と単純労務職員については、地公労法が適用され、労組法はこれら特別法に定めのないものの一部が適用される（行労3条1項、地公労4条）。

(3) 憲法28条の「勤労者」との関係

憲法28条は「勤労者の団結する権利及び団体交渉その他の団体行動をする権利は、これを保障する」と定めるところ、労組法は、憲法28条による団結権・団体交渉権・団体行動権の保障を法律レベルで具体化するものである。

したがって、「労組法上の労働者」は、憲法28条の享受主体となる「勤労者」と同じであり、公務員を含む[*11]。ただし、公務員は、憲法28条の「勤労者」及び労組法上の「労働者」に該当するが、国公法、地公法、行労法、地公労法により、労組法の適用が全部又は一部除外されている。

5　「労働者」の判断基準

(1) 労働法が対象とする労働者

ア　原則－自ら他人に有償で労務を供給する自然人

労働法は、労働力以外の商品を有していない人間を中核的対象とし、労働権保障（人権保障を内包した雇用・労働条件の保障）という観点からその生存権を保障することを目的とするものであり、労働法が対象とする労働者は、原則として、労働市場に参入する者全て、すなわち、「自ら他人に有償で労務を供給する（供給している・しようとしている）自然人」全てである（→前記序）。

イ　例外－「独立事業者」と「独立労働者」

しかし、自ら他人に有償で労務を供給する自然人でも、例外的に、労務の供給を受ける者と実質的に対等に交渉することができる立場にあり、公正競争の点からも問題がない場合は、その場面では労働法の対象とする労働者ではない。

具体的には、第一に、1)独立した事業に必要な生産手段等を有し、当該生産手段を用いて労務を供給し（「事業者性」）、かつ、2)①消費者（事業者以外の個人）に直接労務を供給している場合、あるいは、②事業者に労務を供給しているが、供給する労務の内容が当該事業の一部ではなく、かつ、専属的継続的な

*11　中労委（大阪府<教育委員会>・大阪教育合同労組）事件・東京高判平26・3・18 労判1123号159頁/労旬1814号59頁（最三小決平27・3・31 中労委DBで確定）。

労務供給でもない(「独立性」)という場合(例：法律事務所を経営する弁護士が顧客の一人である個人や学校法人の訴訟業務を行う場合等)は、自ら他人に有償で労務を供給する者は、当該労務供給を受ける者との関係では、「独立事業者」であり、労働法の対象とする労働者ではない。

第二は、独立した事業に必要な生産手段を有しそれを用いて労務を供給しているわけではないが、①労務供給の相手方が消費者で、②当該消費者に専属的に労務を供給しているのでない(「独立性」)という場合(例：英会話教師が個々の生徒と直接契約して英会話のレッスンをする場合等)は、自ら他人に有償で労務を供給する者は、当該労務供給を受ける消費者との関係では「独立労働者」であり、労働法の対象とする労働者ではない。

ウ　労働法の対象とする労働者

したがって、労働法の対象とする労働者は、「自ら他人に有償で労務を供給する自然人)で、労務の供給を受ける者との関係で独立事業者又は独立労働者でない者」であり、具体的な労務供給契約のもとで、労務の供給を受ける者との関係で、「労働者」かどうかが決定される(→前記序)。

(2) 労基法上の労働者

労基法は、第一に、他の個別的労働関係法の領域の法律と相俟って、自ら他人に有償で労務を供給する自然人の雇用・労働条件の最低基準とルール、人権保障規定等を定め、もって、人権保障を内包した雇用・労働条件を保障する。けだし、自ら他人に有償で労務を供給する自然人は、労務の供給を受ける者と実質的に対等に交渉することができない立場にあり、また、労務供給者相互間と労務の供給を受ける事業者相互間の公正競争の確保が必要だからである。

第二に、労基法は、労契法及び労組法とは異なり、「事業」に使用される者を適用対象とし(労基 9 条)、「事業主(又は事業主のために行為する者)」を「使用者」(労基 10 条)として規制対象とする「事業主規制法」である。この「事業主規制法」たる性質は、労契法を除く他の個別的労働関係法の領域の法律及び労災保険法等も同様である。

第三に、労基法は、労働契約の締結・内容・終了(終了後の関係を含む)、労働関係における人権保障規定等を定めるものであるから、対象とする労働者として、契約締結過程にある者・契約を締結している者・契約を締結していた者は含まれるが、特定の労務供給契約と全く関係のない「失業者」は含まれない。

したがって、「労基法上の労働者」は、「労働法の対象とする労働者」(→前記(1))のうち、事業者に労務を供給する自然人を対象とし失業者を含まない。すなわち、「自ら事業者に有償で労務を供給する自然人で、労務の供給を受ける事業者との関係で『独立事業者』ではない者（失業者は含まない）」である。

(3) 労契法上の労働者

労契法は、第一に、自ら他人に有償で労務を供給する自然人の労務供給契約に関するルールを定め、他の個別的労働関係法の領域の法律とともに雇用・労働条件の最低基準とルール等を直接規制し、もって、雇用・労働条件を保障する。けだし、自ら他人に有償で労務を供給する自然人は、労務の供給を受ける者と実質的に対等に交渉することができない立場にあり、また、労務供給者相互間と労務の供給を受ける事業者相互間の公正競争の確保が必要だからである。

第二に、労契法は、労基法及び他の個別的労働関係法の領域の法律とは異なり、対象とする労働者の範囲を「事業者」に労務を供給する者に限定しておらず、「消費者」に労務を供給する者（家事使用人等）も含まれうる。

第三に、労契法は、労働契約に関するルールを定めるものであり、契約締結過程にある者、契約を締結している者、契約を締結していた者を対象とするが、特定の労務供給契約と関係のない全く関係のない「失業者」は含まれない。

したがって、「労契法上の労働者」は、「労働法の対象とする労働者」（→前記(1)）のうち、失業者を含まない。すなわち、「自ら他人に有償で労務を供給する自然人で、労務の供給を受ける者との関係で『独立事業者』又は『独立労働者』に該当しない者（失業者は含まない）」である。

(4) 労組法上の労働者

労組法は、第一に、憲法 28 条とともに、自ら他人に有償で労務を供給する自然人に対し、団結権、団体交渉権、団体行動権を保障し、加えて、労働組合、労働協約、不当労働行為救済制度を定め、もって、雇用・労働条件を保障する。けだし、自ら他人に有償で労務を供給する自然人は、労務の供給を受ける者と実質的に対等に交渉することができない立場にあるので、個別に交渉していたのではその雇用・労働条件は保障されず、また、国による雇用保障や法律による雇用・労働条件規制のみでは、労働者に対する十分な雇用保障、産業・職種・企業の状況に応じたきめ細かくかつ高いレベルの雇用・労働条件保障、労働者の経済的地位の向上のための活動を行うことは困難だからである。

第二に、労組法は、対象とする労働者を事業者に労務を供給する者に限定していない。

第三に、労組法は、団結権を保障し労働者が自らその雇用を確保し労働条件を維持改善すること等の活動を行うことを保障するものであるから、自ら他人に有償で労務を供給する契約を締結したいと思っているが締結していない状態にある失業者も対象とする必要がある。

したがって、「労組法上の労働者」は、「労働法の対象とする労働者」と同じく、「自ら他人に有償で労務を供給する自然人であって、労務の供給を受ける者との関係で『独立事業者』又は『独立労働者』ではない者」（→前記(1)）であり、自ら他人に有償で労務を供給する契約を締結したいと思っているが締結していない状態にある、「完全失業者」及び「部分失業者」[*12]を含む。

(5) 従来の判例・学説

従来の判例は、「労基法上の労働者」[*13]、「労契法上の労働者」、「労組法上の労働者」[*14]のいずれについても、①指揮監督下の労働、②仕事ないし業務の依頼に対する諾否の自由がないこと、③業務遂行上の具体的な指揮監督の存在、④事業組織への組み入れ、⑤時間的場所的拘束性、⑥代替性がないこと、⑦専属性・その収入への依存、⑧契約内容の一方的・定型的決定、⑨使用者がその者を自らの労働者と認識していると推認させる点（採用過程、税、保険、就業規則・退職金制度の適用等）等（の一部）を労働者性の判断要素としており、また、多くの学説は、これらを労働者性の肯定的要素として「労働者」の範囲を限定しているが、これらはいずれも、多様な「自ら他人に有償で労務を供給する契約」の中の一部の契約の特徴にすぎず、この特徴を備えていない契約のもとで労務を供給する者を「労働者」から除外する合理的な理由は存在しない。

第2節　事業主・事業者・使用者

労働法においては、労働契約の当事者として労働契約上の権利義務関係の主体となる者を、「労働契約上の使用者」と呼ぶが、これ以外に、労働法分野の法律又は条文の適用対象となる者を画定する概念として、「事業主」（→ 1)、「事業者」（→ 2)、「使用者」（→ 3）等が用いられている。

1　事業主

賃確法、育介法、均等法、パート・有期法、高年法、労災保険法等では「事

---

*12　「完全失業者」は、全く職業活動を行っておらず、自ら他人に有償で労務を供給する契約を締結したいと思っているが締結していない者、「部分失業者」は、職業活動を行っており、さらに自ら他人に有償で労務を供給する契約を締結したいと思っているが締結していない者（農業経営者でさらに企業でも働きたいと思っている者等）である。

*13　藤沢労基署長（H木材）事件・最一小判平 19・6・28 集民 224 号 701 頁/労判 940 号 11 頁。

*14　中労委（新国立劇場運営財団）事件・最三小判平 23・4・12 民集 65 巻 3 号 943 頁/労判 1026 号 6 頁、中労委（INAX メンテナンス）事件・最三小判平 23・4・12 集民 236 号 327 頁/労判 1026 号 27 頁、中労委（ビクターサービスエンジニアリング）事件・最三小判平 24・2・21 民集 66 巻 3 号 955 頁/労判 1043 号 5 頁。

業主」を適用対象とし、労基法、最賃法では、適用対象である「使用者」の定義の中に「事業主」という概念が用いられている。

「事業主」の定義は条文上存在しないが、上記の法律が適用される労働者（「労基法上の労働者」）と労務供給契約を締結する事業者であると解される。

２　事業者

安衛法は、「事業者」を「事業を行う者で、労働者を使用するもの」と定義して適用対象とし（安衛２条３号）、じん肺法は、「事業者」を「安衛法２条３号に規定する事業者で、粉じん作業を行う事業に係るもの」と定義して適用対象としている（じん肺２条１項５号）。

３　使用者

(1)　労基法上の使用者

ア　労基法10条の「使用者」の定義

労基法の適用対象となり、労基法に定められた義務を負う「労基法上の使用者」について、同法は、労基法の規制の実効性を確保するために、①事業の主体でありかつ労働契約の当事者である「事業主」に加えて、②「事業の経営担当者」、及び、③「その他その事業の労働者に関する事項について、事業主のために行為をするすべての者」も「使用者」に含めている（労基10条）。

②「事業の経営担当者」も使用人としての行為をなす者はその限りでは労基法・労契法・労組法上の労働者であり、③「その他その事業の労働者に関する事項について、事業主のために行為をするすべての者」は、労基法・労契法・労組法上の労働者であるから、労基法・労契法・労組法上の「労働者」と労基法上の「使用者」は、その範囲が重なる場合がある。

最賃法が適用される「使用者」も、労基法上の使用者である（最賃２条２号）。

イ　判断基準

①「事業主」とは、「労基法上の労働者」（→前記第１節２・５）と労務供給契約を締結する事業者（法人又は自然人）であり、「労基法上の労働者」が画定されれば、その労務供給契約の相手方として画定される。

②「事業の経営担当者」とは、株式会社の取締役・執行役、社団法人・財団法人の理事、支配人等である。

③「その他その事業の労働者に関する事項について、事業主のために行為をするすべての者」とは、労基法の定める事項について実質的に決定権限を有する者であり、各条文ごとに決定されることになる。

ウ　請負事業に関する例外

土木、建築その他工作物の建設等の事業(労基別表第1の3号)が数次の請負により行われる場合、災害補償についてはその元請負人が下請負人(さらにその下請負人がいればそれも含む)と労働契約を締結している労働者との関係で労基法上の使用者とみなされ、元請負人が書面による契約で下請負人に補償を引き受けさせた場合はその下請負人も使用者である。ただし、二以上の下請負人に同一の事業につき重複して補償を引き受けさせることはできない(労基87条1・2項、労基則48条の2)。

エ　労基法上の使用者の責任

労基法は、違反に対する刑罰を定めており、その条文の多くは「使用者」を義務者と規定している(「使用者」以外を名宛人としているのは、労基6条、58条、59条)。したがって、労基法が使用者を義務者とする規定の違反があった場合、労基法上の使用者は、行為者として同法117条以下の刑罰の対象となりうる。

なお、違反行為をした者が、当該事業の労働者に関する事項について、事業主のために行為した代理人、使用人その他の従業者である場合においては、事業主に対しても各条の罰金刑が科せられる(ただし、事業主〈法人の場合はその代表者〉が違反の防止に必要な措置をした場合を除く)(労基121条1項)。いわゆる「両罰規定」である。また、事業主(法人の場合はその代表者)が違反の計画を知りその防止に必要な措置を講じなかった場合、違反行為を知りその是正に必要な措置を講じなかった場合、又は、違反を教唆した場合においては、事業主(法人の場合はその代表者)も行為者として罰せられる(労基121条2項)。

(2)　労契法上の使用者

労契法の適用対象となる「労契法上の使用者」について、同法は、「その使用する労働者に対して賃金を支払う者」と定義している(労契2条2項)。

したがって、「労契法上の使用者」は、「労契法上の労働者と労務供給契約を締結する者」であり、「労契法上の労働者」(→前記第1節3・5)に対応して決定される。労契法上の使用者は、事業者に限定されていないので、消費者(事業者以外の個人)も労契法上の使用者となりうる。

(3)　労組法上の使用者

労組法に「使用者」の定義規定はなく、各条文毎にその範囲は異なる。

①団体交渉の当事者(労組6条)及び②労働協約の締結当事者(労組14条)として定められている「使用者又はその団体」は、任意に団体交渉に応じ労働協約を締結することは可能であることから、当該団結体が団体交渉権を行使しうる相手方(団体交渉義務を負う者)に限定されず、労組法上の労働者の労働関係の当事者及びその団体が広く含まれる。

これに対して、③不当労働行為(労組7条1号〜4号)を禁止されている「使用者」は、不当労働行為の類型毎に異なり、一定の者に限定されている[*15]。

第3節　労働者代表

日本の集団的労使関係において、労働者の労働条件を決定・変更する労働者代表は、労働者の「自主的な団結」である「労働組合」(→1)等である。

しかし、労基法等においては、企業や事業場単位で選出された「選出代表」である「過半数代表」(→2)、「労使委員会」(→3)、労働時間等設定改善(企業)委員会(→4)が労働条件に関与しうる規定が存在し、労働条件に実質的に大きな影響を与えている。

1　労働組合

(1) 定義

労組法上の「労働組合」は、「労働者が主体となって自主的に労働条件の維持改善その他経済的地位の向上を図ることを主たる目的として組織する団体又はその連合団体」(労組2条本文)であって、「使用者の利益を代表する者」が参加しておらず(労組2条但書1号)、使用者の経理上の援助を受けていないもの(労組2条但書2号)である[*16]。

(2) 機能

労組法上の労働組合は、「労働協約」により、①法律の定める労働条件の最低基準を労働者により有利に引き上げ(「上積み規制」)、②法令に抵触しない範囲内で、その適用を受ける労働者の労働契約の内容(権利義務)を決定・変更し、③使用者又は使用者団体との間の集団的労使関係上のルール(団体交渉や争議行為の手続、労働組合への便宜供与等)を設定することができる。

労組法上の労働組合は、「労働組合」としては、強行法規の定める基準を緩和・解除・修正することはできないが、事業場の労働者の過半数を組織する「過半数組合」である場合は、「過半数代表」(→2)でもあり、「過半数代表」として、所定の「労使協定」を締結することにより、強行法規の定める基準を緩和・解除・修正することができる。

---

*15　後記第20章「不当労働行為と法的救済」第2節1・第3節。

*16　後記第16章「団結の結成と運営」第1節2。その他、自主的な団結として、「憲法組合」「憲法上の保護を受ける一時的な団結体」がある(後記第16章第1節1)。

2　過半数代表

(1) 定義

「過半数代表」は、「当該事業場に、労働者の過半数で組織する労働組合があるときはその労働組合、労働者の過半数で組織する労働組合がないときは労働者の過半数を代表する者」(労基 18 条 2 項等参照)であり、事業場毎に決定される労働者代表である。

「過半数代表」のうち、①「事業場の労働者の過半数を組織する労働組合」を「過半数組合」、②「事業場の労働者の過半数を代表する者(自然人)」を「過半数代表者」と呼ぶ。「過半数組合」は、「労働組合」であるとともに「過半数代表」でもあり、双方の権限を有することになる。

当該事業場に過半数組合が存在する場合は、過半数組合が自動的に「過半数代表」となるが、存在しない場合は、過半数代表者の選出が必要である。

過半数代表者は、①当該事業場の労働者で、「監督又は管理の地位にある者」(労基 41 条 2 号)に該当せず、②法所定の労使協定等をする者を選出することを明らかにして実施される投票、挙手等の手続により選出され、使用者の意向に基づき選出されたものでないことが必要である(労基則 6 条の 2 第 1 項)。但し、①の該当者がいない事業場では、一定の規定(労基 18 条 2 項、24 条 1 項但書、39 条 4・6・7 項但書、90 条 1 項)につき、②のみが要件となる(労基則 6 条の 2 第 2 項)。

使用者は、労働者が過半数代表者であること若しくはなろうとしたこと又は過半数代表者として正当な行為をしたことを理由として不利益な取扱いをしないようにしなければならず(労基則 6 条の 2 第 3 項)、過半数代表者が法所定の事務を円滑に遂行できるよう配慮しなければならない(労基則 6 条の 2 第 4 項)[*17]。

(2) 機能

過半数代表は、法所定の事項につき、①労使協定、②委員推薦、③労使協議、④意見聴取、⑤同意等の方法により関与する。

所定の事項につき、過半数代表と使用者が労使協定を締結し所定の手続が履践されれば、強行法規による規制が解除・緩和・修正されることになる[*18]。

3　労使委員会

(1) 定義

「労使委員会」は、賃金、労働時間その他の当該事業場における労働条件に

---

*17　派遣法所定の「労働者の過半数を代表する者(過半数代表者)」についても同様の選出方法及び不利益取扱い禁止等の規定がある(派遣則 25 条の 6 第 1・2 項)

*18　労使協定については、後記第 3 章「権利義務関係の決定システムと法源」第 2 節 7。

関する事項を調査審議し、事業主に対して当該事項について意見を述べることを目的とする委員会で、使用者及び当該事業場の労働者を代表する者を構成員とするもの(労基 38 条の 4 第 1 項、41 条の 2 第 1 項参照)である。

労使委員会の委員の半数は、過半数代表が任期を決めて「監督又は管理の地位にある者」(労基 41 条 2 号)以外のものを指名することが必要であり、当該委員会の開催の都度議事録を作成し 3 年間保存し当該事業場の労働者に周知し、委員会の運営に必要な事項に関する規定を定める必要がある(労基 38 条の 4 第 2 項、41 条の 2 第 2 項、労基則 24 条の 2 の 4 第 1 項～第 5 項)。

(2) 機能

労使委員会は、所定の事項につき、「決議」により、強行法規による規制の解除・緩和・修正を行うことができる(労基 38 条の 4 第 5 項)*19。

4　労働時間等設定改善委員会・労働時間等設定改善企業委員会

(1) 定義

事業主を代表する者及び当該事業主の雇用する労働者を代表する者を構成員とし、労働時間等の設定の改善を図るための措置その他労働時間等の設定の改善に関する事項を調査審議し、事業主に対し意見を述べることを目的とする委員会のうち、1)「労働時間等設定改善委員会」は、事業場ごとの委員会で、委員の半数は当該事業場の「過半数代表」の推薦に基づき指名され、2)「労働時間等設定改善企業委員会」は、全部の事業場を通じて一の委員会で、委員の半数は「当該事業主の雇用する労働者の過半数で組織する労働組合がある場合はその労働組合、ない場合は当該労働者の過半数を代表する者」*20の推薦に基づき指名され、いずれも、委員会開催毎に議事録を作成し 3 年間保存することと、委員の任期及び委員会の運営に関する規程が定められていることが必要である(労働時間等設定改善 6 条・7 条・7 条の 2、同施行規則 2 条・3 条・4 条参照)。

(2) 機能

労働時間等設定改善委員会と労働時間等設定改善企業委員会は、所定の事項につき、「決議」により、強行法規による規制を解除・緩和・修正することができる(労働時間等設定改善 7 条、7 条の 2)。

---

*19　決議については、後記第 3 章「権利義務関係の決定システムと法源」第 2 節 8。

*20　前記２の「過半数代表」「過半数組合」「過半数代表者」は、派遣法 30 条の 4 第 1 項所定の労使協定締結主体を除き、事業場毎に決定される概念で、これらとは異なる。

第３章　権利義務関係の決定システムと法源

本章では、労働法における権利義務関係の決定システム(→第 1 節)、及び、労働法の法源(権利義務関係の法的根拠)(→第 2 節)を検討する。

第１節　権利義務関係の決定システム

労働法の対象とする私法上の権利義務関係は、①労働者と使用者との権利義務関係(→ 1)、②労働組合と使用者又は使用者団体との権利義務関係(→ 2)、③労働者と労働組合との権利義務関係(→ 3)に大別することができるので、その決定システムを検討する。権利義務関係を決定する法源の詳細は、後記第 2 節で説明する。

図 3.1　権利義務関係決定システム

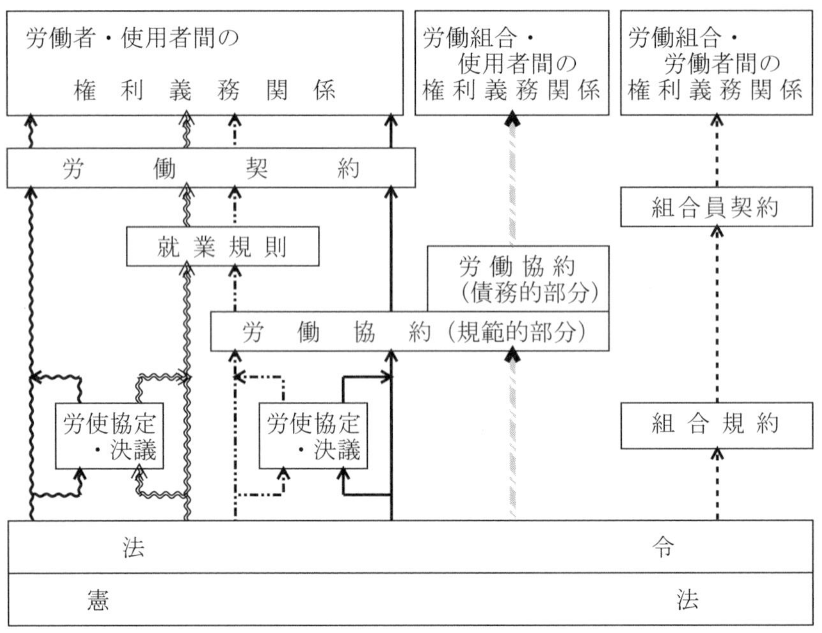

1　労働者と使用者との権利義務関係

(1) 法源

労働者と使用者の権利義務関係を決定する主な法源[*1]は、①労働者と使用者が締結する[労働契約]、②使用者の作成する[就業規則]、③労働組合と使用者又は使用者団体が締結する[労働協約]、④[憲法・法令]である[*2]。⑤〈労使慣行〉は、黙示の合意により、又は、事実たる慣習(民 92 条)として労働契約の内容となる。⑥使用者と過半数代表の締結する〈労使協定〉、並びに、⑦労使委員会及び労働時間等設定改善(企業)委員会の〈決議〉は、強行法規による規制を当該事業場において緩和・解除・修正する機能を有する。

(2) 契約自由の原則の修正

近代社会における労働者と使用者の労働関係は、［労働契約］によって成立し、形式的には自由平等な二つの人格(労働者と使用者)の自由意思に基づく合意によって権利義務関係・労働条件が決定される。

しかし、実際は、労働者は使用者と対等な立場で交渉することはできず、労働契約のみでは、労働者にとって不利な権利義務関係の設定となり、労働条件は劣悪なものとなる(低賃金、長時間労働、苛酷な労働規律等)。

それゆえ、現在の日本では、労働者の労働権と生存権を保障するため、第一に、国家が、［憲法・法令］によって労働条件の最低基準やルールを設定し、労働契約の内容を直接規律する(ただし、一定の労働条件については、＜労使協定＞又は＜決議＞により、当該事業場において規制の緩和・解除・修正を行うことが可能である)。また、常時 10 人以上の労働者を使用する事業場では、使用者に［就業規則］の作成を義務付け、これが、当該事業場の労働条件の最低基準を設定する。

第二に、労働者に、団結権、団体交渉権、団体行動権を保障することにより、使用者との実質的に対等な交渉を実現させ、［労働協約］が、法令より労働者に有利で詳細な労働条件を定め労働契約の内容を規律することを可能とする。

第三に、事業場の統一的画一的労働条件の必要性に対応するために、［就業規則］が、厳格な要件の下で、労働者にとって有利でない労働契約の内容を設定し、労働契約の内容を労働者に不利益に変更することを肯定する。

---

*1　法の解釈・適用にあたって援用することができる法形式。特に裁判官が判決理由でそれを援用して裁判の理由としうる法形式を意味する。

*2　裁判事務心得(明 8 太政官布告 103 ／現行法令)の 3 条は「民事ノ裁判ニ成文ノ法律ナキモノハ習慣ニ依リ習慣ナキモノハ条理ヲ推考シテ裁判スヘシ」と規定しており、これに基づき「条理」も法源となる。例えば、日鉄鉱業(労働者上告)事件・最三小判平 6・2・22 民集 48 巻 2 号 441 頁/労判 646 号 7 頁は、経験則又は条理に反するとの理由で原審を破棄差し戻した。

(3) 権利義務関係の決定システム

以上を整理すると、労働者と使用者との権利義務関係は、原則として、[労働契約]によりその内容が定められ、〈労使慣行〉も労働契約の内容となりうる。

しかし、[労働契約] は、[憲法・法令] の定める最低基準・ルールに反することはできない（ただし、法令上の最低基準・ルールのうち一定のものは、＜労使協定＞又は＜決議＞により、当該事業場においてその規制を緩和・解除・修正される）。

また、当該労働者に適用される [労働協約] が存在する場合は、一定の要件のもとで、憲法・法令に反しない限りで、労働契約の内容を規律し、就業規則作成義務のある事業場（常時 10 人以上の労働者を使用する事業場）では、[就業規則] が、一定の要件のもとで、憲法・法令及び労働協約に反しない限りで、労働契約の内容を設定し、あるいは、変更する。

(4) 労働協約と就業規則の有無

労働者と使用者の権利義務関係を検討するにあたり、[労働契約] と [憲法・法令] は必ず参照されるが、[労働協約] と [就業規則] については、当該労働契約に適用されるものがある場合とない場合がある。

したがって、適用される労働協約と就業規則の有無、及び、その具体的内容を確定させなければ、権利義務に関する判断を下すことはできない。

2　労働組合と使用者又は使用者団体との権利義務関係

(1) 法源

労働組合と使用者又は使用者団体の権利義務関係の主な法源は、① [労働協約]、及び、② [憲法・法令] であるが、③〈労使慣行〉も黙示の合意により又は事実たる慣習として権利義務関係を設定しうる。

(2) 権利義務関係の決定システム

労働組合と使用者（又は使用者団体）の権利義務関係は、[憲法・法令] に反しない限りで [労働協約] により決定され、〈労使慣行〉もその内容となりうる。

3　労働者と労働組合との権利義務関係

(1) 法源

労働者と労働組合の権利義務関係の主な法源は、①労働組合の定める [組合規約]、②労働組合と労働者の [組合員契約] 及び、③ [憲法・法令] である。

(2) 権利義務関係の決定システム

労働者と労働組合との権利義務関係は、[憲法・法令] に反しない限りで、[組合規約] とそれに基づく決議等、及び、[組合員契約] により決定される

第２節　労働法の法源

本節では、労働法における法源(権利義務関係の法的根拠)である、①労働契約(→ 1)、②労働協約(→ 2)、③就業規則(→ 3)、④組合規約(→ 4)、⑤憲法・法令(→ 5)、及び、⑥労使慣行(→ 6)、⑦労使協定(→ 7)、⑧決議(→ 8・9)の内容と、それぞれの関係について説明する。

1　労働契約

(1) 定義

「労働契約」は、「労働者」*3の締結する「労務供給契約」である。

「労働契約」は、労働関係法規の適用関係により、①労基法上の労働契約、②労契法上の労働契約、③労組法上の労働契約の３種類に区別され、その内容は「労働者」概念に応じて定まる。

「労基法上の労働契約」、すなわち、労基法等の個別的労働関係法の領域の法律(労契法を除く)が適用される労働契約は、「労基法上の労働者」*4が締結する労務供給契約である。

「労契法上の労働契約」、すなわち、労契法が適用される労働契約は、「労契法上の労働者」*5の締結する労務供給契約である。

「労組法上の労働契約」、すなわち、労組法が適用される労働契約は、「労組法上の労働者」*6の締結する労務供給契約である。

労契法上の労働契約と労組法上の労働契約は同じであり、労基法上の労働契約は、労契法・労組法上の労働契約のうち、労務の供給を受ける者が事業者である労働契約である。

労基法上の労働契約、労契法上の労働契約、労組法上の労働契約のいずれも、①労務供給者(自然人)が自ら労務を供給する契約であり、②労務の供給と報酬の支払が対価関係にある有償双務契約である。また、いずれも、③意思の合致

*3　前記第２章「労働法の主体」第１節参照。

*4　私見では「自ら事業者に有償で労務を供給する自然人で、労務の供給を受ける事業者との関係で独立事業者ではない者」である(→前記第２章「労働法の主体」第１節５(2))。

*5　私見では、「自ら他人に有償で労務を供給する自然人で、労務の供給を受ける者との関係で独立事業者又は独立労働者ではない者」である(→前記第２章「労働法の主体」第１節５(3))。

*6　私見では、「自ら他人に有償で労務を供給する自然人で、労務の供給を受ける者との関係で独立事業者又は独立労働者ではない者(失業者を含む)」である(→前記第２章「労働法の主体」第１節５(4))。

(申込みと承諾)により成立する、諾成・不要式契約である[*7]。

特に断りのない限り、「労働契約」という場合は、労働関係法規が全て適用される「労基法上の労働契約」を指すこととする。

図 3.2　労働契約概念

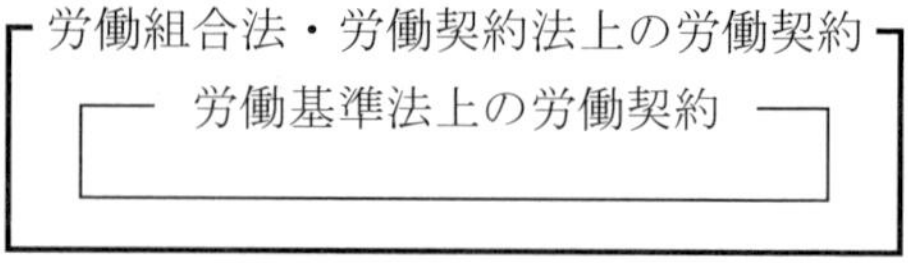

労働組合法・労働契約法上の労働契約
労働基準法上の労働契約

(2) 機能と効力

労働契約(契約当事者の合意)は、憲法・法令に反しない限りで、契約当事者である労働者と使用者の権利義務関係(労働条件等)を決定する。ただし、労働協約が労働契約の内容を規律し、就業規則が労働契約の内容となる場合がある[*8]。

(3) 合意(又は労働者の意思表示)と労働契約

労働契約は、労働者と使用者の合意により、①成立し、②その内容を決定することができ、③その内容を変更することができ、④終了させることができる。

しかし、労働契約内容の不利益な変更への同意や、労働契約の終了をもたらす労働者の意思表示(辞職や労働契約の解約への同意)について、労働者がその効力を争っている場合は、その効力（労働契約内容の不利益変更や労働契約の終了)は厳格に判断する必要がある。

具体的には、第一に、労働者の署名又は押印のある書面による明示的な表示がなければ、労働者の意思表示の存在を認定することはできない[*9]。

第二に、労働者の意思表示が「自由な意思に基づくものと認めるに足りる合理的な理由の客観的存在」を根拠付ける事実が必要であり[*10]、具体的には、①労働契約内容の不利益変更や労働契約を終了させる理由の有無と内容、労働者が被る不利益の内容と程度等についての真実かつ適切な情報提供を行い、誠実な説明協議をなしたこと、②労働者が意思を自由に形成できるよう、希望する場

---

*7　労契法上の労働契約については労契法 6 条の規定から明らかであり、労基法上の労働契約、労組法上の労働契約も要式に関する規定はない。

*8　労働協約と就業規則の効力については、後記 2・3。

*9　賃金の不利益な変更について、労働者の黙示の承諾を否定した裁判例として、名古屋国際芸術文化交流財団事件・名古屋高判平 17・6・23 労判 951 号 74 頁、熊本信用金庫事件・熊本地判平 26・1・24 労判 1092 号 62 頁、京都大学事件・京都地判平 27・5・7 労判 1138 号 74 頁。

*10　山梨県民信用組合事件・最二小判平 28・2・19 民集 70 巻 2 号 123 頁/労判 1136 号 6 頁参照。

合は説明協議の場に同席者を認め、労働者に十分な熟慮期間を付与し、自宅等で書面を作成させたこと等が必要であろう。

2　労働協約

（1）定義

労働協約[*11]は、「労働組合と使用者又はその団体との間の労働条件その他に関する協定であって、書面に作成され、両当事者が署名し、又は記名押印したもの」と定義することができる（労組14条参照）。

（2）機能

労働協約は、憲法・法令に反しない限り、①労働者の労働条件その他の待遇、及び、②集団的労使関係の運営に関するルールや労使紛争処理手続等を定め、①と②の双方を、協約当事者である労働組合と使用者との間の契約として権利義務関係を決定するとともに、①については労働契約を直接規律して労働者と使用者の間の権利義務関係を決定する。

（3）労働協約の定める内容

労働協約の定めは、①債務的部分と、②規範的部分のいずれかに分類される。

「規範的部分」は、労働協約の定めのうち、「労働条件その他労働者の待遇に関する基準」（労組16条）（賃金、労働時間等）を定めるものである。

「債務的部分」は、労働協約の定めのうち、「労働条件その他労働者の待遇に関する基準」以外を定めるものであり、労働組合と使用者（又は使用者団体）の集団的労使関係の運営に関するルールや労使紛争処理手続等（組合員の範囲、労働組合への便宜供与、団体交渉・争議行為の手続、苦情処理手続等）が含まれる。

（4）法的効力

労働協約の法的効力としては、①債務的効力と、②規範的効力がある。

第一に、労働協約は、協約当事者である労働組合と使用者（又は使用者団体）の「契約」である。したがって、労働協約の全ての定め（規範的部分と債務的部分）は、契約としての効力を有し、協約当事者は規定内容につきこれを遵守し履行する義務を負い、一方当事者は、他方当事者の違反につき、履行請求、又は、不履行（違反）によって生じた損害賠償を請求できる。

この労働協約の協約当事者間の契約としての効力が「債務的効力」である。

第二に、労働協約の定めのうち、規範的部分（労働条件その他の労働者の待遇に関する基準を定めた部分）は、①それに違反する労働契約の部分については、こ

---

*11　詳細は、後記第19章「労働協約」参照。

れを無効とし（強行的効力）、無効となった部分は基準の定めるところによることとなり（直律的効力）、②労働契約に定がない部分についても、基準の定めるところによることとなる（直律的効力）（労組16条）。

労働協約の規範的部分の、①強行的直律的効力により、労働協約の定めに違反する労働契約の部分を修正する効力、及び、②直律的効力により、労働契約に定のない部分を補充する効力が「規範的効力」である。

労働協約は、法令に反しない限りは、その定める基準を、①協約よりも労働者に不利な労働契約は許容しないがより有利な労働契約は認める「最低基準」とするか、②労働者に不利な労働契約も有利な労働契約も認めない「統一的基準」とするかを選択することができ、その結果、労働協約の規範的効力を、①最低基準効とするか、②両面的規範的効力（統一的基準としての効力）とするかを選択することができる。

労働協約の規範的効力が及ぶ労働契約は、原則として、協約が適用対象とし、かつ、当該労働協約の当事者組合の組合員と、協約当事者である使用者（又は使用者団体の構成員である使用者）との間の労働契約である[*12]。

3　就業規則

(1) 定義

就業規則に関する規定のある労基法及び労契法のいずれの法律にも、これらの法律が適用される「就業規則」の定義はない。

しかし、両法の規定の仕方に鑑みれば[*13]、両法にいう「就業規則」の規定は同一であり、両法の適用される「就業規則」は、「労基法89条に基づき作成義務のある事業場（常時 10 人以上の労働者を使用する事業場）において使用者が作成した規則類のうち、同条所定の必要記載事項（使用者が作成を義務づけられる労働条件に関する基準）を定めた部分」である。

したがって、労基法 89 条に基づく作成義務のない事業場で作成された規則

*12　労組法17条・18条は、例外的に、労働協約の規範的効力を、「協約当事者組合の組合員と協約当事者である使用者又は使用者団体の構成員である使用者との間の労働契約」以外の労働契約に及ぼす拡張適用制度を定めている（後記第19章「労働協約」第4節）。

*13　①就業規則の作成・届出義務は労基法89条・90条に規定され、労契法11条は、就業規則の変更の手続に関しては労基法89条と90条の定めるところによるとしており、②労基法 92 条は、就業規則は法令又は労働協約に反してはならないと定め、労契法13 条は、同規定に対応して法令又は労働協約に反する就業規則の部分は労働契約に対して労契法7条・10条・12条の定める効力を有さない旨を定めており、③労基法93条は、労働契約と就業規則の関係については労契法 12 条の定めによると規定している。

類、又は、同条所定の必要記載事項[*14]以外の事項について定めた部分は、労基法及び労契法の適用される「就業規則」ではなく、労契法の就業規則の効力に関する規定（労契７条、９・10条、12条）は適用されない。

(2) 機能

就業規則は、①一定の要件のもとで、憲法・法令又は労働協約に反しない限りで（労基92条１項、労契13条）、当該事業場の労働条件の最低基準を設定して明示し、また、当該事業場の労働者の労働契約の内容となる。また、②行政官庁への届出が義務付けられることにより、行政機関が当該事業場の労働条件の法令、労働協約、就業規則違反の有無を監督することを容易にする。

(3) 適用対象と規律対象

就業規則が適用対象とする労働者は、当該就業規則が作成されている事業場で労働している労働者である。

就業規則が規律対象とする労働条件は、①労基法89条所定の必要記載事項とされている労働条件（→(4)イ）であり、かつ、②当該事業場の労働者全て又はある一定の範囲の労働者全てに適用される基準である。

(4) 就業規則に関する使用者の義務

使用者（労基法上の使用者）は、就業規則に関し、①作成・届出義務（労基89条）、②必要記載事項の記載義務（労基89条）、③過半数代表の意見聴取・意見書添付義務（労基90条）、④周知義務（労基106条１項）を負う。

ア　作成・届出義務

使用者は、常時10人以上の労働者を使用する事業場においては、必要記載事項について就業規則を作成し、行政官庁に届けなければならない。必要記載事項について就業規則を変更した場合も同様である（労基89条）。

イ　必要記載事項の記載義務

使用者が就業規則に記載しなければならない必要記載事項としては、1）絶対的必要記載事項（必ず記載しなければならない事項）と、2）相対的必要記載事項（定めをする場合は記載しなければならない事項）がある。

1）絶対的必要記載事項は、①始業及び終業の時刻、休憩時間、休日、休暇、就業時転換に関する事項、②臨時の賃金等を除く賃金について、その決定・計算及び支払の方法、締切及び支払の時期、昇給に関する事項、③退職に関する事項（解雇の事由を含む）であり（労基89条１号～３号）、2）相対的必要記載事項は、

---

*14　労基法89条10号にいう「当該事業場の労働者のすべてに適用される定め」は、当該事業場の全労働者に適用される定めのみならず、当該事業場の労働者の中で一定の要件を充足する労働者に適用される定めも含むと解される。

①退職手当の適用労働者の範囲、決定、計算及び支払の方法、支払の時期に関する事項、②退職手当を除く臨時の賃金等及び最低賃金額に関する事項、③労働者の食費、作業用品その他の負担に関する事項、④安全及び衛生に関する事項、⑤職業訓練に関する事項、⑥災害補償及び業務外の傷病扶助に関する事項、⑦表彰及び制裁の種類及び程度に関する事項、⑧その他当該事業場の労働者のすべてに適用される事項である（労基 89 条 3 の 2 号～ 10 号）。

ウ　過半数代表の意見聴取・意見書添付義務

使用者は、就業規則の作成又は変更にあたり、過半数代表[*15]の意見を聴かなければならず（労基 90 条 1 項）、行政官庁への届出をなすにあたり、その意見を記した書面を添付しなければならない（労基 90 条 2 項）。ただし、この意見聴取義務は過半数代表との協議又は過半数代表の同意を要求するものではない。

エ　周知義務

使用者は、就業規則を、①常時各作業場の見やすい場所に掲示し又は備え付けること、②書面の交付、③磁気テープ、磁気ディスク等に記録し、各作業場に労働者が当該記録の内容を常時確認できる機器を設置することのいずれかにより、労働者に周知しなければならない（労基 106 条 1 項、労基則 52 条の 2）。

(5)　就業規則と法令の効力関係

就業規則は、法令に反してはならない（労基 92 条 1 項）。任意法規はそれと異なる定めを許容するから、ここでいう「法令」は強行法規である。

「最低基準」（労働者にとってより不利な労働条件は許容しないがより有利な労働条件は認める）を設定する強行法規との関係では、「反してはならない」というのは、「労働者にとってより不利な労働条件であってはならない」という意味であり、より有利な労働条件を定める就業規則はむしろ望ましい。

法令に反する就業規則の部分は、当該法令の適用を受ける労働者の労働契約に対しては法的効力を有さず、契約内容とはならない（労契 13 条）。

(6)　就業規則と労働協約の効力関係

就業規則は、当該事業場に適用される労働協約に反してはならない（労基 92 条 1 項）。労働協約は、強行法規に反しない限り、その定める基準を「最低基準」とするか「統一的基準」とするかを自由に決定することができる。

したがって、「反してはならない」という意味は、労働協約の設定する基準の内容により異なり、①労働協約の定める基準が「最低基準」であれば、「労働者にとって労働協約よりも不利な定めであってはならない」、②労働協約の

*15　詳細は、前記第 2 章第 3 節の 2。

定める基準が「統一的基準」であれば、「労働協約と異なる定めであってはならない」ということを意味する[*16]。

労働協約に反する就業規則の部分は、当該労働協約の適用を受ける労働者の労働契約に対して法的効力を有さず契約内容とはならない(労契 13 条)。したがって、労働協約が事業場の労働者の一部にのみ適用される場合は、労働協約に反する就業規則の部分は、労働協約の適用対象者以外の労働者に対しては法的効力を有しその契約内容となりうる。

(7) 就業規則の労働契約に対する法的効力

就業規則は、過半数代表の意見聴取・意見書添付義務(労基 90 条)があるとはいえ、使用者が一方的に作成・変更するものである。また、労働契約の内容の設定と変更は、契約当事者の合意によりなされるのが原則である(労契 1 条、3 条 1 項、8 条)。

したがって、就業規則は、法令及び労働協約に反していなくても、原則として、それだけでは単なる「紙切れ」であり、何の法的効力も有さず、権利義務関係に影響を及ぼさない。

しかし、例外的に、法所定の要件を充足する場合、就業規則は、①最低基準効(労契 12 条)、②非有利設定効(労契 7 条)、又は、③不利益変更効(労契 10 条)を有し、その定める労働条件を労働契約の内容とする旨の労働者と使用者の合意がなくても、労働契約の内容を設定・変更することができる。

以下、当該就業規則が法令及び労働協約に反していないことを前提として、就業規則の、①最低基準効(労契 12 条)(→(8))、②非有利設定効(労契 7 条)(→(9))、③不利益変更効(労契 10 条)(→(10))の内容と効力発生要件を説明する。

(8) 最低基準効

ア　最低基準効の内容

労契法 12 条は、「就業規則の定める基準に達しない労働条件を定める労働契約は、その部分については、無効とする。この場合において、無効となった部分は、就業規則で定める基準による」と規定する。

この労契法 12 条の定める、①「就業規則が就業規則の定める基準に達しない労働条件を定める労働契約の部分を無効とする効力」が「強行的効力」であり、②「無効となった部分(但し、当該労働条件についての合意がない場合には当該空白部分)については就業規則の基準がその内容となる効力」が「直律的効力」であり、「①強行的効力と②直律的効力のいずれか又は双方により、労働契約

*16　明石運輸事件・神戸地判平 14・10・25 労判 843 号 39 頁。

上の労働条件を就業規則の定める基準まで引き上げ・維持する効力」が、就業規則の「最低基準効」である。

イ　最低基準効の具体的効力

最低基準効の具体的効力は、その機能する場面により、①「有利設定効」、②「有利変更効」、③「不利益変更制限効」の三つに大別される。

最低基準効の具体的効力の第一は、労働契約締結時に既に存在する就業規則が、①就業規則の定める労働条件が労働契約の定める労働条件よりも労働者に有利であるときに、労働契約を修正し（修正的効力）、②就業規則の定める労働条件が労働契約に定めのない状態よりも労働者に有利であるとき（例：賞与についての合意がない場合における賞与支払規定）に、労働契約を補充し（補充的効力）、労働契約上の労働条件を就業規則の定める基準にまで引き上げる効力である。これを「有利設定効」と定義する。

最低基準効の具体的効力の第二は、労働契約締結後に変更又は新規作成された就業規則が、①就業規則の定める労働条件が労働契約の定める労働条件よりも労働者に有利であるときに、労働契約を修正し（修正的効力）、②就業規則の定める労働条件が労働契約に定めのない状態よりも労働者に有利であるとき（例：退職手当についての合意がない場合における退職手当支払規定）に、労働契約を補充し（補充的効力）、労働契約上の労働条件を就業規則の定める基準にまで引き上げる効力である。これを「有利変更効」と定義する。

最低基準効の具体的効力の第三は、就業規則が存続している間、労働者と使用者が労働条件の変更に合意しても、合意により定められた労働条件が就業規則の定める労働条件を下回るときは下回る部分の合意を無効として、合意による労働条件の不利益変更を制限し、就業規則の定める労働条件を維持する効力である。これを「不利益変更制限効」と定義する。

ウ　最低基準効の効力発生要件

最低基準効の効力発生要件は、①有利性要件と、②手続要件である。

①有利性要件は、就業規則の定める基準が、労働契約上の定め、又は、労働契約上定めがない状態よりも、労働者にとってより有利であること、②手続要件は、就業規則が、労働者に実質的に周知されている（知ろうと思えば知りうる状態におかれている）か、又は、行政官庁への届出がなされていることである。

(9)　非有利設定効

ア　非有利設定効の内容

労契法 7 条は、「労働者及び使用者が労働契約を締結する場合において、使用者が合理的な労働条件が定められている就業規則を労働者に周知させていた場合には、労働契約の内容は、その就業規則で定める労働条件によるものとする。ただし、労働契約において、労働者及び使用者が就業規則の内容と異なる労働条件を合意していた部分については、第 12 条に該当する場合を除き、この限りではない。」と規定している。

労契法 7 条の定める、「労働契約締結時に存在している就業規則の定める労働条件が、当該労働条件について合意がない状態よりも労働者にとって有利ではないにもかかわらず、労働契約の内容となる効力」を、就業規則の「非有利設定効」と定義する。

「当該労働条件について合意がない状態よりも労働者にとって有利とはいえない条項」とは、具体的には、①使用者に対して、配転・出向命令権、時間外労働・休日労働命令権、降職・降格・降給権、懲戒権等を付与する条項、②競業避止、秘密保持、兼業禁止、企業秩序維持、健康診断受診等、労働者に義務を課す条項、③始業・終業時刻等労働義務のある時間に関する条項等である。

イ　非有利設定効の効力発生要件

非有利設定効の効力発生要件は、①非有利性要件、②時期の要件、③合理性要件、④労契法所定の手続要件、⑤労基法所定の手続要件、⑥異なる合意の不存在に大別される。

①非有利性要件は、就業規則の定めが、労働契約上定めがない状態よりも労働者にとって有利ではないことであり、②時期的要件は、当該就業規則が労働契約締結時に存在することである。

③合理性要件は、就業規則の定める労働条件の内容の合理性である。労働者にとって有利とは言えない労働条件が、労働者の同意なしに労働契約の内容となることを肯定するためには、労働契約内容の適正さを担保するため、その内容の合理性が必要だからである。

④労契法所定の手続要件は、労働契約締結時の労働者に対する周知である。ここでいう「労働者」とは、1)すでに労働契約を締結している当該事業場の労働者、及び、2)新たに労働契約を締結する労働者の両方を意味する。また、「周知」は、具体的内容の規定はないが、1)就業規則の存在を知らせて、労働者が知ろうと思えば知りうる状態にすることのみならず、2)周知される情報の適切・的確さ、3)その具体的内容の説明が必要と解すべきである。

⑤労基法所定の手続要件は、労基法の定める意見聴取と意見書を添付しての届出(労基 89・90 条)、周知(労基 106 条 1 項)である。

⑥異なる合意の不存在は、就業規則の定める労働条件に関して当事者間で異なる内容の合意が存在しないことである(労契 7 条但書)。異なる合意が存在す

る場合、合意された労働条件が労働契約の内容となる(労契7条但書)。ただし、それが就業規則の定める基準に達しない場合は、就業規則の最低基準効(労契12条)に基づき、就業規則の定めが労働契約の内容となる(労契7条但書中の除外条項)。したがって、異なる合意は、就業規則の定める基準を下回らない労働条件を定める場合に限り有効である。

(10) 不利益変更効

ア　不利益変更効の内容

労契法10条は、「使用者が就業規則の変更により労働条件を変更する場合において、変更後の就業規則を労働者に周知させ、かつ、就業規則の変更が、労働者の受ける不利益の程度、労働条件の変更の必要性、変更後の就業規則の内容の相当性、労働組合等との交渉の状況その他の就業規則の変更に係る事情に照らして合理的なものであるときは、労働契約の内容である労働条件は、当該変更後の就業規則の定めるところによるものとする。ただし、労働契約において、労働者及び使用者が就業規則の変更によっては変更されない労働条件として合意していた部分については、第12条に該当する場合を除き、この限りではない。」と規定している。

この労契法10条が定める、「労働契約締結後の就業規則の変更により、労働条件が労働者に不利益に変更される場合、就業規則の変更時点で当該労働条件の不利益変更につき労働者との合意がないにもかかわらず、変更後の就業規則が労働契約内容を労働者に不利益に変更する効力」を、就業規則の「不利益変更効」と定義する。

イ　不利益変更効の効力発生要件

不利益変更効の効力発生要件は、①不利益性要件、②時期の要件・変更の要件、③合理性要件、④労契法所定の手続要件、⑤労基法所定の手続要件、⑥特約の不存在に大別される。

①不利益性要件は、就業規則の変更による労働条件の「不利益な変更」であることである(労契9条も参照)。

②時期の要件・変更の要件は、「労働契約締結後」に「就業規則の変更」により労働条件を変更することである。

③合理性要件は、変更の合理性である。労契法10条は、就業規則の変更が合理的なものであるか否かの判断要素として、①労働者の受ける不利益の程度、②労働条件の変更の必要性、③変更後の就業規則の内容の相当性、④労働組合との交渉の状況、⑤その他の就業規則の変更に係る事情を挙げる。

④労契法所定の手続要件は、労契法所定の周知である。「周知」の具体的内

容に関する規定はないが、少なくとも、①就業規則が変更されること及びその変更の具体的内容について事業場の労働者全員に対して適切かつ的確に説明し、かつ、②就業規則の全文を、いつでも、事業場の外でも見ることが可能な状態にすることが必要であると解すべきである。

⑤労基法所定の手続要件は、労基法の定める意見聴取と意見書を添付しての届出（労基 89・90 条）、周知（労基 106 条 1 項）である。

⑥特約の不存在は、当該労働条件について就業規則の変更によって変更されないとの合意が存在しないことである（労契 10 条但書）。このような合意が存在する場合、原則として、合意されていた労働条件が就業規則の変更後も労働契約の内容となる（労契 10 条但書）。ただし、当該合意が就業規則の定める基準に達しない場合は、就業規則の最低基準効（労契 12 条）に基づき、就業規則の定めが労働契約の内容になる。したがって、当該労働条件について就業規則の変更により変更されないとの合意は、労働契約の定めが就業規則の定める基準を下回らない限度で有効である。

4　組合規約

(1)　定義

組合規約は、法律上の定義はないが、労働組合が、労働組合の組織・運営、組合員資格、組合員の権利・義務に関する基本的事項を定めたものである。

(2)　機能と効力

組合規約については、就業規則や労働協約とは異なり、その法的効力に関する法律上の規定は存在しないが、組合規約は、当該労働組合の自治的法規範であって、憲法・法令の枠内で法的効力を有すると解される。

したがって、組合規約は、憲法・法令に反しない限り、組合規約に反した決議、選挙、規約改正を無効とし、また、労働者が当該労働組合を「設立」又は当該労働組合に「加入」することにより、労働組合と組合員との間の権利義務関係を設定する。

(3)　必要記載事項

労組法 5 条 2 項は、憲法 14 条の定める平等取扱原則と組合員の組合運営への参加権及び組合の民主的運営を保障するために、労働組合が、組合規約に記載しなければならない事項として、①名称、②主たる事務所の所在地の他、③連合団体である労働組合以外の労働組合（単位労働組合）においては、組合員の、労働組合の全ての問題に参与する権利及び均等の取扱を受ける権利の保障、④人種、宗教、性別、門地又は身分により組合員たる資格を奪われないこと、

⑤単位労働組合の役員については、組合員の直接無記名投票により選挙されること、連合団体である労働組合及び全国的規模をもつ労働組合の役員については、単位労働組合の組合員又はその組合員の直接無記名投票により選挙された代議員の直接無記名投票により選挙されること、⑥総会は少なくとも毎年一回開催すること、⑦すべての財源及び使途、主要な寄附者の氏名並びに現在の経理状況を示す会計報告は、組合員によって委嘱された職業的資格を有する会計監査人による正確であることの証明書とともに、少なくとも毎年一回組合員に公表されること、⑧同盟罷業は、組合員又は組合員の直接無記名投票により選挙された代議員の直接無記名投票の過半数による決定を経なければ開始しないこと、⑨単位労働組合においては、その規約は、組合員の直接無記名投票による過半数の支持を得なければ改正しないこと、連合団体である労働組合又は全国的規模をもつ労働組合にあっては、その規約は、単位労働組合の組合員又はその組合員の直接無記名投票により選挙された代議員の直接無記名投票による過半数の支持を得なければ改正しないことを規定している。

5　憲法・法令

憲法・法令は、労働契約、就業規則、労働協約、組合規約で決定しうる権利義務関係の枠組みを設定する機能を有する。

労働法においては、憲法の条文のうち、特に、25条(生存権)、27条(労働権・労働義務、労働条件の基準の法定、児童の酷使の禁止)、28 条(団結権、団体交渉権、団体行動権)、人権保障規定が重要であり、法令としては、労働法分野の法律[*17]・命令(施行規則等)の他、民法等も重要な法源である。

法令上の具体的規定や労働協約・就業規則による保護的規律がない場合は、①公序(民90条)、②信義誠実の原則(信義則)(民1条2項、労契3条4項等)、③権利濫用の禁止(民1条3項、労契3条5項等)等の一般原則に照らして、労働権保障の観点から、労働契約上の権利義務を画定する。

6　労使慣行

(1)　定義

「労使慣行」は、一般に、労働条件、団結活動などについて、明示の合意、就業規則、あるいは、労働協約に基づかない取扱いないし処理方法が反復・継続して行われ、それが使用者と労働者又は労働組合の双方に対し事実上の行為

*17　前記第1章「労働法の位置づけと体系」第2節。

準則として機能している場合のその取扱いないし処理方法をいう。

（2）機能と効力

労使慣行は、それ自体は直接権利義務関係を決定するものではないが、①黙示の合意により、あるいは、②事実たる慣習として（民 92 条）、労働契約の内容、あるいは、労働組合と使用者の契約内容となる場合がある。

ただし、労働協約に反する労使慣行、又は、就業規則の定めより労働者に不利な労使慣行は、労働契約内容となっても、労働協約の規範的効力（労組 16 条）又は就業規則の最低基準効（労契 12 条）により修正され、法的効力を有しない。

労使慣行が、民法 92 条に基づき事実たる慣習としての法的効力を認められる要件は、①同種の行為又は事実が一定の範囲において長期間反復継続して行われていたこと、②労使双方が明示的に当該慣行によることを排除・排斥していないこと、③当該慣行が労使双方の規範的意識によって支えられ、使用者側においては、当該労働条件についてその内容を決定しうる権限を有している者か、又はその取扱いについて一定の裁量権を有する者が規範意識を有していたことであると解されている[*18]。

7　労使協定

（1）定義

「労使協定」は、「過半数代表」[*19]と使用者の、法所定の事項についての書面による協定である。

「過半数代表」が「過半数組合」である場合、その締結する労使協定が労働協約の成立要件（労組 14 条）を充足する場合は、当該「労使協定」は労組法上の「労働協約」でもあり[*20]、労働協約としての性質も併せ持つことになる。

（2）機能

労使協定は、強行法規の定める労働契約に対する規制を、当該事業場について、緩和・解除・修正する。

（3）対象

労使協定の対象は、法所定の事項に限定されている。具体的には、①法定時

---

*18　商大八戸の里ドライビングスクール事件・大阪高判平 5・6・25 労判 679 号 32 頁（最一小判平 7・3・9 労判 679 号 30 頁も維持）、日本大学事件・東京地判平 14・12・25 労判 845 号 33 頁、高見澤電気製作所事件・長野地上田支判平 16・2・27 労判 871 号 14 頁、立命館事件・京都地判平 24・3・29 労判 1053 号 38 頁、尚美学園（大学専任教員 B）事件・東京地判平 28・11・30 労判 1152 号 13 頁等。

*19　前記第 2 章「労働法の主体」第 3 節 2 参照。

*20　九州自動車学校事件・福岡地小倉地判平 13・8・9 労判 822 号 78 頁。

間外労働・法定休日労働の許容（労基 36 条 1 項）、②一か月単位変形労働時間制の導入（労基 32 条の 2 第 1 項）、③フレックスタイム制の導入（労基 32 条の 3）、④一年単位変形労働時間制の導入（労基 32 条の 4 第 1 項）、⑤一週間単位非定型的変形労働時間制の導入（労基 32 条の 5 第 1 項）、⑥事業場外労働のみなし時間数の設定（労基 38 条の 2 第 2 項）、⑦専門業務型裁量労働のみなし時間制の導入（労基 38 条の 3 第 1 項）、⑧割増賃金に代えての休暇の付与（労基 37 条 3 項）、⑨休憩の一斉付与原則の例外の許容（労基 34 条 2 項但書）、⑩年次有給休暇の時間単位取得（労基 37 条 4 項）、⑪計画年休の導入（労基 39 条 6 項）、⑫年次有給休暇手当を標準報酬月額とすること（労基 39 条 7 項但書）、⑬賃金の一部控除の許容（労基 24 条 1 項但書）、⑭育児休業・介護休業付与義務の免除（育介 6 条 1 項但書、12 条 2 項）、⑮所定労働時間短縮義務の免除（育介 23 条 1 項但書、同条 3 項但書）、⑯所定時間外労働制限義務の免除（育介 16 条の 8 第 1 項、16 条の 9 第 1 項が準用する 18 条の 8 第 1 項但書）、⑰子の看護休暇・介護休暇付与義務の免除（育介 16 条の 3 第 2 項、16 条の 6 第 2 項）、⑱貯蓄金の委託管理の許容（労基 18 条 2 項）、⑲派遣労働者と派遣先の労働者との均等・均衡待遇原則の除外（派遣 30 条の 4 第 1 項）等があり、法所定の事項以外について、過半数代表と使用者が書面による協定を締結しても、それは「労使協定」としての法的効力を有しない。

(4) 有効期間

前記(3)の労使協定のうち、①・⑥・⑦は、有効期間の定めが必要である（ただし期間の上限はない）。

(5) 周知義務

前記(3)の労使協定のうち、①～⑬・⑱は、使用者がそれを、ｱ)常時各作業場の見やすい場所に掲示し、又は備え付けること、ｲ)書面を交付すること、ｳ)磁気テープ、磁気ディスク等に記録し、かつ、各作業場に労働者が当該記録の内容を常時確認できる機器を設置することのいずれかにより、労働者に周知させなければならず（労基 106 条 1 項、労基則 52 条の 2）、⑲も、厚生労働省令の定めるところにより、労働者に周知しなければならない（派遣 30 条の 4 第 2 項）。

(6) 届出

前記(3)の労使協定のうち、①～⑦・⑱は、行政官庁への届出が必要である。

(7) 効力

労使協定は、法所定の締結と手続の履践により、当該強行法規の規制を、ⅰ)労使協定の締結された事業場において、ⅱ)労使協定の対象とする労働者について、ⅲ)労使協定の許容する範囲内で、緩和・解除・修正する効力を有する（詳細は、後記第 2 部「個別的労働関係法」の関連部分で説明する）。

具体的には、第一に、公法上の効果として、当該強行法規違反に刑事罰が科せられる場合は、これを免責する「免罰的効力」を有する（前記(3)の①～⑤、⑧～⑬、⑱）[*21]。例えば、労基法 32 条は、1 日 8 時間 1 週 40 時間を超えて労働させてはならないと定め、これを超えて労働させた場合は使用者に刑事罰が科せられる（労基 119 条）が、労基法 36 条所定の労使協定が締結・届出された場合は、当該事業場で労使協定の対象とする労働者につき労使協定が許容する範囲内（例えば1日9時間）であれば、1 日 8 時間を超えて労働させても刑事罰を科されない。

第二に、私法上の効果として、当該強行法規が労働条件の最低基準・ルールを設定し、強行的直律的効力を有している場合は、当該強行法規に反する労働契約を有効とする「強行性排除効」を有する（前記(3)の①～⑤、⑪⑬、⑱）。また、当該強行法規が直接使用者の義務を発生させている場合は、その義務を免除する「義務免除効」（前記(3)の⑨⑭⑮⑯⑰）、又は、義務の内容を修正する「義務内容修正効」を有する（前記(3)の⑧⑩⑫⑲）。

第三に、当該強行法規が労働時間の計算方法を定めている場合は、これを修正する（前記(3)の⑥⑦）。

しかし、労使協定自体は、計画年休協定（前記(3)の⑪）を除き、直接、労働契約の内容（権利義務）を設定・変更する効力を有しない。したがって、労使協定の範囲内で労働契約の内容を設定・変更するためには、別途、法的根拠（労働契約、労働協約、又は、就業規則）が必要となる（→前記１～３）。

8　労使委員会の決議

(1) 定義

「決議」は、「労使委員会」[*22]がその委員の 5 分の 4 以上の多数による議決により決定し、議事録として作成されたものである。議事録は保存され、当該事業場の労働者に周知が図られていることを要する（労基 38 条の 4 第 2 項 2 号）。

(2) 機能

決議は、強行法規の定める労働契約に対する規制を、当該事業場について、緩和・解除・修正する機能を有する。

(3) 対象

決議の対象としうる事項は、(a)企画業務型裁量労働制におけるみなし労働

---

*21　前記(3)の⑥⑦は、労基法 32 条の労働時間規制の対象となる時間を「協定時間」とし、「実労働時間」が法定労働時間を超過しても、協定時間が法定労働時間以下であれば罰則を科されないという意味での免罰的効果を有する。

*22　前記第 2 章「労働法の主体」第 3 節 3 参照。

時間制の導入(労基38条の4第1項)、及び、(b)労働時間・休憩・休日・深夜割増に関する規制の適用除外の導入(労基41条の2第1項)である。

また、決議は、以下の「労使協定」、すなわち、①法定時間外・法定休日労働の許容(労基36条1項)、②一か月単位変形労働時間制導入(労基32条の2第1項)、③フレックスタイム制導入(労基32条の3第1項)、④一年単位変形労働時間制導入(労基32条の4第1項)、⑤一週間単位非定型的変形労働時間制導入(労基32条の5第1項)、⑥事業場外労働のみなし時間数の設定(労基38条の2第2項)、⑦専門業務型裁量労働のみなし時間制導入(労基38条の3第1項)、⑧割増賃金に代えての休暇の付与(労基37条3項)、⑨休憩の一斉付与の例外の許容(労基34条2項但書)、⑩年次有給休暇の時間単位取得(労基39条4項)、⑪計画年休導入(労基39条6項)、⑫年次有給休暇手当を標準報酬月額とすること(労基39条9項但書)に関する協定に代替しうる(労基38条の4第5項)[*23]。

(4) 有効期間

前記(3)の決議のうち、(a)、及び、①～④・⑥⑦に代替する決議は、有効期間の定めが必要である。

(5) 周知義務

労使協定と同様、使用者は決議を、①常時各作業場の見やすい場所に掲示、又は備付け、②書面の交付、③磁気テープ、磁気ディスク等に記録し、かつ、各作業場に労働者が当該記録の内容を常時確認できる機器を設置のいずれかによって、労働者に周知させなければならない(労基106条1項、労基則52条の2)。

(6) 届出

前記(3)の決議のうち、(a)・(b)、及び、①に代替する決議は、行政官庁への届出が必要である。

(7) 効力

決議も、法所定の決議と手続の履践により、労使協定と同様、当該強行法規の規制を、ⅰ)決議のなされた事業場において、ⅱ)決議の対象とする労働者について、ⅲ)決議の許容する範囲内で、緩和・解除・修正する効力を有する[*24*25]。

すなわち、1)公法上の効力として免罰的効力を有し(前記(3)の(b)、①～⑤、⑧～⑬)(前記(3)の(a)、⑥⑦は、労基法32条の労働時間規制の対象となる時間を「協定時間」

---

*23　この他、決議は、一年単位変形労働時間制における労働日と時間の特定に関する過半数代表の「同意」(労基32条の4第2項)に代替しうる(労基38条の4第5項)。

*24　法所定の届出は条文の規定上効力要件であることは明らかであるが、強行法規の規制の緩和等の重要な効力を肯定するためには、周知も効力要件と解すべきである。

*25　詳細は、後記第2部「個別的労働関係法」の関連部分で説明する。

とし、「実労働時間」が法定労働時間を超過しても、協定時間が法定労働時間以下であれば罰則を科されないという意味での免罰的効果を有する）、2）私法上の効力として強行性排除効（前記(3)の(b)、①～⑤、⑪⑬）、義務免除効（前記(3)の⑨）、義務内容修正効（前記(3)の⑧⑩⑫）を有し、3）当該規定が労働時間の計算方法を定めている場合はこれを修正する（前記(3)の(a)、⑥⑦）。

しかし、決議自体は、計画年休導入の決議（前記(3)の⑪）を除き、直接、労働契約の内容（権利義務）を設定・変更する効力を有しない。したがって、決議の範囲内で労働契約の内容を設定・変更するためには、別途、法的根拠（労働契約、労働協約、又は、就業規則）が必要となる（→前記１～３）。

９　労働時間等設定改善（企業）委員会の決議

（1）定義

労働時間等設定改善委員会、及び、労働時間等設定改善企業委員会[*26]の「決議」は、その委員の５分の４以上の多数による議決により決定し議事録として作成されたものである。

議事録は委員会開催毎に作成され３年間保存されなければならない（労働時間等設定改善７条２号・７条の２第２号、同施行規則２条・４条）。

（2）機能

決議は、強行法規の定める労働契約に対する規制を、当該事業場について、緩和・解除・修正する機能を有する。

（3）対象

「労働時間等設定改善委員会」の「決議」は、以下の「労使協定」、すなわち、①法定時間外・法定休日労働の許容（労基36条１項）、②一か月単位変形労働時間制導入（労基32条の２第１項）、③フレックスタイム制導入（労基32条の３第１項）、④一年単位変形労働時間制導入（労基32条の４第１項）、⑤一週間単位非定型的変形労働時間制導入（労基32条の５第１項）、⑥事業場外労働のみなし時間数（労基38条の２第２項）、⑦専門業務型裁量労働のみなし時間制導入（労基38条の３第１項）、⑧割増賃金に代えての休暇の付与（労基37条３項）、⑨休憩の一斉付与の例外の許容（労基34条２項但書）、⑩年次有給休暇の時間単位取得（労基39条４項）、⑪計画年休導入（労基39条６項）に関する労使協定に代替することができる（労働時間等設定改善７条）[*27]。

---

*26　詳細は、前記第２章「労働法の主体」第３節４参照。

*27　一年単位変形労働時間制における労働日と時間の特定に関する過半数代表の「同意」（労基32条の４第２項）にも代替することができる（労働時間等設定改善７条）。

「労働時間等設定改善企業委員会」の「決議」は、以下の「労使協定」、すなわち、上記の⑧割増賃金に代えての休暇の付与(労基 37 条 3 項)、⑩年次有給休暇の時間単位取得(労基 39 条 4 項)、⑪計画年休導入(労基 39 条 6 項)に関する労使協定に代替することができる(労働時間等設定改善 7 条の 2)。

(4) 有効期間

前記(3)の決議のうち、①〜④・⑥⑦に関する決議は、有効期間の定めが必要である。

(5) 周知義務

労使協定と同様、使用者は決議を、①常時各作業場の見やすい場所に掲示、又は備付け、②書面の交付、③磁気テープ、磁気ディスク等に記録し、かつ、各作業場に労働者が当該記録の内容を常時確認できる機器を設置、のいずれかによって、労働者に周知させなければならない(労働時間等設定改善 7 条・7 条の 2、労基 106 条 1 項、労基則 52 条の 2)。

(6) 届出

前記(3)の決議のうち、①に関する決議は、行政官庁への届出が必要である(労働時間等設定改善 7 条、労基 36 条 1 項)である。

(7) 効力

決議も、法所定の決議及び手続の履践により、労使協定と同様、当該強行法規の規制を、ⅰ)決議のなされた事業場で、ⅱ)決議の対象とする労働者について、ⅲ)決議の許容する範囲内で、緩和・解除・修正する効力を有する[*28][*29]。

すなわち、1)公法上の効力として、免罰的効力を有し(前記(3)の①〜⑤、⑧〜⑪)[*30]、2)私法上の効力として、強行性排除効(前記(3)の①〜⑤、⑪)、義務免除効(前記(3)の⑨)、義務内容修正効(前記(3)の⑧⑩)を有し、3)当該強行法規が労働時間の計算方法を定めている場合は、これを修正する(前記(3)の⑥⑦)。

しかし、決議自体は、計画年休導入の決議(前記(3)の⑪)を除き、直接、労働契約の内容(権利義務)を設定・変更する効力を有しない。したがって、決議の範囲内で労働契約の内容を設定・変更するためには、別途、法的根拠(労働契約、労働協約、又は、就業規則)が必要となる(→前記 1 〜 3)。

---

*28　法所定の届出は条文の規定上効力要件であることは明らかであるが、強行法規の規制の緩和等の重要な効力を肯定するためには、周知も効力要件と解すべきである。

*29　詳細は、後記第 2 部「個別的労働関係法」の関連部分で説明する。

*30　前記(3)の⑥⑦は、労基法 32 条の労働時間規制の対象となる時間を「協定時間」とし、「実労働時間」が法定労働時間を超過しても、協定時間が法定労働時間以下であれば罰則を科されないという意味での免罰的効果を有する。

第2部　個別的労働関係法

第４章　個別的労働関係法総論

本章では、個別的労働関係法の総論として、労働関係の基本原則と実効性の確保（→第１節）、及び、個別労働関係紛争と紛争解決制度（→第２節）を検討する。

第１節　労働関係の基本原則と実効性の確保

1　労働関係の基本原則

労働関係の基本原則は、①労働者の自由・人格権保障と平等原則、②人たるに値する生活を営むための必要を満たすべき労働条件の保障[*1]、③労働条件の対等決定・合意原則と契約ルールの遵守である。

そのため、個別的労働関係法では、①労働関係における労働者の自由・人格権保障と平等原則に関する規定等をおき（→第１編「労働関係における人権保障」）、②労働者が人たるに値する生活を営むための必要を充たすことができるよう、賃金、労働時間等の労働条件の最低基準等を法令により設定し[*2]（→第 2 編「労働基準」）、③労働者保護に配慮した、労働契約の成立・内容の設定と変更・終了・懲戒処分等についての契約ルールを設定している（→第 3 編「労働契約」）。

2　実効性の確保

個別的労働関係法においては、その領域に属する法律が設定する基準・規範の履行を確保するため、①私法上の強行性（→(1)）、②付加金支払制度（→(2)）、③罰則（→(3)）、④労働基準監督行政（→(4)）、⑤厚生労働大臣による行政指導（→(5)）等の方法・措置が採用されている。

(1)　私法上の強行性

個別的労働関係法の領域に属する法律の条文は、その多くが強行規定であり、その設定する基準・規範の多くは私法上の強行性を有する。

---

*1　労基法は、「労働条件は、労働者が人たるに値する生活を営むための必要を充たすべきものでなければならない」（労基１条１項）と定めている。

*2　法律が定める労働条件の基準は、あくまで最低基準であり、労働関係の当事者はこの基準を理由として労働条件を低下させてはならないことはもとより、その向上を図るように努めなければならない（労基１条２項）。

また、当該基準に達しない労働条件を定める労働契約を無効にするという「強行的効力」と無効となった部分をその定める基準で補充するという「直律的効力」を有する条文も多い。労基法13条は、「この法律で定める基準に達しない労働条件を定める労働契約は、その部分については無効とする。この場合において、無効となった部分は、この法律で定める基準による。」と定め、労働条件を定める労基法の条文が最低基準として強行的直律的効力を有することを明記し、最賃法4条も、最賃法に基づき定められた最低賃金の最低基準としての強行的直律的効力を明記している。

強行規定に反する約定は無効であり、場合により当該規定により労働契約の内容が補充され、あるいは、当該規定に基づき直接請求権が発生する。また、当該規定に反する措置は、不法行為又は信義則違反にも該当しうる。

また、私法上の強行性がない条文の定めも、使用者等の信義則上の義務（労契3条4項、民1条2項）の内容となる場合がある。

詳細は、後記第5章～第14章の当該基準・規範の説明部分で検討する。

(2) 付加金支払制度

使用者が、解雇の際の解雇予告手当（労基20条・21条）、休業手当（労基26条）、法定時間外・法定休日・深夜労働の割増賃金（労基37条）、有給休暇期間中の賃金（労基39条9項）の支払義務に反した場合、裁判所は、労働者の請求により、これらの規定により使用者が支払わなければならない金額の未払金のほか、これと同一額の付加金の支払を命ずることができる（労基114条）。

この付加金支払制度は、①これらの手当・賃金を支払わない使用者に対し一種の制裁として経済的な不利益を課し、その支払を促すことにより当該規定の実効性を高めること、②使用者による手当等の支払義務の不履行により労働者に生ずる損害を填補することを目的とする[*3]。

(3) 罰則

労基法及び労働基準関係法規（最賃法、賃確法、安衛法、じん肺法等）、並びに、職安法等の一定の条文の違反については、労働条件の最低基準や労働者供給事業の禁止等の実効性を確保するために、「罰則」の章がおかれ、刑罰が定められている（労基13章、安衛12章、じん肺6章、最賃5章、賃確5章、職安5章等）。

(4) 労働基準監督行政

労基法及び労働基準関係法規の規制の実効性を確保するために、労基法及び労働基準関係法規は、専門的行政機関による行政監督制度を定めている　。

---

*3　最三小決平27・5・19民集69巻4号635頁/判時2270号128頁。

ア　組織

労働基準監督行政の組織として、①厚生労働省の内部部局として労働基準主管局（具体的組織名は「労働基準局」）が、②各都道府県に 47 の都道府県労働局が、③全国に 321 の労働基準監督署と 4 の支署[*4]が置かれている。

これら①～③の監督機関には、専門職の監督行政官である労働基準監督官と必要な職員が配置され（労基 97 条 1 項）[*5]、その指揮監督の系統は、①厚生労働大臣 → ②労働基準主管局長（具体的官職名は厚生労働省の内部部局である「労働基準局」の「労働基準局長」）→ ③都道府県労働局長 → ④労働基準監督署長であり（労基 99 条）[*6]、②～④は労働基準監督官を充てる（労基 97 条 2 項）。

イ　権限

労働基準主管局長（労働基準局長）、都道府県労働局長、労働基準監督署長、及び、労働基準監督官は、労基法、安衛法、じん肺法、最賃法、賃確法、家内労働法等の施行に関する事務を行い（労基 99 条、安衛 90 条、じん肺 41 条、最賃 31 条、賃確 10 条、家内労働 29 条等）、その主要な権限としては、次のものがある。

第一に、労働基準監督署長は、労基法上の権限として、事業場等の臨検、書類提出要求、尋問（労基 101 条）、許可（労基 33 条 1 項・労基則 13 条、労基 41 条 3 号・労基則 38 条、労基 56 条 2 項・年少則 1 条、労基 64 条・年少則 10 条 1 項、労基 61 条 3 項・年少則 5 条）、認定（労基 19 条 2 項・労基則 7 条、労基 20 条 3 項〈19 条 2 項準用〉、労基 78 条・労基則 41 条）、審査及び仲裁（労基 85 条）その他労基法の実施に関する事項をつかさどり、所属の職員を指揮監督する（労基 99 条 3 項）[*7]。

第二に、都道府県労働局長は、労基法上の権限として、許可（労基 71 条・労基則 34 条の 4）を有し、管内の労働基準監督署長を指揮監督し、監督方法の調整等を行う（労基 99 条 2 項）。

第三に、都道府県労働局長又は労働基準監督署長は、安衛法違反がある場合に使用停止命令等を発することができる（安衛 98 条 1 項）。安衛法違反、又は、寄宿舎に関する安全衛生基準違反があり、労働者に切迫・急迫した危険がある

---

*4　厚生労働省組織規則（平 13 厚令 1）789 条、別表第四。2019（平 31）年 3 月 31 日現在。

*5　この他、安衛法の規制の実施のために、産業安全専門官及び労働衛生専門官が置かれており（安衛 93 条 1 項）、事業者等に対する勧告、指示、指導、援助や、立ち入り検査等の権限を有する（安衛 93 条・94 条）。

*6　ただし、労基法の女性に特殊な規定（労基 64 条の 2 ～ 68 条）については、厚生労働省の女性主管局（具体的組織名は「雇用環境・均等局」）の局長が、厚生労働大臣の指揮監督を受けて労働基準主管局長及びその下級官庁に勧告を行い、労働基準主管局長がその下級官庁に対して行う指揮監督に援助を与える（労基 100 条 1 項）。

*7　その他、賃確法 13 条の定める立入検査等の権限も有する。

ときには、労働基準監督官は都道府県労働局長又は労働基準監督署長の権限を即時行使できる(労基103条、安衛98条3項)。

第四に、労働基準主管局長(労働基準局長)及び都道府県労働局長は、上記第一から第三で例示したものをはじめとする下級官庁の権限を自ら行い、又は所属の労働基準監督官をして行わせることができる(労基99条4項)。

第五に、労働基準監督官(労働基準監督署に配置されている監督官だけでなく、労働基準局長、都道府県労働局長、労働基準監督署長、及び、労働基準局と都道府県労働局に配置されている監督官も含む)は、労基法上、①行政上の権限として、事業場、寄宿舎その他の附属建設物を臨検し、帳簿及び書類の提出を求め、使用者又は労働者に尋問を行うことができる(労基 101 条 1 項)。また、②労基法違反の罪について、刑事訴訟法に規定する司法警察官としての職務を行う(労基102条)。

また、労働基準監督官は、安衛法、じん肺法、最賃法、賃確法上も、同様の行政上の権限を有し(安衛91条1・2項、じん肺42条1項、最賃32条1項、賃確13条1 項)、また、法違反の罪について、刑事訴訟法の規定による司法警察員の職務を行なう(安衛92条、じん肺43条、最賃33条、賃確11条)。

ウ　使用者等の諸義務

労基法の規制遵守及び監督行政の実効性の確保のため、労基法は、使用者に対して、①法令(労基法、労基則、年少則、女性則等)、就業規則、労使協定、労使委員会及び労働時間等設定改善(企業)委員会の決議の周知義務(労基 106 条1項・労基則52条の2、労働時間等設定改善7条・7条の2)、②労働者名簿の調製義務(労基107条・労基則53条)、③賃金台帳の調製義務(労基108条・労基則54条)、④労働者名簿、賃金台帳、労働関係に関する重要な書類の保存義務(労基109条・労基則56条)、⑤行政官庁、労働基準監督官に対する使用者及び労働者の報告・出頭(労基104条の2)の義務等を課している。

また、安衛法は、事業者等の報告・出頭(安衛 100 条 1 項)の義務、事業者の書類保存義務(安衛 103 条 1 項)を、じん肺法は、事業者のエックス線写真等の提出や記録の作成・保存(じん肺 16 条の 2・17 条)の義務を、最賃法は、使用者の労働者に対する最低賃金の概要の周知(最賃 8 条)の義務を、賃確法は、事業主及び労働者等の報告・出頭(賃確12条)の義務を定めている。

これらの違反には、いずれも罰則が付されている。

エ　労働者の申告権

労働者は、労基法又は同法に基づく命令に違反する事実を、行政官庁又は労働基準監督官に申告することができ(労基 104 条 1 項)、安衛法、じん肺法、最賃法、賃確法又はこれらの法律に基づく命令に違反する事実を、都道府県労働局長、労働基準監督署長又は労働基準監督官に申告して是正のため適当な措置をとるよう求めることができる(安衛97条1項、じん肺43条の2第1項、最賃34条1項、賃確14条1項)[*8]。

使用者(事業者)が労働者の申告を理由として労働者に解雇その他の不利益な取扱いをすることは禁止されている(労基104条2項、安衛97条2項、じん肺43条の2第2項、最賃34条2項、賃確14条2項、派遣49条の3第2項)。

(5) 厚生労働大臣による行政指導

厚生労働大臣は、均等法、育介法、労働施策法の施行、又は、パート・有期法上の短時間・有期雇用労働者の雇用管理の改善等のために必要があるときは、事業主に報告を求め、又は、助言、指導、勧告をすることができ(均等29条1項、育介56条、労働施策36条1項・33条1項、パート・有期18条1項)、所定の規定に違反している事業主で勧告を受けた者がこれに従わなかったときはその旨を公表することができる(均等30条、育介56条の2、労働施策33条2項、パート・有期18条2項)。また、障雇法上の事業主の差別の禁止や均等な機会確保等の義務に関する規定の施行のために必要があるときは、事業主に、助言、指導、又は勧告をすることができ(障雇36条の6)、派遣法についても規定が置かれている(派遣40条の8、48条～49条の2、50条、51条)。

第2節　個別労働関係紛争と紛争解決制度

1　個別労働関係紛争と解決方法

(1) 個別労働関係紛争の類型

個々の労働者と使用者の労働関係において生じる「個別労働関係紛争」は、①解雇の効力と労働契約上の権利を有する地位の有無等、権利義務関係の有無と内容に関する紛争である「権利紛争」と、②賃金引き上げ等、新たな権利義務関係の形成に関する紛争である「利益紛争」に区別することができる。

(2) 解決方法

個別労働関係紛争は、権利紛争であれ利益紛争であれ、当事者による自主的な解決(労働者と使用者との話し合い・交渉、企業内における苦情処理制度・労使協議制

*8　職安法違反については、求職者又は労働者は、その事実を厚生労働大臣に申告し、適当な措置を執るべきことを求めることができ(職安48条の4第1項)、労働者派遣をする事業主及び労働者派遣の役務の提供を受ける者による派遣法又はこれに基づく命令の規定に違反する事実については、派遣労働者は、その事実を厚生労働大臣に申告することができる(派遣49条の3第1項)。

の利用、団体交渉等）が可能であり*9、第三者による解決も可能であるが*10、これにより解決できない場合は、公的機関により解決されることになる。

以下では、①行政機関による個別労働関係紛争解決制度（→ 2）、及び、②司法機関（裁判所）による紛争解決制度として、労働審判手続（→ 3）を検討する。

なお、労働災害に関する、労災保険法上の保険給付に関する労働基準監督署長の不支給決定の取消を求める行政訴訟、及び、使用者に対する民事訴訟については、後記第 10 章「労働災害と法的救済」を参照されたい。

2　行政機関による個別労働関係紛争解決制度

行政機関による個別労働関係紛争の解決制度としては、①個別紛争解決法上の解決制度、②個別法上の紛争解決制度が存在する。

(1)　個別紛争解決法上の解決制度

個別紛争解決法は、「個別労働関係紛争」を、「労働条件その他労働関係に関する事項についての個々の労働者と事業主との間の紛争（労働者の募集及び採用に関する事項についての個々の求職者と事業主の間の紛争を含む）」と定義し（個別紛争解決 1 条）、これを対象として、①労働局長による情報の提供、相談、助言・指導等（個別紛争解決 3 条、4 条 1 項）、②紛争調整委員会（個別紛争解決促進 6 ～ 19 条参照）によるあっせん（個別紛争解決 5 条 1 項）、③地方公共団体による施策（個別紛争解決 20 条 1 項）を定めている。

「個別労働関係紛争」は、特に権利紛争に限定されているわけではないので、権利紛争及び利益紛争の双方を対象としていると解される。

(2)　個別法上の紛争解決制度

均等法、育介法、障雇法、パート・有期法、労働施策法、派遣法は、その定めに関する紛争を対象として、①都道府県労働局長による紛争当事者に対する助言、指導又は勧告（均等 17 条 1 項、育介 52 条の 4 第 1 項、障雇 74 条の 6 第 1 項、パート・有期 24 条 1 項、労働施策 30 条の 5 第 1 項、派遣 47 条の 7 第 1 項）、②紛争調整委員会の調停（均等 18 条 1 項、育介 52 条の 5 第 1 項、障雇 74 条の 7 第 1 項、パート・有期 25 条 1 項、労働施策 30 条の 6、派遣 47 条の 8 第 1 項）を定めている。

---

*9　個別紛争解決法 2 条は、個別労働関係紛争につき、紛争当事者が自主的解決に努めるよう定め、均等法 15 条、パート・有期法 22 条、育介法 52 条の 2、障雇法 74 条の 4 は、事業主に対し、労働者からの苦情の自主的解決に努めるよう定めている。

*10　第三者による解決制度として、労働団体、弁護士グループ等による相談や調整サービスが存在する。

３　労働審判手続

個別労働紛争のうち、権利紛争は、最終的には裁判所で解決されるが、個別労働関係紛争については、民事訴訟又は民事調停という一般的な司法手続に加えて、労働審判手続(労審法、労審則、労働審判員規則参照)という専門的手続も利用することができる。

(1)　目的

労働審判手続は、紛争の実情に即した迅速、適正かつ実効的な解決を図ることを目的として設けられている(労審 1 条参照)。民事訴訟と併存する制度であり、当事者はどちらを選択してもよい。

(2)　対象

労働審判手続の対象となる紛争は、「個別労働関係民事紛争」、すなわち、「労働契約の存否その他の労働関係に関する事項について個々の労働者と事業主との間に生じた民事に関する紛争」である(労審１条)。

具体的には、解雇、雇止め、配転、出向等の効力や、賃金請求権の有無等に関する、労働者と事業主の間の権利紛争が対象となる。

(3)　管轄裁判所

労働審判手続に関する事件(労働審判事件)を管轄するのは、①相手方の住所、居所、営業所若しくは事務所の所在地を管轄する地方裁判所、②個別労働関係民事紛争が生じた労働者と事業主との間の労働関係に基づいて当該労働者が現に就業し若しくは最後に就業した当該事業主の事業所の所在地を管轄する地方裁判所、又は、③当事者が合意で定める地方裁判所である(労審 2 条 1 項)。当事者は①～③のいずれかに労働審判手続の申立てをすることができる[*11]。

(4)　労働審判委員会

労働審判手続は、労働審判委員会により行われる。

「労働審判委員会」は、①地方裁判所が当該裁判所の裁判官の中から指定する「労働審判官」1 名と、②労働関係の専門的知識を有する者のうちから任命された「労働審判員」2 名(一般に労使それぞれから 1 名ずつ、非常勤)により構成される合議体である(労審 7 ～ 10 条)。

労働審判員は、中立かつ公正な立場で労働審判事件を処理するために必要な職務を行う者であり(労審 9 条 1 項)、労働審判官と労働審判員はそれぞれ平等な評決権をもち、決議は過半数の意見により行われる(労審 12 条 1 項)。労働審判委員会の評議は秘密とされる(労審 12 条 2 項)。

---

*11　①に関する特別規定が労審法 2 条 2 項・3 項にある。

(5) 審理

労働審判手続は、原則として3回以内の期日で審理を終結しなければならないとされ(労審15条2項)、紛争の迅速かつ集中的な解決を図るものである。

調停による解決の見込みがある場合はこれを試みることとされ(労審 1 条)、当事者間に合意が成立し調書に記載されたときは調停が成立し、その記載は裁判上の和解と同一の効力を有する(労審29条2項、民事調停16条)。

調停によって紛争を解決できないときは、審査の結果認められる当事者間の権利関係及び労働審判手続の経過を踏まえて、労働審判を行う(労審20条1項)。労働審判では、当事者間の権利関係を確認し、金銭の支払、物の引渡しその他の財産上の給付を命じ、その他紛争の解決のために相当と認める事項を定めることができる(労審 20 条 2 項)。労働審判に対し当事者から適法な異議の申立てがないときは、労働審判は裁判上の和解と同一の効力を有する(労審21条4項)。

(6) 訴訟への移行

当事者は、審判を受諾できないときは、審判書の送達又は労働審判書の告知を受けた日から2週間の不変期間内に、裁判所に異議申立てをすることができる(労審21条1項)。

適法な異議の申立てがあれば労働審判はその効力を失い(労審 21 条 3 項)、労働審判手続の申立てに係る請求については、労働審判手続の申立ての時に、労働審判事件が継続していた地方裁判所に訴えの提起があったものとみなされ(労審22条1項)、訴訟手続に自動的に移行する。

労働審判委員会が、事案の性質に照らし、労働審判手続を行うことが紛争の迅速かつ適正な解決のために適当ではないと認め、労働審判手続を終了させるとき(労審24条1項)も、同様に訴訟手続に移行する(労審24条2項)。

第１編　労働関係における人権保障

第５章　自由と人格権保障

本章では、労働関係における労働者の自由と人格権保障について、①労基法と職安法の人権保障規定(→第 1 節)、及び、それ以外の、②労働者の人格権保障(→第 2 節)に関する論点を検討する。

第１節　労基法と職安法の人権保障規定

１　不当な人身拘束の防止

労働者の意思に反する労働を制限するために、労基法は、①強制労働の禁止(労基 5 条)、②契約期間の上限(労基 14 条)、③賠償予定の禁止(労基 16 条)、④前借金相殺の禁止(労基 17 条)、⑤強制貯金の禁止・任意的貯蓄金管理の規制(労基 18 条)を定め、また、職安法は、不当な拘束手段による職業紹介等を行った者に対する罰則を定めている(職安 63 条 1 号)。

(1) 強制労働の禁止

憲法 18 条の定める奴隷的拘束及び苦役からの自由を労働関係において具体化するため、労基法 5 条は、「使用者は、暴行、脅迫、監禁その他精神又は身体の自由を不当に拘束する手段によつて、労働者の意思に反して労働を強制してはならない」と定め、強制労働を禁止している。

同条違反には罰則(労基 117 条)があり、また、同条違反の約定等は、同条の直接的効果(又は労基 13 条及び民 90 条を根拠)として、私法上無効である。

また、職安法は、暴行、脅迫、監禁その他精神又は身体の自由を不当に拘束する手段による職業紹介、労働者の募集若しくは労働者供給を行った者又はこれらに従事した者に対する罰則を定めている(職安 63 条 1 号)。

(2) 契約期間の上限

期間の定めのある契約においては、契約期間中の解約は制限されることになり、労働者の退職の自由も制限されるので、労基法 14 条は、労働契約は、期間の定めのないものを除き、契約期間の上限は、一定の事業の完了に必要な期間を定めるもののほかは、原則３年、例外として５年としている[*12]。

（3）賠償予定の禁止

労基法 16 条は、工場法施行令（大 5 勅令 193）24 条を継承し、「使用者は、労働契約の不履行について違約金を定め、又は損害賠償額を予定する契約をしてはならない」と定めている。

「違約金」とは、債務不履行の場合に債務者が債権者に支払うべきものとして予め定められた金銭であり[*13]、労働者の債務不履行につき違約金を定めることは禁止される。また、「損害賠償額の予定」とは、賠償すべき損害額を実際の損害額如何に関わらず予め定めておくことであり、労働者の債務不履行及び不法行為に基づく損害賠償についての賠償額の予定は禁止される。禁止されているのは賠償額の予定であり、使用者が現実に生じた損害につき労働者に賠償請求することを禁止する趣旨ではない[*14]。

したがって、自己都合退職時又は一定期間前の退職時に、違約金を支払う旨の約定又は金員を返還する旨の約定は、同条違反で（又は労基 13 条若しくは民 90 条により）無効である[*15]。

労基法 16 条違反には罰則（労基 119 条 1 号）がある。また、同条違反の契約部分はその直接的効果（又は民 90 条）により無効であり、支払われた違約金等は無効な法律行為に基づくものとして（不当利得として）返還請求することができる。

（4）前借金相殺の禁止

労基法 17 条は、「使用者は、前借金その他労働することを条件とする前貸の債権と賃金を相殺してはならない」と定めている。

「前借金その他労働することを条件とする前貸の債権」とは、労働契約の締結時又はその後に、労働することを条件として使用者から借り入れ、将来の賃金により弁済することを約する金銭であり、使用者がこれと賃金を一方的に相殺することのみならず、使用者が労働者と相殺契約を締結して相殺することも禁止されると解され、労働者からの相殺の意思表示であっても実質的に使用者

---

*12　詳細は、後記第 11 章「労働契約の成立」第 2 節 5。

*13　違約金は賠償額の予定と推定される（民 420 条 3 項）。

*14　昭 22・9・12 発基 17。ただし、労働者が労務の履行に際し会社の機材を破損する等して使用者に損害を与えた場合の労働者に対する損害賠償請求は、使用者が事業により経済的利益を得ていることも踏まえ、諸般の事情に照らし、損害の公平な分配という見地から信義則上相当と認められる限度に制限される（茨石<茨城石炭商事>事件・最一小判昭 51・7・8 民集 30 巻 7 号 689 頁/判時 827 号 52 頁）。

*15　サロン・ド・リリー事件・浦和地判昭 61・5・30 労民 37 巻 2=3 号 298 頁/労判 489 号 85 頁、アール企画事件・東京地判平 15・3・28 労判 850 号 48 頁、日本ポラロイド（サイニングボーナス等）事件・東京地判平 15・3・31 労判 849 号 75 頁。

の強制によるものは本条違反となる[*16]。

なお、「労働することを条件とする前貸の債権」以外の債権であっても、賃金と相殺するためには、労基法 24 条但書所定の労使協定の締結が必要である[*17]。

同条違反には罰則（労基 119 条 1 号）がある。

（5）強制貯金の禁止・任意的貯蓄金管理の規制

労基法 18 条は、使用者が労働者の賃金の全部又は一部を強制的に貯金させて労働者の足留策とすることを防止し、また、労働者の貯蓄金の払戻が困難とならないよう労働者の財産を保全するために、①強制貯蓄制度を禁止し（1 項）、②使用者が労働者の任意の委託を受けて貯蓄金を管理する任意的貯蓄金管理についての規制を行っている（2 ～ 7 項、労基則 5 条の 2 ～ 6 条の 3、57 条 3 項）。また、③社内預金の保全措置は事業主の法律上の義務とされている（賃確 3・4 条）。労基法 18 条 1 項・7 項違反には罰則（労基 119 条 1 号・120 条 1 号）がある。

２　中間搾取の排除

（1）中間搾取の禁止

賃金の中間搾取を防止し、労働者の生活と雇用・労働条件を保障するために、労基法 6 条は、「何人も、法律に基いて許される場合の外、業として他人の就業に介入して利益を得てはならない」と定めている。

「業として」とは、営利の目的で、同種の行為を反復継続することである。

「他人の就業に介入」するとは、労働関係の当事者間に、①職業紹介、②労働者募集、③労働者供給等により介在することである。

「利益」とは、その名称、有形無形なるとを問わず、使用者より利益を得る場合のみならず労働者又は第三者より利益を得る場合を含む。

本条の適用除外となる「法律に基いて許される場合」としては、①職業紹介については、許可を得た有料職業紹介事業者が所定の手数料を受け取ること（職安 30 条 1 項、32 条の 3、職安則 20 条・別表）、②労働者の募集については、募集従事者が許可を受けた労働者募集者から所定の報酬を受けること（職安 36 条 1・2 項及び職安則 28 条 2 項）、③労働者供給については、労働者派遣法に基づく労働者派遣[*18]等が定められている。

（2）職安法による規制

労基法 6 条に関連して、職安法は、①職業紹介の規制、②労働者の募集の規

*16　厚労省労基法コンメ（上）（2011）249 頁。
*17　後記第 7 章「賃金」第 4 節 4 参照。
*18　後記第 14 章「非典型労働契約」第 3 節参照。

制、③労働者供給事業の禁止を行っている。

第一に、「職業紹介」(職安 4 条 1 項)につき、国の職業安定機関が行う無料職業紹介以外の職業紹介については、①学校、地方公共団体等の行う無料職業紹介は届出制である(職安 33 条の 2 ～ 33 条の 4)が、それ以外の無料職業紹介及びすべての有料職業紹介は許可制とし(職安 33 条 1 項、30 条 1 項)、②有料職業紹介は、港湾運送業務及び建設業務等については禁止され(職安 32 条の 11 第 1 項、職安則 24 条の 3)、③有料職業紹介の手数料は規制されている(職安 32 条の 3、職安則 20 条・別表)。

第二に、「労働者の募集」(職安 4 条 5 項)について、被用者以外の者に労働者の募集に従事させる「委託募集」は、①報酬を与えるものは許可制(職安 36 条 1 項)でその報酬額は認可制(同条 2 項)、与えないものは届出制(同条 3 項)とし、②労働者の募集を行う者及び募集従事者(募集受託者)が応募労働者から報酬を受けることは禁止され(職安 39 条)、③募集者が募集受託者に賃金等及び認可された報酬以外の報酬を与えることは禁止されている(職安 40 条)。

第三に、「労働者供給」(「供給契約に基づいて労働者を他人の指揮命令を受けて労働に従事させることをいい、労働者派遣法 2 条 1 号に規定する労働者派遣に該当するものを含まない」: 職安 4 条 6 項)について、労働組合等が許可を受けて行う無料の労働者供給事業(職安 45 条)を除き、労働者供給事業を行い、又は、労働者供給事業を行う者から供給される労働者を自らの指揮命令の下に労働させることは禁止されている(職安 44 条)。

(3) 業務処理請負・業務委託

請負(あるいは、業務委任・業務委託等)で、請負人が注文者に対して請け負った業務を遂行するために、労働者を注文者の事業場で労働させる場合、請負人と注文者との間の請負契約及び請負人と労働者との間の労働契約が締結され、かつ、現実に請負人が労働者に対し指示しその労務を受領する者であれば、請負人が「他人の就業に介入」して利益を得ているものではなく、労基法 6 条違反ではない。また、職安法 44 条違反でもない。

しかし、現実に労働者に対して指示しその労務を受領している者が注文者である「偽装請負」の場合は、請負人は「他人の就業に介入」して利益を得ている者であり、労基法 6 条違反である。また、「労働者供給事業を行う者」であり、職安法 44 条違反である。

(4) 労働者派遣

供給元が、労働者をして他人(供給先)の指揮命令を受けて労働に従事させ、これを業として利益を得ている場合でも、それが派遣法の規制に従った適法な

「労働者派遣」（「自己の雇用する労働者を、当該雇用関係の下に、かつ、他人の指揮命令を受けて、当該他人のために労働に従事させることをいい、当該他人に対し当該労働者を当該他人に雇用させることを約してするものを含まない」：派遣法 2 条 1 号）であれば、①「業として他人の就業に介入して利益を得」るものであるが、「法律に基いて許される場合」に該当するので労基法6条違反ではない。また、②職安法 4 条 6 項の定める「労働者供給」から除外されるので、「労働者供給事業」を禁止する職安法44条違反にも該当しない。

しかし、「労働者派遣」という形式をとっているが、派遣法に違反している「違法派遣」は、①労基法6条の定める「業として他人の就業に介入して利益を得」るもので、かつ、同条の定める「法律に基いて許される場合」に該当しないので、同条違反である。また、②職安法4条6項の定める「労働者供給」に該当するので、「労働者供給事業」を禁止する職安法44条違反である。

(5) 罰則

労基法 6 条違反には罰則（労基 118 条 1 項）があり、職安法による職業紹介、労働者の募集、労働者供給に関する規制については、各々罰則規定がある（職安63条1・2号、64条、65条）。

図5.1　請負、労働者派遣、偽装請負

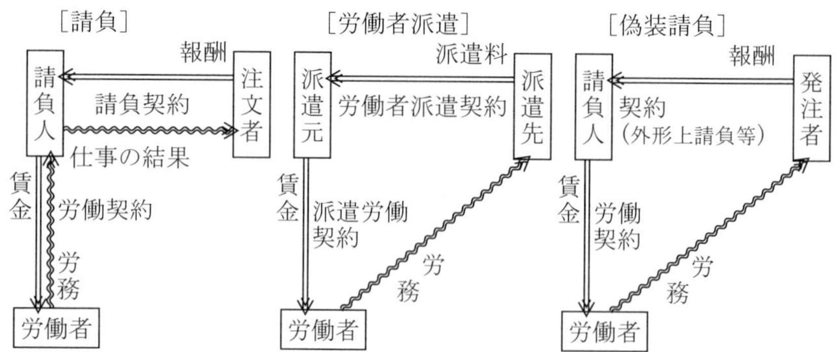

3　公民権行使の保障

憲法 15 条及びこれを具体化する法律は、基本的人権の一つとして国民の参政権を保障しているところ、労基法 7 条は、「使用者は、労働者が労働時間中に、選挙権その他公民としての権利を行使し、又は公の職務を執行するために必要な時間を請求した場合においては、拒んではならない。但し、権利の行使又は公の職務の執行に妨げがない限り、請求された時刻を変更することができる。」と定めている。

「公民としての権利」とは、公職の選挙権及び被選挙権、最高裁判所裁判官の国民審査（憲 79 条）、特別法の住民投票（憲 95 条）、憲法改正の国民投票（憲 96 条）、地方自治法に基づく住民の直接請求、住民監査請求（地方自治 242 条）等であり、「公の職務」とは、衆議院議員その他の議員、労働委員会の委員、検察審査員、労働審判員、裁判員等である。

ただし、法律上、使用者は労働者に付与した時間の賃金支払までは義務付けられておらず、賃金支払義務の有無は当事者の合意等に委ねられている。

労基法 7 条違反には、罰則（労基 119 条 1 号）がある。

4　寄宿舎における生活の自由・安全衛生

労基法は、事業に附属する寄宿舎（常態として相当人数の労働者が宿泊し、共同生活の実態を備えるもの）を対象として、寄宿舎における労働者の生活の自由と安全衛生を確保するための法規制を行っており（労基 94 条～ 96 条の 3）、一部の違反には罰則がある（労基 119 条・120 条）。

第２節　労働者の人格権保障

1　業務命令

労働者に命じる業務命令は、違法・不当な目的・態様であってはならず、業務命令の目的、内容、必要性の程度、労働者が被る不利益、契約上の根拠の有無等に照らし、①何ら合理的な理由がなく、懲罰・報復として、ことさら労働者に不利益を課すために、労働者を退職させるために、あるいは、思想・信条や団結活動等を理由とする差別的取扱いとして命じられた場合等、違法・不当な目的で行われた場合、又は、②社会通念上相当な程度を越える身体的・精神的苦痛を伴う場合等、違法・不当な態様のものである場合は、労働者の人格権を侵害し、不法行為に該当する*19。

また、降職・降格も、業務上・組織上の必要性の有無・程度、労働者の能力・

*19　国鉄鹿児島自動車営業所事件・鹿児島地判昭 63・6・27 労民 39 巻 2=3 号 216 頁/労判 527 号 38 頁、同事件・福岡高宮崎支判平元・9・18 労民 40 巻 4=5 号 505 頁/労判 582 号 83 頁、JR 東日本（本荘保線区・組合ベルト）事件・秋田地判平 2・12・14 労判 690 号 23 頁、同事件・仙台高秋田支判平 4・12・25 労判 690 号 13 頁、同事件・最二小判平 8・2・23 労判 690 号 12 頁、ネッスル（専従者復職）事件・神戸地判平元・4・25 労判 542 号 54 頁/判タ 709 号 195 頁、同事件・大阪高判平 2・7・10 労判 580 号 42 頁、JR 西日本(森ノ宮電車区)事件・大阪地判平 19・9・19 労判 959 号 120 頁、K 化粧品販売事件・大分地判平 25・2・20 労経速 2181 号 3 頁等。

適性、降職・降格後の労働条件、労働者の受ける不利益の性質・程度等に照らし、前記のような、①違法・不当な目的、あるいは、②違法・不当な態様である場合は、労働者の人格権を侵害し、不法行為に該当する[*20]。

２　労働者の個人情報の収集、管理、使用、告知

労働者の個人情報については、使用者は、労務遂行に必要かつ合理的な範囲で、適切な手段・態様により、収集、管理、使用しなければならず、健康情報は労働者への告知の仕方も配慮しなければならない。これらの配慮は、使用者の労働者に対する信義則上の義務(労契 3 条 4 項)であり、義務違反は、債務不履行、又は、人格権侵害の不法行為に該当する[*21]。

また、派遣法は派遣元に対し、安衛法、じん肺法は事業者に対し、労働者の個人情報の適正管理に必要な措置を講じるよう定め(派遣 24 条の 3 第 1 項・第 2 項、安衛 104 条 1・2 項、じん肺 35 条 1・2 項)、個人情報に関する行政の指針も定められている[*22]。

３　職場におけるハラスメントの防止対策

(1)　使用者のハラスメント防止対策義務

労働契約上の使用者や派遣先等は、安全配慮義務(労契 5 条)又は信義則(労契 3 条 4 項、民 1 条 2 項)上の義務の内容の一部として、労働者がその尊厳と人格権を保障され快適な職場環境で労働しうるよう配慮する職場環境配慮義務を負い、その内容の一部として、他の労働者又は顧客・利用者等によるハラスメントの防止対策義務を負う[*23]。また、不法行為法上も、ハラスメント防止対策義務と同じ内容の注意義務を負うと解される。

*20　バンク・オブ・アメリカ・イリノイ事件・東京地判平 7・12・4 労判 685 号 17 頁。

*21　HIV 感染者解雇事件・東京地判平 7・3・30 労判 667 号 14 頁/判時 1529 号 42 頁、T 工業(HIV)事件・千葉地判平 12・6・12 労判 785 号 10 頁、東京都(警察学校・警察病院 HIV 検査)事件・東京地判平 15・5・28 労判 852 号 11 頁/判タ 1136 号 114 頁、社会医療法人Ａ会事件・福岡地久留米支判平 26・8・8 労判 1112 号 11 頁、同事件・福岡高判平 27・1・29 労判 1112 号 5 頁、社会福祉法人北海道社会事業協会事件・札幌地判令元・9・17 労判 1214 号 18 頁等。

*22　「雇用管理分野における個人情報保護に関するガイドライン」(平 16・7・1 厚労告 259 〈平 27・11・25 厚労告 454 等により改正〉)等。

*23　仙台セクシュアル・ハラスメント事件・仙台地判平 13・3・26 労判 808 号 13 頁、岡山セクシュアル・ハラスメント（リサイクル・ショップ）事件・岡山地判平 14・11・6 労判 845 号 73 頁、日本土建事件・津地判平 21・2・19 労判 982 号 66 頁、大裕事件・大阪地判平 26・4・11 労旬 1818 号 59 頁、イビケン(旧イビデン建装)ほか事件・名古屋高判平 28・7・20 労判 1157 号 63 頁等参照。

さらに、均等法等は、事業主は、職場における「セクシュアル・ハラスメント」、「妊娠・出産等に関するハラスメント」、「育児休業等に関するハラスメント」、「優越的な関係を背景とするハラスメント」[*24]により労働者の就業環境が害されることのないよう、雇用管理上必要な措置を講じなければならないと定めており（均等11条1項、11条の3第1項、育介25条1項、労働施策30条の2第1項）[*25]、「雇用管理上必要な措置を講じる義務」は、当該規定に基づく義務である[*26]とともに、使用者等が安全配慮義務又は信義則上の義務の一部として負う「ハラスメント防止対策義務」の一部と位置づけられる。

また、事業主は、労働者がハラスメントに関して相談したこと、都道府県労働局長に紛争解決の援助を求め又は紛争調整委員会に調停を申請したこと等を理由として不利益な取扱いをすることを禁止されている（均等11条2項・11条の3第2項、育介25条2項、労働施策30条の2第2項、均等17条2項・18条2項、育介52条の4の第2項・52条の5第2項、労働施策30条の5第2項・30条の6第2項）。

(2) 職場におけるセクシュアル・ハラスメントの防止対策

ア　定義

「職場におけるセクシュアル・ハラスメント」とは、「①職場における性的な言動に対する労働者の対応により当該労働者がその労働条件につき不利益を受けること、又は、②当該性的な言動により労働者の就業環境が害されること」であり、①は「対価型セクシュアル・ハラスメント」、②は「環境型セクシュアル・ハラスメント」と定義されている[*27]。

①の例として、「事業所内に事業主が労働者に対して性的な関係を要求したが、拒否されたため、当該労働者を解雇すること」等が、②の例として、「労働者が抗議をしているにもかかわらず、事務所内にヌードポスターを掲示しているため、当該労働者が苦痛に感じて業務に専念できないこと」等がある[*28]。

イ　使用者等の防止対策義務

使用者及び派遣先等は、安全配慮義務又は信義則上の義務として職場におけ

---

*24　いずれも行為者は限定されていないので、当該事業主の労働者のみならず、顧客（取引先及びその労働者を含む）・利用者、関連企業の労働者等による言動も含まれる。

*25　労働者派遣の役務の提供を受ける者（派遣先）も派遣労働者に当該ハラスメント防止対策措置を講じることが必要である（派遣47条の2、47条の3、47条の4）。

*26　イビケン（旧イビデン建装）ほか事件・名古屋高判平28・7・20労判1157号63頁（均等法11条1項について）。

*27　「事業主が職場における性的な言動に起因する問題に関して雇用管理上配慮すべき事項についての指針」（平18・10・11厚労告615〈平25・12・24厚労告383等により一部改正〉）、以下「指針」という。

*28　「指針」2(5)(6)。

るセクシュアル・ハラスメント防止対策義務を負う。また、均等法は、「事業主は、職場において行われる性的な言動に対するその雇用する労働者の対応により当該労働者がその労働条件につき不利益を受け、又は当該性的な言動により当該労働者の就業環境が害されることのないよう、当該労働者からの相談に応じ、適切に対応するために必要な体制の整備その他の雇用管理上必要な措置を講じなければならない」(均等 11 条 1 項)と規定している[*29]。

ウ　法的救済

被害労働者は、1)セクシュアル・ハラスメントの行為者(加害者)に対し、その行為が被害労働者の名誉、プライバシー、性的自己決定権、働きやすい職場環境の中で働く権利等の人格権を侵害する不法行為(民 709 条)に該当する場合は、損害賠償を求めることができ、2)被害労働者又は行為者を選任監督する立場にある者に対し、働きやすい職場環境を保つよう配慮する注意義務(職場環境調整義務)を怠った不法行為(民 709 条)に該当する場合は、損害賠償を求めることができる。3)被害労働者の使用者に対しては、①行為者がその被用者で「事業の執行につき」行われた不法行為である場合は、使用者責任(民 715 条)に基づき、②被害労働者又は行為者を選任監督する立場にある者が職場環境調整義務を怠り被害労働者に対する不法行為が成立する場合は、当該選任監督者の使用者としての使用者責任(民 715 条)に基づき、③使用者がその職場環境調整義務(労契 5 条・3 条 4 項、民 1 条 2 項)を履行しなかった場合は、債務不履行責任(民 415 条)に基づき、損害賠償を求めることが可能である[*30]。

(3)　職場におけるいじめ・嫌がらせの防止対策

ア　定義

「職場におけるいじめ・嫌がらせ」は、他の労働者(上司・同僚等)の行為を対象とするならば、「同じ職場で働く者に対して、目的又は態様の点において業務の適正な範囲を超えて、精神的・身体的苦痛を与える又は職場環境を悪化させる行為」と定義することができる。

---

*29　派遣労働者については、派遣元と派遣先が同義務を負う(派遣 47 条の 2)。

*30　福岡 SH 事件・福岡地判平 4・4・16 労判 607 号 6 頁/判時 1426 号 49 頁、三重 SH(厚生農協連合会)事件・津地判平 9・11・5 労判 729 号 54 頁/判時 1647 号 125 頁、横浜 SH 事件・東京高判平 9・11・20 労判 728 号 12 頁/判時 1673 号 89 頁、大阪 SH(S 運送)事件・大阪地判平 10・12・21 労判 756 号 26 頁、岡山 SH 事件・岡山地判平 14・5・15 労判 832 号 54 頁、東京 SH(破産出版会社)事件・東京地判平 15・7・7 労判 860 号 64 頁、下関 SH(食品会社営業所事件)・広島高判平 16・9・2 労判 881 号 29 頁、東京 SH(T 菓子店)事件・東京高判平 20・9・10 労判 969 号 5 頁/判時 2023 号 27 頁、イビケン(旧イビデン建装)ほか事件・名古屋高判平 28・7・20 労判 1157 号 63 頁、浜松 SH(航空自衛隊自衛官)事件・東京高判平 29・4・12 労判 1162 号 9 頁等。

また、「職場におけるパワーハラスメント」は、「職場において行われる、①優越的な関係を背景とした言動であって、②業務上必要かつ相当な範囲を超えたものにより、③労働者の就業環境が害されるものであり、①から③までの要素を全て満たすもの」と定義されている[*31]。

「いじめ・嫌がらせ」と「業務上の指導・通常の人間関係」との区別は、①「業務の適正な範囲内」か否かと、②「精神的・身体的苦痛を与える又は職場環境を悪化させる行為」か否かにより行われる。

「職場におけるいじめ・嫌がらせ」としては、①暴行・傷害、②脅迫・名誉毀損・侮辱・ひどい暴言、③隔離・仲間外し・無視、④業務上明らかに不要なことや遂行不可能なことの強制、仕事の妨害、⑤業務上の合理性なく、能力や経験とかけ離れた程度の低い仕事を命じることや仕事を与えないこと、⑥私的なことに過度に立ち入ること等が挙げられる。

イ　使用者等の防止対策義務

使用者及び派遣先等は、安全配慮義務又は信義則上の義務として、職場におけるいじめ・嫌がらせ防止対策義務を負う。また、労働施策法は、「事業主は、職場において行われる優越的な関係を背景とした言動であって、業務上必要かつ相当な範囲を超えたものによりその雇用する労働者の就業環境が害されることのないよう、当該労働者からの相談に応じ、適切に対応するために必要な体制の整備その他の雇用管理上必要な措置を講じなければならない」(30 条の 2 第１項)[*32]と規定している[*33]。

ウ　法的救済

被害者である労働者は、セクシュアル・ハラスメントと同様(→前記(3)ウ)、①行為者(加害者)、②被害労働者又は行為(加害)労働者を選任監督する立場にある者、③使用者に対し、損害賠償を請求できる場合がある[*34]。

*31　「事業主が職場における優越的な関係を背景とした言動に起因する問題に関して雇用管理上講ずべき措置についての指針」(労働施策法 30 条の 2 第 3 項に基づき厚生労働大臣により定められた〈令和 2・1・15 厚労告 5 号〉) の 2(1)。

*32　中小事業主(その資本金の額又は出資の総額が 3 億円〈小売業又はサービス業を主たる事業とする事業主については 5 千万円、卸売業を主たる事業とする事業主については 1 億円〉以下である事業主及びその常時使用する労働者の数が 300 人〈小売業を主たる事業とする事業主については 50 人、卸売業又はサービス業を主たる事業とする事業主については 100 人〉以下の事業主)は、2022(令 4)年 3 月 31 日までは努力義務である。

*33　派遣労働者については、派遣元と派遣先が同義務を負う(派遣 47 条の 4)。

*34　東芝事件・東京地八王子支判平 2・2・1 労判 558 号 68 頁/判時 1339 号 140 頁、Ａ保険会社上司(損害賠償)事件・東京高判平 17・4・20 労判 914 号 82 頁、富国生命保険事件・鳥取地米子支判平 21・10・21 労判 996 号 28 頁等。

(4) 顧客・利用者等によるハラスメントの防止対策

ア　定義

「顧客・利用者等によるハラスメント」は、「顧客・利用者等が、顧客・利用者等に接し又は応対する労働者に対し、その業務(職務)上必要かつ相当な範囲を超えて身体的・精神的苦痛を与え、労働者の尊厳や人格権（人格的利益）を侵害する行為」と定義することができる。具体的には、過剰なサービスの強要、暴力、暴言、威嚇・脅迫、長時間の拘束、土下座の要求、ネット上での中傷行為、セクシュアル・ハラスメント等が挙げられる。

イ　使用者等の防止対策義務

使用者及び派遣先等は、安全配慮義務又は信義則上の義務として、顧客・利用者等によるハラスメント防止対策義務を負う。

また､職場におけるハラスメントにより労働者の就業環境が害されないよう、事業主が「雇用管理上必要な措置を講じる義務」を定めた規定(均等 11 条 1 項、11 条の 3 第 1 項、育介 25 条 1 項、労働施策 30 条の 2 第 1 項)が対象とする言動は、その行為者が限定されていないから、事業主は、顧客・利用者等による言動についても、所定の雇用管理上必要な措置を講じなければならない。

ウ　法的救済

被害者である労働者は、1)当該顧客・利用者等に対し、当該行為が不法行為（民 709 条）に該当する場合は損害賠償を請求することができ、2)使用者に対し、使用者のハラスメント防止対策義務違反があり債務不履行又は不法行為に該当する場合は、損害賠償請求が可能である。

第６章　平等原則

労働関係における平等原則としては、1)憲法 14 条 1 項の定める平等原則を労働関係において具体化し、労働者の人的理由(人種、信条、性別、社会的身分又は門地等)による差別的取扱いを禁止すること、及び、2)雇用形態(契約類型)を理由とする差別的取扱いの禁止が問題となるが、2)については、後記第 14 章「非典型労働契約」で検討することとし、本章では、1)について、①性別による差別的取扱いの禁止(→第 1 節)、②性別以外の人的理由による差別的取扱いの禁止(→第 2 節)の順に検討する。

第１節　性別による差別的取扱いの禁止

現行の性差別禁止法制は、1)労基法が、性別を理由とする賃金差別を規制し(→ 1)、2)均等法が、賃金以外の差別について、①直接差別の禁止(→ 2)、②異なる取扱いが許容される場合(→ 3)、③間接差別の禁止(→ 4)、④婚姻・妊娠・出産等を理由とする不利益取扱いの禁止(→ 5)を定めており、この他、紛争解決の援助及び実効性確保のための措置[*1]も定められている。

また、これに関連して、「男女雇用機会均等対策基本方針」[*2]、「労働者に対する性別を理由とする差別の禁止等に関する規定に定める事項に関し、事業主が適切に対処するための指針」[*3](以下「性別を理由とする差別の禁止等に関する指針」という。)、「コース等で区分した雇用管理を行うに当たって事業主が留意すべき事項に関する指針」[*4]、「改正雇用の分野における男女の均等な機会及び待遇の確保等に関する法律の施行について」[*5](以下「均等法施行通達」という。)等が策定されている。

---

*1　前記第 4 章「個別的労働関係法総論」第 2 節 2(2)。

*2　平 29・3・14 厚労告 72 号。

*3　平 18・10・11 厚労告 614(平 25・12・14 厚労告 382 等により一部改正)。

*4　平 25・12・24 厚労告 384。同指針は、「コース別等雇用管理」(事業主がその雇用する労働者について、職種、資格等に基づき複数のコースを設定し、コース毎に異なる募集、採用、配置、昇進、教育訓練、職種の変更等の雇用管理を行うもの)が、性差別にならないよう、事業主が留意すべき事項を定めている。

*5　平 18・10・11 雇児発 1011002。

１　賃金差別の禁止

(1) 規制内容

「使用者は、労働者が女性であることを理由として、賃金について、男性と差別的取扱いをしてはならない」(労基4条)。「男女同一賃金原則」を定めるもので、女性及び男性の双方を保護対象とする両面的性質を有する。

労基法4条違反には罰則がある(労基119条1号)。

(2) 求めうる法的救済

労基法 4 条に違反する賃金の定めは無効で同条の定める基準(性別による賃金差別がないこと)によりその内容が補充される(労基 4 条又は 13 条)と解されるので、賃金差別を受けた労働者は、労働契約に基づき差額賃金の支払を請求することができ、また、賃金差別が不法行為に該当するとして、その財産的損害(差額賃金)と精神的損害について賠償請求することも可能である[*6]。

２　賃金以外の直接差別の禁止

(1) 募集・採用

「事業主は、労働者の募集及び採用について、その性別にかかわりなく均等な機会を与えなければならない」(均等5条)。

例えば、労働者の募集又は採用にあたり、①その対象から男女いずれかを排除すること、②その条件を男女で異なるものとすること、③採用方法や基準につき男女で異なる取扱いをすること、④情報の提供について男女で異なる取扱いをすることは、均等法5条違反となる[*7]。

(2) 募集・採用以外の労働条件

事業主は、次に掲げる事項について、労働者の性別を理由として、差別的取扱いをしてはならない(均等6条)。

差別的取扱いが禁じられている事項は、労働者の、①配置(業務の配分及び権限の付与を含む)・②昇進・③降格・④教育訓練(均等 6 条 1 号)、⑤住宅資金の貸

---

*6　塩野義製薬事件・大阪地判平 11・7・28 労判 770 号 81 頁/判タ 1032 号 107 頁、シャープエレクトロニクスマーケティング事件・大阪地判平 12・2・23 労判 783 号 71 頁、内山工業事件・岡山地判平 13・5・23 労判 814 号 102 頁/判タ 1207 号 178 頁、同事件・広島高岡山支判平 16・10・28 労判 884 号 13 頁、昭和シェル石油事件・東京地判平 15・1・29 労判 846 号 10 頁、同事件・東京高判平 19・6・28 労判 946 号 76 頁/判時 1981 号 101 頁、名糖健康保険組合事件・東京地判平 16・12・27 労判 887 号 22 頁、日本オートマチックマシン事件・横浜地判平 19・1・23 労判 938 号 54 頁、阪急交通社事件・東京地判平 19・11・30 労判 960 号 63 頁等。

*7　「性別を理由とする差別の禁止等に関する指針」第二の 2(2)。

付けその他これに準ずる福利厚生の措置(生活資金、教育資金その他労働者の福祉の増進のために行われる資金の貸付け、労働者の福祉の増進のために定期的に行われる金銭の給付、労働者の資産形成のために行われる金銭の給付、住宅の貸与)(均等6条2号、均等則1条)、⑥職種の変更・⑦雇用形態の変更(均等6条3号)、⑧退職の勧奨、定年、解雇、労働契約の更新(均等6条4号)についてである。

3　異なる取扱いが許容される場合

男女異なる取扱いであっても、禁止される性差別に該当せず、均等法5・6条違反とはならない場合は、大別以下の二つである。

(1)　ポジティブ・アクション

均等法は、労働の場において男性労働者との間に格差が生じている状況(一定の職種・職務や管理職に女性労働者が少ないこと等)を改善することを目的として、「事業主が、雇用の分野における男女の均等な機会及び待遇の確保の支障となっている事情を改善することを目的として女性労働者に関して行う措置を講ずることを妨げるものではない」(均等8条)と定め、ポジティブ・アクション(積極的格差是正措置)を肯定している。

具体的には、女性労働者が男性労働者と比較して相当程度少ない(4割を下回っている)場合、募集・採用、配置、昇進等について、女性に有利な取扱いをすることは、均等法5・6条違反とはならないとされている[*8]。

なお、「女性の職業生活における活躍の推進に関する法律」(平27法64)〈女性活躍推進法〉は、301人以上の労働者を雇用する事業主に、自社の女性の活躍状況の把握と課題分析、行動計画の作成と届出等を義務付けている。

(2)　異なる取扱いの合理性理由が存する場合

男女異なる取扱いの合理性が認められ、禁止される性差別に該当しない場合として、以下のような事例がある[*9]。

第一は、特定の職務であり、①俳優、モデルのような、芸術、芸能の分野における表現の真実性等の要請から男女いずれかのみに従事させることが必要な職務、②守衛、警備員等のうち、防犯上の要請から男性に従事させることが必要な職務、③宗教上、風紀上、スポーツにおける競技の性質とその他の業務の性質上、男女のいずれかのみに従事させることについて①②と同程度の必要性が認められる職務である。

---

*8　「性別を理由とする差別の禁止等に関する指針」第二の14(1)、均等法施行通達第2の3(6)。

*9　「性別を理由とする差別の禁止等に関する指針」第二の14(2)。

第二は、法律上の制限に基づき異なる取扱いを行う必要がある場合であり、①労基法の定める18歳未満の労働者（交替制で就業する16歳以上の男性労働者を除く）の深夜業禁止（労基61条1項）、妊産婦・女性の坑内・危険有害業務の就業制限（労基64条の2・女性則1条、労基64条の3・女性則2～3条）により女性労働者を就業させることができない場合、又は、②保健師助産師看護師法3条（助産師を女性に限定）により男性を就業させることができない場合である。

第三は、風俗、風習等の相違により男女のいずれかが能力を発揮し難い海外での勤務が必要な場合その他特別の事情により、労働者の性別に関わりなく均等な機会を与え又は均等な取扱いをすることが困難である場合である。

4　間接差別の禁止

(1) 定義

雇用における性別に関する「間接差別」とは、①性別以外の事由を要件とする措置であって、②他の性の構成員と比較して一方の性の構成員に相当程度の不利益を与えるものを、③合理的な理由なく講ずることである[*10]。

均等法は、性差別禁止の実効性を確保するため、「①均等法5・6条に掲げる事項（募集・採用、配置・昇進・降格・教育訓練、福利厚生、職種又は雇用形態の変更、退職勧奨・定年・解雇・労働契約の更新）に関する措置であって、②労働者の性別以外の事由を要件とするものであるが、③措置の要件を満たす男性及び女性の比率その他の事情を勘案して実質的に性別を理由とする差別となるおそれがある措置のうち、④厚生労働省令（均等則）で定めるもの」については、合理的な理由がある場合を除き、これを講じることを禁止している（均等7条）。

(2) 実質的に性別を理由とする差別となるおそれがある措置

実質的に性別を理由とする差別となるおそれがあり、合理的な理由がある場合を除き禁止される措置は、①労働者の募集・採用に関し、労働者の一定の身長、体重又は体力を要件とすること、②労働者の募集・採用、昇進、又は職種の変更に関し、住居の移転を伴う配置転換が可能であることを要件とすること、③労働者の昇進に関し、勤務する事業場とは異なる事業場に配置転換された経験があることを要件とすることの三つである（均等則2条1～3号）[*11]。

この①～③の類型のいずれかに該当する措置は、使用者が、合理的な理由の存在を主張立証しない限り、均等法7条違反の間接差別となる。

---

*10　「性別を理由とする差別の禁止等に関する指針」第三の1(1)。
*11　詳細は「性別を理由とする差別の禁止等に関する指針」第三の2～4。

5　婚姻・妊娠・出産等を理由とする不利益取扱いの禁止

均等法は、事業主に対して、1)女性労働者の婚姻・妊娠・出産を退職理由として予定する定め、2)女性労働者の婚姻を理由とする解雇、3)労働者の妊娠・出産・産前産後休業(労基65条1・2項)の請求又は取得その他の妊娠又は出産に関する事由を理由とする解雇その他不利益な取扱い[*12]を禁止する(均等9条1・2・3項、均等則2条の2)。また、4)妊産婦に対する解雇は、使用者が妊娠・出産等を理由とする解雇ではないこと(それ以外の正当な解雇理由があること)を主張立証しない限り、無効となる(均等9条4項)。

6　均等法違反と法的救済

(1)　労働協約、就業規則、労働契約

前記２・４・５(均等 5・6・7・9 条)に違反する労働協約、労働契約は無効であり、就業規則は労働契約の内容とならず、均等法の条文に則して修正される。

したがって、例えば、男性67歳女性65歳という定年年齢を定める就業規則は、その定めのうち「女性の定年年齢65歳」という部分は均等法6条4号違反で無効であり、同号に則して定年年齢は男女ともに67歳に修正される。

(2)　法律行為

均等法に違反する、①解雇、②配転、③降職・降格、④休業命令、⑤職種・雇用形態の変更等の法律行為は無効である。

したがって、当該行為が無効であることを前提とした法的救済(①労働契約上の権利を有する地位にあることの確認と未払賃金の支払<民536条2項>、②配転先での労働義務の不存在確認、③労働契約上降職・降格前の地位にあることの確認と降給を伴った場合は未払賃金の支払、④休業期間中の賃金支払<民536条2項>、⑤労働契約上変更前の職種・雇用形態であることの確認と降給を伴った場合は未払賃金の支払等)の請求が可能である。また、当該行為が不法行為であるとして損害賠償請求も可能である。

(3)　それ以外の取扱い

①昇進・昇格させないこと、②産休からの復帰にあたり原職又は原職相当職に就かせないこと、③教育訓練を受けさせないこと、④福利厚生措置を行わないこと、⑤退職勧奨等は、不法行為である。

したがって、例えば、①につき、財産的損害(賃金差額)と精神的損害の賠償請求ができ、また、差別のない取扱い(均等6条1号)の請求が可能であろう。

---

*12　妊娠に伴う軽易業務への転換を理由とする降格の均等法9条違反が問題となった事案として、広島中央保健生協事件・最一小判平26・10・23 民集68巻8号1270頁/労判1100号5頁、同事件・広島高判(差戻審)平27・11・17 労判1127号5頁/判時2284号。

第2節　性別以外の人的理由による差別的取扱いの禁止

性別以外の人的理由による差別的取扱いの禁止としては、①国籍・信条・社会的身分(→ 1)、②団結権・団体交渉権・団体行動権の行使(→ 2)、③障害(→ 3)、④年齢(→ 4)、⑤権利行使等(→ 5)に関する規定が置かれている。

1　国籍・信条・社会的身分

(1) 規制内容

使用者は、①労働者の国籍、信条又は社会的身分を理由として、②賃金、労働時間その他の労働条件について、差別的取扱をしてはならない(労基3条)。「均等待遇の原則」である。

「国籍」[*13]とは、ある国の所属員たる資格を言い、国籍要件は各国により異なるが、日本では憲法10条に基づき国籍法により定められている。また、「国籍」には、「人種」「民族」「出身国」も含むと解される。

「信条」[*14]とは、思想、信念、その他人の内心におけるものの考え方を意味し、宗教的信条、政治的信条・政治的意見その他の諸々の思想を含む。ただし、政党や宗教団体のように、事業目的と特定の信条が不可分である場合(「傾向経営」)は、例外的に、労働者にその信条の承認、支持を求めうる[*15]。

「社会的身分」とは、生来的なもの又は後天的なもので自己の意思により離れることができない社会的分類・地位であり、受刑者、破産者や、非嫡出子、母子・父子家庭、独身・既婚者、子のいる者等の出生・家族状況も含まれる。したがって、契約形態に基づく分類(パートタイム労働者、有期雇用労働者、派遣労働者)や、職種・職務内容に基づく分類(職員と工員、総合職と一般職)のように、労働契約内容の相違に基づく地位は、「社会的身分」には含まれない[*16]。

差別的取扱いが禁止される「賃金、労働時間その他の労働条件」には、①労働契約期間中の全ての労働条件(全ての待遇)、②労働契約の終了(解雇、定年、契

---

*13　問題となった事案として、日立製作所事件・横浜地判昭 49・6・19 労民 25 巻 3 号 277 頁/労判 206 号 46 頁、東京国際学園事件・東京地判平 13・3・15 労判 818 号 55 頁。

*14　問題となった事案として、富士電機事件・横浜地横須賀支決昭 49・11・26 労判 225 号 47 頁/判時 767 号 105 頁、倉敷紡績事件・大阪地判平 15・5・14 労判 859 号 69 頁、東京電力(神奈川)事件・横浜地判平 6・11・15 労判 667 号 25 頁、東京電力(千葉)事件・千葉地判平 6・5・23 労判 661 号 22 頁/判時 1507 号 53 頁等。

*15　日中旅行社事件・大阪地判昭 44・12・26 労民 20 巻 6 号 1806 頁/判時 599 号 90 頁参照。

*16　丸子警報器事件・長野地上田支判平 8・3・15 労判 690 号 32 頁/判タ 905 号 276 頁、日本郵便逓送事件・大阪地判平 14・5・22 労判 830 号 22 頁。

約更新、労働契約成立後の採用内定取消等)*17のみならず、③労働契約の成立に関する事項(募集・採用)も含まれると解すべきである*18。

労働条件以外の差別的取扱いは、労基法3条違反ではないが不法行為となりうる。例えば、共産党員等であることを理由とする、尾行、ロッカーの無断開扉等の行為は、プライバシー等の人格権侵害の不法行為である*19。

(2) 労基法3条違反の罰則と効果

労基法3条違反には罰則がある(労基119条1号)。

また、労基法3条違反の差別的取扱いが、①法律行為(解雇、配転、懲戒処分、降格・降給等)である場合は、無効であり、これを前提とした救済(労働契約上の権利を有する地位確認、配転後の勤務場所又は職務内容での労働義務不存在確認、降格前の地位にあることの確認、未払賃金の支払等)を求めることができる。また、不法行為でもあり、財産的損害(賃金格差)・精神的損害に関する賠償請求もなしうる。また、②賃金、昇給・昇格・昇進、査定の差別である場合は、賃金格差(財産的損害)と精神的損害につき、不法行為に基づく損害賠償を請求することが可能である*20。また、差別のない賃金額や取扱いが労働契約の内容となり(労基3条又は労基13条)、これを請求する権利も有すると解される。

2　団結権・団体交渉権・団体行動権の行使

使用者は、労働者が労働組合の組合員であること、労働組合に加入し若しくは労働組合を結成しようとしたこと、労働組合の正当な行為をしたことを理由とする、解雇その他不利益な取扱いを禁止されている(労組7条1号)*21。

3　障害

(1) 差別的取扱いの禁止

障雇法は、「障害者」を「身体障害、知的障害、精神障害(発達障害を含む)そ

---

*17　三菱樹脂事件・最大判昭48・12・12民集27巻11号1536頁/労判189号16頁。

*18　三菱樹脂事件・最大判昭48・12・12民集27巻11号1536頁/労判189号16頁は「採用」は含まれないと判示するが支持できない。

*19　関西電力事件・最三小判平7・9・5集民176号563頁/労判680号28頁。

*20　福井鉄道事件・福井地武生支判平5・5・25労判634号35頁、東京電力(山梨)事件・甲府地判平5・12・22労判651号33頁/判時1491号3頁、東京電力(千葉)事件・千葉地判平6・5・23労判661号22頁/判時1507号53頁、東京電力(神奈川)事件・横浜地判平6・11・15労判667号25頁、中部電力事件・名古屋地判平8・3・13判時1579号3頁、松坂鉄工所事件・津地判平12・9・28労判800号61頁、倉敷紡績事件・大阪地判平15・5・14労判859号69頁等。

*21　詳細は、後記第20章「不当労働行為と法的救済」第3節1。

の他の心身の機能の障害があるため、長期にわたり、職業生活に相当の制限を受け、又は職業生活を営むことが著しく困難な者」(障雇 2 条 1 号)と定義した上で、事業主に対し、①労働者の募集及び採用について、障害者に対して、障害者でない者と均等な機会を与えることを義務付け(障雇 34 条)、②賃金、教育訓練、福利厚生施設の利用その他の待遇について、労働者が障害者であることを理由として、障害者でない者と不当な差別的取扱いをすることを禁止している(障雇 35 条)。

「障害者であること」を理由とする差別は、車いす、介助者の付添い等、社会的不利を補う手段の利用等を理由とする不当な不利益取扱いを含む[*22]。

禁止されている「差別的取扱い」は、募集・採用、賃金、配置(業務の配分及び権限の付与を含む)、昇進・昇格、降職・降格、教育訓練、福利厚生、職種の変更、雇用形態の変更、退職の勧奨、定年、解雇、労働契約の更新等につき、障害者を排除することや障害者に対して不利な条件とすること等である[*23]。

募集に際して一定の能力を条件とすることは、当該条件が業務遂行上特に必要な場合は、障害者であることを理由とする差別ではないが、当該条件を充足しているか否かの判断は後記(2)の合理的配慮の提供を前提として行われる[*24]。

なお、①積極的差別是正措置として障害者を有利に取り扱うこと、②合理的配慮を提供し、労働能力等を適正に評価した結果として障害者でない者と異なる取扱いをすること、③合理的配慮に係る措置を講ずること(その結果障害者でない者と異なる取扱いとなること)、④障害者専用の求人の採用選考又は採用後において、雇用管理上必要な範囲で、プライバシーに配慮しつつ障害者に障害の状況等を確認することは、障害者であることを理由とする差別に該当しない[*25]。

(2)　合理的な配慮

障雇法は、事業主に対し、「合理的な配慮」として、①労働者の募集・採用に当たり、障害者からの申出により当該障害者の障害の特性に配慮した必要な措置を講じること(ただし、事業主に対して過重な負担を及ぼすこととなる場合を除く)(障雇 36 条の 2)、②障害者である労働者の障害の特性に配慮した、職務の円滑な遂行に必要な施設の整備、援助を行う者の配慮その他の必要な措置を講じる

---

*22　障雇法 36 条 1 項に基づく「障害者に対する差別の禁止に関する規定に定める事項に関し、事業主が講ずべき措置に関する指針」(以下「障害者差別禁止指針」)(平 27・3・25 厚労告 116)第 2。

*23　「障害者差別禁止指針」第 3 の 2 ～ 13。

*24　「障害者差別禁止指針」第 3 の 1(3)(4)。

*25　「障害者差別禁止指針」第 3 の 14。

こと(ただし、事業主に対して過重な負担を及ぼすこととなる場合を除く)(障雇 36 条の3)、③①と②の措置を講ずるに当たっては、障害者の意向を尊重し、障害者である労働者の相談に適切に対応するために必要な体制の整備その他の雇用管理上必要な措置を講じること(障雇 36 条の 4)を義務付けている。

合理的配慮の事例としては、①募集及び採用時について、募集内容の音声等での提供(視覚障害)、筆談等による面接(聴覚・言語障害)等が、②採用後については、机の高さの調節等作業を可能にする工夫(肢体不自由)、本人の習熟度に応じて業務量を徐々に増やしていくこと(知的障害)、出退勤時刻・休暇・休憩に関し通院・体調に配慮すること(精神障害)等が挙げられている[*26]。

事業主にとって「過重な負担」に当たるかどうかは、①事業活動への影響の程度、②実現困難度、③費用・負担の程度、④企業の規模、⑤企業の財務状況、⑥公的支援の有無を総合的に勘案しながら個別に判断される[*27]。

(3) 法違反の法的効果

障雇法は、事業主が、差別的取扱いの禁止、又は、合理的配慮の提供に違反した場合の法的効果を特に規定していないが、これらの規定は強行規定であり、また、当該規定の内容は使用者の信義則(労契 3 条 4 項)上の義務でもあるから、債務不履行又は不法行為に基づく損害賠償請求が可能であり、また、法律行為であれば、無効を前提とした法的救済を求めることができるであろう[*28]。

(4) 障害者雇用率制度

障雇法は、①国、地方公共団体及び事業主に、一定比率の身体障害者・知的障害者・精神障害者の雇用を義務付ける障害者雇用率制度を定め(障雇 37 条～48 条)[*29]、②未達成の事業主(雇用する労働者が常時 100 人を超える事業主)から障害者雇用納付金[*30]を徴収し(障雇 53 条～ 56 条、附則 4 条)、③雇用率を超えて障害

---

*26　障雇法 36 条の 5 第 1 項に基づく 「雇用の分野における障害者と障害者でない者との均等な機会若しくは待遇の確保又は障害者である労働者の能力の有効な発揮の支障となっている事情を改善するために事業主が講ずべき措置に関する指針」(以下「合理的配慮指針」)(平 27・3・25 厚労告 117)の別表。合理的配慮の事例が詳細に挙げられている。

*27　「合理的配慮指針」第 5。

*28　当該規定の制定前の事案であるが、阪神バス事件・神戸地尼崎支決平 24・4・9 労判 1054 号 38 頁/判タ 1380 号 110 頁は、事業主が障害者に合理的理由なく必要な勤務配慮をしないことは公序ないし信義則に反しうると判示した。

*29　2018(平 30)年 4 月 1 日以降の障害者雇用率は、①国・地方公共団体と特殊法人は 100 分の 2.6、②都道府県等の教育委員会は 100 分の 2.5、③一般事業主は 100 分の 2.3 であるが(障雇 38 条 1 項、43 条 6 項、43 条 1・2 項、障雇令 2 条、10 条の 2、9 条)、経過措置として、当分の間、①は 100 分の 2.5、②は 100 分の 2.4、③は 100 分の 2.2 である(平 29・6・30 政令 175 号による附則)。

*30　調整基礎額月 5 万円(障雇 54 条 2 項・障雇令 17 条)×未達成人数。

者を雇用している事業主（雇用する労働者が常時 100 人を超える事業主）には障害者雇用調整金[*31]を支給し（障雇 49 条 1 項 1 号・50 条、附則 4 条）、④雇用する労働者が常時 100 人以下で月毎に算定して常用労働者の 4 %以上又は延べ 72 人を超える障害者を雇用している事業主には報奨金[*32]を支給している（障雇附則 4 条、障雇則附則 3 条）。

4　年齢

第一に、定年については年齢の下限（60 歳）が設定され（高年 8 条本文）、65 歳までの雇用確保措置が義務付けられている（高年 9 条）。

第二に、募集及び採用につき、事業主は年齢に関わりなく均等な機会を付与しなければならず（労働施策 9 条）、年齢を制限しうるのは、①定年年齢を下回ることを条件に期間の定めのない労働契約を締結する場合、②労基法等により特定年齢の労働者の就業が禁止又は制限されている業務に就労させる場合、③長期間の継続勤務により職務に必要な能力の開発・向上を図り、期間の定めのない労働契約の締結を目的として、新規学卒者等を募集・採用する場合、④特定職種に特定年齢層の労働者が少ない場合に当該職種の技能・知識を継承するため当該特定年齢層の者を募集・採用する場合、⑤芸能の分野の表現の真実性確保等のため必要な場合、⑥高年齢者（60 歳以上）又は特定年齢の労働者の雇用促進のため高年齢者等を募集・採用する場合である（労働施策則 1 条の 3 第 1 項）。

事業主は、労働者の募集及び採用で、やむを得ない理由により一定の年齢（65 歳以下の者に限る）を下回ることを条件とするときは、求職者に対し当該理由を示さなければならない（高年 18 条の 2 第 1 項・高年則 6 条の 5）。

5　権利行使等

労働者に対し、法所定の、休業等の申出・取得等、行政機関への申告や援助・調停の申請、ハラスメントの相談、公益通報等を理由として、解雇その他不利益な取扱いをすることは禁止されている[*33]。

「解雇その他不利益な取扱い」の具体的内容としては、労働契約の締結、内容、終了に関する全てが含まれると解される。

---

*31　単位調整額月 2 万 7 千円（障雇 50 条 2 項・障雇令 15 条）×超えている人数。

*32　月 2 万 1 千円（障雇附則 4 条 3 項、障雇則附則 3 条 3 項）×超えている人数。

*33　後記第 9 章「労働と生活の調和」第 3 節 5、前記第 4 章「個別的労働関係法総論」第 1 節 2(4)エ、前記第 5 章「自由と人格権保障」第 2 節 3(1)、後記第 20 章「不当労働行為と法的救済」第 3 節 3 参照。

第2編　労働基準

第7章　賃金

本章では、最も重要な労働条件の一つである賃金に関し、①賃金の定義(→第1節)、②賃金額と決定方法(→第2節)、③賃金請求権と休業手当請求権(→第3節)、④賃金の支払方法と労働債権の確保(→第4節)の順に検討する。

第1節　賃金の定義

1　労基法上の賃金

労基法上の賃金については、その最低額、支払方法、債権確保等につき、規制が行われているところ[*1]、労基法は、「賃金」とは「賃金、給料、手当、賞与その他名称の如何を問わず、労働の対償として使用者が労働者に支払うすべてのもの」と定義している(労基11条)。

したがって、「労基法上の賃金」は、1)使用者が「労働の対償」として「労働契約上支払義務を負うもの」で、かつ、2)「使用者が労働者に」支払うものであり、この点から、賃金以外のものと区別される。

具体的には、1)について、①支給基準、支給内容などが明確に定められており[*2]、それに従い使用者に労働契約上支払義務のあるものは「賃金」であるが、使用者に支払義務のない任意的・恩恵的給付は贈与であり、賃金ではない。また、②福利厚生的なものでも、使用者に労働契約上支払義務のある家族手当、住宅手当、通勤手当等は「賃金」であるが、使用者が労働契約とは別の消費貸借契約に基づき貸与するもの(資金貸付、住宅貸与)や、利用を認めるもの(諸施設利用等)は、「賃金」ではない。また、③業務遂行に必要な費用として使用者が負担することとされている費用(作業服、作業用品代、出張旅費、社用交際費等)は、

---

*1　後記第2節・第4節参照。

*2　昭22・9・13発基17、新日本製鐵(室蘭製鉄所)事件・札幌地室蘭支判昭50・3・14労民26巻2号148頁/労判223号13頁、中部日本広告社事件・名古屋高判平2・8・31労民41巻4号656頁/労判569号37頁。

労働の対償として支払義務を負うものではなく、「賃金」ではない。

2)について、①客が労働者に直接支払うチップ、厚生年金基金制度、中小企業退職金共済制度、確定拠出年金制度、確定給付制度からの退職年金等は、使用者が支払うものではなく、②死亡退職金で遺族が直接請求権を有するものは、労働者に支払われるものではなく、「賃金」ではない。

2　平均賃金

「平均賃金」は、解雇予告手当(労基 20 条・21 条)、休業手当(労基 26 条)、年次有給休暇手当(労基 39 条 9 項)、災害補償(労基 76 条～ 82 条)の算定基礎となるもので、労働者の通常の 1 日当たりの生活資金の算出という観点から、「算定すべき事由の発生した日(賃金締切日がある場合は直前の賃金締切日)以前 3 か月間に当該労働者に対し支払われた賃金の総額をその期間の総日数で除したもの」(労基 12 条 1・2 項)と定義されている。

ただし、当該期間に、①業務上[*3]の負傷・疾病の療養のための休業(通勤災害の場合は含まない)、②産前産後休業(労基 65 条 1・2 項)、③使用者の責に帰すべき事由による休業、④育児休業・介護休業(育介 2 条 1・2 号)、⑤試みの使用期間が含まれる場合は、①～⑤の期間の日数及びその期間中の賃金は、平均賃金の算定期間及び算定基礎となる賃金総額から控除する(労基 12 条 3 項)[*4]。けだし、これらの期間中は賃金が支払われないか又は賃金額が通常より低いので、これらの期間と期間中の賃金を考慮すると、平均賃金額が労働者の通常の 1 日当たりの生活資金より低くなってしまうからである[*5]。

また、臨時に支払われる賃金、3 か月を超える期間毎に支払われる賃金、通貨以外のもので支払われるもの(労基法 24 条 1 項但書の規定により法令<現行法では存在しない>又は労働協約の定めに基づき払われるものを除く)は、平均賃金の算定基礎となる賃金総額に算入しない(労基 12 条 4 項・5 項、労基則 2 条)[*6]。

「平均賃金」は、自己都合の休業が多く賃金総額が少なかった人に配慮し、その最低保障額が定められている。すなわち、平均賃金額は、①賃金額が労働日若しくは労働時間により算定され又は請負制により定められた場合は、賃金

*3　後記第 10 章「労働災害と法的救済」第 2 節 3 参照。

*4　試用期間中に平均賃金を算定すべき事由が発生した場合は、その期間中の日数とその期間中の賃金は、労基法 12 条 1・2 項の期間と賃金総額に算入する(労基則 3 条)。

*5　立法政策的には、通勤災害による休業期間、私傷病による休業期間、日給・時給の場合の年末年始・お盆の休日等についても、除外を検討すべきであろう。

*6　立法政策的には、特に賞与は平均賃金の算定基礎に反映させるべきであろう。

総額をその期間中の労働日で除した金額(労働日 1 日当たりの賃金額)の 60 ％、②賃金の一部が月、週、その他一定の期間によって定められた場合は、その部分の総額をその期間の総日数で除した金額と①で算定された金額の合算額を下回ってはならない(労基 12 条 1 項但書)。

第２節　賃金額と決定方法

1　賃金の構成要素

賃金の構成要素は、原則として労働契約当事者が自由に決定できるので、その内容は多様であるが、①賃金の支払日毎に支払われる賃金と、②それ以外の賃金に大別することができる。

賃金の引き上げは、定期昇給[*7]、ベースアップ[*8]等により行われてきた。

(1) 賃金の支払日毎に支払われる賃金

賃金の「算定単位」となる期間は、1 時間、1 日、1 週、1 月等、自由に決定することができ、いわゆる「年俸制」のように年単位で設定することもできる。

しかし、労基法上の労働者に対しては、賃金は少なくとも月に 1 回支払うことが必要である(労基 24 条)(→後記第 4 節 5)ので、賃金の「支払単位」期間(いつからいつまでの期間についての賃金を支払うか：「締切日」から「締切日」まで)は 1 月以内、支払日は月に 1 回以上で設定される。

それゆえ、例えば、賃金の算定単位期間は 1 時間・1 日であるが賃金の支払は月に 1 回である場合(「時給月給制」「日給月給制」)や、賃金の算定単位期間は 1 年(「年俸制」) であるが月 1 回以上賃金の支払日が設定される場合もある。

賃金の支払日毎に支払われる賃金は、(a)労働契約上予め定められた労働時間(所定労働時間)の労働に対して支払われる「基準内(所定内)賃金」と、(b)それ以外の労働に対して支払われる賃金「基準外(所定外)賃金」に区別される。

(a)基準内(所定内)賃金は、1)「基本給」と 2)「諸手当」により構成される場合が多い。1)「基本給」は、①労働時間に対応して決定される「定額給」(賃金額が、年齢、学歴、勤務年数等により決定される「年功給(属人給)」、職務内容により決定される「職務給」、当該企業での職務遂行能力の種別(職能資格)とその中でのランク(級)により決定される「職能給」等がある)、②成果・売り上げや業績等に対応して決定される「出来高給」「請負給」、③①と②が組み合わされた「総合給」

---

*7　毎年の基準日時点での年齢や勤続年数等の増加に対応して賃金額が上昇する制度に基づき、基準日を経過する都度、労働者各自の賃金が定期的に上昇すること。

*8　賃金算定方法や算定基準を変更し、企業の賃金水準全体の引き上げを行うこと。

等があり、2)「諸手当」としては、①労働者の職務に関連する、役職手当、技能手当、特殊作業手当、交替手当等が、②労働者と家族の生活保障的性質を有する、家族手当、住宅手当、通勤手当、地域手当、単身赴任手当等がある。

(b)基準外(所定外)賃金としては、所定時間外労働・所定休日労働・深夜労働に対する賃金等がある。

(2) 賃金の支払日毎に支払われる賃金以外の賃金

賃金の支払日毎に支払われる賃金以外の賃金としては、①一時金・賞与、②特別手当、③退職金(退職手当)・退職年金等がある。その金額及び算定方法は、原則として労働契約当事者が自由に決定することができるが、典型例として、①は、基本給にその時々の状況で決まる係数(何か月分)、支給対象期間の出勤率、成績係数等を乗じて算定するもの、③は、算定基礎賃金に勤続年数別の支給率を乗じて算定するもの等がある。

2　賃金の最低額(最低賃金)の保障

(1) 最賃法

最低賃金法〈最賃法〉は、労働条件の改善、労働者の生活の安定、労働力の質的向上、事業の公正競争の確保、国民経済の健全な発展等を目的として、賃金の最低額を保障している(最賃1条参照)[*9]。

(2) 最賃法の適用対象と定義

最賃法上の「労働者」「使用者」「賃金」は、労基法上の「労働者」(労基9条、同居の親族のみを使用する事業に使用される者及び家事使用人を除く)、「使用者」(労基10条)、「賃金」(労基11条)と同じである(最賃2条1～3号)。

(3) 最低賃金額の決定方式

最低賃金額は、最低賃金審議会の調査審議に基づき、厚生労働大臣又は都道府県労働局長により、時間によって定められ(最賃 3 条)、①毎年、1 時間当たりの都道府県毎の「地域別最低賃金」が必ず決定され、② 1 時間当たりの「特定最低賃金」が、場合により、一定の事業又は職業について、「地域別最低賃金」に上積みする形で決定される。

派遣労働者には、派遣先事業場の存在する都道府県の地域別最低賃金、及び、派遣先事業場に適用される特定最低賃金が適用される(最賃13条・18条)。

(4) 最低賃金と実際に支払われる賃金の比較

最低賃金額以上の賃金支払の有無は、以下のように判断される。

*9　この他、家内労働法が、家内労働者の最低工賃の保障している。

第一に、最低賃金との比較対象となる賃金は、毎月支払われる基本的な賃金である。具体的には、実際に支払われる賃金から、①臨時に支払われる賃金（結婚手当等）、② 1 か月を超える期間毎に支払われる賃金（賞与等）、③所定時間外労働、所定休日労働に対して支払われる賃金、④深夜労働に対して支払われる賃金のうち通常の労働時間の賃金の計算額を超える部分（割増部分）、⑤当該最低賃金に算入しないことを定める賃金（通常、精皆勤手当、通勤手当及び家族手当である）を除外したものである（最賃法 4 条 3 項、最賃則 1 条）。

第二に、比較方法は、①時間によって定められている賃金については、実際に支払われる時間給と最低賃金額を比較し、②日、週、月によって定められている賃金については、それぞれその金額を 1 日、1 週、1 月の所定労働時間数（日、週、月によって所定労働時間数が異なる場合は、それぞれ、1 週、4 週、1 年における 1 日、1 週、1 月の平均所定労働時間数）で除した所定労働時間 1 時間当たりの賃金額と最低賃金額を比較し、③出来高制その他の請負制で定められた賃金の場合は、当該賃金算定期間において計算された賃金の総額を総労働時間数で除した労働時間 1 時間当たりの賃金額と最低賃金額を比較する（最賃則 2 条）。

(5)　適用対象

最賃法の定める最低賃金は、日本で労働する全ての労働者に適用される。ただし、①精神又は身体の障害により著しく労働能力の低い者、②試みの使用期間中の者、③職業能力開発促進法 24 条 1 項に基づく認定職業訓練を受ける者のうち一定の者、④軽易な業務に従事する者及び断続的労働に従事する者については、使用者は、都道府県労働局長の許可を受けたときは、最低賃金の減額特例の適用を受けることができる（最賃 7 条、最賃則 3 ～ 5 条）。

(6)　私法上の効果と罰則

使用者は、労働者に最低賃金額以上の賃金を支払う義務を負う（最賃 4 条 1 項）。労働契約で最低賃金に達しない賃金を定める部分は無効であり、無効となった部分は最低賃金と同様の定をしたものとみなされる（最賃 4 条 2 項）。

また、地域別最低賃金違反には罰則がある（最賃 40 条）。特定最低賃金違反には、船員に係るもの（最賃 40 条）を除き、罰則規定はない。

3　請負制の賃金額保障

賃金は、最賃法及び割増賃金支払義務（労基 37 条）に違反しなければ、労働時間に比例して支払われる必要はなく、請負制により支払うことも適法である。しかし、賃金が請負制により支払われる場合は、同じ労働時間数でも賃金額が変動するため、賃金が低くなり労働者の生活が不安定となる危険性がある。

そこで、労基法 27 条は、「出来高払制その他の請負制で使用する労働者については、使用者は、労働時間に応じ一定額[*10]の賃金の保障をしなければならない」と定め、最賃法と相まって時間当たりの最低賃金額を保障し、賃金額の変動(低下)と労働者の生活の不安定さを防止している。

保障給の定めがない場合、又は、保障給の額が労基法 27 条の定める保障給と認められない場合は労基法 27 条違反となり、罰則がある(労基 120 条 1 号)。

第３節　賃金請求権と休業手当請求権

1　賃金請求権と発生要件

(1) 契約上の根拠

賃金請求権は、原則として、労働契約上の根拠に基づき発生する[*11]。したがって、例えば、賞与や退職金も、労働契約上の根拠(労働協約、就業規則、事実たる慣習である労使慣行の存在、合意)がなければ請求権はなく、請求権を肯定するためには、支払時期、具体的額やその算定方法が明確でなければならない[*12]。

(2) 契約の定めと労働義務の履行

賃金請求権の発生要件は、基本的には労働契約で定められる。

しかし、賃金請求権は労務の給付と対価的関係にあり、一般的には労働者が現実に就労することによって発生する後払的性格を有する[*13]から、異なる定めがある場合を除き、労働義務の履行後に発生するとの解釈が当該労働契約の合理的解釈である場合が多いであろう。

(3) 労務が履行されなかった場合の賃金請求権

労働義務が履行されなくても、労働者が「債務の本旨に従った労務の提供」をしており、労務の履行不能が「債権者(使用者)の責めに帰すべき事由」(民 536 条 2 項前段)によるときは、労働者は、民法 536 条 2 項に基づき、反対給付である賃金全額の請求権を有する。

「債権者(使用者)の責めに帰すべき事由」による履行不能が肯定される典型的な例は、使用者の労務受領拒否(休職・休業命令[*14]、出勤停止措置、解雇、契約更

---

*10　具体的な額の定めはないが、就業しているから、少なくとも休業手当（平均賃金の 6 割：労基 26 条）以上と解すべきである(昭 22・9・13 基発 17、昭 63・3・14 基発 150)。

*11　ただし、労働契約上の根拠の有無と内容に関わらず、少なくとも、最賃法 4 条 2 項に基づく最低賃金の請求権と労基法 37 条に基づく割増賃金請求権は発生する。

*12　福岡雙葉学園事件・最三小判平 19・12・18 集民 226 号 539 頁/労判 951 号 5 頁。

*13　宝運輸事件・最三小判昭 63・3・15 民集 42 巻 3 号 170 頁/労判 523 号 16 頁。

*14　片山組事件・最一小判平 10・4・9 集民 188 号 1 頁/労判 736 号 15 頁。

新拒否、ロックアウト等)による労務の履行不能であって(使用者が労務を受領してくれなければ労働者は労務を履行できない)、当該労務受領拒否が無効又は違法である場合である。したがって、当該休職・休業命令、出勤停止措置、解雇、契約更新拒否、ロックアウト等の効力又は適法性が問題となる[*15]。

2　休業手当請求権と発生要件

(1) 休業手当

労基法26条は、「使用者の責に帰すべき事由による休業の場合においては、使用者は、休業期間中当該労働者に、その平均賃金の百分の六十以上の手当を支払わなければならない」と定め、「使用者の責に帰すべき事由による休業」の場合、休業期間中[*16]、当該労働者に対する平均賃金の6割以上の手当(休業手当)の支払を使用者に義務付け、労働者の生活保障を行っている。

(2) 休業手当請求権の発生要件

休業手当請求権は、①「使用者の責に帰すべき事由」による、②「休業」の場合に発生する。

①「使用者の責に帰すべき事由」は、いかなる事由による休業の場合に労働者の生活保障のため使用者に平均賃金の6割以上の限度での負担を要求するのが社会的に正当かを考量し、過失責任主義とは異なる観点をも踏まえた概念であり、民法536条2項前段の「債権者の責めに帰すべき事由」(→前記2(3))よりも広く、使用者側に起因する経営、管理上の障害を含む[*17]。原料、資材、事業場設備等の欠乏又は欠陥(経営障害)は、原則として使用者の責に帰すべき休業であり、親工場の経営難から下請工場が資材、資金の獲得ができずなした休業は使用者の責に帰すべき休業である[*18]。

②「休業」は、労働契約が存続していることを前提として、労働義務のある時間に労務が履行されないことであり、期間、人数を問わず、労働日の一部について労務が履行されなかった場合も含まれる。解雇が無効である場合は労働契約が存続しているから、解雇無効の場合の解雇期間(労働者は労務を履行してい

---

*15　後記第12章「労働契約内容の設定・変更と懲戒処分」第2節5(6)・第3節、第13章「労働契約の終了」第2節・第3節、第18章「団結活動と争議行為」第6節2で検討する。

*16　労働義務のある日であったが休業とされた日であり、労働契約上休日とされていた日は含まない(昭24・3・22基収4077)。

*17　ノースウエスト航空<会社上告>事件・最二小判昭62・7・17民集41巻5号1283頁/労判499号6頁。

*18　昭23・6・11基収1998。

ない)も「休業」に含まれ、労基法26条の適用がある*19。

(3) 休業手当の額と支払方法

休業手当は平均賃金(労基12条)の6割以上であり、休業期間中、労働者に他の労働収入等があっても(中間収入)、休業手当は減額されない*20。

休業手当は労基法11条の賃金であり、労基法の定める賃金支払方法に関する規制(労基24条・25条)が適用され、休業期間の属する賃金算定期間につき定められた賃金支払日に支払われる*21。

(4) 私法上の効果

使用者が休業手当を支払わないときは、労働者は労基法26条又は労働契約(労基13条参照)に基づき支払を求めることができ、裁判所は、労働者の請求により、未払金の他、付加金の支払を使用者に命ずることができる(労基114条)。

(5) 罰則

労基法26条違反には罰則がある(労基120条1号)。

(6) 民法536条2項前段と労基法26条との関係

労基法26条は民法536条2項の適用を排除するものではないので*22、民法536条2項に基づき賃金を請求しうる場合(→前記1(3))は、労働者は、こちらの方が金額が高いので、休業手当ではなく賃金全額を請求することになろう。

ただし、労基法26条の「使用者の責に帰すべき事由」は、民法536条2項の「債権者の責めに帰すべき事由」よりも広く、使用者側に起因する経営、管理上の障害を含むので、民法536条2項に基づく賃金全額の請求権はないが労基法26条に基づく休業手当請求権はある場合がある。

3　請求権の消滅－時効

労基法の規定による賃金の請求権は、これを行使することができる時から5年間、同法の規定による災害補償その他の請求権(賃金の請求権を除く)は、これを行使することができる時から2年間行わない場合は、時効によって消滅する(労基115条)。(ただし、当分の間は、退職手当の請求権については5年間、賃金<退

*19　米軍山田部隊<労働者上告>事件・最二小判昭37・7・20民集16巻8号1656頁/判時309号2頁。

*20　米軍山田部隊<労働者上告>事件・最二小判昭37・7・20民集16巻8号1656頁/判時309号2頁。

*21　昭25・4・6基収207、昭62・3・14基発150、厚労省労基法コンメ(上)(2011)377頁。

*22　昭22・12・15基発502、米軍山田部隊<労働者上告>事件・最二小判昭37・7・20民集16巻8号1656頁/判時309号2頁、ノースウエスト航空<会社上告>事件・最二小判昭62・7・17民集41巻5号1283頁/労判499号6頁。

職手当を除く>の請求権については３年間である〈労基 143 条３項〉)。

第４節　賃金の支払方法と労働債権の確保

１　賃金の支払方法の諸原則

賃金の支払方法について、労基法は、労働者及びその家族の重要な生活の糧である賃金が、交換価値のある通貨により、確実に、全て、あまり間隔の空くことなく安定的に労働者に支払われることを確保するために、①通貨払の原則、②直接払の原則、③全額払の原則、④毎月一回以上・一定期日払の原則の四原則を定め(労基 24 条)[*23]、④の一定期日払の原則の例外として、⑤賃金の非常時払を規定している(労基 25 条)(→２～６)。

なお、労基法 24 条・25 条違反には罰則がある(労基 120 条１号)。

２　通貨払の原則

(1) 趣旨

賃金は「通貨で」支払わなければならない(労基 24 条 1 項本文)。これは、賃金を、労働者にとって最も安全で便利で交換価値のある「通貨」により支払わせ、労働者の生活を安定させることを目的として設けられた規定である。

「通貨」とは、日本国で通用する貨幣であり、現物給与は禁止されている。

(2) 通貨払の例外

通貨以外の支払が認められている場合として、①法令に別段の定めがある場合(現在存在せず)、②労働協約に別段の定めがある場合、③労働者の同意を要件として、労働者が指定する金融機関の当該労働者の預金又は貯金へ振込む場合、退職手当を金融機関が自己宛に振り出し若しくは支払保証をした小切手又は郵便為替等により支払う場合がある(労基 24 条 1 項但書、労基則 7 条の 2)。

３　直接払の原則

(1) 趣旨

賃金は、「直接労働者に」支払わなければならない(労基 24 条 1 項本文)。これは、職業仲介者、親権者・後見人等が労働者の代わりに賃金を受領し、中間搾取したり横取りしたりすることを排除し、確実に労働者が賃金を受領すること

---

*23　家内労働法も、委託者が家内労働者に支払う工賃(家労 2 条 5 項)について、通貨払・全額払・一月以内払の原則を定めており(家労 6 条)、同規定に違反する工賃の支払を定める委託に関する契約に対し、強行的直律的効力を有する(家労 16 条)。

を保障するために設けられた規定である[*24]。

（2）直接払の例外

直接払の例外として認められているものは、労基法 24 条に特段の規定はないが、①国税徴収法に基づく行政官庁の差押処分、及び、②民事執行法 155 条に基づく差押えにおける差押債権者への支払である。ただし、民事執行法 152 条は、原則として賃金の 4 分の 3 に相当する部分の差押えを禁止し、また、国税徴収法 76 条・同施行令 34 条も差押えの対象とならない範囲を定めている。

4　全額払の原則

（1）趣旨

賃金は「その全額を」支払わなければならない（労基 24 条 1 項本文）。賃金は労働者の生活を支える重要な財源で日常必要とするものであるから、労働者に確実に受領させ、その生活に不安のないようにする必要があるからである[*25]。

全額払の原則が禁止するものは賃金からの控除であり、「控除」とは使用者が既に発生し履行期にある賃金債権から一部を差し引いて労働者に支払わないことである。したがって、請求権の発生していない賃金を支払わないことは、当然ながら全額払原則に違反しない。

（2）全額払の例外

全額払の例外が認められている場合として、1）法令に別段の定めがある場合（労基 24 条 1 項但書）（給与所得税の源泉徴収〈所得税 183 条〉、社会保険料の源泉控除〈厚年 84 条、健保 167 条〉、労働保険料の控除〈徴収 32 条、徴収則 60 条〉、勤労者財産形成貯蓄契約等に基づく預入等の控除〈財形 6 条 1 項 1 号ハ他〉等）、2）過半数代表との書面協定（労使協定）がある場合がある（労基 24 条 1 項但書）。ただし、労使協定は、免罰的効力と私法上の強行性の排除効のみを有する（賃金の一部控除についての労働者と使用者の合意が有効で使用者は刑事制裁を科せられないこととなるにとどまる）ので、加えて、労働者の同意が必要である。

全額払の例外については、①相殺、②調整的相殺、③合意相殺・賃金債権の放棄等が認められるかどうかが論点となる（→（3）～（5））。

（3）相殺

賃金は労働者の生活を支える重要な財源で日常必要とするものであるので、労働者に確実に受領させ、その生活に不安のないようにするという労基法 24 条

---

*24　関連して、労基法 59 条は、「未成年者は、独立して賃金を請求することができる。親権者又は後見人は、未成年者の賃金を代わって受け取ってはならない。」と定めている。

*25　日本勧業経済会事件・最大判昭 36・5・31 民集 15 巻 5 号 1482 頁/判時 261 号 17 頁。

１項の趣旨から、使用者の債権（貸付金債権、債務不履行・不法行為に基づく損害賠償債権等）を自働債権とする賃金との相殺は、全て禁止される[*26]。

（4）調整的相殺（清算的相殺）

計算ミス等による賃金の過払や、欠勤が賃金支払日に接着してなされその賃金支払期間の賃金から労務不提供分を減額できなかった場合のように、ある賃金支払期間に生じた過払賃金を、後の支払期間の賃金から控除するという「調整的相殺（清算的相殺）」につき、最高裁判決[*27]は、①過払のあった時期と賃金の精算・調整の実を失わない程度に合理的に接着した時期になされ、②予め労働者に予告され、③額が多額でないこと等、労働者の経済生活の安定をおびやかすおそれがない場合はこれを認める。しかし、賃金過払は、予め労使協定を締結することにより対応できるから、調整的相殺も労使協定の締結（24 条 1 項但書）と労働者の同意がなければできないと解すべきであろう[*28]。

（5）合意による相殺・賃金債権の放棄

合意による相殺と賃金債権の放棄について、最高裁判決[*29]は、労働者の自由な意思に基づくと認められる合理的な理由が客観的に存在するときはこれを認める。しかし、労働者の同意だけでは労働者保護は十分とは言えないので、合意による相殺及び賃金債権の放棄も労使協定（24 条 1 項但書）の締結がなければ行うことはできないと解した上で、さらに、労働者の同意が労働者の自由意思に基づくものであるとの認定を厳格かつ慎重に行うべきであろう。

5　毎月一回以上・一定期日払の原則

（1）趣旨

「賃金は、毎月一回以上、一定の期日を定めて支払わなければならない」（労基 24 条 2 項本文）。

毎月一回以上・一定期日払の原則は、賃金の支払期間及び支払期日を規制することにより賃金の支払を安定させるものであり、年俸制の場合も、年俸額を 12 等分するなどして毎月一回以上・一定期日に賃金を支払うことを要する。

---

*26　関西精機事件・最二小判昭 31・11・2 民集 10 巻 11 号 1413 頁/判時 95 号 12 頁、日本勧業経済会事件・最大判昭 36・5・31 民集 15 巻 5 号 1482 頁/判時 261 号 17 頁。
*27　福島県教組事件・最一小判昭 44・12・18 民集 23 巻 12 号 2495 頁/労判 103 号 17 頁、群馬県教組事件・最二小判昭 45・10・30 民集 24 巻 11 号 1693 頁/判時 613 号 89 頁。
*28　東武鉄道事件・東京地判昭 41・9・20 労民 17 巻 5 号 1100 頁/労判 32 号 11 頁。
*29　日新製鋼事件・最二小判平 2・11・26 民集 44 巻 8 号 1085 頁/労判 584 号 6 頁（合意による相殺、結論として有効と判断）。シンガー・ソーイング・メシーン事件・最二小判昭 48・1・19 民集 27 巻 1 号 27 頁/判時 695 号 107 頁（賃金債権の放棄、結論として有効と判断）。

（2）毎月一回以上・一定期日払原則の例外

毎月一回以上・一定期日払原則の例外として認められるものは、①臨時に支払われる賃金、②賞与、③１か月を超える期間の出勤成績によって支給される精勤手当、１か月を超える一定期間の継続勤務に対して支給される勤続手当、１か月を超える期間にわたる事由によって算定される奨励加給又は能率手当である（労基 24 条 2 項但書、労基則 8 条）。

６　賃金の非常時払

（1）趣旨

毎月一回以上・一定期日払の原則（労基 24 条 2 項）は、賃金の支払を安定させるものであるが、既になされた労働に対する賃金も支払期日まで請求することはできず、労働者が臨時の出費を要する場合不利益となることがある。

そのため、「使用者は、労働者が出産、疾病、災害その他厚生労働省令で定める非常の場合の費用に充てるために請求する場合においては、支払期日前であっても、既往の労働に対する賃金を支払わなければならない」（労基 25 条）。

（2）非常時払を請求しうる事由

労働者（労働者本人の死亡の場合は、相続人等賃金請求権を有する者）が非常時払を請求しうる事由は、①労働者本人の、出産・疾病・災害（労基 25 条）、結婚・死亡（労基則 9 条 2 号）、又は、やむを得ない事由による１週間以上にわたる帰郷（労基則 9 条 3 号）、②労働者の収入によって生活を維持する者の、出産・疾病・災害（労基則 9 条 1 号）、結婚・死亡（労基則 9 条 2 号）、又は、やむを得ない事由による１週間以上にわたる帰郷（労基則 9 条 3 号）である。「疾病」は、業務上・外を問わず、「災害」は、一切の自然災害・人的災害を含む。

７　賃確法による労働債権の確保

労働者にとって重要な労働債権（賃金債権）を確保するため、「賃金の支払の確保等に関する法律〈賃確法〉」は、以下の定めを置いている[*30]。

（1）未払賃金の立替払制度

未払賃金の立替払制度は、労災保険事業である社会復帰促進等事業の一つ（労災保険 29 条 1 項 3 号）であり、労災保険料を財源として、労働者の未払賃金の一部を労災保険の保険者である政府が当該労働者の請求に基づき立替払（事業主に

---

*30　この他、労働債権の確保のため、民法における労務の対価に関する先取特権（306 条・308 条、311 条・323 条・324 条）、破産手続・更生手続における労働債権の確保（破産 149 条・151 条、会社更生 130 条・132 条）の規定も存在する。

代わって弁済）する制度である（賃確7条）。

第一に、未払賃金の立替払制度の適用を受ける使用者は、労災保険の適用事業（労災保険 3 条）の事業主で 1 年以上当該事業を行っていた者が、①破産手続の開始決定又は特別清算の開始命令を受けたこと、②会社更生手続開始の決定又は民事再生手続の決定があったこと、③中小企業事業主で事業活動が停止し再開の見込みがなく賃金支払能力がないことが労働基準監督署長に認定されたことのいずれかに該当する場合である（賃確 7 条、賃確令 2 条、賃確則 7 ～ 10 条）。

第二に、立替払の適用を受ける労働者は、前記①②の最初の申し立てがあった日、又は、③の認定の最初の申請が労働者からなされた日の 6 か月前の日以降 2 年間に、前記第一の要件を充足する事業主から退職した労働者である（賃確 7 条、賃確令 3 条、賃確則 12 ～ 14 条）。

第三に、立替払の対象となる賃金は、前記退職した日の 6 か月前以後立替払の請求日の前日までの期間に支払期が到来している定期給与及び退職金であってその総額が 2 万円以上のものである（賃確 7 条、賃確令 4 条 2 項、賃確則 16 条）。ただし、実際に立替払が行われる賃金額は、立替払対象賃金中の未払分（年齢に応じた上限額がある〈110 ～ 370 万円〉）の 80 ％相当額である（賃確令 4 条 1 項）。

第四に、立替払の請求をしようとする者は、所定の事項を記載し所定の証明書等を添付した請求書を独立行政法人労働者健康福祉機構に提出しなければならない（賃確則 17 条）。

（2）社内預金・退職手当の保全措置

事業主は、労働者の委託を受けて労働者の預金を受入れるときは、毎年 3 月 31 日の受入預金額について同日後 1 年間にわたる貯蓄金の保全措置（その払戻債務を銀行その他金融機関において保障することを約する契約の締結その他の措置）を講じなければならない（賃確 3 条）。義務違反について、労働基準監督署長は是正命令を出すことができ（賃確 4 条）、是正命令違反には罰則がある（賃確 18 条）。

また、事業主は、労働契約又は労働協約に基づく退職手当の支払に充てるべき額につき、社内預金の保全に準ずる措置を講ずる努力義務を負う（賃確 5 条）。

（3）退職労働者の未払賃金に係る遅延利息

事業主が退職労働者の賃金（退職手当を除く）を退職日又は支払期日までに支払わなかった場合は、その翌日から支払をする日までの期間につき、未払賃金の額に年 14．6 ％を乗じて得た金額を遅延利息として支払わなければならない（賃確 6 条 1 項、賃確令 1 条）。ただし、賃金支払の遅滞が天災地変、その他やむを得ない事由（破産手続開始決定等）による場合は、その事由が存在する期間は適用しない（賃確 6 条 2 項、賃確則 6 条）。

第８章　労働時間と自由時間

本章では、最も重要な労働条件の一つである労働時間と自由時間について、①労働時間規制・自由時間保障の意義と方法(→第 1 節)、②労働時間の概念・計算方法(→第 2 節)、③労働時間の規制(→第 3 節)、④自由時間の保障(→第 4 節)の順に検討する。年少者(18 歳未満の者)、妊産婦、家族的責任を有する者に関する特別規制は、後記第９章「労働と生活の調和」で検討する。

第１節　労働時間規制・自由時間保障の意義と方法

１　意義

労働者の労働時間規制と自由時間保障の意義は、①労働者の健康・安全の保障(労働できる時間には限界があり、睡眠、食事、休息等の時間が必要である)、②労働者の幸福追求権、自由と権利を実現するための時間の保障、③ワークシェアリング(一人当たりの労働時間の短縮による雇用の創出と失業者の減少)等にある。

２　方法

(1)　労働時間規制

「労働時間」については、具体的には、①労働時間の「長さ」(量)、②労働時間の「配分方法」(1 週・1 日当たりの最長労働時間)、③労働時間の「時間帯」(深夜労働)の規制が行われている。

(2)　自由時間保障の方法

「自由時間」については、具体的には、①休憩(1 日の労働時間の途中)、②休日(1 週間に原則 1 日)、③年次有給休暇(1 年に一定日数)が保障されている他、④「休息時間(勤務間インターバル)」(終業時刻から次の労働日の始業時刻までの時間)の保障が努力義務として定められている(労働時間等設定改善 2 条 1 項)。

第２節　労働時間の概念・計算方法

１　労働時間の概念

「労働時間」に関する概念としては、①「労働契約上の労働時間」(「所定労働時間」）、②「実労働時間」、③「労基法上の労働時間」がある[*1]。

「労働契約上の労働時間」（「所定労働時間」とも呼ばれる）は、労働契約上労働義務のある時間として予め約定された時間である。したがって、「労働契約上の労働時間」は、労務履行前に確定される。労働義務のある時間かどうかは、実質的に判断されるべきであり、例えば、就業規則に、始業午前9時、終業午後2時と規定されていたとしても、午前8時半から作業の準備が義務付けられている場合は、労働契約上の労働時間は午前8時半から午後2時までである。

「実労働時間」は、現実に労務が履行された時間である。したがって、「実労働時間」は、労務履行後に確定される。

図 8.1　労働契約上の労働時間と実労働時間

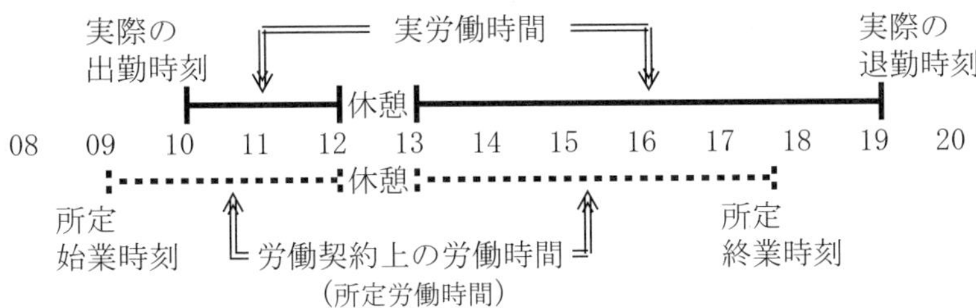

「実労働時間」は「労働契約上の労働時間」と一致しないときもある。例えば、労働者が労務を一部又は全部履行しなかったとき（遅刻・早退、欠勤）は、「労働契約上の労働時間」であるが「実労働時間」でない時間が存在する。逆に、労働者が「労働契約上の労働時間」以外の時間に労働した場合、「労働契約上の労働時間」ではないが「実労働時間」である時間が存在する。

「労基法上の労働時間」は、労基法の規制対象とする労働時間であり、「労働契約上の労働時間」と「実労働時間」の双方を規制対象とする[*2]（→第３節）。

2　労基法上の労働時間

(1)　判断基準

「労基法上の労働時間」の範囲は、労基法の解釈として客観的に定まる[*3]。

---

*1　この他、労働時間と休憩時間を合わせて「拘束時間」と呼ぶときがある。

*2　日立製作所（武蔵野工場）事件・最一小判平 3・11・28 民集 45 巻 8 号 1270 頁/労判 594 号 7 頁の味村治裁判官の補足意見参照。

*3　三菱重工業（長崎造船所<一次訴訟・会社上告>）事件・最一小判平 12・3・9 民集 54 巻 3 号 801 頁/労判 778 号 11 頁、同<一次訴訟・組合上告>事件・最一小判平 12・3・9 集民 197 号 75 頁/労判 778 号 8 頁、同<二次訴訟>事件・最一小判平 12・3・9 労判 778 号 14 頁。

最高裁判決[*4]は、労基法上の労働時間とは「労働者が使用者の指揮命令下に置かれている時間」であるとするが、端的に、①「労働契約上の労働時間」との関係では「労働義務のある時間」、②「実労働時間」との関係では「労務を履行した時間」と定義し、当該行為の性質や使用者の業務上の指示の有無と内容等を踏まえて判断すべきであろう[*5]。

(2) 具体的該当性

ア　業務の準備行為・後片付け等

労働者が、就業を命じられた業務の準備行為・後片付け等を事業所内において行うことを使用者から義務付けられ、又は、これを余儀なくされたときは、当該行為は労務の履行に必要不可欠ないし不可分の行為であり、特段の事情のない限り労働義務の一部と評価できる。したがって、当該行為に要した時間は、社会通念上必要と認められるものである限り、労基法上の労働時間である[*6]。

イ　「不活動時間」

実作業に従事していない時間(「不活動時間」)でも、使用者の指示があれば作業に従事しなければならず、又は、来客・顧客があれば対応しなければならない等、労働契約上の役務の提供が義務付けられている時間(「手待時間」とも呼ばれる)は、役務の提供が皆無に等しいなど実質的に役務の提供義務がないと認められる特段の事情がある場合を除き、労働からの解放が保障されておらず、労基法上の労働時間である[*7]。

また、実作業に従事していない仮眠時間(「不活動仮眠時間」)も、労働契約上の役務の提供が義務付けられている場合は、役務の提供が皆無に等しいなど実質的に役務の提供義務がないと認めることができる特段の事情がある場合を除き、労基法上の労働時間である[*8]。

---

*4　三菱重工業(長崎造船所<一次訴訟・会社上告>)事件・最一小判平 12・3・9 民集 54 巻 3 号 801 頁/労判 778 号 11 頁、同<一次訴訟・組合上告>事件・最一小判平 12・3・9 集民 197 号 75 頁/労判 778 号 8 頁、同<二次訴訟>事件・最一小判平 12・3・9 労判 778 号 14 頁、大林ファシリティーズ事件・最二小判平 19・10・19 民集 61 巻 7 号 2555 頁/労判 946 号 31 頁。

*5　所定時間外・休日・休憩とされている時間を労基法上の労働時間と判断したものとして、大林ファシリティーズ事件・最二小判平 19・10・19 民集 61 巻 7 号 2555 頁/労判 946 号 31 頁、京都銀行事件・大阪高判平 13・6・28 労判 811 号 5 頁、新日本管財事件・東京地判平 18・2・3 労判 916 号 64 頁/判時 1926 号 141 頁、昭和観光事件・大阪地判平 18・10・6 労判 930 号 43 頁等。

*6　三菱重工業(長崎造船所<一次訴訟・会社上告>)事件・最一小判平 12・3・9 民集 54 巻 3 号 801 頁/労判 778 号 11 頁。

*7　大林ファシリティーズ事件・最二小判平 19・10・19 民集 61 巻 7 号 2555 頁/労判 946 号 31 頁。

*8　大星ビル管理事件・最一小判平 14・2・28 民集 56 巻 2 号 361 頁/労判 822 号 5 頁。

ウ　研修・教育活動等への参加

研修・教育活動等への参加は、それが労働義務の内容であるか、又は、使用者から命じられたものであれば、「労基法上の労働時間」である[*9]。

3　労基法上の労働時間の計算方法

(1) 労働時間の通算

1 人の労働者が、2 以上の事業場で労働する場合、労基法上の労働時間はそれぞれの事業場における労働時間を通算して計算される(労基 38 条 1 項)。1 人の労働者が、2 以上の異なる使用者のもとで(従って 2 以上の事業場で)労働する場合も、それぞれの使用者のもとでの労働時間を通算して計算される。

したがって、労基法が規制する労働時間は「当該労働者単位」で算定される。

(2) 坑内労働の労働時間

炭鉱等の坑内労働については、労働者が坑口に入った時刻から出た時刻までの時間を、休憩時間を含め、労基法上の「労働時間」とみなす(労基 38 条 2 項)[*10]。

第３節　労働時間の規制

1　労働時間の長さ・配分方法・時間帯

(1) 法定労働時間

労働時間の長さ・配分方法を規制しているのは、1 週及び 1 日の最長労働時間を定める「法定労働時間」(労基 32 条)である。

労基法 32 条は、使用者は、労働者に、休憩時間を除き 1 週間について 40 時間を超えて、労働させてはならず、1 週間の各日については、労働者に、休憩時間を除き 1 日について 8 時間を超えて、労働させてはならないと定める。

したがって、法定労働時間は、① 1 週単位が 40 時間(労基 32 条 1 項)、② 1 日単位が 8 時間(労基 32 条 2 項)で、これにより、労働時間全体の「長さ」(例えば 52 週間であれば、40 時間× 52 週＝ 2080 時間)と、1 週・1 日当たりの労働時間の「配分方法」(1 週当たり 40 時間まで・1 日当たり 8 時間まで)が規制されることになる。

(2) 法定時間外労働となる時間

法定労働時間は 1 週と 1 日の双方からの規制であるから、法定時間外労働(法定労働時間を超える労働)となる時間は、①当該週の労働開始から計算して 40 時

*9　八尾自動車興産事件・大阪地判昭 58・2・14 労判 405 号 64 頁。

*10　ただし、この場合、休憩の一斉付与及び自由利用の原則(労基 34 条 2・3 項)は適用されない(労基 38 条 2 項但書)。

間を超えた部分と、②１日の労働時間が８時間を超えた部分の全てである。

(3) 法定労働時間の特例

零細規模の商業・サービス業の特例として、①物品の販売、配給、保管若しくは賃貸又は理容の事業(労基別表一の８号)、②映画の映写、演劇その他興行の事業(同 10 号)、③病者又は虚弱者の治療、看護その他保健衛生の事業(同 13 号)、④旅館、料理店、飲食店、接客業又は娯楽場の事業(同 14 号)のうち、常時 10 人未満の労働者を使用するものの最長労働時間は、１週 44 時間・１日８時間とされている(労基 40 条、労基則 25 条の 2)。

(4) 法定労働時間による規制の法的効果

法定労働時間による労働時間規制は、大別して二つの法的効果を有する。

第一は、公法上の効果である。使用者が労働者を法定労働時間を超えて労働させた場合は刑罰が科せられる(労基 119 条 1 号)。ただし、労基法 33 条又は 36 条１項に基づく法定時間外労働(→後記 2(3)(4))には、刑罰は科せられない。

第二は、私法上の効果である。具体的には、①労基法 32 条は、労基法の適用される労働契約に対し強行的・直律的効力を有するので、法定労働時間を超えて労働する旨の約定は無効となり、労働義務のある時間は法定労働時間の枠内となる(労基 32 条、労基 13 条)[*11]。ただし、労基法 33 条所定の要件を充足するとき、又は、同法 36 条 1 項所定の労使協定の定めの範囲内で、法定労働時間を超えて労働する旨の約定は有効である(→後記 2(3)(4))。また、②使用者が労働者を法定労働時間を超えて労働させた場合は、当該法定時間外労働について、使用者は割増賃金支払義務を負う(労基 37 条 1 項)(→後記 2(6))。適法な労働でも違法な労働でも、使用者は割増賃金支払義務を負う[*12]。

(4) 深夜労働(深夜業)の規制

労働時間帯を規制しているのは、「深夜労働(深夜業)」についての割増賃金支払であり、「深夜労働(深夜業)」は午後 10 時から午前 5 時までの労働である。

18 歳未満の年少者(労基 61 条)、妊産婦・一定の家族的責任を有する労働者が請求した場合[*13]を除き、深夜労働の禁止や制限はないが、使用者は、深夜労働については 2 割 5 分以上の割増率で計算した割増賃金[*14]の支払義務を負い(労基 37 条 4 項)、経済的コストを負担する。

---

*11　ただし、原則として賃金の部分は修正されない(橘屋事件・大阪地判昭 40・5・22 労民 16 巻 3 号 371 頁/判タ 178 号 174 頁)。

*12　小島撚糸事件・最一小判昭 35・7・14 刑集 14 巻 9 号 1139 頁/判時 230 号 6 頁。

*13　詳細は、後記第 9 章「労働と生活の調和」第 1 節 3、第 2 節 3(2)、第3節3(4)・4(4)。

*14　割増賃金の詳細は後記 2(5)。

2　労働時間の長さに関する例外

(1) 例外として許容される「法定時間外労働」

法定労働時間(労基 32 条)により労働時間の長さが制限されているが、一定の要件を充足する場合は、法定労働時間を超える労働(「法定時間外労働」)を行わせることができる。

(2) 「法外所定時間外労働」と「法内所定時間外労働」の区別

「労働契約上の労働時間」は「所定労働時間」とも呼ばれ、これを超える労働を一般に「所定時間外労働」と呼ぶ(「所定外労働」とも呼ばれる)。

「所定労働時間」が 1 日 8 時間・1 週 40 時間(労働日 5 日)であれば、これを超える「所定時間外労働」は、全て「法定時間外労働」である。

これに対して、「所定労働時間」が 1 日 8 時間・1 週 40 時間よりも短ければ、「所定時間外労働」が全て「法定時間外労働」となるわけではない。例えば、所定労働時間が 1 日 7 時間・1 週 35 時間である場合、1 日 7 時間を超え 8 時間まで、かつ、1 週 35 時間を超え 40 時間までの時間は、「所定時間外労働」ではあるが、「法定時間外労働」ではない。

したがって、「所定時間外労働」は、①法定労働時間を超えない所定時間外労働である「法内所定時間外労働」と、②法定労働時間を超える所定時間外労働である「法外所定時間外労働」に区別する必要がある。

図 8.2　法定時間外労働と所定時間外労働

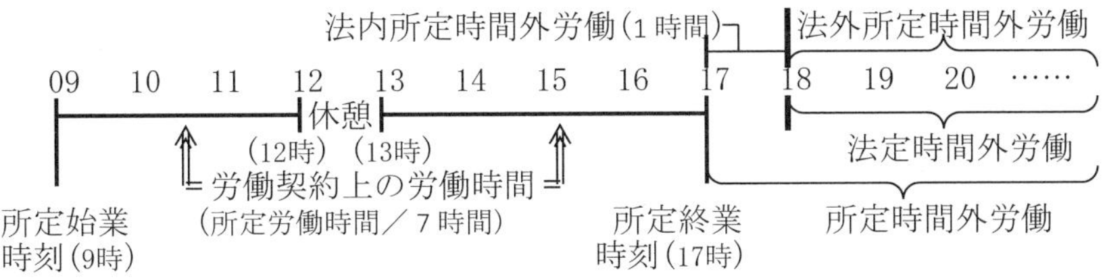

「法内所定時間外労働」は、労基法 32 条違反ではないが、使用者が労働者に法内所定時間外労働を義務付けるためには、所定時間外労働を命ずる法的根拠と権利行使の適法性が必要である[*15]。

それに対して、「法外所定時間外労働」を行わせるためには、その前提として、労基法 32 条の例外として適法に法定時間外労働を行わせることができる要件を充足しなければならない(→後記(3)(4))[*16]。

---

*15　詳細は、後記第 12 章「労働契約内容の設定・変更と懲戒処分」第 2 節 5(7)。

*16　労基法 33 条 3 項は公務員に関する規定であるので本書では取り扱わない。

(3) 法定時間外労働を行わせることのできる要件①
―災害等による臨時の必要性

「災害その他避けることのできない事由によつて、臨時の必要性がある場合」、使用者[*17]は、行政官庁（所轄労働基準監督署長）の許可[*18]を受けて、その必要の限度において、法定時間外労働、又は、法定休日労働をさせることができる（労基33条1項本文、労基則13条1項）。

ただし、「事態急迫のために行政官庁の許可を受ける暇がない場合においては、事後に遅滞なく」、行政官庁（所轄労働基準監督署長）に届け出なければならない（労基33条1項但書、労基則13条1項）。この届出があった場合、行政官庁（所轄労働基準監督署長）がその法定時間外労働又は法定休日労働を不適当と認めたときは、その後にその時間に相当する休憩又は休日を与えるべきことを命じることができる（労基33条2項、労基則14条）。

(4) 法定時間外労働を行わせることのできる要件②
―労使協定の締結・届出と周知

使用者は、法所定の事項につき、「労働基準法第36条第1項の協定で定める労働時間の延長及び休日の労働について留意すべき事項等に関する指針」[*19]（平30・9・7厚生労働省告示323号）に適合するよう（労基36条7・8項）[*20]、過半数代表と労使協定を締結し、所定の様式により行政官庁（所轄労働基準監督署長）に届出をし、周知（労基106条1項）した場合は、当該協定の定めに従い、当該事業場で労働者に法定時間外労働をさせることができる（労基36条1項、労基則16条）。

ア　労使協定で定める事項

労使協定で定める事項は、第一に、①法定時間外労働又は法定休日労働をさせることができる労働者の範囲、②対象期間（法定時間外労働又は法定休日労働をさせることができる期間、1年間に限る）、③法定時間外労働又は法定休日労働させ

---

*17　派遣労働者の場合、許可又は届出義務は派遣先が負う（昭61・6・6基発333）。

*18　労基法33条1項は、災害、緊急、不可抗力その他客観的に避けることのできない場合の規定であるから、①単なる業務の繁忙その他これに準ずる経営上の必要は認めない、②急病、ボイラーの破裂その他人命又は公益保護のための必要は認める、③事業の運営を不可能ならしめる突発的な機械の故障は認めるが、通常予見される部分的な修理、定期的な手入は認めない、④電圧低下により保安等の必要がある場合は認める、とされている（昭22・9・13発基17、昭26・10・411基発696）。

*19　労使当事者の責務、使用者の責務、業務区分の細分化、限度時間を超えて延長時間（法定時間外労働）を定めるに当たっての留意事項、一か月に満たない期間において労働する労働者についての延長時間の目安、法定休日を定めるに当たっての留意事項、望ましい健康福祉措置等が定められている。

*20　行政官庁は、同指針に関し、使用者と過半数代表に、労働者の健康が確保されるよう、必要な助言・指導を行うことができる（労基36条9・10項）。

ることができる場合、④対象期間における1日、1か月及び1年のそれぞれの期間につき法定時間外労働をさせることのできる時間又は法定休日労働をさせることができる休日の日数、⑤ｱ)労使協定(労働協約による場合を除く)の有効期間、ｲ)前記④の「1年」の起算日、ｳ)労基法36条6項2号・3号所定の要件(法定時間外労働及び法定休日労働の時間数が1か月100時間未満であること・対象期間の初日から1か月毎に区分した各期間に当該各期間の直前の1か月、2か月、3か月、4か月及び5か月の期間を加えたそれぞれの期間における法定時間外労働及び法定休日労働の時間数の1か月当たりの平均時間が80時間を超えないこと)を充足することである(労基36条2項1～5号、労基則17条1項1～3号)。

前記④の法定時間外労働は、「限度時間」を超えない時間に限られる(労基36条3項)。「限度時間」は、1か月45時間・1年360時間であるが、一年単位の変形労働時間制(労基32条の4)(→後記3の(3))で対象期間が3か月を超える場合は、1か月42時間・1年320時間である(労基36条4項)。

第二に、当該事業場における通常予見することのできない業務量の大幅な増加等に伴い臨時的に「限度時間」を超えて労働させる必要がある場合は、前記④について、「限度時間」を超えて、1か月について法定時間外労働をさせることができる時間及び休日労働させることができる時間(前記④で協定した時間を含め100時間未満の範囲内に限る)、並びに、1年について法定時間外労働をさせることができる時間(前記④で協定した時間を含め720時間を超えない範囲内に限る)を定めることができる(労基36条5項前段)。

この場合、対象期間に1か月45時間(一年単位の変形労働時間制〈労基32条の4〉で対象期間が3か月を超える場合は42時間)を超える法定時間外労働をさせうる月数(1年について6か月以内に限る)を定めなければならない(労基36条5項後段)。

また、前記⑤のｱ)～ｳ)に加えて、ｴ)「限度時間」を超えて労働させることができる場合、ｵ)限度時間を超えて労働させる労働者の健康福祉確保措置[*21]、ｶ)限度時間を超えた労働に係る割増賃金の率、ｷ)限度時間を超えて労働させる場合の手続を定めなければならない(労基36条2項5号、労基則17条1項4～7号)。

イ　労使協定に基づく法定時間外労働・法定休日労働の限度

①坑内労働その他所定の健康上特に有害な業務(労基則18条)[*22]については、法定時間外労働は1日2時間を超えないこと、②法定時間外労働と法定休日労働の時間数が1か月100時間未満であること、③「対象期間の初日から1か月

*21　当該措置の実施状況に関する記録は、当該労使協定(又は決議)の有効期間中及び満了後3年間は保存しなければならない(労基則17条2・3項)。

*22　業務内容の詳細は、昭43・7・24基発472。

毎に区分した各期間に当該各期間の直前の 1 か月、2 か月、3 か月、4 か月及び5か月の期間を加えたそれぞれの期間」の法定時間外労働と法定休日労働の時間数が月平均 80 時間を超えないことが必要である(労基 36 条 6 項 1 ～ 3 号)。

ウ　特例・猶予措置

第一に、「新たな技術、商品又は役務の研究開発業務」[*23]については、1)前記アの労使協定事項の④の法定時間外労働の「限度時間」に関する規制(労基 36 条 3・4・5 項)は適用されず、2)前記イの法定時間外労働・法定休日労働の限度につき、②と③(労基 36 条 6 項 2・3 号)の規制は適用されない(労基 36 条 11 項)。

第二に、1)工作物の建設の事業その他これに関連する事業(労基則 69 条 1 項)、2)一般乗用旅客自動車運送事業(道路運送 3 条 1 号ハ)、貨物自動車運送事業(貨物自動車運送事業 2 条 1 項)その他所定の自動車運転業務(労基則 69 条 2 項)、3)医業に従事する医師、4)鹿児島県及び沖縄県における砂糖を製造する事業については、適用猶予とされている(労基附則 139 ～ 142 条)。

エ　適用除外

労基法 36 条の規定は、年少者(満 18 歳未満の者)には適用されず(労基 60 条 1 項)、妊産婦、家族的責任を有する労働者には特別規制がある[*24]。

(5)　法定時間外労働の要件を充足する場合の法的効果と労働義務

ア　災害等による臨時の必要性

「災害等による臨時の必要性」(→前記(3))の要件を充足する場合、1)公法上の効果として、法定労働時間を超えて労働させても労基法 32 条違反とならず、罰則(労基 119 条 1 号)の定める刑罰を科されないという、免罰的効果が発生し、2)私法上の効果として、法定労働時間を超えて労働する旨の約定は労基法 32 条違反とならず、無効とはならないという、強行性排除効が発生する。

しかし、労働義務を発生させるためには、労使協定に加えて、それを労働契約の内容とする法的根拠(合意、労働契約の内容となる就業規則、又は、労働契約の内容を規律する労働協約)[*25]が必要であるが、信義則上、労働者が当該労働義務を負う場合も多いであろう。

イ　労使協定の締結と届出・周知

「労使協定の締結と届出・周知」(→前記(4))の要件を充足する場合、1)公法上の効果として、当該労使協定が適用される労働者については、法定労働時間

*23　平 30・9・7 基発 0907 第 1 号の第 2 の 9 は「専門的、科学的な知識、技術を有する者が従事する新技術、新商品等の研究開発の業務をいう」とする。

*24　後記第 9 章「労働と生活の調和」第 2 節 3(2)、第 3 節 3(4)・4(4)。

*25　後記第 12 章「労働契約内容の設定・変更と懲戒処分」第 2 節 5(7) 参照。

を超えて労働させても、労使協定の定める範囲内であれば[*26]、労基法 32 条違反とならず、罰則(労基 119 条 1 号)の定める刑罰を科されないという、免罰的効果、及び、適法な法定労働時間外労働の枠の設定効果が発生し、2) 私法上の効果として、当該労使協定が適用される労働者については、「法定労働時間」を超えて労働する旨の約定は、労使協定の定める範囲内であれば、労基法 32 条違反とならず、無効とはならないという、強行性排除効、及び、有効な労働契約の枠の設定効果が発生する。

しかし、労働義務を発生させるためには、労使協定に加えて、それを労働契約の内容とする法的根拠(合意、労働契約の内容となる就業規則、又は、労働契約の内容を規律する労働協約)が必要である[*27]。

(6) 法定時間外労働の効果－割増賃金の支払

所定の要件に基づく法定時間外労働[*28]、及び、所定の要件を充足しない違法な法定時間外労働のいずれについても[*29]、使用者は、通常の労働時間の賃金額の 2 割 5 分以上又は 5 割以上の率で計算した割増賃金(通常の労働時間の賃金の 125 %以上又は 150 %以上の額の賃金)を支払わなければならない(労基 37 条 1 項、「労働基準法第 37 条第 1 項の時間外及び休日の割増賃金に係る率の最低限度を定める政令」<平 6 政令 5、平 12 政令 309 等により一部改正>)(違法な場合は、加えて刑事制裁の対象となる)。

ア　法定時間外労働に該当する時間数

「法定時間外労働に該当する時間数」は、①当該週の労働開始から 40 時間を超えた部分と② 1 日の労働時間が 8 時間を超えた部分の合計である。

「① 1 週 40 時間を超え、かつ、② 1 日 8 時間を超えた部分」は、「法定時間外労働に該当する時間数」としては(割増賃金の割増率との関係で 1 か月 60 時間を超えるか、法定時間外労働の限度時間や上限規制に違反しないか等の判断においては)ダブルカウントされ、また、当該時間については、①と②のそれぞれの観点からプラスされた割増率の割増賃金の支払を要すると解すべきであろう。

---

*26　労使協定の定める範囲を超え、協定時間の上限を超えて労働させれば、労基法 32 条違反の罪が成立する(小島撚糸事件・最一小判昭 35・7・14 刑集 14 巻 9 号 1139 頁/判時 230 号 6 頁)。

*27　後記第 12 章「労働契約内容の設定・変更と懲戒処分」第 2 節 5(7) 参照。

*28　法内所定時間外労働には、労基法 37 条に基づく割増賃金支払義務はないが、法外所定時間外労働と同じく割増賃金を支払うことが労働契約の内容となっていれば支払義務を負う(千里山生活協同組合事件・大阪地判平 11・5・31 労判 772 号 60 頁/判タ 1040 号 147 頁)。

*29　小島撚糸事件・最一小判昭 35・7・14 刑集 14 巻 9 号 1139 頁/判時 230 号 6 頁、橘屋事件・大阪地判昭 40・5・22 労民 16 巻 3 号 371 頁/判タ 178 号 174 頁、昭 63・3・14 基発 150、平 11・3・31 基発 168。

イ　割増賃金の算定基礎となる「通常の労働時間の賃金」

割増賃金の算定基礎となる「通常の労働時間の賃金」は、①時間により定められた賃金についてはその金額、②日、週、又は月により定められた賃金については、その金額を 1 日、1 週、又は 1 月の所定労働時間数（日、週、月によって所定労働時間数が異なる場合は、それぞれ、1 週、4 週、1 年における、1 日、1 週、1 月の平均所定労働時間数）で除した金額、③月、週以外の一定の期間により定められた賃金については、①②に準じて算定した金額、④請負制により定められた賃金については、賃金算定期間における賃金総額を総労働時間数で除した金額、⑤①～④の二以上の賃金よりなる賃金については①～④により算定した金額の合計額であり（労基則 19 条 1 項）、①～⑤に含まれない賃金は月によって定められた賃金とみなされる（労基則 19 条 2 項）。

ただし、割増賃金の算定基礎となる賃金に算入されない賃金（除外賃金）として、1）家族手当[*30]、通勤手当、別居手当、子女教育手当、住宅手当[*31]、2）臨時に支払われた賃金（結婚手当等）、3）1 か月を超える期間毎に支払われる賃金（賞与、勤続手当等）[*32]が定められている（労基 37 条 5 項、労基則 21 条）。1）は労働の内容と量に直接関係がなく、2）は通常の労働時間の賃金ではないことから除外されている[*33]。これらは限定列挙で、1）は実質で判断され[*34]、労働者個人の事情に関わらず一律支給されているものは除外賃金に該当しない[*35]。

ウ　割増率

① 1 か月 60 時間までの法定時間外労働の割増率（通常の割増率）は、2 割 5 分以上である（労基 37 条 1 項、労働基準法第 37 条第 1 項の時間外及び休日の割増賃金に係る率の最低限度を定める政令）が、② 1 か月 60 時間を超える法定時間外労働の

---

*30　除外賃金となる「家族手当」は、扶養家族数を基礎として算出された手当である(昭 22・11・5 基発 231)。

*31　除外賃金となる「住宅手当」は、住宅に要する費用に応じて算定される手当であり、要する費用にかかわらず一律に定額で支給される手当はこれに当たらず（平 11・3・31 基発 170）、年齢、地位等に応じて支給される手当もこれに当たらない（アクティリンク事件・東京地判平 24・8・28 労判 1058 号 5 頁）。

*32　ただし、年俸制で「賞与」と称されていても支給額が予め確定していれば、除外賃金には当たらず（平 12・3・8 基収 78、システムワークス事件・大阪地判平 14・10・25 労判 844 号 79 頁）、年俸額を労働者の希望により月例給与と賞与に割り振って支給する場合も賞与を除外できない（中山書店事件・東京地判平 19・3・26 労判 943 号 41 頁）。

*33　エスエイジロム（割増賃金）事件・東京地判平 12・11・24 労判 802 号 45 頁（困難な業務の対価として支給される業務手当と乗務回数等に応じて支給される加算手当は除外賃金に該当しないと判示）。

*34　小里機材事件・東京高判昭 62・11・30 労判 523 号 14 頁（最一小判昭 63・7・14 労判 523 号 6 頁も維持）。

*35　壺坂観光事件・奈良地判昭 56・6・26 労判 372 号 41 頁/判時 1038 号 348 頁。

割増率（特別の割増率）は、5 割以上である（労基 37 条 1 項但書）[*36]。

②の特別割増率のうち 2 割 5 分を超える割増部分は、労使協定の定めにより希望する労働者に 1 日又は半日単位で代替休暇を与えることもできる（労基 37 条 3 項、労基則 19 条の 2）（例：1 か月 60 時間を超える法定時間外労働が 16 時間、特別の割増率が 5 割、所定労働時間が 1 日 8 時間の場合、16 時間×（0.5 − 0.25）＝ 4 時間につき、5 割増の賃金支払ではなく通常の賃金が支払われる半日〈4 時間〉の代替休暇を付与）。

エ　深夜労働又は法定休日労働にも該当する場合の割増率

法定休日労働の割増率は 3 割 5 分以上（労基 37 条 1 項、労働基準法第 37 条第 1 項の時間外及び休日の割増賃金に係る率の最低限度を定める政令）であり、深夜労働（22 時〜 5 時）の割増率は 2 割 5 分以上（労基 37 条 4 項）である。

法定時間外労働が、深夜労働にも該当する場合、割増率は、時間外労働＋深夜労働＝ 5 割以上（ただし、1 か月 60 時間を超える法定労働時間外労働については 7 割 5 分以上）と定められている（労基則 20 条 1 項）[*37]。

法定時間外労働が、法定休日労働にも該当する場合、明文規定はない。法定休日労働にはその規制のみが及ぶので割増率は 3 割 5 分以上との行政解釈もある[*38]が、労働時間の長さの規制と自由時間保障の双方の点からの補償が必要であるから、割増率は、時間外労働＋休日労働＝ 6 割以上と解すべきであろう。

オ　割増賃金の支払方法

法定時間外労働等に対する割増賃金の支払については、①通常の労働時間の賃金に当たる部分と法定時間外労働、法定休日労働、深夜労働に対して支払われる割増賃金部分とが明確に区別され[*39]、それぞれの労働時間数及びそれに支払われた手当の額が明確に示されていること[*40]、②当該賃金部分が法定時間外

---

*36　②については、資本金の額又は出資の総額が 3 億円（小売業又はサービス業を主たる事業とする事業主については 5 千万円、卸売業を主たる事業とする事業主については 1 億円）以下である事業主、及び、その常時使用する労働者の数が 300 人（小売業を主たる事業とする事業主については 50 人、卸売業又はサービス業を主たる事業とする事業主については 100 人）以下である事業主については、2023 年 4 月 1 日から適用される（労基附則 138 条、働き方改革を推進するための関係法律の整備に関する法律 1 条）。

*37　法定休日労働が深夜労働にも該当する場合は、休日労働＋深夜労働＝ 6 割以上の割増率となる（労基則 20 条 2 項）。

*38　昭 22・11・21 基発 366、昭 33・2・12 基発 90、平 6・3・31 基発 181、平 11・3・31 基発 168。

*39　高知観光事件・最二小判平 6・6・13 集民 172 号 673 頁/労判 653 号 12 頁、テックジャパン事件・最一小判平 24・3・8 集民 240 号 121 頁/労判 1060 号 5 頁、国際自動車事件・最三小判平 29・2・28 集民 255 号 1 頁/労判 1152 号 5 頁、医療法人社団康心会事件・最二小判平 29・7・7 集民 256 号 31 頁/労判 1068 号 49 頁等。

*40　テックジャパン事件・最一小判平 24・3・8 集民 240 号 121 頁/労判 1060 号 5 頁の櫻井龍子裁判官の補足意見、ジャパンレンタカー事件・津地判平 28・10・25 労判 1160 号 5 頁、同事件・名古屋高判平 29・5・18 労判 1160 号 5 頁。

労働、法定休日労働、又は、深夜労働に対する割増賃金相当部分であることにつき、労働者と使用者の合意又は労働契約上の根拠があること*41（したがって、当該賃金部分が労基法 37 条所定の賃金額に足りない場合は、別途その分が支払われる旨の合意もあること*42）、③労基法 37 条所定の計算方法により算定された金額以上の額を支払うこと*43（「支払金額」）が必要である。

①と②の要件を充足していなければ、法定時間外労働等に対する割増賃金は全く支払われていないことになり、使用者は、別途、前記ア～エの算定方法に従い、法定時間外労働等に対して割増賃金を支払う義務を負う*44。

また、①と②の要件が充足されていても、③の要件を充足していないときは、労基法 37 条所定の計算方法により算定された金額と実際に支払われた賃金額との差額の支払が必要である*45。

3　労働時間の配分方法に関する例外

(1) 変形労働時間制・フレックスタイム制

労基法 32 条の定める労働時間の配分方法（1 週あたり 40 時間まで・1 日当たり 8 時間まで）の例外として、「変形労働時間制」と「フレックスタイム制」がある。

「変形労働時間制」は、一定期間の労働時間の総量が週平均 40 時間又は週 40 時間以下であれば、期間内の特定の日又は特定の週の労働時間が法定労働時間を超えても、所定労働時間の限度で法定労働時間を超えたとは取扱わない制度であり、①一か月単位の変形労働時間制（→(2)）、②一年単位の変形労働時間制（→(3)）、③一週間単位の非定型的変形労働時間制（→(4)）の三つがある。

「フレックスタイム制」は、変形労働時間制の一種であるが、労働時間の労働日への配分、労働の開始・終了時刻を労働者の自由に決定することができる

---

*41　徳島南海タクシー事件・高松高判平 11・7・19 労判 775 号 15 頁（最三小決平 11・12・14 労判 775 号 14 頁も維持）、昭和観光事件・大阪地判平 18・10・6 労判 930 号 43 頁、日本ケミカル事件・最一小判平 30・7・19 集民 259 号 77 頁/労判 1185 号 5 頁、洛陽交通事件・大阪高判平 31・4・11 労判 1212 号 24 頁。

*42　小里機材事件・東京高判昭 62・11・30 労判 523 号 14 頁（最一小判昭 63・7・14 労判 523 号 6 頁も維持）、テックジャパン事件・最一小判平 24・3・8 集民 240 号 121 頁/労判 1060 号 5 頁の櫻井龍子裁判官の補足意見、ジャパンレンタカー事件・津地判平 28・10・25 労判 1160 号 5 頁、同事件・名古屋高判平 29・5・18 労判 1160 号 5 頁。

*43　国際自動車事件・最三小判平 29・2・28 集民 255 号 1 頁/労判 1152 号 5 頁、同（差戻審）事件・東京高判平 30・2・15 労判 1173 号 34 頁。

*44　高知観光事件・最二小判平 6・6・13 集民 172 号 673 頁/労判 653 号 12 頁、テックジャパン事件・最一小判平 24・3・8 集民 240 号 121 頁/労判 1060 号 5 頁、システムワークス事件・大阪地判平 14・10・25 労判 844 号 79 頁等。

*45　関西ソニー販売事件・大阪地判昭 63・10・26 労判 530 号 40 頁。

制度である(→(5))。

(2) 一か月単位の変形労働時間制

一か月単位の変形労働時間制は、労使協定又は就業規則その他これに準ずるもの[*46]に、1 か月以内の単位期間(変形期間)の平均の週労働時間が週の法定労働時間(40 時間)を超えない定めをしたときは、その定めにより、特定の週又は日に、法定労働時間(1 週 40 時間・1 日 8 時間)を超えて労働させることができる労働時間制度である(労基 32 条の 2、労基則 12 条・12 条の 2・12 条の 2 の 2)[*47]。

ア　適用要件

一か月単位の変形労働時間制を適用する要件は、第一に、労使協定、又は、就業規則その他これに準ずるものに、法所定の定めをおき、労使協定又は就業規則に定めた場合はこれを行政官庁(所轄労働基準監督署長)に届出をし(労基 32 条の 2 第 2 項、労基則 12 条の 2 の 2 第 2 項、労基 89 条、労基則 49 条)(常時 10 人に満たない労働者を使用する使用者が就業規則に準ずるものに定めた場合はこれを労働者に周知し<労基則 12 条>)、事業場の労働者に周知することである(労基 106 条 1 項)。

法所定の定めは、①単位期間(変形期間)(1 か月以内の一定期間、起算日を明らかにして特定)(労基則 12 条の 2)、②単位期間の週平均労働時間が週法定労働時間(40 時間)を超えない範囲での、単位期間内の各週・各日の所定労働時間(労基 32 条の 2 第 1 項)[*48]、③就業規則作成義務のある事業場であれば、単位期間内の各労働日の始業・終業時刻(労基 89 条 1 号)の特定[*49]、④労使協定(労働協約による場合を除き、労使委員会又は労働時間等設定改善委員会の決議を含む)の場合はその有効期間の定めである(労基則 12 条の 2 の 2 第 1 項)。

第二に、労使協定又は就業規則の定めを労働契約の内容とする法的根拠(合意、労働契約の内容となる就業規則、又は、労働契約の内容を規律する労働協約)が必要である。

イ　法定時間外労働となる時間

一か月変形労働時間制が導入された場合、法定時間外労働となる時間(労基法 37 条 1 項所定の割増賃金支払の対象となる時間)は、①法定労働時間を超えた所

*46　就業規則作成義務のない事業場においては労基法・労契法にいう「就業規則」は存在しないから、これに準ずる書面によることとなる。

*47　労基則 25 条の 2 第 1 項が定める特例事業については、1 か月以内の一定期間の週平均労働時間が週 44 時間を超えない定めをしたときは、その定めにより、特定の日又は週に 1 日 8 時間又は 1 週 44 時間を超えて労働させることができる(労基則 25 条の 2 第 2 項)。

*48　大星ビル管理事件・最一小判平 14・2・28 民集 56 巻 2 号 361 頁/労判 822 号 5 頁、JR 西日本(広島運転所・勤務指定変更)事件・広島高判平 14・6・25 労判 835 号 43 頁。

*49　JR 西日本(広島運転所・勤務指定変更)事件・広島高判平 14・6・25 労判 835 号 43 頁。

定労働時間が定められた週又は日については、所定労働時間を超えた時間[*50]、②法定労働時間以下の所定労働時間が定められた週又は日については、法定労働時間を超えた時間[*51]、③前記①②に該当する労働時間を除いた後、単位期間の法定労働時間の総枠を超えた労働時間がある場合は、当該労働時間である。

(3)　一年単位の変形労働時間制

一年単位の変形労働時間制は、労使協定により所定の定めをしたときは、対象期間(1か月を超え1年以内の一定期間)の週平均労働時間が週法定時間(40時間)を超えない範囲内において、当該労使協定の定めるところにより、特定の週又は日に、法定労働時間(1週40時間・1日8時間)を超えて労働させることができるという労働時間制度である(労基32条の4、労基則12条の4)[*52]。

ア　適用要件

一年単位の変形労働時間制を適用する要件は、第一に、労使協定を締結し、所定事項を定め、行政官庁(所轄労働基準監督署)に届出をし(労基32条の4第4項が準用する労基32条の2第2項、労基則12条の4第6項)、周知(労基106条1項)することである。所定の定めは、①対象労働者の範囲と対象期間(1か月を超え1年を超えない範囲と起算日)(労基32条の4第1項1・2号、労基則12条の2第1項)、②対象期間の週平均労働時間が40時間を超えない範囲での、対象期間中の労働日と各労働日の所定労働時間(ただし、対象期間を分割して1か月以上の区分期間を設けて最初の区分期間の労働日と各労働日の所定労働時間を定め、残りの区分期間については各期間の労働日数と総労働時間数のみを定め、各区分期間の開始30日前に過半数代表の同意を得て当該区分期間の労働日と各労働日の所定労働時間を書面で定めてもよい)(労基32条の4第1項4号、第2項、労基則12条の4第2項)、③特定期間(対象期間の中の、特に業務が繁忙な期間)(労基32条の4第1項3号)、④労使協定(労働協約による場合を除き、労使委員会又は労働時間等設定改善委員会の決議を含む)の有効期間(労基32条の4第1項5号、労基則12条の4第1項)、⑤就業規則作成義務のある事業場では対象期間内の各労働日の始業・終業時刻である(労基89条1号)。

第二に、労使協定の定めを労働契約の内容とする法的根拠(合意、労働契約の内容となる就業規則、又は、労働契約の内容を規律する労働協約)が必要である。

---

*50　大星ビル管理事件・最一小判平14・2・28民集56巻2号361頁/労判822号5頁。

*51　JR東日本(横浜土木技術センター・勤務指定変更)事件・東京地判平12・4・27労判782号6頁/判時1723号23頁。

*52　特例事業(労基則25条の2第1項)であっても、一年単位の変形労働時間制をとる場合は、対象期間の週平均労働時間が40時間を超えない範囲内においてのみ、労使協定の定めるところにより、特定の週又は特定の日に1週40時間又は1日8時間を超えて労働させることができる(労基則25条の2第4項)。

イ　労働日数・労働時間等の制限

一年単位の変形労働時間制については、①対象期間の労働日数の限度（対象期間が3か月を超える場合は、原則として対象期間について1年当たり280日）、②1日及び1週間の労働時間の限度（1日10時間・1週52時間）、③対象期間が3か月を超える場合の週労働時間の特別規制（対象期間において労働時間が48時間を超える週が連続する場合の週数が3以下で、かつ、対象期間をその初日から3か月ごとに区分した各期間<3か月未満の期間を生じたときは当該期間>において労働時間が48時間を超える週の初日の数が3以下）、④対象期間（特定期間を除く）における連続労働日数の限度（6日）、⑤特定期間における連続労働日数の限度（1週間に1日の休日が確保できる日数）が定められている（労基32条の4第3項、労基則12条の4第3～5項）。

ウ　法定時間外労働となる時間

一年単位の変形労働時間制で、法定時間外労働となる時間（労基法37条1項所定の割増賃金支払の対象となる時間）は、①1週40時間又は1日8時間を超えた所定労働時間が定められた週又は日については、所定労働時間を超えた時間、②1週40時間又は1日8時間以下の所定労働時間が定められた週又は日については、法定労働時間を超えた時間、③前記①②の労働時間を除き、単位期間の法定労働時間の総枠を超えた労働時間がある場合は、当該労働時間である。

(4)　一週間単位の非定型的変形労働時間制

一週間単位の非定型的変形労働時間制は、特定の事業場につき、労使協定により所定の定めをしたときは、週の労働時間が法定労働時間（40時間）以内であれば、特定の日に1日の法定労働時間（8時間）を超えて10時間まで労働させることができ、かつ、1週間の各日の労働時間の特定を当該週の始まる前の通知で足りるとする労働時間制度である（労基32条の5、労基則12条の5）[*53]。

ア　対象事業場

一週間単位の非定型的変形労働時間制を適用しうる事業場は、小売業、旅館、料理店、飲食店の事業で、常時使用する労働者の数が30人未満の事業場である（労基32条の5第1項、労基則12条の5第1・2項）。

イ　要件

一週間単位の非定型的変形労働時間制を適用する要件は、第一に、労使協定を締結し、週の所定労働時間、変形労働時間制による期間等を定め、これを行政官庁（所轄労働基準監督署）に届出（労基32条の5第3項が準用する労基32条の2第

---

*53　特例事業(労基則25条の2第1項)であっても、一週間単位の非定型的変形労働時間制をとる場合は、週の労働時間を40時間以内としなければ、特定の日に1日8時間を超えて10時間まで労働させることができない（労基則25条の2第4項）。

2項、労基則12条の5第4項・様式第5号)、周知すること(労基106条1項)である。

1週間の各日の労働時間は、当該1週間の開始前に書面で労働者に通知しなければならない(労基32条の5第2項、労基則12条の5第3項本文)。ただし、緊急でやむを得ない事由がある場合は、変更しようとする日の前日までに書面により当該労働者に通知することによりあらかじめ通知した労働時間を変更することができる(労基則12条の5第3項但書)。

第二に、労使協定の定めを労働契約の内容とする法的根拠(合意、労働契約の内容となる就業規則、又は、労働契約の内容を規律する労働協約)が必要である。

ウ　法定時間外労働となる時間

一週間単位の非定型的変形労働時間制において、法定時間外労働となる時間(労基法37条1項所定の割増賃金支払の対象となる時間)は、①週40時間を超える労働時間、②8時間を超える所定労働時間が通知された日については通知された時間(それが10時間を超える場合は10時間)を超える時間、③8時間以下の所定労働時間が通知された日については8時間を超える時間である。

(5)　フレックスタイム制

フレックスタイム制は、就業規則と労使協定に法所定の定めをしたときは、清算期間(3か月以内の一定期間)の週平均労働時間が週法定労働時間(40時間)を超えない範囲内で、特定の週又は日に法定労働時間を超えて労働させることができる労働時間制度であり、また、労働時間の労働日への配分、労働の開始・終了時刻を労働者の自主的決定に委ねる労働時間制度である(労基32条の3、32条の3の2、労基則12条の2・12条の3)*54。

ア　他の変形制との相違

他の変形制の場合は、労働日の所定労働時間は事前に決定され、労働者は始業・終業時刻を一方的に変更することはできないが、フレックスタイム制の場合は、労働者は、コアタイム(労働者が労働しなければならない時間帯)を除き、労働日の始業・終業時刻を自由に決定しその労働時間を自由に配分しうる。

イ　適用要件

フレックスタイム制を適用する要件は、第一に、1)就業規則その他これに準ずるものに、労使協定でフレックスタイム制の適用対象とした労働者の始業・終業時刻は当該労働者の決定に委ねることを定めること(労基32条の3第1項)、及び、2)労使協定を締結し、これに、①フレックスタイム制の対象労

*54　労基則25条の2第1項が定める特例事業については、フレックスタイム制をとる場合は、清算期間の週平均労働時間が44時間を超えない範囲内において、1週44時間又は1日8時間を超えて労働させることができる(労基則25条の2第1・3項)。

働者の範囲、②清算期間（フレックスタイム制の適用単位となる期間：３か月以内）（起算日を明らかにする：労基則 12 条の２第１項）、③清算期間における総労働時間、④標準となる１日の労働時間の長さ（年次有給休暇取得の際の賃金計算の算定基準となる時間数）、⑤コアタイムを定める場合は、その開始・終了時刻、⑥フレキシブルタイム（労働者がその選択により労働することのできる時間帯）に制限を設ける場合は、その開始・終了時刻、⑦清算期間が１か月を超える場合は労使協定（労働協約による場合を除き、労使委員会又は労働時間等設定改善委員会の決議を含む）の有効期間を定めることである（労基 32 条の３第１項、労基則 12 条の３第１項）。

第二に、労使協定の定めを労働契約の内容とする法的根拠（合意、労働契約の内容となる就業規則、又は、労働契約の内容を規律する労働協約）が必要である。

ウ　変形制の範囲

1）清算期間が１か月以内である場合、清算期間中の平均週労働時間が週の法定労働時間（40 時間）を超えない範囲内であれば、特定の週又は日に法定労働時間（１週 40 時間・１日８時間）を超えて労働させることができ（労基 32 条の３第１項）、2）清算期間が１か月を超える場合は、①清算期間中の平均週労働時間が週の法定労働時間を超えず、かつ、②当該清算期間を１か月毎に区分した各期間（最後に１か月未満の期間が生じた場合は当該期間）の平均週労働時間が 50 時間を超えない範囲内であれば、特定の週又は日に、法定労働時間を超えて労働させることができる（労基 32 条の３第２項）[*55]。

エ　法定時間外労働となる時間

フレックスタイム制を適用した場合、法定時間外労働となる時間は、1）清算期間が１か月以内であれば、清算期間における週法定労働時間（40 時間）の総枠を超えた時間であり、2）清算期間が１か月を超え３か月以内であるとき、①清算期間における週法定労働時間（40 時間）の総枠を超えた時間があれば当該時間、また、②当該清算期間を１か月毎に区分した各期間（最後に１か月未満の期間が生じた場合は当該期間）において、週 50 時間の総枠を超えた時間があれば当該時間も法定時間外労働となると解すべきである（まず、②を算定し、②を除いて①を計算するという方法[*56]は、①に加えて②を規制する法の趣旨に反し支持できない）。

*55　１週間の所定労働日数が５日の労働者については、清算期間内の所定労働日数が月により変動しうることに対応するため、清算期間の長さに関わらず、労使協定により、清算期間の労働時間の限度を「１日の法定労働時間（８時間）×当該清算期間内の所定労働日数」とする旨を定めたときは、清算期間内の平均週労働時間が「労働時間の限度÷（当該清算期間の所定労働日数÷７）」の範囲内で、特定の週又は日に、法定労働時間（１週 40 時間・１日８時間）を超えて労働させることができる（労基 32 条の３第３項）。

*56　平 30・9・7 基発 0907 第１号第１の７。

(6) 変形労働時間制・フレックスタイム制適用の法的効果

変形労働時間制・フレックスタイム制適用の法的効果は、1)公法上の効果として、特定の日又は週に法定労働時間を超える労働をさせても、適法な労使協定又は就業規則等の定める範囲内であれば、労基法 32 条違反とならず刑罰を科されないという、免罰的効果、及び、適法な法定時間外労働の枠の設定効果、2)私法上の効果として、適法な労使協定又は就業規則等の定める範囲内であれば、①特定の日又は週に法定労働時間を超えて労働するという約定は労基法 32 条違反ではなく無効とならないという、強行性排除効、及び、有効な法定時間外労働の枠の設定効果、並びに、②特定の日又は週の実労働時間が法定労働時間を超えても、当該労働時間は「法定時間外労働」とはならず、労基法 37 条 1 項に基づく割増賃金支払義務が発生しないという効果である。

それゆえ、使用者は、繁忙期に労働力を集中することができ、かつ、割増賃金支払時間が減るので、経済的メリットが大きいが、労働者にとっては、逆に、フレックスタイム制を除き、デメリットが大きいと言えよう。

なお、変形労働時間制・フレックスタイム制が適用されていても、深夜労働については割増賃金支払義務があり、また、休憩・休日・有給休暇に関する規制と法定休日労働に対する割増賃金支払義務も適用される(→後記第４節)。

(7) 変形労働時間制・フレックスタイム制と法定時間外労働

変形労働時間制・フレックスタイム制が適用されている場合でも、法定時間外労働をさせることは可能である(ただし、法定時間外労働となる時間は前記(2)～(5)の通り通常と異なる)が、そのためには、別途、①労基法 33 条又は 36 条所定の要件の充足、②法定時間外労働の法的根拠、③割増賃金の支払が必要である。

4　労働時間の長さ・配分方法の規制対象となる時間の例外

(1) みなし労働時間制

労基法 32 条の規制対象となる時間の一つは、「実労働時間」である。

しかし、一定の要件を充足する、①「事業場外労働」(→(2))と、②「裁量労働」(→(3)～(5))については、実労働時間数にかかわらず、一定の時間数だけ労働したものとみなし、このみなし時間を実労働時間にかえて労基法の規制対象とすることを許容する「みなし労働時間制」を適用することができる。

(2) 事業場外労働のみなし労働時間制

事業場外労働のみなし労働時間制は、労働者が労働時間の全部又は一部について事業場外で業務に従事し、かつ、労働時間が算定し難い場合に、所定労働時間、当該業務の遂行に通常必要とされる時間、又は、労使協定で定める時間のいずれかを労働したものとみなす制度である（労基 38 条の 2、労基則 24 条の 2）。

ア　適用の要件

事業場外労働のみなし労働時間制を適用する要件は、①労働者が労働時間の全部又は一部について事業場外で業務に従事し、かつ、②労働時間が算定し難い場合[*57]であり、「労働時間を算定し難い場合」かどうかは、①業務の性質・内容やその遂行の態様、状況等、②使用者と労働者の間の業務に関する指示及び報告の方法やその実施の態様、状況等により判断される[*58]。

イ　みなしの方法

原則として、所定労働時間労働したものとみなす（労基 38 条の 2 第 1 項本文）。

ただし、当該業務遂行のために通常所定労働時間を超える労働が必要となる場合は、①当該業務遂行に通常必要とされる時間労働したものとみなし（労基法 38 条の 2 第 1 項但書）、②労使協定にみなし労働時間数と労使協定（労働協約による場合を除き、労使委員会又は労働時間等設定改善委員会の決議を含む）の有効期間等を定め、みなし労働時間が法定労働時間を超えるときは行政官庁（所轄労働基準監督署長）に届出た場合は、労使協定で定めた時間が「当該業務遂行に通常必要とされる時間」となる（労基 38 条の 2 第 2・3 項、労基則 24 条の 2 第 2・3・4 項）[*59]。

(3)　裁量労働制

裁量労働制は[*60]、労働の遂行の仕方について労働者の裁量の幅が大きい労働形態につき、実労働時間に代えてみなし労働時間を規制対象とするものであり、①専門業務型裁量労働制（労基 38 条の 3）（→(4)）と、②企画業務型裁量労働制（労基 38 条の 4）（→(5)）の二つがある。

(4)　専門業務型裁量労働制

ア　対象労働者

専門業務型裁量労働制の適用対象としうる労働者は、対象業務（研究開発の業務など業務の性質上その遂行の方法を大幅に労働者の裁量に委ねる必要があるため、当該業務の遂行の手段及び時間配分の決定等に関し使用者が具体的な指示をするのが困難なも

---

*57　「労働時間を算定し難い」場合に該当しないとした裁判例として、ほるぶ事件・東京地判平 9・8・1 労判 772 号 62 頁、ハイクリップス事件・大阪地判平 20・3・7 労判 971 号 72 頁。

*58　阪急トラベルサポート（派遣添乗員・第 2）事件・最二小判平 26・1・24 集民 246 号 1 頁/労判 1088 号 5 頁参照。

*59　事業場外労働のみなし規定の適用範囲は、労基法第 4 章の労働時間に関する規定に限定され（労基 32 条の 2 第 1 項、労基則 24 条の 2 第 1 項）、第 6 章の年少者及び第 6 章の 2 の妊産婦等の労働時間に関する規定には適用されない。

*60　裁量労働制の適用は、労基法第 4 章（労働時間）の規定に限定され（労基 38 条の 3 第 1 項・労基則 24 条の 2 の 2 第 1 項、労基 38 条の 4 第 1 項・労基則 24 条の 2 の 3 第 2 項）、労基法第 6 章（年少者）と第 6 章の 2（妊産婦等）の労働時間規定には適用されない。

のとして定められた業務）のうち労使協定で定めた業務に従事する労働者である。

対象業務（19 業務）は、①新商品・新技術の研究開発の業務、人文・自然科学の研究、②情報処理システムの分析又は設計、③新聞・出版の事業における記事の取材・編集、放送番組制作のための取材・編集、④衣服、室内装飾、工業製品、広告等の新たなデザインの考案、⑤放送番組、映画等の制作のプロデューサー又はディレクター、⑥厚生労働大臣の指定する 14 業務（コピーライター、情報処理システムコンサルタント、インテリアコーディネーター、ゲーム用ソフトウエアの創作、証券アナリスト、金融工学等を用いて行う金融商品開発、大学における教授研究〈主として研究に従事する者に限る〉、公認会計士、弁護士、建築士、不動産鑑定士、弁理士、税理士、中小企業診断士）である（労基則 24 条の 2 の 2 第 2 項、「労働基準法施行規則第24 条の 2 の 2 第 2 項第 6 号の規定に基づき厚生労働大臣の指定する業務」[*61]）。

イ　適用の要件

専門業務型裁量労働制の適用要件は、対象労働者が前記アに該当することに加え、第一に、①対象業務（前記アの 19 業務のいずれかに限る）、②みなし労働時間（対象業務に従事する労働者の労働時間として算定される時間）[*62]、③対象業務の遂行の手段と時間配分等に関し使用者が具体的指示をしないこと、④健康福祉確保措置を使用者が講ずること、⑤苦情処理措置を使用者が講ずること、⑥労使協定（労働協約による場合を除き、労使委員会又は労働時間等設定改善委員会の決議を含む）の有効期間、⑦労働者毎の労働時間の状況や行った健康福祉確保措置、苦情処理措置の記録の保存（協定の有効期間及び満了後 3 年間）（労基 38 条の 3 第 1 項、労基則 24 条の 2 の 2 第 3 項）を定めた労使協定を締結し、行政官庁（所轄労働基準監督署長）に届出をし（労基 38 条の 3 第 1 項、労基 38 条の 3 第 2 項が準用する労基 38 条の 2 第 3 項、労基則 24 条の 2 の 2 第 4 項）、周知し（労基 106 条 1 項）、かつ、③～⑦を現実に実施していることである[*63]。

労使協定の締結等は、①「実労働時間」が法定労働時間を超過しても、「みなし労働時間」が法定労働時間以下であれば刑罰を科されないという、免罰的効果、及び、②「実労働時間」を規制対象とするという労基法 32 条の例外として、「みなし労働時間」を規制対象とすることを許容するという、私法上の強行性排除効を有するが、権利義務関係の法的根拠ではない。

---

*61　平 9・2・14 労告 7（平 15・10・22 厚労告 354 等により一部改正）。

*62　実労働時間と乖離したみなし時間の定めは法所定の定めを欠くものと評価され、みなし時間制適用要件を充足しないと解すべきである。

*63　労使協定は当該事業場毎に締結し所轄労働基準監督署長に届け出ることが必要である（ドワンゴ事件・京都地判平 18・5・29 労判 920 号 57 頁）。

したがって、裁量労働制を労働契約の内容とするためには、第二に、その法的根拠が必要であり、労働者自身が労働時間の配分方法を決定するという裁量労働の性質上、裁量労働制適用時点での労働者との合意が必要と解される。

なお、労使協定で定めたみなし労働時間が法定労働時間を超える場合は、別途、労基法 36 条に基づく労使協定の締結・届出が必要である。

ウ　みなしの方法

労使協定で定める時間労働したものとみなされる（労基 38 条の 3 第 1 項）。

(5) 企画業務型裁量労働制

ア　対象労働者

企画業務型裁量労働制の適用対象としうる労働者は、①「労使委員会」[*64]が設置された事業場で、②「対象業務」（事業運営に関する事項についての企画・立案、調査・分析の業務で、当該業務の性質上これを適切に遂行するにはその遂行の方法を大幅に労働者の裁量に委ねる必要があるため、当該業務の遂行の手段及び時間配分の決定等に関し使用者が具体的な指示をしないこととする業務）に従事し、かつ、③当該業務を適切に遂行する知識、経験等を有する労働者である（労基 38 条の 4 第 1 項）。

イ　適用の要件

企画業務型裁量労働制の適用要件は、当該労働者が前記アに該当することに加えて、第一に、「労使委員会」が、①対象業務（前記アの②の業務）、②対象労働者の範囲、③みなし労働時間（対象労働者の労働時間として算定される時間）[*65]、④健康福祉確保措置と苦情処理措置を使用者が講ずること、⑤当該労働者の同意を得なければならないことと、同意しない労働者に対する不利益取扱いの禁止、⑥有効期間、⑦労働者毎の、労働時間の状況や行った健康福祉確保措置、苦情処理措置と同意に関する記録の保存（決議の有期期間及び満了後 3 年間）（労基 38 条の 4 第 1 項、労基則 24 条の 2 の 3 第 3 項）に関して「決議」[*66]を行い、行政官庁（所轄労働基準監督署長）に届出をし（労基 38 条の 4 第 1・2 項、労基則 24 条の 2 の 3 第 1 項）、周知し（労基 106 条 1 項）、④⑤⑦が現実に実施されていることである。

決議と届出等は、①「実労働時間」が法定労働時間を超過しても、「みなし労働時間」が法定労働時間以下であれば刑罰を科されないという、免罰的効果、及び、②「実労働時間」を規制対象とするという労基法 32 条の例外として、「みなし労働時間」を規制対象とすることを許容するという、私法上の強行性排除

---

*64　前記第 2 章「労働法の主体」第 3 節 3 参照。

*65　実労働時間と乖離したみなし時間の定めは法所定の定めを欠くものと評価され、みなし時間制適用要件を充足しないと解すべきである。

*66　前記第 3 章「権利義務関係の決定システムと法源」第 2 節 7 参照。

効を有するが、権利義務関係の法的根拠とはならない。

したがって、第二に、裁量労働制を労働契約の内容とするためには、裁量労働制適用時点での労働者との合意が必要である[*67]。

なお、決議で定めたみなし労働時間が法定労働時間を超える場合は、別途、労基法36条に基づく労使協定の締結・届出が必要である。

ウ　みなしの方法

決議で定める時間労働したものとみなされる（労基38条の4第1項）。

(6) みなし労働時間制適用の法的効果

①みなし労働時間が法定労働時間を超えていない場合、実労働時間が法定労働時間を超えても罰則の対象とならず、労基法37条1項所定の割増賃金支払義務もなく、②超えている場合、「みなし労働時間－法定労働時間」の時間数について労基法37条1項所定の割増賃金支払義務が発生する。

(7) みなし労働時間制と労働時間規制の適用除外との相違

事業場外労働のみなし労働時間制と裁量労働制は、労基法上の労働時間と自由時間に関する規制は全て適用される。ただし、規制対象となる「労働時間」が「実労働時間」ではなく「みなし労働時間」となり、法定労働時間による労働時間の長さと配分方法に関する規制方法が異なる（深夜労働と休憩・休日、年次有給休暇に関する規制は影響を受けない）。

5　労働時間の長さ・配分方法規制の適用除外

(1) 適用除外①－労基法41条

労基法41条は、労基法第4章、第6章、及び、第6章の2で定める労働時間、休憩、休日に関する規定は、①農業、又は、畜産・養蚕・水産の事業に従事する労働者（労基41条1号・別表第1の6、7号）（これらの事業は、自然条件に強く影響されるからである）、②「監督若しくは管理の地位にある者」又は「機密の事務を取り扱う者」（労基41条2号）、③「監視又は断続的労働に従事する者」で、かつ、使用者が行政官庁の許可を受けたもの（労基41条3号）については、適用しないと定めている（深夜労働に関する規制〈労基37条4項、61条〉[*68]と年次有給休暇に関する規律〈労基39条〉〈→第4節3〉は適用される[*69]）。

---

*67　当該労働者の同意を得なければならないことは決議の必要記載事項である（労基38条の4第1項6号）。

*68　ことぶき事件・最二小判平21・12・18集民232号825頁/労判1000号5頁、昭63・3・14基発150、平11・3・31基発168。

*69　昭22・11・26基発389。

②の「監督若しくは管理の地位にある者」（「管理監督者」とも呼ばれる）は、労働条件の決定その他労務管理について経営者と一体的立場にある者であり、実体に即して判断される[*70]。具体的には、①雇用主の経営に関する決定に参画し、労務管理に関する指揮監督権限を認められており、②自己の出退勤を初めとする労働時間について一般の従業員と同様の規制管理を受けず裁量を有し、③賃金体系を中心とした処遇が一般の従業員と比較してその職位と職責にふさわしい厚遇である、ごく例外的な労働者である[*71]。また、「機密の事務を取り扱う者」とは、秘書その他職務が経営者又は監督若しくは管理の地位にある者の活動と一体不可分であって厳格な労働時間の管理になじまない者である[*72]。

③の「監視に従事する者」は、原則として、一定部署にあって監視するのを本来の業務とし、常態として身体又は精神的緊張の少ない者であり[*73]、「断続的労働に従事する者」は、休憩時間は少ないが手待時間が多い者である[*74]。

（2）適用除外②－労基法 41 条の 2

労基法 41 条の 2[*75]により新設された適用除外制度（年少者〈満 18 才に満たない者〉は対象とならない〈労基 60 条〉）は、労基法 4 章の労働時間、休憩、休日、深夜の割増賃金に関する規定は、一定の要件を充足する場合は適用されないと定めている（年次有給休暇に関する規律〈労基 39 条〉〈→後記第 4 節 3〉と労基法 6 章〈年少者〉・6 章の 2〈妊産婦等〉の特別規制[*76]は適用される）。

ア　対象労働者

適用除外制度の対象としうる労働者は、①「労使委員会」（労基 41 条の 2 第 2・3 項、労基則 24 条の 2 の 4）が設置された事業場で、②「対象業務」（高度の専門的知識等を必要とし、従事した時間と成果の関連性が通常高くないとして定められた業務）（労基 41 条の 2 第 1 項 1 号・労基則 34 条の 2 第 3 項）に就かせようとする労働者で、

---

*70　ゲートウェイ 21 事件・東京地判平 20・9・30 労判 977 号 74 頁、東和システム事件・東京地判平 21・3・9 労判 981 号 21 頁/判タ 1307 号 164 頁等。

*71　育英舎事件・札幌地判平 14・4・18 労判 839 号 58 頁/判タ 1123 号 145 頁等。

*72　昭 22・9・13 発基 17。

*73　交通関係の監視、車両誘導を行う駐車場等の監視等精神的緊張の高い業務、プラント等における計器類を常態として監視する業務、危険又は有害な場所における業務は許可しないとされている（昭 22・9・13 発基 17、昭 63・3・14 基発 150）。

*74　例えば、修繕係等で通常は業務閑散であるが事故発生に備えて待機する者、寄宿舎の賄人等で作業時間が手待時間以下で実労働時間が 8 時間を超えない者、1 日交通量 10 往復程度までの鉄道踏切番等は許可するとされている（昭 22・9・13 発基 17、昭 23・4・5 基発 535、昭 63・3・14 基発 150）。

*75　働き方改革を推進するための関係法律の整備に関する法律（平 30 法 71）により新設され、2019（平 31）年 4 月 1 日より施行されている。

*76　後記第 9 章「労働と生活の調和」第 1 節 2・3、第 2 節 3（2）。

③所定の方法による合意に基づき職務が明確に定められ(労基 41 条の 2 第 1 項 2 号イ・労基則 34 条の 2 第 4 項)、④賃金支払見込額の 1 年当たり換算額が 1075 万円以上の労働者(労基 41 条の 2 第 1 項 2 号ロ・労基則 34 条の 2)である。

イ　適用の要件

適用除外制度の適用要件は、当該労働者が前記アに該当することに加えて、第一に、「労使委員会」が、法所定の事項(下記の①～⑩)につき、企画業務型裁量労働制に関する指針(「労働基準法第 38 条の 4 第 1 項の規定により同項第 1 号の業務に従事する労働者の適正な労働条件の確保を図るための指針」)*77に適合するよう(労基 41 条の 2 第 4 項)決議を行い、行政官庁(所轄労働基準監督署長)に届出をし(労基 41 条の 2 第 1 項本文・労基則 34 条の 2 第 1 項)、周知し(労基 106 条 1 項)、③～⑤が現実に講じられていることであり(労基 41 条の 2 第 1 項但書)、⑥・⑧も明文規定はないがその実施が必要であろう。

法所定の事項は、①対象業務(前記アの②の業務)(労基 41 条の 2 第 1 項 1 号)、②対象業務に就かせる労働者の範囲(前記アの③と④を充足する者)(労基 41 条の 2 第 1 項 2 号)、③対象労働者の「健康管理時間」(事業場内にいた時間と事業場外での労働時間の合計時間)を把握する所定の措置を使用者が講ずること(労基 41 条の 2 第 1 項 3 号・労基則 34 条の 2 第 7 ～ 8 項)、④対象労働者に 1 年に 104 日以上かつ 4 週間 4 日以上の休日を付与すること(労基 41 条の 2 第 1 項 4 号)、⑤所定の対象労働者の健康確保措置を使用者が講ずること(労基 41 条の 2 第 1 項 5 号・労基則 34 条の 2 第 9 ～ 13 項)、⑥対象労働者の健康管理時間に応じた所定の健康福祉確保措置を使用者が講ずること(労基 41 条の 2 第 1 項 6 号・労基則 34 条の 2 第 14 項)*78、⑦対象労働者の同意撤回手続(労基 41 条の 2 第 1 項 7 号)、⑧対象労働者の苦情処理措置を使用者が講ずること(労基 41 条の 2 第 1 項 8 号)、⑨同意しない対象労働者に対する解雇その他不利益な取扱いの禁止(労基 41 条の 2 第 1 項 9 号)、⑩決議の有効期間等（労基 41 条の 2 第 1 項 10 号・労基則 34 条の 2 第 14 項)である。

第二に、所定の方法により、当該労働者の同意を得なければならない(労基 41 条の 2 第 1 項、労基則 34 条の 2 第 2 項)。

*77　行政官庁はこの指針に関し決議をする労使委員会の委員に必要な助言と指導を行うことができる(労基 41 条の 2 第 5 項)。

*78　使用者は④～⑥に規定する措置の実施状況を行政官庁に報告しなければならない(労基 41 条の 2 第 2 項・労基則 34 条の 2 の 2 第 1・2 項)。

第４節　自由時間の保障

1　休憩時間

「休憩時間」とは、労働者が労働時間の途中で労働義務から完全に解放されることを保障されている時間である。

(1) 休憩時間の概念－法定休憩・所定休憩・法定外休憩

休憩時間は、労基法上付与が義務付けられている「法定休憩」と、当該労働契約上労働義務から解放されている「所定休憩」を区別することができる。

「法定休憩」については、後記(2)～(5)のような法規制があるが、「所定休憩」のうち、法定休憩以外の休憩時間（「法定外休憩」）については、それを付与するかどうかとその内容は、労働契約に委ねられる。

(2) 休憩の長さと位置

使用者は、①労働時間が 6 時間を超える場合は少なくとも 45 分、②労働時間が 8 時間を超える場合は少なくとも 1 時間の休憩時間を、労働時間の途中に与えなければならない(労基 34 条 1 項)。

休憩時間は労働条件の絶対的明示事項の一つ(労基 15 条 1 項前段、労基則 5 条 1 項 2 号)であるから、使用者は、何時から何時までを休憩時間とするのか、事前に特定し明示することが必要である。

(3) 一斉付与の原則

使用者は、休憩時間を一斉に与えなければならない(労基 34 条 2 項本文)。

ただし、①公衆の不便を避けるために必要なものその他特殊の必要のあるもので厚生労働省令で定めるもの(旅客又は貨物の運送、物品の販売・配給・保管若しくは賃貸又は理容、金融・保険・媒介・周旋・集金・案内又は広告、映画の制作又は映写、演劇その他興行、郵便・信書便又は電気通信、治療・看護その他保健衛生、旅館・料理店・飲食店・接客・娯楽場の事業、並びに、官公署の事業〈労基 40 条 1 項・別表第 1、労基則 31 条〉)、②坑内労働(労基 38 条 2 項但書)、③「労使協定」に異なる定めがある場合(労基 34 条 2 項但書)については、一斉に付与しなくてもよい。

(4) 自由利用の原則

使用者は、休憩時間を自由に利用させなければならない(労基 34 条 3 項)。

ただし、①公衆の不便を避けるために必要なものその他特殊の必要のあるもので厚生労働省令で定めるもの(警察官、消防吏員、常勤の消防団員、児童自立支援施設の職員で児童と起居をともにする者〈労基 40 条 1 項、労基則 33 条 1 項 1 号〉、及び、予め所轄労働監督署長の許可を受けた乳児院、児童養護施設、障害児入所施設の職員で児童と起居をともにする者〈労基40条１項、労基則33条１項２号・２項〉）、②坑内労働（労基38条２項但書）については、この限りではない。

また、企業施設内で休憩する場合、企業秩序維持等のための一定の制約があり、演説、集会、ビラ配布等を許可制とすることは合理的な制約となりうる[*79]。

（5）適用除外

休憩時間に関する規制の適用が除外されている労働者は、①労基法41条及び41条の２により適用除外とされる者（→前記第３節５）、②公衆の不便を避けるために必要なものその他特殊の必要のあるもので厚生労働省令で定めるもの（旅客・貨物運送又は郵便・信書便の事業の長距離乗務員、屋内勤務者30人未満の日本郵便株式会社の営業所で郵便業務に従事する者〈労基40条１項、労基則32条１項〉）、③②に該当しないがその業務の性質上休憩時間を付与できない乗務員で、勤務中の停車時間、折り返しの待合わせ時間等の合計が法定休憩時間に相当するとき（労基40条１項、労基則32条２項）である。

２　休日

（1）休日の概念－法定休日・所定休日・法定外休日

「休日」とは、労働者が労働契約上労働義務を負わない日である。

休日は、労基法上付与が義務付けられている「法定休日」と、当該労働契約上労働義務を負わない日である「所定休日」を区別することができる。

「法定休日」については、後記(2)～(4)のような法規制があるが、「所定休日」のうち、法定休日以外の休日（「法定外休日」）については、それを付与するかどうかとその内容は、労働契約に委ねられる。

（2）原則

使用者は、労働者に対して、毎週少なくとも１回の休日を与えなければならない（労基35条１項）。週休１日制である。

「休日」とは、暦日（午前０時から午後12時まで）である[*80]。

「毎週」とは、７日間の期間毎と解されている。

労基法35条１項は、休日を毎週同じ曜日とすること、又は、休日を特定の曜

---

*79　電電公社（目黒電報電話局）事件・最三小判昭52・12・13民集31巻７号974頁/労判287号26頁。

*80　昭23・4・5基発535。なお、行政解釈では、例外的に、連続24時間又はこれ以上の一定時間をもって「休日」と認める扱いをしている（鉱山や化学工場の交替制勤務〈昭63・3・14基発150〉、旅館業〈昭57・6・30基発446、昭63・3・14基発150、平11・3・31基発168〉、自動車運転者〈「自動車運転者の労働時間等の改善のための基準」平元・2・9労働省告示7〉）が、法律上の明文規定がないので、支持できない。

日(例：日曜日)とすることは要求していない。しかし、休日は労働条件の絶対的明示事項の一つ(労基15条1項前段、労基則5条1項2号)であるから、使用者は、いつを休日とするのか、事前に特定し明示することが必要である。

(3) 例外

週休1日制の第一の例外は、変形週休制である。使用者は、4週間を通じ4日以上の休日を与えれば、週休1日制の適用を受けない(労基35条2項)。したがって、日本の休日制度は、実質は、4週4休制である。

第二の例外は、法定休日労働である。①法定休日労働を行わせることのできる要件、②労基法33条1項を充足する場合の法的効果、③法定休日労働を許容する労使協定締結と届出・周知の法的効果、④法定休日労働を行った場合の法的効果(割増賃金支払)等は「法定時間外労働」の場合と同一である(→前記第3節2)。ただし、法定休日労働に対し支払われるべき割増賃金の割増率は3割5分以上である(労基37条1項、「労働基準法第37条第1項の時間外及び休日の割増賃金に係る率の最低限度を定める政令」〈平6政令5、平12政令309等により一部改正〉)。

(4) 適用除外

法定休日に関する規制の適用除外とされるのは、労基法41条及び41条の2により適用除外される労働者(→前記第3節5)である。

3　年次有給休暇

(1) 年次有給休暇の概念－法定年休・所定年休・法定外年休

「年次有給休暇」(「年休」とも言う)とは、労働者の健康で文化的な生活の実現に資するために、労働者が、休日の他に、毎年有給で取得することができる休暇である。

年次有給休暇は、労基法上付与が義務付けられている「法定年休」と、当該労働契約上労働者が権利を有する「所定年休」を区別することができる。

「法定年休」については、後記(2)～(7)のような法規制が定められているが、「所定年休」のうち、法定年休以外の年休(「法定外年休」)については、それを付与するかどうかとその内容(成立要件、日数、特定方法等)は、労働契約により決定される[*81]。

(2) 年休権の発生要件

労働者が年次有給休暇を取得する権利(年休権)は、「その雇入れの日[*82]から

*81　昭23・3・31基発513、昭23・10・15基収3650。
*82　「労働契約が成立した日」ではなく「契約期間の開始日」と解される。

起算して、6か月間継続勤務[*83]し、全労働日の8割以上出勤」するという客観的要件を充足することにより、法律上当然に発生する[*84]（労基39条1項）。

雇入れの日から起算して1年6か月以上継続勤務した労働者については、継続勤務した期間を雇入れ日から起算して6か月経過日から1年ごとに区分した各期間の出勤日数が当該期間の全労働日の8割以上であれば、次の1年間に年休を取得する権利が発生する（労基39条2項）（→図8.3）。

「全労働日」は労働者が労働契約上労働義務を負う日数である[*85]。しかし、①正当な同盟罷業により労務を履行しなかった日、及び、②生理休暇（労基68条）を取得した日は、当該労働日の労働義務に消滅と同じ効果を有し、「全労働日」から除外される。

「出勤した日」は、労働者が労務を履行した日である。しかし、①業務上の負傷・疾病の療養のための休業期間[*86]、産前産後休業期間、育児・介護休業期間は、出勤したものとみなされ（労基39条10項）、②年休取得日も賃金が保障され出勤日と同様に取り扱われるから出勤した日に算入され[*87]、③無効な解雇ののように労働者が使用者から正当な理由なく就労を拒まれたために就労できなかった日や[*88]、労働委員会の救済命令により労働者が復職した場合の解雇期間（不就労期間）も出勤した日に算入される[*89]。

不可抗力や使用者側に起因する経営、管理上の障害による休業日については、最高裁判決[*90]は全労働日から除かれるとするが、当該休業を、民法536条2項前段の「債権者の責めに帰すべき事由による履行不能」とそれ以外に区別し、前者は労働者が賃金全額の請求権を有する日であるから「出勤した日」として取り扱い、後者は「全労働日」から除外するとの取扱いが論理整合的であろう。

(3) 年休権の内容

ア　年休日数

①雇入れの日から起算して6か月間継続勤務しその間の全労働日の8割以上を出勤するという客観的要件を充足した時点で、その後の1年間に10労働日

*83　労働契約が継続している期間で、実質的に判断される（昭63・3・14基発150号）。
*84　国（林野庁白石営林署）事件・最二小判昭48・3・2民集27巻2号191頁/労判171号16頁、国鉄（郡山工場）事件・最二小判昭48・3・2民集27巻2号210頁/労判171号10頁。
*85　エス・ウント・エー事件・最三小判平4・2・18集民164号67頁/労判609号12頁。
*86　通勤による負傷・疾病の療養のための休業期間は含まれず、私傷病による休業と同じく、欠勤日（労働日に含まれ出勤日に含まれない）として取り扱われることになる。
*87　昭22・9・13発基17、平6・3・31基発181。
*88　八千代交通事件・最一小判平25・6・6民集67巻5号1187頁/労判1075号21頁。
*89　平25・7・10基発0710第3号。
*90　八千代交通事件・最一小判平25・6・6民集67巻5号1187頁/労判1075号21頁。

の年休を取得する権利が発生する。②１年６か月継続勤務し直前の１年間の全労働日の８割以上を出勤した労働者は 11 労働日、③２年６か月継続勤務し直前の１年間の全労働日の８割以上を出勤した労働者は 12 労働日、④３年６か月継続勤務し直前の１年間の全労働日の８割以上を出勤した労働者は 14 労働日、⑤４年６か月継続勤務し直前の１年間の全労働日の８割以上を出勤した労働者は 16 労働日、⑥５年６か月継続勤務し直前の１年間の全労働日の８割以上を出勤した労働者は 18 労働日、⑥継続勤務６年６か月以降は、継続勤務１年毎に直前の１年間の全労働日の８割以上を出勤した労働者は 20 労働日の年次有給休暇を、その後の１年間に取得することができる（労基 39 条 1・2 項）。

ただし、所定労働日数の少ない労働者に同じ基準を適用すると労働日に占める年休日の割合が相対的に大きくなるので、週所定労働日数又は１年間の所定労働日数に比例した年休日数が定められている（労基 39 条 3 項、労基則 24 条の 3）。

図 8.3　年休権の発生と年休日数

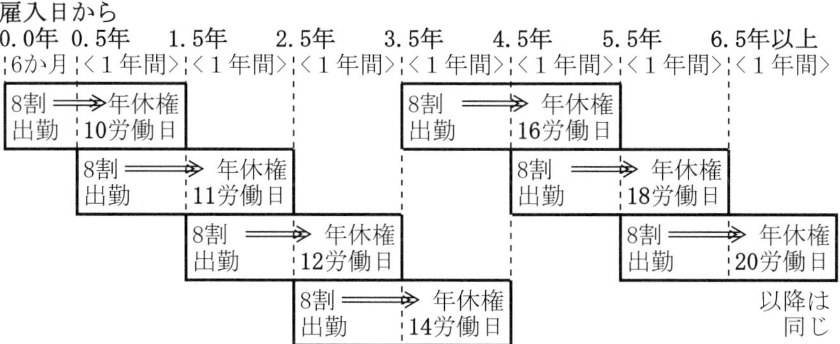

イ　有給

使用者は、労働者に対し、当該年休の、①１日当たり、又は、②１時間当たり（後記ウのように時間単位で有給休暇を取得することも可能である）について、1) 就業規則その他これに準ずるもので定めるところにより、①については平均賃金若しくは所定労働時間労働した場合に支払われる通常の賃金、②については平均賃金若しくは通常の賃金をその日の所定労働時間数で除したものを支払うか、又は、2) 労使協定の定めにより、①については健康保険法 99 条１項所定の標準報酬日額（同法 40 条所定の標準報酬月額の 30 分の 1 の額）に相当する金額、②については標準報酬日額をその日の所定労働時間数で除したものを支払わなければならない（労基 39 条 9 項、労基則 25 条）。

ウ　年次有給休暇の取得単位

年次有給休暇は１日単位での取得が原則であるが、労使協定が締結され、①時間単位で有給休暇を付与できる労働者の範囲、②時間単位で付与できる有給休暇の日数(5日以内)等が定められた場合は、当該労働者は、時間単位で年次有給休暇を取得することができる(労基39条4項、労基則24条の4)。

(4) 年休の時季の特定方法

ア　原則－労働者の時季指定権の行使

年休については、年休権が発生した後、年休日が特定されなければならない。

年休日の特定は、原則として、労働者による年休の時季の指定により行われ、労働者がその有する休暇日数の範囲内で、具体的な休暇の始期と終期を特定して年休の時季指定をしたとき(「時季指定権」の行使)は、それが「事業の正常な運営を妨げる場合」(労基39条5項但書)に該当し、かつ、これを理由として使用者が「時季変更権」を行使しないかぎり、当該時季指定により年次有給休暇が成立し、当該労働日の労働義務の消滅と所定の賃金請求権の取得という効果が発生する(労基39条5項)[*91]。

労働者の年休取得が「事業の正常な運営を妨げる場合」(労基39条5項但書)に該当するかどうかは、労基法39条が使用者に対し労働者が指定した時季に休暇を取れるよう状況に応じた配慮をなすよう要請していることを前提として、具体的に判断される[*92]。

使用者が適法に時季変更権を行使した場合(労働者の年休取得が「事業の正常な運営を妨げる場合」に該当する場合)、労働者は、別の年休日を指定することになる。

イ　例外①－計画年休制度

使用者は、有給休暇の日数のうち5日を超える部分について、労使協定を締結し年次有給休暇を付与する時季に関する定めをしたときは、当該事業場の労働者に労使協定の定めにより年休を付与することができる(労基39条6項)。

具体的な付与方法について法律上の規定はないが、一般的には、①事業場全

---

*91　国(林野庁白石営林署)事件・最二小判昭48・3・2民集27巻2号191頁/労判171号16頁、国鉄(郡山工場)事件・最二小判昭48・3・2民集27巻2号210頁/労判171号10頁。

*92　電電公社(此花電報電話局)事件・最一小判昭57・3・18民集36巻3号366頁、NTT(電電公社<弘前電報電話局>)事件・最二小判昭62・7・10民集41巻5号1229頁、NTT(電電公社<横手統制電話中継所>)事件・最三小判昭62・9・22集民151号657頁/労判503号6頁、NTT(電電公社<関東電気通信局>)事件・最三小判平元・7・4民集43巻7号767頁/労判543号7頁、時事通信社事件・最三小判平4・6・23民集46巻4号306頁/労判613号6頁、日本電信電話事件・最二小判平12・3・31民集54巻3号1255頁/労判781号18頁、同事件差戻審・東京高判平13・11・28労判819号18頁。

体の休業による一斉付与方式、②班別の交代制付与方式、③計画表による個人別休暇方式等があり、いずれも可能である。

計画年休に関する労使協定の定めは、他の労使協定とは異なり例外的に、特段の事情がない限り、労働契約の内容になり具体的権利義務関係を発生させる。すなわち、労使協定により年休の取得時季が特定されると、その日が当該労働者の年休日となり、労働義務の消滅と賃金請求権の発生という効果が生じる[*93]。

ウ　例外②－使用者の付与義務

使用者は、基準日(継続勤務した期間を 6 か月経過日から 1 年毎に区分した各期間<最後に 1 年未満の期間が生じたときは当該期間>の初日：前期間の要件充足により年休権が発生する)に 10 労働日以上の日数の年休権を有している労働者に対し、有給休暇の 5 日分につき、当該基準日から 1 年以内にその時季を定めて労働者に付与しなければならない(労基 39 条 7 項本文)[*94]。ただし、労働者の時季指定権の行使又は計画年休により付与された有給休暇の日数分(当該日数が 5 日を超える場合は 5 日)については、時季を定めて付与する必要はない(労基 39 条 8 項)。

この場合、使用者は、予め当該労働者に年休の時季について意見を聴き、聴取した意見を尊重するよう努めなければならない(労基則 24 条の 6)。

(5) 年休の使途(利用目的)

年次有給休暇をどのように利用するかは、使用者の干渉を許さない労働者の自由である[*95]。

しかし、「労働者がその所属事業場の業務の正常な運営の阻害を目的として、全員一斉に休暇届を提出して職場を放棄・離脱する」という「一斉休暇闘争」は、年休取得の目的が「自由時間の確保」にあるのではなく、労務不提供により当該事業場の業務の正常な運営を阻害することにあるので、年次有給休暇に名を籍りた同盟罷業(ストライキ)である。したがって、それは年休権の行使ではないから、当該年休指定日に年休は成立せず、賃金請求権は発生しない[*96]。

(6) 年休取得と不利益取扱い

労基法附則 136 条は、有給休暇を取得した労働者に対して、賃金の減額その

---

*93　三菱重工業(長崎造船所)事件・福岡高判平 6・3・24 労民 45 巻 1=2 号 123 頁。

*94　特例については、労基 39 条 7 項但書、労基則 24 条の 5。平 30・9・7 基発 0907 第 1 号の第 3 の 2、http://www.mhlw.go.jp/content/000463186.pdf(「年 5 日の年次有給休暇の確実な取得　わかりやすい解説」)も参照。

*95　国(林野庁白石営林署)事件・最二小判昭 48・3・2 民集 27 巻 2 号 191 頁/労判 171 号 16 頁、国鉄(郡山工場)事件・最二小判昭 48・3・2 民集 27 巻 2 号 210 頁/労判 171 号 10 頁。

*96　国(林野庁白石営林署)事件・最二小判昭 48・3・2 民集 27 巻 2 号 191 頁/労判 171 号 16 頁、国鉄(郡山工場)事件・最二小判昭 48・3・2 民集 27 巻 2 号 210 頁/労判 171 号 10 頁。

他不利益な取扱いを「しないようにしなければならない」と規定している。

最高裁判決[*97]は、当該条文は努力義務規定であるが、年次有給休暇の取得を何らかの経済的不利益と結びつける措置は、年次有給休暇を取得する権利の行使を抑制し労基法が労働者に年休権を保障した趣旨を実質的に失わせるものと認められる場合は、公序に反して無効となると判示する。

しかし、労基法 39 条 9 項が年休取得日に賃金支払を義務付けている趣旨からすれば、年休取得日は出勤日と同様に取り扱われるべきであるから、年休取得を理由とする不利益な取扱いは、全て同条により禁止され同条違反であり、また、労基法附則 136 条は強行規定と解すべきであるから、同条違反でもある。

(7) 取得されなかった年休の処理

年休権は、翌年度への繰り越しができる（当該年度に取得しなかった年休分を翌年度に取得することができる）と解すべきである[*98]が、2 年間の時効により消滅する（労基 115 条）。したがって、翌々年度以降に取得することはできない。

繰越年休と当該年度の年休がある場合は、労働者の時季指定権行使は繰越分（早く時効にかかる分）からなされたと推定すべきであろう。

使用者が、年休の「買上げ」を予約し、予約された日数について年休取得を認めないとすることは労基法 39 条違反である[*99]が、結果的に取得されず時効で消滅する年休に対して手当を支給することは適法であろう。

---

*97　沼津交通事件・最二小判平 5・6・25 民集 47 巻 6 号 4585 頁/労判 636 号 11 頁。

*98　国際協力事業団事件・東京地判平 9・12・1 労判 729 号 26 頁/判タ 984 号 174 頁、昭 22・12・15 基発 501。就業規則で年休は翌年度に繰り越してはならない旨定めても当該規定に法的効力はなく年休権は消滅しない（昭 23・5・5 基発 686）。

*99　昭 30・11・30 基収 4718。

第9章　労働と生活の調和

本章では、未成年者等の保護と労働と生活（妊娠・出産、家族的責任）の調和という観点から、①未成年者・年少者・児童の保護（→第 1 節）、②女性労働者の母性保護（→第 2 節）、③労働者の家族的責任への配慮（→第 3 節）を検討する。

第1節　未成年者・年少者・児童の保護

未成年者は、身体的・精神的に発展途上にあり、成年者とは異なる特別の配慮が必要である。労基法は、未成年者を、その年齢により、1)「児童」（満 15 歳に達した日以後の最初の 3 月 31 日が終了するまでの者）、2)「年少者」（満 18 歳未満の者）、3)「未成年者」（満 20 歳未満の者〈民 4 条〉[*1]）の 3 段階に区別し、特別の保護を行っている。

1　労働契約の締結・解除

(1)　最低年齢

使用者は、原則として、児童が満 15 歳に達した日以後の最初の 3 月 31 日が終了するまで、これを使用することを禁止され（労基 56 条 1 項）、義務教育（中学校）終了（相当）の時点までは、労働者として労働させることができない。

ただし、例外として、1)工鉱業・建設・運送・貨物取扱等以外の事業（労基法別表第 1 の 1 ～ 5 号以外の事業）に係る職業で、児童の健康及び福祉に有害でなく、かつ、その労働が軽易なものについては、行政官庁（所轄労働基準監督署長）の許可を受けて、満 13 歳以上の児童をその修学時間外に使用することができる（労基 56 条 2 項前段、年少則 1・2 条）（ただし、年少者の就労が禁止されている危険有害業務・坑内労働〈労基 62・63 条、年少則 7・8 条〉の他、曲馬・軽業・路上での演技、旅館や飲食店等での業務等については許可してはならない〈年少則 9 条〉）。

第二に、映画の制作又は演劇の事業については、満 13 歳に満たない児童でも、行政官庁（所轄労働基準監督署長）の許可を受けて、その者の修学時間外に使

*1　民法の一部を改正する法律（平 30 法 59）により、2022〈令 4〉年 4 月 1 日以降、民法 4 条の定める成年年齢は 18 歳となる。

用することができる(労基56条2項後段、年少則1・2条)。

(2) 年少者を使用する場合の証明書の備え付け

使用者は、①年少者(満 18 歳未満の者)を事業場で使用するにあたり、その年齢を証明する戸籍証明書を事業場に備え付けなければならず(労基 57 条 1 項)、②労基法 56 条 2 項の規定により所轄労働基準監督署長の許可を得て使用する児童については、修学に差し支えないことを証明する学校長の証明書及び親権者又は後見人の同意書を事業場に備え付けなければならない(労基 57 条 2 項)。

(3) 労働契約の締結

第一に、親権者又は後見人は、未成年者に代わって労働契約を締結してはならない(労基58条1項)。

第二に、未成年者が労働契約を締結するには、法定代理人の同意(民5条1項)及び親権者による職業の許可(民823条1項)を要する。

未成年者が法定代理人の同意を得て労働契約を締結した場合は、未成年者は、未成年者が営業を許された場合の規定(民 6 条 1 項)の準用により、労働契約上の諸行為につき成年者と同一の行為能力を有し、権利を独立して行使することができ、そのための訴訟につき訴訟能力を有する(民訴 31 条参照)。

また、未成年者は、独立して賃金を請求することができる(労基 59 条前段)。賃金の支払方法については、直接払の原則(労基 24 条 1 項)が定められており、親権者又は後見人であっても、未成年者の賃金を代わって受け取ってはならない(労基59条後段〈罰則：120条1項〉)。

(4) 労働契約の解除・取消し

第一に、法定代理人の同意を得て未成年者が締結した労働契約であっても、親権者若しくは後見人又は行政官庁(所轄労働基準監督署長)は、労働契約が未成年者に不利であると認める場合においては、将来に向かって解除することができる(労基58条2項、年少則3条)。

第二に、未成年者が法定代理人の同意を得ないで締結した労働契約は、法定代理人がこれを取り消しうる(民5条2項)[*2]。

2　労働時間

(1) 児童

児童(満 15 歳に達した日以降の最初の 3 月 31 日が終了していない者)を労基法 56 条2 項に基づき所轄労働基準監督署長の許可を得て使用する場合、修学時間を通

*2　しかし、労働関係が実際に展開されていれば、労基法等の適用を受ける。

算して1週間に40時間・修学時間を通算して1日に7時間を超えて労働させてはならない(労基60条2項)。

(2) 年少者

年少者(満18歳未満の者)については、変形労働時間制(労基32条の2・32条の4・32条の5)、フレックスタイム制(労基32条の3)、労使協定に基づく法定時間外労働・法定休日労働(労基36条)、事業の特殊性による労働時間及び休憩の特例(労基40条)、労基法41条の2による適用除外制度を適用することはできない(労基60条1項)。

ただし、満15歳に達した日以降の最初の3月31日を超え満18歳未満の年少者については、① 1週間の労働時間が法定労働時間(40時間〈労基32条1項〉)を超えない範囲内で、1週間のうち1日の労働時間を4時間以内に短縮する場合は、他の日の労働時間を10時間まで延長することができ、また、② 1週間について48時間、1日について8時間を超えない範囲内で、一か月単位の変形労働時間制(労基32条の2)、又は、一年単位の変形労働時間制(労基32条の4・32条の4の2)により労働させることができる(労基60条3項、労基則34条の2)。

年少者についても、非常事由又は公務による法定時間外労働(労基33条)は可能であり、変形週休制(労基35条2項)も可能である。また、労基法41条1～3号に該当すれば、労働時間・休憩・休日に関する規制は適用されない[*3]。

3　深夜労働

(1) 原則

満18歳以上の者については、深夜労働(午後10時から午前5時まで)は禁止されず、割増賃金の支払義務(労基37条4項)により間接的に規制している。

しかし、年少者については、深夜労働(厚生労働大臣が必要と認める場合は、地域又は期間を限って午後11時から午前6時まで〈労基61条2項〉)は原則として禁止されている(労基61条1項本文)。また、児童が、労基法56条2項に基づき所轄労働基準監督署長の許可を得て労働する場合、禁止される「深夜労働」は午後8時～午前5時(厚生労働大臣が必要と認める場合は、地域又は期間を限って午後9時～午前6時)である(労基61条5項)。

(2) 例外

年少者について、例外として、第一に、交替制(同一労働者が一定期日毎に昼間

*3　年少者もそれ以外の者も深夜労働及び年次有給休暇に関する規制は適用される。

勤務と夜間勤務とに交替につく勤務[*4])によって使用する満 16 歳以上の男性については、深夜労働をさせることができる(労基 61 条 1 項但書)。この場合、割増賃金(労基 37 条 4 項)の支払は当然必要である。

第二に、交替制によって労働させる事業については、行政官庁(所轄労働基準監督署長)の許可を受けて、午後 10 時 30 分まで(労基 61 条 2 項が適用される場合〈→前記(1)〉は午前 5 時 30 分から)労働させることができる(労基 61 条 3 項、年少則 5 条)。この場合、午後 10 時から 10 時 30 分までの 30 分(労基 61 条 2 項が適用される場合は午前 5 時 30 分から 6 時までの 30 分)については、当然割増賃金(労基 37 条 4 項)の支払が必要である[*5]。

(3) 適用除外

前記(1)(2)の深夜労働に関する規制は、①非常事由により法定時間外労働・法定休日労働をさせる場合(労基 33 条 1 項)、又は、②労基法別表第１の 6 号(農林)・7 号(畜産・養蚕・水産業)・13 号(病院保健衛生業)の事業、若しくは電話交換の業務については適用されない(労基 61 条 4 項)。

なお、いずれの場合も割増賃金(労基 37 条 4 項)の支払は必要である。

４　業務内容

年少者は、身体的にも精神的にも発達途上にあり、また、技術的にも未熟なことが多いので、一定の危険有害業務に就業させることは禁止されており(労基 62 条、年少則 7・8 条)、坑内労働も禁止されている(労基 63 条)。

５　帰郷旅費の負担

年少者が解雇の日から 14 日以内に帰郷する場合においては、使用者は必要な旅費を負担しなければならない。ただし、年少者がその責めに帰すべき事由に基づいて解雇され、使用者がその事由について行政官庁(所轄労働基準監督署長)の認定を受けたときはこの限りではない(労基 64 条、年少則 10 条)。

第２節　女性労働者の母性保護

妊娠・出産の権利は基本的人権の一つであり、女性労働者については、その母性機能を保護し、労働と妊娠・出産を両立することができるよう(妊娠・出産

---

*4　昭 23・7・5 基発 971、昭 63・3・14 基発 150。
*5　昭 23・2・20 基発 297、昭 63・3・14 基発 150。

による一時的な労務不能や労働能力の低下により退職を余儀なくされることのないよう）、特別規定が置かれている[*6]。

1　母性機能に有害な業務への就業禁止

妊産婦（妊娠中の女性及び産後１年を経過しない女性）以外の満 18 歳以上の女性については、坑内業務の一部（労基 64 条の２第２号、女性則１条）、及び、女性の妊娠・出産機能に有害な業務（労基 64 条の３第２・３項、女性則３条〈女性則２条１項１～18 号で列挙されている業務〉）への就業が禁止されている。

2　生理日の就業が困難な場合の休暇

使用者は、生理日の就業が著しく困難な女性が休暇を請求したときは、その者を生理日に就業させてはならない（労基 68 条）。

労基法 68 条の趣旨は、当該労働者が休暇の請求によりその間の労働義務を免れ、債務不履行の責めを負わないことを定めたに止まり、休暇が有給であることを保障したものではないので、労使間に特段の合意がなければ、休暇を取得した労働者は不就労期間に対応する賃金請求権を有しない[*7]。

3　妊産婦の保護

(1)　就業制限・軽易業務への転換

妊産婦については、第一に、すべての坑内業務（産後１年を経過しない女性については坑内業務に従事しない旨を使用者に申し出た者に限られる）（労基 64 条の２第１号）、及び、妊産婦の妊娠、出産、哺育等に有害な業務への就業が禁止されている（労基 64 条の３第１・３項、女性則２条）。

第二に、使用者は、妊娠中の女性が請求した場合は、他の軽易な業務に転換させなければならない（労基 65 条３項）。

(2)　法定時間外労働・法定休日労働・深夜労働の制限

使用者は、妊産婦が請求した場合は、①変形労働時間制（労基 32 条の２・32 条の４・32 条の５）が適用されていても、法定労働時間（労基 32 条）を超えて労働させることはできず（労基 66 条１項）、②非常事由・公務（労基 33 条１・３項）又は労使協定（労基 36 条）による法定時間外労働・法定休日労働をさせることはできず（労基 66 条２項）、③深夜労働（22 時～５時）をさせてはならない（労基 66 条３項）。

---

*6　妊娠・出産等を理由とする不利益取扱いの禁止については、前記第６章「平等原則」第１節５参照。

*7　エヌ・ビー・シー工業事件・最三小判昭 60・7・16 民集 39 巻５号 1023 頁/労判 455 号 16 頁。

表 9.1　妊娠から産休、育児休業、復職後の流れ

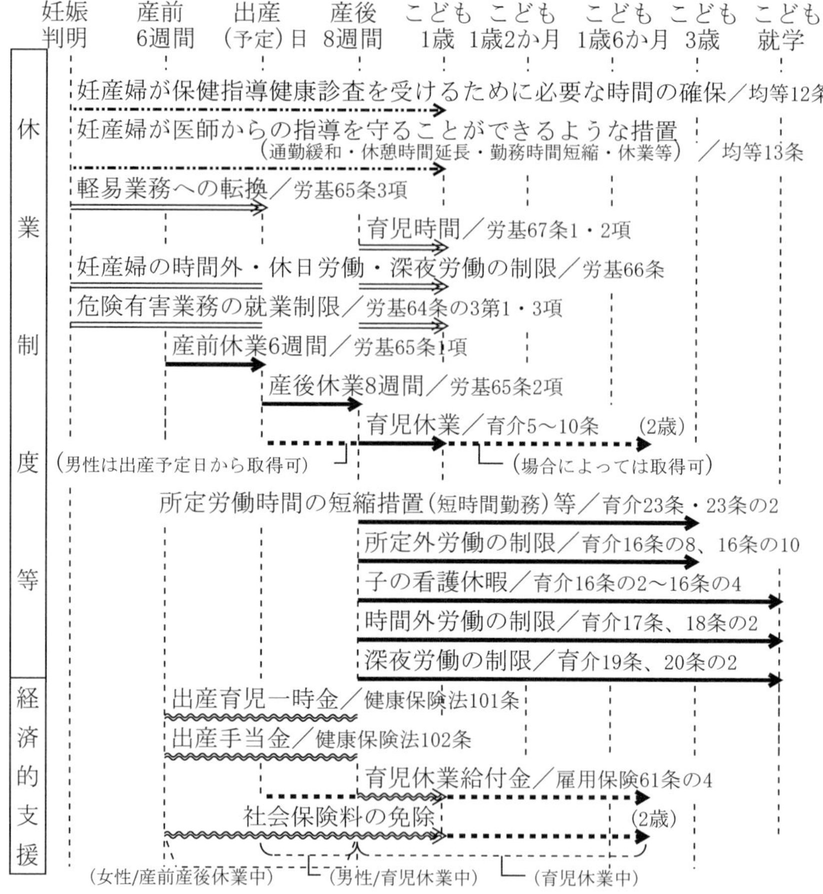

(3)　健康管理に関する措置

事業主は、その雇用する女性労働者（妊産婦）が、母子保健法に基づく保健指導又は健康診査のために必要な時間を確保できるようにし（均等 12 条、均等則 2 条の 3）、また、その指導事項を守ることができるよう、勤務時間の変更、勤務の軽減等必要な措置をとらなければならない（均等 13 条 1 項）*8。

*8　事業主の措置に関して、均等法 13 条 2 項に基づき、「妊娠中及び出産後の女性労働者が保健指導又は健康診査に基づく指導事項を守ることができるようにするために事業主が講ずべき措置に関する指針」が定められている（平 9・9・25 労告 105<平 19・3・30 厚労告 94 等により一部改正>）。

4　産前産後の休業

(1) 休業期間

使用者は、第一に、6 週間（多胎妊娠の場合は 14 週間）以内に出産する予定の女性が休業を請求した場合においては、その者を就業させてはならない（労基 65 条 1 項）。この産前休業（6 週間又は 14 週間）[*9]は、本人の請求を待って与える休業である（請求がなければ付与しなくてもよい）。

第二に、産後 8 週間を経過しない女性を就業させてはならない。この産後休業（8 週間）[*10]は、本人の請求の有無を問わず付与しなければならない。ただし、産後 6 週間を経過した女性が請求した場合に、その者について医師が支障がないと認めた業務に就かせることは、差し支えない（労基 65 条 2 項）。

(2) 休業中の賃金請求権の有無と所得保障

産前産後休業中の賃金については定めがなく、有給であることを保障したものではないので[*11]、異なる定めがなければ、使用者は賃金支払義務を負わない。

ただし、健康保険から、①出産育児一時金が支給され（原則 40 万 4000 円、一定の要件を充足する場合は 3 万円までの額を加算）（健保 101 条、健保令 36 条）、②出産の日（出産日が出産予定日後であるときは出産予定日）以前 42 日（多胎妊娠の場合 98 日）から、出産の日後 56 日を限度として、休業期間 1 日につき標準報酬日額の 3 分の 2 に相当する額が出産手当金として支給される（健保 102 条、日雇特例被保険者に関しては 138 条も参照）。

5　育児時間

生後満 1 歳に達しない生児を育てる女性は、休憩時間（労基 34 条）の他に、1 日 2 回、各々少なくとも 30 分、その生児を育てるための時間を請求することができ、使用者はその時間中はその女性を使用してはならない（労基 67 条 1・2 項）。

この規定は 8 時間労働制を前提としたものなので、1 日の労働時間が 4 時間以内のパートタイマーは 1 日 1 回少なくとも 30 分でよいとされている[*12]。

---

*9　産前休業の休業期間の算定は自然の分娩予定日を基準として行われる（昭 26・4・2 婦発 113）。したがって、現実の出産が予定より早ければそれだけ産前休業は短縮され、予定日より遅ければその遅れた期間も産前休業として扱われる。

*10　産後休業の休業期間算定は、現実の出産日を基準に行われ（昭 26・4・2 婦発 113）、出産当日は産前休業期間に含まれる（昭 25・3・31 基収 4057）。「出産」には、妊娠第 4 月以降の流産・早産及び人工妊娠中絶が含まれ、生産・死産を問わない（昭 23・12・23 基発 1885、昭 26・4・2 婦発 113）。

*11　東朋学園事件・最一小判平 15・12・4 集民 212 号 87 頁/労判 862 号 14 頁。

*12　昭 36・1・9 基収 8996。

また、事業場から生児のいる場所まで遠い場合もあるので、１日１回少なくとも60分という請求や、勤務時間の初めと終わりに請求する方法でもよい[*13]。

使用者は、異なる定めがなければ、育児時間中の賃金支払義務を負わない[*14]。

第３節　労働者の家族的責任への配慮

労働者の多くは、人生の一定期間、育児・介護といった家族的責任を負う。また、育児・介護を行う権利は、基本的人権の一つであるとも言える。

このため、労働と家族的責任を両立させうるよう（育児・介護による一時的な労務不能や労働しうる時間の減少等を理由として退職を余儀なくされることのないよう）、労契法、育介法、育介則に規定が置かれ、また、「子の養育又は家族の介護を行い、又は行うこととなる労働者の職業生活と家庭生活との両立が図られるようにするために事業主が講ずべき措置に関する指針」[*15]も策定されている。

１　基本原則

「労働契約は、労働者及び使用者が仕事と生活の調和にも配慮しつつ締結し、又は変更すべきもの」であり（労契３条３項）、使用者は、労働契約の内容（労働条件）の決定・変更について、労働者の「仕事と生活の調和」に配慮する信義則上の義務を負う。

２　家族的責任と配転

事業主は、その雇用する労働者の配置の変更で就業の場所の変更を伴うものをしようとする場合、就業の場所の変更により就業しつつその子の養育又は家族の介護を行うことが困難となる労働者がいるときは、当該労働者の子の養育又は家族の介護の状況に配慮しなければならない（育介26条）。

３　労働と育児の両立支援のための制度

労働と育児の両立支援としては、前記２の他、以下のような制度がある[*16]。ただし、日々雇用される者はこれらの措置の対象外である（育介２条１号）。

---

*13　昭33・6・25基収4317。

*14　昭33・6・25基収4317。

*15　平21・12・28厚労告509（平29・9・27厚労告307等により改正）。

*16　労働と両立支援制度において、「子」は、実子・養子・当該労働者を里親として委託されている児童等が含まれる（育介２条１号・育介則１条）。

(1)　育児休業制度

ア　申出の要件

第一に、1 歳に満たない子を養育する男女労働者は、当該子が 1 歳に達する日（誕生日の前日）までの一の期間を特定して育児休業を事業主に申し出ることができる（育介 5 条 1 項・6 項、育介則 7 条）。1 人の子につき父親の労働者と母親の労働者が共に育児休業を取得することも可能である。

第二に、配偶者が子が 1 歳に達する日以前のいずれかの日に当該子を養育するために育児休業をしている場合は、1 歳 2 か月未満の子を養育する男女労働者は、当該子が 1 歳 2 か月に達するまでの一の期間を特定して育児休業を事業主に申し出ることができる。すなわち、父母の労働者がともに育児休業を取得する場合は、育児休業の子の年齢に係る取得制限が緩和され、父母の労働者による育児休業取得が奨励されている（パパ・ママ育休プラス）（育介 9 条の 2）。

第三に、1 歳から 1 歳 6 か月に達するまでの子を養育する男女労働者で、①当該労働者又は配偶者が当該子が 1 歳に達する日において育児休業をしており（パパ・ママ育休プラス〈育介 9 条の 2〉の場合は、本人又は配偶者が 1 歳到達日後の育児休業終了予定日において育児休業をしており）、かつ、②当該子の 1 歳以降の期間について保育所での保育の申込みを行っているが当面実施されないとき、又は、1 歳以降に養育を行う予定だった配偶者が死亡、傷病、障害、婚姻解消による別居、産前 6 週間（多胎妊娠は 14 週間）産後 8 週間の期間にあるときは、育児休業の申出をすることができる（育介 5 条 3 項、育介則 6 条）。

第四に、1 歳 6 か月から 2 歳に達するまでの子を養育する男女労働者で、①当該労働者又は配偶者が当該子の 1 歳 6 か月に達する日において育児休業をしており、かつ、②当該子の 1 歳 6 か月以降の期間について保育所での保育の申込みを行っているが当面実施されないとき、又は、1 歳 6 か月以降に養育を行う予定だった配偶者が死亡、傷病、障害、婚姻解消による別居、産前 6 週間（多胎妊娠は 14 週間）産後 8 週間の期間にあるときは、育児休業の申出をすることができる（育介 5 条 4 項、育介則 6 条の 2）。

イ　有期契約労働者に関する要件

期間を定めて雇用される者は、①当該事業主に引き続き雇用された期間が 1 年以上であり、かつ、②その養育する子が 1 歳 6 か月に達する日までに、その労働契約（労働契約が更新される場合は更新後のもの）が満了することが明らかでない者であれば、育児休業の申出をすることができる（育介 5 条 1 項但書）。

ウ　使用者の付与義務

事業主は、要件を充たす労働者の休業申出を拒むことができない（育介 6 条

1 項)。ただし、①当該事業主に引き続き雇用された期間が 1 年に満たない労働者、②休業申出の日から 1 年(1 歳から 1 歳 6 か月に達するまで又は 1 歳 6 か月から 2 歳に達するまでの子を養育する男女労働者が、育介法 5 条 3 項又は 4 項に基づき申し出る場合は 6 か月)以内に雇用関係が終了することが明らかな者、③ 1 週間の所定労働日数が 2 日以下である者については、労使協定の定めにより、休業申出を拒否することができる(育介 6 条 1 項但書、育介則 8 条、平 23・3・18 厚労告 58 号)。

エ　育児休業の回数・期間・手続

第一に、育児休業は、特段の事情がある場合を除き、1 人の子について 1 回に限られ、申し出る休業は連続した一の期間でなければならない(育介 5 条 2 項・6 項、育介則 5 条)。ただし、母親である労働者の産後休業期間内に当該子を養育する者(父親)である労働者が育児休業を取得した場合は、再度育児休業を取得することが可能である(育介 5 条 2 項括弧書き)。これにより、典型的には父親である労働者が、柔軟に育児休業を取得することが可能となった。

第二に、育児休業期間は、労働者が申し出た休業開始予定日から終了予定日までであるが、①子の死亡・離縁・別居等により子を養育しなくなった場合や休業申出をした労働者が負傷・疾病・障害等により当該子を養育できない状態となった場合、②子が 1 歳(1 歳から 1 歳 6 か月に達するまでの子を養育する男女労働者が育介法 5 条 3 項に基づき申し出る場合は 1 歳 6 か月、1 歳 6 か月から 2 歳に達するまでの子を養育する男女労働者が育介法 5 条 4 項に基づき申し出る場合は 2 歳)に達したとき、③産前産後休業、新たな育児休業、又は、介護休業が始まったときは、育児休業は終了する(育介 9 条 2 項、育介則 21 条)。

その他、申出の時期(原則として休業開始 1 か月前、1 歳以上 1 歳 6 か月までの子については 2 週間前)、手続、申出をすべき事項等(育介 5 条 6 項・6 条 3 項、育介則 7 条)、休業内容変更の申出、休業申出の撤回等(育介 7 条・8 条、育介則 13 条～20 条)については、育介法・育介則に詳細に定められている。

オ　休業中・休業後の労働者の待遇・所得保障

事業主は、①労働者の育児休業中の待遇及び休業後の賃金、配置その他の労働条件、子の死亡等により育児休業時間が終了した労働者等の労務提供の開始時期等につき予め定め、周知し、労働者又はその配偶者の妊娠・出産を知ったときに当該労働者に知らせること、②休業を申し出た労働者に対し①の取扱いを明示することを努力義務として求められているが(育介 21 条、育介則 70・71 条)、具体的内容については法令上の定めはなく、労働契約により決定される。

したがって、異なる定めがなければ、使用者は育児休業期間中賃金支払義務を負わない。しかし、当該労働者が一定の要件(育児休業開始前 2 年間に賃金支払基礎日数が 11 日以上ある月が通算して 12 か月以上あること等)を充足する場合は、雇用保険から、「育児休業給付金」として、育児休業開始から 180 日までは休業開始時賃金日額の 67 %が支給され、181 日目からは休業開始時賃金日額の 50 %が支給される(雇保 61 条の 6 〜 61 条の 8)。

カ　年次有給休暇の算定と社会保険・労働保険

第一に、育児休業期間は、年休権の発生要件の一つである「全労働日の 8 割以上出勤」の算定にあたり、「出勤した日」とみなされる(労基 39 条 10 項)。

第二に、育児休業期間中は、①健康保険・厚生年金保険については、被保険者資格は継続し、保険料支払義務(労使折半)があるが、事業者から保険者等に申出があるときには、育児休業を開始した日の属する月から育児休業が終了した日の翌日が属する月の前月までの期間の保険料徴収は、労使いずれの負担分についても行われない(健保 159 条、厚年 81 条の 2)。②労災保険については、被保険者資格は継続し、保険料支払義務(使用者のみ)があるが、保険料は、原則として、保険年度に支払われた全労働者の賃金総額が算定基礎であるから、育児休業中に賃金支払がなければ、その分の保険料負担は生じない。③雇用保険については、被保険者資格は継続し、保険料(労使折半)は育児休業中に支払われる賃金により決定され、賃金の支払がないときには、保険料負担はない。

(2)　所定労働時間の短縮措置等

3 歳未満の子を養育する労働者で、育児休業をしていない労働者(1 日の所定労働時間が 6 時間以下の労働者を除く)が、子を養育するために請求した場合は、1 日の所定労働時間を原則として 6 時間とする措置を含む所定労働時間の短縮措置を講じなければならない(育介 23 条 1 項、育介則 74 条 1 項)。

ただし、①当該事業主に引き続き雇用された期間が 1 年に満たない者、② 1 週間の所定労働日数が 2 日以下の者、③所定労働時間短縮措置を講ずることが困難と認められる業務に従事している者は、労使協定により定められたときは、所定労働時間短縮措置を請求できない(育介 23 条 1 項但書、育介則 73 条)。この場合、③の労働者には、フレックスタイム、1 日の所定労働時間を変更しない始業又は終業時刻の繰上げ・繰下げ、3 歳に満たない子の保育施設の設置運営等のいずれかの措置を講じなければならない(育介 23 条 2 項、育介則 74 条 2 項)。

(3)　所定時間外労働の制限

事業主は、3 歳未満の子を養育する労働者が子を養育するために請求した場合は、事業の正常な運営を妨げる場合を除き、所定労働時間を超えて労働させてはならない(育介 16 条の 8 第 1 項)。

ただし、①当該事業主に引き続き雇用された期間が 1 年に満たない労働者、

②１週間の所定労働日数が２日以下である者は、労使協定により定められたときは、所定時間外労働の制限を請求できない（育介16条の8第1項、育介則44条）。

(4) 法定時間外労働・深夜労働の制限

事業主は、小学校就学の始期に達するまでの子を養育する労働者が当該子の養育のために請求した場合は、事業の正常な運営を妨げる場合を除き、(a)労使協定（労基 36 条 1 項）により法定時間外労働をさせうる場合でも、制限時間（1月24時間・1年150時間）を超えて法定時間外労働をさせてはならず（育介17条1項）、(b)深夜（22時～5時）に労働させてはならない（育介19条1項）。

ただし、(a)については、①当該事業主に引き続き雇用された期間が 1 年に満たない者、②１週間の所定労働日数が２日以下の者は請求することができず（育介17条1項、育介則52条）、(b)については、①当該事業主に引き続き雇用された期間が 1 年に満たない者、②当該請求に係る深夜に「同居の 16 歳以上の家族で、深夜の就業日数が１月あたり３日以内で、健康かつ産前産後ではない者」がいる者、③１週間の所定労働日数が２日以下の者、④所定労働時間の全部が深夜にある労働者は請求できない（育介19条1項、育介則60条・61条）。

(5) 子の看護休暇

小学校就学の始期に達するまでの子を養育する労働者は、事業主に申し出ることにより、一の年度に 5 労働日（小学校就学の始期に達するまでの子が 2 人以上の場合は 10 労働日）を限度として、負傷し若しくは疾病にかかったその子の世話又は予防接種若しくは健康診断を受けさせるための休暇（子の看護休暇）を取得することができる（育介16条の2第1項、育介則32条）。

子の看護休暇は、一日の所定労働時間が4時間未満の労働者を除き、半日（1日の所定労働時間数の 2 分の 1）単位（始業の時刻から連続し又は終業時刻まで連続するもの、ただし、労使協定によりこの制限を除外しうる）で取得することができる（育介16条の2第2項、育介則33条・34条）。

事業主は、要件を充足する労働者の看護休暇の申出を拒むことができない（育介16条の3第1項）。ただし、①当該事業主に引き続き雇用された期間が6か月に満たない労働者、②１週間の所定労働日数が２日以下である者、③半日単位で子の看護休暇を取得することが困難と認められる業務に従事する労働者（半日単位で取得しようとする者に限る）については、労使協定の定めにより、看護休暇の申出を拒否することができる（育介 16 条の 3 第 2 項、育介則 36 条・8 条 2 号・平23・3・18厚労告58）。

(6) その他の事業主の努力義務

事業主は、小学校就学の始期に達するまでの子を養育する労働者に対し、子の看護休暇以外の育児を目的とする休暇を付与するよう努めなければならず、また、法律上の義務事項について、各制度毎に設定されている子の上限年齢を超えた後も、始業時刻変更、育児休業制度、所定労働時間の短縮措置等、所定時間外労働の制限を講ずるよう努めなければならない(育介 24 条 1 項)。

また、妊娠・出産、育児を理由として退職した者について、再雇用特別措置等を実施するよう努めなければならない(育介 27 条)。

4　労働と介護の両立支援のための制度

労働と介護の両立支援としては、前記 2 の他、以下のような制度がある。

ただし、日々雇用される者はこれらの措置の対象外である(育介 2 条 1 号)。

(1) 介護休業制度

ア　申出の要件

介護休業の申出は、「要介護状態」にある「対象家族」を介護する労働者が、要介護者 1 人につき、通算 3 回、通算 93 日を限度として行うことができる(育介 11 条・12 条・15 条)。

「要介護状態」とは、負傷、疾病、又は身体上若しくは精神上の障害により、2 週間以上にわたり常時介護を必要とする状態をいう(育介 2 条 3 号、育介則 2 条)。

「対象家族」とは、配偶者(事実上の婚姻関係と同様の事情にある者を含む)、父母、子、及び、労働者が同居しかつ扶養している祖父母・兄弟姉妹・孫、並びに、配偶者の父母をいう(育介 2 条 4 号、育介則 3 条)。

イ　有期契約労働者に関する要件

期間を定めて雇用される者は、①当該事業主に引き続き雇用された期間が 1 年以上で、かつ、②介護休業開始予定日から起算して 93 日を経過する日から 6 月を経過するまでに労働契約(労働契約が更新される場合は更新後のもの)が満了することが明らかでない場合、介護休業の申出ができる(育介11条1項但書)。

ウ　付与義務

事業主は、要件を充足する労働者からの休業申出を拒むことができない(育介 12 条 1 項)。ただし、①当該事業主に引き続き雇用された期間が 1 年に満たない労働者、②休業申出の日から起算して 93 日以内に雇用関係が終了することが明らかな者、③1 週間の所定労働日数が 2 日以下である者については、労使協定の定めにより、休業申出を拒否することができる(育介 12 条 2 項、育介則 24 条・8 条 2 号、平 23・3・18 厚労告 58 号)。

エ　介護休業期間・手続

介護休業期間は、要介護者 1 人につき、通算 3 回、通算 93 日を限度とする(育介11条2項・15条)。申出の手続、申し出るべき事項、休業開始予定日の指定、休業申出の撤回、休業の終了等については、育介法・育介則が詳細に定めている(育介11条3項・12条3項・13条〜15条、育介則23条・25条〜31条)。

オ　休業中・休業後の取扱い・所得保障

事業主は、①労働者の介護休業中の待遇及び休業後の賃金、配置その他の労働条件、労働者が介護休業期間に負担すべき社会保険料を事業主に支払う方法につき予め定め、周知すること、②休業を申し出た労働者に対する①の取扱いの明示を努力義務として求められているが(育介21条1・2項、育介則70・71条)、具体的内容についての法令上の定めはなく、労働契約により決定される。

したがって、異なる定めがなければ、使用者は介護休業期間中賃金支払義務を負わない。しかし、当該労働者が一定の要件(介護休業開始日前 2 年間に賃金支払基礎日数が 11 日以上ある月が通算して 12 か月以上あること等)を充足する場合は、雇用保険から「介護休業給付金」として、介護休業期間中、休業開始時の賃金日額の 67 ％が支給される(雇保61条の4・61条の5<本則>、附則12条<暫定措置>)。

カ　年次有給休暇の算定と社会保険・労働保険

第一に、介護休業期間は、年休権の発生要件の一つである「全労働日の８割以上出勤」の算定にあたり、「出勤した日」とみなされる(労基39条10項)。

第二に、介護休業期間中は、①健康保険・厚生年金保険については、被保険者資格は継続し、保険料支払義務(労使折半)があり、②労災保険については、被保険者資格は継続し、保険料支払義務(使用者のみ)があるが、保険料は年間の賃金総額に対応して決定され、③雇用保険については、被保険者資格は継続し、保険料(労使折半)は介護休業中に支払われる賃金により決定される。

(2)　所定労働時間の短縮措置等

事業主は、要介護状態にある対象家族を介護する労働者で介護休業をしていない者に対して、労働者が就業しつつ要介護状態にある対象家族を介護することを容易にするために、連続する３年の期間以上利用できる措置として、①所定労働時間の短縮制度、②フレックスタイム制度、③所定労働時間を短縮することなく始業又は終業時刻を繰り上げ又は繰り下げる制度、④労働者が利用する介護サービスの費用の助成その他これに準じる制度のいずれかを講じなければならず、①〜③は２回以上利用できるものでなければならない(育介23条3項本文、育介則74条3項)。

ただし、①当該事業主に引き続き雇用された期間が１年に満たない労働者、及び、②１週間の所定労働日数が２日以下の労働者は、労使協定で定められた場合は、同措置を受けることができない(育介23条3項但書、育介則75条)。

(3) 所定時間外労働の制限

事業主は、要介護状態にある対象家族を介護する労働者が当該家族の介護のために請求した場合、事業の正常な運営を妨げる場合を除き、所定労働時間を超えて労働させてはならない（育介16条の9第1項が準用する18条の8第1項本文）。

ただし、①当該事業主に引き続き雇用された期間が1年に満たない労働者、及び、②1週間の所定労働日数が2日以下の労働者は、労使協定で定められた場合は、同措置を受けることができない（育介16条の9第1項が準用する18条の8第1項但書、育介則44条）。

(4) 法定時間外労働・深夜労働の制限

事業主は、要介護状態にある対象家族を介護する労働者が当該介護のために請求した場合は、事業の正常な運営を妨げる場合を除き、(a)労使協定（労基36条1項）により法定時間外労働をさせうる場合でも、制限時間（1月24時間・1年150時間）を超えて労働させてはならず（育介18条1項が準用する17条1項）、(b)深夜（22時～5時）に労働させてはならない（育介20条1項が準用する19条1項）。

ただし、(a)については、①当該事業主に引き続き雇用された期間が1年に満たない者、②1週間の所定労働日数が2日以下の者は、請求することができず（育介18条1項が準用する17条1項、育介則56条が準用する52条）、(b)については、①当該事業主に引き続き雇用された期間が1年に満たない者、②当該請求に係る深夜に「同居の16歳以上の家族で、深夜の就業日数が1月あたり3日以内で、健康かつ産前産後ではない者」がいる者、③1週間の所定労働日数が2日以下の者、④所定労働時間の全部が深夜にある労働者は請求できない（育介20条1項が準用する19条1項、育介則65条が準用する60条、同66条が準用する61条）。

(5) 介護休暇

要介護状態にある対象家族の介護その他の世話を行う労働者は、事業主に申し出ることにより、一の年度において5労働日（要介護状態にある対象家族が2人以上の場合は10労働日）を限度として、その世話を行うための休暇（介護休暇）を取得することができる（育介16条の5第1項、育介則38条）。

介護休暇は、1日の所定労働時間が4時間以下の労働者を除き、半日（1日の所定労働時間数の2分の1）単位（始業の時刻から連続し又は終業時刻まで連続するもの、ただし、労使協定によりこの制限を除外しうる）で取得することができる（育介16条の5第2項、育介則39・40条）。

事業主は、要件を充足する労働者の介護休暇の申出を拒むことができない（育介16条の6第1項）。ただし、①当該事業主に引き続き雇用された期間が6か月に満たない労働者、②1週間の所定労働日数が2日以下である者については、労使協定の定めにより、介護休暇の申出を拒否することができる（育介 16 条の 6 第 2 項、育介則 42 条・8 条 2 号、平 23・3・18 厚労告 58 号）。

(6) 事業主のその他の努力義務

事業主は、家族を介護する労働者に対し、当該家族が「要介護状態」（育介 2 条 3 号により常時介護が必要な状態）か否かを問わず、その介護を必要とする期間、回数等に配慮して、育介法所定の介護休業、介護休暇、所定労働時間の短縮等の措置に準ずる措置を講ずるよう努めなければならない（育介 24 条 2 項）。

また、介護を理由として退職した者に対して、再雇用特別措置等を講ずるよう努めなければならない（育介 27 条）。

５　不利益取扱いの禁止

事業主は、労働者が、育介法が定める、①育児休業、②介護休業、③子の看護休暇、④介護休暇、⑤所定時間外労働の制限、⑥法定時間外労働の制限、⑦深夜労働の制限、⑧所定労働時間の短縮措置等について、①～④の取得を申出若しくは取得したこと、又は、⑤～⑧を請求若しくは労働しなかったこと等を理由として、当該労働者に対して解雇その他の不利益な取扱いをすることを禁止されている（育介 10 条、16 条、16 条の 4、16 条の 7、16 条の 10、18 条の 2、20 条の 2、23 条の 2）。当該労働者が派遣労働者である場合は、「事業主」に派遣元事業主のみならず派遣先も含まれる（派遣 47 条の 3）。

６　就業環境整備措置

事業主は、育児休業等（前記５の①～⑧）の制度等の利用に関する言動により、当該労働者の就業環境が害されること（「職場における育児休業等に関するハラスメント」）のないよう、当該労働者からの相談に応じ、適切に対応するために必要な体制の整備その他の雇用管理上必要な措置を講じなければならない（育介 25 条 1 項・育介則 76 条）。「事業主」には、派遣先も含まれる（派遣 47 条の 3）。

事業主は、労働者が当該言動に関し相談を行ったこと又は事業主による当該相談への対応に協力した際に事実を述べたことを理由として、当該労働者に対して解雇その他の不利益な取扱いをしてはならない（育介 25 条 2 項）。

第10章　労働災害と法的救済

労働者の健康・安全を保障し、労働災害を予防するために、労働時間と自由時間、安全・衛生、健康管理、労働環境等について法令上定められているが、不幸にして労働災害が発生した場合の法的救済制度も設けられている。

本章では、労働災害と法的救済について、①総論(→第 1 節)、②労災補償・労災保険制度(→第 2 節)、③民法上の損害賠償(→第 3 節)の順に検討する。

第１節　総論

1　労働災害に関する法的救済－併存主義

労働災害に関する被災労働者又は遺族の法的救済としては、①労基法上の労災補償制度、②労災保険法上の労働者災害補償保険(労災保険)制度[*1]、③民法上の使用者等又は第三者による損害賠償があり、④労働協約又は就業規則に労災補償又は労災保険に上積みして使用者が補償する制度が定められる場合もある。

①の労基法上の労災補償制度は、労働者の「業務上」の負傷・疾病・障害・死亡に関して、使用者が被災労働者又は遺族に定型的な補償をなす制度である。

②の労災保険法上の労災保険制度は、労基法が定める各補償を保険化し、政府が被災労働者又は遺族に定型的な保険給付をなす制度として作られ、後に、労基法に定めのない通勤災害に対する給付、介護に関する給付、特別支給金等も加えられた。

③の民法上の損害賠償は、債務不履行責任(使用者等)又は不法行為責任(使用者等・第三者)に基づき行われる。

日本では、労働者又は遺族が②の労災保険法に基づく保険給付を受けることができるときは、使用者は①の労基法所定の補償責任を免れる(労基 84 条 1 項)が、③の損害賠償請求権の行使の制限はなされていない。

したがって、被災労働者又は遺族は、②の労災保険給付を受けることができる場合でも、③の損害賠償請求をなすことが可能であり、労災補償・労災保険と損害賠償は併存している。ただし、損害賠償額は、すでに支給されている労

---

*1　本書では、国家公務員災害補償法と地方公務員災害補償法は省略する。

災補償・労災保険給付との間で損益相殺的な調整がなされる（労基84条2項、民499条、労災保険12条の4）[*2]。

2　現行制度の意義

(1) 労災補償制度の意義・必要性

労基法上の労災補償制度が存在する理由は、大別二つある。

一つは、使用者に対する損害賠償請求が困難であることである。被災労働者又は遺族が使用者に損害賠償を請求する場合は、使用者の責任を主張立証しなければならないが、設備等の欠陥や指示・管理の問題等の情報の大半を掌握している使用者はこれを開示しないのが通例であり、使用者の責任や因果関係の主張立証をなすことは容易でない。また、被災労働者側に過失があれば過失相殺による賠償額の減額もありうる（民418条・722条2項）。

もう一つは、労働災害は企業の営利活動に伴う現象である以上、企業活動によって利益を得ている使用者はそのリスクも負うべきであることである。

そのため、労働者の業務上の負傷・疾病・障害・死亡については、使用者が当然に被災労働者又は遺族に定型的な補償を行う労基法上の労災補償制度（個別使用者による補償制度）が創設され、また、労働者の通常の過失は補償の減額事由としないこととされている。

(2) 労災保険制度の意義・必要性

しかし、労基法上の労災補償制度は個別使用者の責任であるので、当該使用者に支払能力がない場合は、被災労働者らは補償を受けることができない。

そこで、個別使用者が負う補償責任を保険化し、国（政府）が保険制度を管掌し、使用者を強制的に加入させて保険料を徴収し、被災労働者又は遺族に定型的な保険給付を行う労災保険制度（使用者全体による補償制度）が創設された。

(3) 労災補償・労災保険制度と損害賠償との併存

労災補償・労災保険給付は定型的であり、損害の全範囲を補填するものではない。例えば、療養に伴う休業損害や死亡・障害による逸失利益の一部しか補填されないことが多く、精神的損害を補填する慰謝料に相当する補償や保険給付はない。また、一部の国にみられる訴権制限（労災保険給付を労働者が受けることができるときには使用者に対する損害賠償請求はできないこととする）を採用すると、

---

*2　青木鉛鉄事件・最二小判昭62・7・10民集41巻5号1202頁/労判507号6頁、最一小判平22・9・13民集64巻6号1626頁/判時2099号20頁、最二小判平22・10・15集民235号65頁、フォーカスシステムズ事件・最大判平27・3・4民集69巻2号178頁/労判1114号6頁。

使用者は、保険料さえ払えば損害賠償責任を負わないことになり、経済的観点からの労災予防のためのインセンティブが働かない危険性がある。

よって、労働者の全損失を補填し、また、使用者のモラル・ハザードを防ぎ労災の発生を予防又は抑制するために、使用者に損害賠償を請求することも肯定され、労災補償・労災保険制度と損害賠償の併存主義が採用されている。

3　労災保険給付の受給要件と損害賠償請求権の発生要件

労災保険給付の受給要件は、①被災労働者が「労災保険法上の労働者」（労基法 9 条の労働者）で適用事業（労災保険 3 条、昭 44 法 83 の附則 12 条、関係政令整備令<昭 47 政令 47>17 条）の労働者であること、又は、労災保険の特別加入者（労災保険 33 条～ 36 条）であること、及び、②「業務災害」（労働者の業務上の負傷、疾病、障害又は死亡：労災保険 7 条 1 号）、又は、「通勤災害」（労働者の通勤による負傷、疾病、傷害、又は死亡：労災保険 7 条 2 号）が生じたこと等である。

これに対して、使用者等に対する損害賠償請求権の発生要件は、①使用者等の責任（債務不履行責任、不法行為責任）、②損害の発生と因果関係である。

第２節　労災補償・労災保険制度

1　労災補償制度（労基法）

（1）内容

労基法上の労災補償制度は、①使用者の無過失責任と、②損失補填の定型化を特徴とする制度であり、労働者の「業務上」の負傷・疾病・障害・死亡について、使用者が、場合に応じて、療養補償、休業補償、障害補償、遺族補償、葬祭料、打切補償を行う制度である（各補償の内容と根拠条文は図 10.1 参照）。

土木建築等の事業が数次の請負によって行われる場合は、元請負人が使用者としての補償責任を負う（労基 87 条 1 項、労基則 48 条の 2）[*3]。

（2）労災保険法上の労災保険制度との関係

労基法と労災保険法は、同じく 1947（昭 22）年に制定公布された法律であるが、労基法の規定する災害補償事由について、労災保険法に基づいて労基法の災害補償に相当する給付が行われるべきものである場合においては、使用者はその価額の限度において補償の責を免れる（労基 84 条 1 項）。

---

*3　労基法には、元請負人が書面による契約で下請負人に補償を引き受けさせた場合に関する条項（労基 87 条 2 ～ 3 項）が存在するが、建設業法（昭 24 法 100）が一括下請を禁止している（22 条）ため、この条項が使われることはほとんどない。

労災保険法は、その後、強制適用事業を拡大し(1972<昭 47>年からは全事業、ただし、例外として小規模個人経営農林水産業は暫定任意適用事業)、保険給付内容を拡大・改善し、労基法が対象としない通勤途上災害も保険給付の対象とした。

したがって、労基法の労災補償制度は労災補償の基本法であるが、その機能は限られており(給付水準の下限設定、業務上の疾病の例示、障害等級区分、民事損害賠償との調整、最初の 3 日間の休業補償、暫定任意適用事業であって加入手続が未了の事業における労災補償等)、労災補償の大部分は、労災保険法上の業務災害に関する保険給付が代替している。

2　労災保険制度(労災保険法)

(1) 内容

労災保険法上の労災保険制度は、「業務上の事由」、「複数事業労働者(事業主が同一人でない二以上の事業に使用される労働者<労災保険 1 条>)の二以上の事業の業務を要因とする事由」[*4]、又は「通勤による」労働者の負傷・疾病・障害・死亡等に対して、迅速・公正な保護を行うために、①保険給付(→(6))を行い、併せて、②社会復帰促進等事業(→(7))も行っている(労災保険 1 条参照)。

(2) 管掌者

労災保険の管掌者は、政府である(労災保険 2 条)。

(3) 適用対象事業

労災保険の適用対象事業は、労働者を使用する全事業であり(労災保険 3 条 1 項)、従来別制度であった船員法上の船員も 2010(平 22)年から労災保険制度に統合されている[*5]。

ただし、国の直営事業及び官公署の事業(労基法別表第 1 に掲げる事業を除く)には労災保険法は適用されない(非適用事業)(労災保険 3 条 2 項)。これらのうち、一般職の国家公務員及び地方公務員については、それぞれ、国家公務員災害補償法、地方公務員災害補償法が適用される。

また、個人経営の農林・畜産・水産事業でごく小規模なもの(労働者 5 人未満)については、暫定任意適用事業とされている(一部改正法<昭 44 法 83>附則 12 条、関係政令整備令<昭 47 政令 47>17 条)。

事業主は、保険関係成立日から 10 日以内に保険関係成立届を所轄労働基準監督署長等に提出しなければならない(徴収 4 条の 2 第 1 項、徴収則 4 条)。しか

*4　雇用保険法等の一部を改正する法律(令 2 法 14)により関係規定が新設され、2020(令 2)年 9 月 1 日より施行されている。

*5　ただし、船員保険法には、労災保険給付とは別に、独自の給付規定が残されている。

し、非適用事業及び暫定任意適用事業以外の全事業は強制適用事業であり、事業の開始された日に労災保険関係が成立する(徴収 3 条)から、保険関係成立届を提出していない事業主又は保険料を納めていない事業主のもとで労働災害にあった労働者に対しても、強制適用事業で使用される労働者であれば、保険給付等が支給される。その場合、政府は、保険給付に要した費用に相当する額の全部又は一部を、保険関係成立届の未提出について故意又は重過失のある事業主又は督促状指定期限を過ぎて保険料を納付していない事業主から徴収することができる(労災保険 31 条 1 項 1・2 号)。

(4) 適用対象者

労災保険の適用対象者は、第一に、「労災保険法上の労働者」であり、「労基法上の労働者」(労基 9 条)[*6]と同一である。「労基法上の労働者」該当性は、労災保険の適用対象となり保険給付の受けることができるかどうかで争われる場合[*7]が多い。

第二に、「労災保険法上の労働者」でなくても、①中小事業主、自動車運送業・土木建築業等の個人事業主・一人親方、これら事業主の事業の従事者、家内労働者等、及び、②労災保険法が適用される日本国内で事業を行う者が国外で行われる事業に従事させるために派遣する労働者は、労災保険に任意に特別加入することができる特別加入制度が設けられており(労災保険 33 条～ 37 条、労災保険則 46 条の 16 ～ 27)[*8]、特別加入制度の加入者も対象となる。

(5) 財源

労災保険の事業の財源は、事業主から徴収する保険料である。保険料負担は事業主のみであって、労働者の負担はない(徴収 12 条 1 項・31 条)。

保険料は徴収法により決定される(労災保険 30 条)が、一定規模以上の事業については、当該事業の過去 3 年間の保険年度の業務災害による保険給付の額に応じて、次の次の保険年度(翌々年度)の業務災害保険料率を基本的に 40 %の範囲内で増減させるメリット制[*9](徴収 12 条 3 項、12 条の 2、徴収則 17 条～ 20 条の 6・

---

*6　前記第 2 章「労働法の主体」第 1 節 2・5。

*7　横浜南労基署長(旭紙業)事件・最一小判平 8・11・28 集民 180 号 857 頁/労判 714 号 14 頁、藤沢労基署長(H木材)事件・最一小判平 19・6・28 集民 224 号 701 頁/労判 940 号 11 頁等。

*8　日本国内の事業場に所属して日本国外に出張する場合は、労災保険法も国内での就労の場合と同様に適用されるが、国外の事業場に所属する場合には、特別加入しない限り適用されない。

*9　「労災保険のメリット制について」(https://www.whlw.go.jp/bunya/roudoukijun/roudouhokenpoint/dl/rosaimerit.pdf)等参照。

別表第3～第3の3)が採用されている。

(6) 保険給付の内容

労災保険給付の内容は、第一に、1)「業務災害」(労働者の業務上の負傷、疾病、障害又は死亡)(労災保険7条1号)、2)「複数業務要因災害」(複数事業労働者の二以上の事業の業務を要因とする負傷、疾病、障害又は死亡)(労災保険7条2号、労災保険則5条)、3)「通勤災害」(労働者の通勤による負傷、疾病、障害又は死亡)(労災保険7条3号)に関する保険給付(1)～3)に関する保険給付の名称は違う[*10]が給付内容の算定方法は同じ)として、①療養補償給付等[*11]、②休業補償給付等、③障害補償給付等、④遺族補償給付等、⑤葬祭料、⑥傷病補償年金等、⑦介護補償給付等があり(労災保険12条の8～20条・労災保険則12条～18条の3の5、労災保険20条の2～20条の10・労災保険則18条の3の6～18条の3の17、労災保険21条～25条・労災保険則18条の4～18条の15)、第二に、業務上の事由による脳血管疾患及び心臓疾患の発生の予防に資することを目的とする二次健康診断等給付(労災保険7条1項4号、26条～28条、労災保険則18条の16～18条の19)も行われている。

上記②③④⑥(休業、障害、遺族、傷病)の各給付の算定基礎となる給付基礎日額は、平均賃金(労基12条)に相当する額を基本とするところ、複数事業労働者の業務災害、複数業務要因災害、通勤災害に対する保険給付については、当該複数事業労働者を使用する事業毎に算定した給付基礎日額に相当する額の合算額を基礎として算定される(労災保険8条～8条の4、労災保険則9条～9条の5)。

各保険給付の内容(二次健康診断等給付を除く)、及び、これらと労基法上の災害補償との関係については、図10.1記載のとおりである。

(7) 社会復帰促進等事業

社会復帰促進等事業として、政府は、①被災労働者の円滑な社会復帰の促進、②被災労働者及びその遺族の援護、 ③労働者の安全及び衛生の確保、及び、賃金の支払の確保(未払賃金立替払等)[*12]等のための事業を行うことができる(労災保険29条1項1～3号)。

---

*10　業務災害の場合「○○補償給付(年金)」、複数業務要因災害の場合「複数事業労働者○○給付(年金)」、通勤災害の場合「○○給付(年金)」等の名称であり、本書では、これら全てを指す場合「○○補償給付(年金)等」という。

*11　健保法に基づく給付は、保険給付対象となる医療行為に制限があり、保険給付対象外の医療については自由診療料金を自己負担しなければならないが、労災保険法に基づく療養(補償)給付は、医学的に有効かつ必要なものであれば、保険給付対象となる医療行為に制限がなく、自己負担がない。

*12　前記第7章「賃金」第4節7(1)参照。

図 10.1　労基法に基づく労災補償と労災保険給付の内容、相互関係

		労基法	労　災　保　険　法				
		災害補償（第8章） 業務上の災害	保　険　給　付（第3章）			社会復帰促進等事業（第3章の2） 法29	
			業　務　災　害	複数業務要因災害	通　勤　災　害		
療養		療養補償 法75, 則36 37. 39	療養補償給付 法13 則11～12の3	複数事業労働者療養給付　法20の3,則18の3の6～8　(法13、則12～12の3)	療養給付 法22 則18の4～6		
休業	3日迄	休業補償 法76, 則37の2～39					
	4日以降		休業補償給付 法14, 14の2 則12の4, 13	複数事業労働者休業給付　法20の4,,則18の3の9(法14, 14の2, 則13)	休業給付 法22の2 則18の6の2, 18の7	休業特別支給金 特則3	
		日額=Ax0. 6	日額　＝　C×0. 6			日額＝C×0. 2	
障害	一－七級	障害補償 法77, 別表第2 則40, 47	障害補償給付 〈障害補償年金〉 法15, 15の2, 別表第1 則14, 14の3, 別表第1	複数事業労働者障害給付〈複数事業労働者障害年金〉法20の5,　則18の3の10　(法15, 15の2, 別表第1, 則14～14の3, 別表第1)	障害給付 〈障害年金〉 法22の3, 別表第1 則18の8, 別表第1	障害特別年金 特則7, 別表第2 年額＝F×313～131	障害特別支給金 特則4, 別表第1
			年額　＝　D×313～131				
	八－十四級		障害補償給付 〈障害補償一時金〉 法15, 15の2, 別表第2 則14, 14の3, 別表第1	複数事業労働者障害給付〈複数事業労働者障害一時金〉法20　の5, 則3の18の10(法15, 15の2, 別表第2, 則14～14の3, 別表第1)	障害給付 〈障害一時金〉 法22の3, 別表第2 則18の8, 別表第1	障害特別一時金 特則8, 別表第3 一時金=F×503～56	一時金=342～8万円
		一時金＝Ax1340～50	一時金　＝　E×503～56				
遺族	年金対象者	遺族補償 法79 則42～45, 47	遺族補償給付 〈遺族補償年金〉 法16～16の5, 16の9, 別表第1 則14の4～15の3	複数事業労働者遺族給付〈複数事業労働者遺族年金〉法20の6,則18の3の11　(法16～16の5, 16の9, 別表第1, 則14の4～15の3)	遺族給付 〈遺族年金〉 法22の4, 別表第1 則18の9	遺族特別年金 特則9, 別表第2 年額=F×245～175	特則5
			年額　＝　D×245～153				
	それ以外		遺族補償給付 〈遺族補償一時金〉 法16, 16の6～9, 別表第2 則16	複数事業労働者遺族給付〈複数事業労働者遺族一時金〉法20の6 則18の3の12,(法16, 16の6～9,　別表第2, 則16)	遺族給付 〈遺族一時金〉 法22の4, 別表第2 則18の10	遺族特別一時金 特則10, 別表第3 一時金=F×1000	一時金=300万円
		一時金＝A×1000	一時金　＝　E×1000				
葬祭		葬祭料 法80, 則47 一時金＝A×60	葬祭料 法17,　則17, 17の2	複数事業労働者葬祭給付　法20の7, 則18の3の13～14(法17,　則17, 17の2)	葬祭給付 法22の5, 則18の11-12		
			一時金　＝　[315, 000円＋G×30]　又は　[G×60]				
長期療養		打切補償 法81 一時金＝A×1200	傷病補償年金 法18, 18の2, 別表第1 則18～18の3, 別表第2	複数事業労働者傷病年金　法20の8, 則18の3の15(法18, 18の2, 別表第1, 則18～18の3, 別表第2)	傷病年金 法23, 別表第1 則18の13, 別表第2	傷病特別支給金 特則5の2, 別表第1の2 一時金 114～100万円 傷病特別年金 特則11, 別表第2	
			年額　＝　D×313～245			年額＝F×313～245	
介護			介護補償給付 法19の2 則18の3の2～5	複数事業労働者介護給付　法20の9, 則18の3の16～17(法19の2, 則18の3の2～5)	介護給付 法24 則18の14～15		
			常時介護166, 950～72, 990円　随時介護83, 480～36, 500円（令2年度）				

注）特則：労働者災害補償保険特別支給金支給規則（昭 49・12・28 労令 30）

A：平均賃金（労基 12 条、労基則 2 条～ 4 条／災害発生前 3 か月の平均日額）

B：給付基礎日額

①【原則】

Aと同じ　（労災保険 8 条 1 項）

②【①が適当ではないとき】

労災保険則の定める方法により政府が算定する額（労災保険 8 条 2 項、労災保険則 9 条）

③【複数事業労働者の業務上の事由、複数事業労働者の二以上の事業の業務を要因とする事由、又は、複数事業労働者の通勤による場合】

①②の定めるところにより当該複数事業労働者を使用する事業ごとに算定した給付基礎日額に相当する額を合算した額を基礎として、労災保険則が定める方法により政府が算定する額（労災保険 8 条 3 項、労災保険則 9 条の 2 の 2）

C：休業給付基礎日額（労災保険 8 条の 2、労災保険則 9 条 2 ～ 4 ／ B を基礎に、賃金水準変動スライド、療養開始から 1 年 6 か月経過後に年齢階層別に最低限度額・最高限度額）

D：年金給付基礎日額（労災保険 8 条の 3、労災保険則 9 条の 5 ／ B を基礎に、災害発生の翌々年度から毎年度 8 月分以降について賃金水準変動スライド、年齢階層別に最低限度額・最高限度額）

E：一時金の給付基礎日額（労災保険 8 条の 4 ／ B を基礎に、災害発生の翌々年度 8 月時点で賃金水準変動スライド）

F：算定基礎日額（特則 6 ／算定基礎年額<災害前 1 年間において 3 か月を超える期間毎に支払われた賞与・ボーナス等>を 365 で除した額）

G：給付基礎日額（労災保険則 17 条／ B を基礎に E の計算方法により算出）

業務災害、複数業務要因災害、通勤災害について各保険給付（→前記(6)）が支給されるときには、これに連動して、②の社会復帰促進等事業として休業特別支給金、障害特別支給金、遺族特別支給金、傷病特別支給金、障害特別年金、遺族特別年金、遺族特別一時金、及び、傷病特別年金が支給される（労働者災害補償保険特別支給金支給規則<昭 49 労令 30>2 条）。各保険給付と各特別支給金の内容、及び、相互関係は、図 10.1 記載のとおりである。

(8)　保険給付の手続

保険給付は、被災労働者又はその遺族等の請求により行われる（労災保険 12 条の 8 第 2 項、22 条 1 項、22 条の 2 第 1 項、22 条の 3 第 1 項、22 条の 4 第 1 項、22 条の 5 第 1 項、24 条 1 項）。被災労働者又は遺族等の請求につき、当該労働者の事業場の所轄労働基準監督署長は支給又は不支給の決定を行うが（労災保険則 1 条 3 項）、支給決定がなされれば、被災労働者又は遺族は政府に保険給付を請求する具体的権利を取得する*13。

*13　正木土建事件・最二小判昭 29・11・26 民集 8 巻 11 号 2075 頁/判タ 44 号 22 頁。

被災労働者又は遺族は、労働基準監督署長の決定（以下「原処分」という。）に不服のある場合（不支給決定や、支給決定の内容<給付基礎日額や障害等級等>に不服のある場合）には、①当該労働基準監督署の所在地を管轄する都道府県労働局内の労働者災害補償保険審査官に対し、原処分のあったことを知った翌日から３か月以内に審査請求をすることができ（労災保険 38 条 1 項、労災保険審査官及び労災保険審査会法 7 条・8 条）、②さらにその決定に不服がある場合、又は、審査請求をした日から３か月を経過しても審査請求についての決定がない場合（審査請求が棄却されたとみなすことができる<労災保険 38 条 2 項>）は、決定書謄本の送付を受けた日の翌日から２か月以内に労働保険審査会に再審査請求をするか、又は、国を被告として労働基準監督署長の行った原処分の取消を求める行政訴訟を提起するかのいずれかを選択することができる（労災保険 38 条 1 項・40 条、労災保険審査官及び労災保険審査会法 38 条）。

（9）時効

療養補償給付等、休業補償給付等、葬祭料、介護補償給付等、及び二次健康診断等給付を受ける権利は２年を経過したとき、障害補償給付等、遺族補償給付等を受ける権利は５年を経過したときは、時効により消滅する（労災保険 42 条 1 項）。ただし、ここで保険給付を受ける権利として時効消滅するのは当該保険給付の支給決定請求権であり、すでに支給決定されている保険給付の支払請求権の時効消滅期間は５年である（会計法<昭 22 法 35>30 条後段）。

３　「業務上」該当性と業務災害

（1）「業務上」の判断基準

労基法上の災害補償は、労働者の「業務上」の負傷・疾病（労基 75 条）、休業（労基 76 条）、障害（労基 77 条）、死亡（労基 79・80 条）の場合になされ、また、労災保険法上の労災保険制度は、「業務災害」に関して保険給付を行い（労災保険 12 条の 8 第 1 項）、「業務災害」を労働者の「業務上」の負傷、疾病、障害又は死亡と定義しており（労災保険 7 条 1 項 1 号）、2020（令 2）年 9 月から施行されている「複数業務要因災害」に関する規定は、「業務災害」の一類型（複数事業労働者の二以上の業務を要因とする負傷、疾病、障害又は死亡）につき条文上明記したものと位置づけられるところ、「業務上」の定義規定はない。

それゆえ、「業務上」の判断基準は解釈に委ねられているが、判例は、当該疾病等が「業務上」のものと認められるためには、当該業務と当該疾病等との間に「相当因果関係」が存在することが必要であるところ[*14]、相当因果関係の存否は、当該疾病等が「業務に内在する危険が現実化したことによるもの」かどうかにより判断されるとしている[*15]。

当該労働者の負傷・疾病・障害・死亡が「業務上」のものであるか否かの具体的な判断枠組みや判断方法は、①業務との関連で発生した「事故」による負傷・死亡(→(2))と、②労働者が業務との関連で疾病に罹患した場合(→(3))とで基本的に異なり、また、③「自殺」が問題となる場合(→(4))もある。

(2) 事故による負傷・死亡

事故(被災労働者にとって外的な突発的出来事)による負傷・死亡が「業務上」のものであるか否かは、「業務起因性」が肯定されるかどうか、すなわち、労働者が労働関係に基づいて事業主の支配ないし管理下にあり(「業務遂行性」)、かつ、労働者が労働関係に基づいて事業主の支配管理下にあることに伴う内在的危険が顕在化したものと経験則上認められるかどうかにより判断される。

具体的には、第一に、①事業主の支配下にあり、かつ、②その(施設)管理下にあって、③業務に従事している際に生じた災害(事業場内で作業に従事中の災害であり、作業に通常伴う生理的理由による用便、飲水等の中断を含む)については、業務遂行性があり、業務起因性も原則として認められる。ただし、本人の私的逸脱行為や同僚からの私怨に基づく暴力等による場合は業務起因性が認められない[*16]。

第二に、①事業主の支配下にあり、かつ、②その(施設)管理下にあるが、③業務には従事していない時の災害(休憩中や始業前・終業後の行動の際の災害)については、業務遂行性があり、事業場施設や設備・機材等の不備・欠陥による墜落、感電、引火、火災等の場合、あるいは、事業場が直営する給食による食中毒や工場構内歩行中のマムシ咬傷事故等の事業の管理運営上の問題に起因する場合

*14　大館労基署長(四戸電気工事店)事件・最三小判平 9・4・25 集民 183 号 293 頁/労判 722 号 13 頁、横浜南労基署長(東京海上横浜支店)事件・最一小判平 12・7・17 集民 198 号 461 頁/労判 785 号 6 頁、地公災基金鹿児島県支部長(内之浦町教育委員会)事件・最二小判平 18・3・3 集民 219 号 657 頁/労判 919 号 5 頁等。

*15　地公災基金東京都支部長(町田高校)事件・最三小判平 8・1・23 集民 178 号 83 頁/労判 687 号 16 頁、地公災基金愛知県支部長(瑞鳳小学校)事件・最三小判平 8・3・5 集民 178 号 621 頁/労判 689 号 16 頁、半田労基署長(医療法人 B 会 D 病院)事件・名古屋高判平 29・3・16 労判 1162 号 28 頁、熊本労基署長(ヤマト運輸)事件・熊本地判令元・6・26 労判 1210 号 5 頁等。

*16　天災地変であることにより直ちに業務起因性が否定されることはない。例えば、伊豆半島沖地震(1974<昭 49>年)の際に発生した土砂崩壊、ブロック塀・作業場倒壊、岩石落下等による死傷は、作業環境や作業場所に内在した危険が現実化したものとして業務起因性が肯定され(昭 49・10・25 基収 2950)、その後の阪神淡路大震災(1995<平 7>年)及び東日本大震災(2011<平 23>年)についても同様の運用がなされた。

には、業務起因性が認められる。

第三に、①事業主の支配下にあるが、②その(施設)管理を離れて、③業務に従事している時の災害(出張中の災害等)については、業務遂行性があり、また、危険にさらされる範囲が広いので、積極的私的行動による災害を除き、業務起因性が認められる*17。

(3) 業務上の疾病

「業務上の疾病」については、労基法 75 条 2 項に基づき、労基則 35 条及び「別表第 1 の 2」が、有害因子毎に例示列挙し(1 ～ 10 号)*18、「その他業務に起因することの明らかな疾病」(11 号)と定めている。「過労死」、「過労自殺」、「精神障害・自殺」等の社会的関心を集めた疾病に関連して、2010(平 22)年に 8 号(脳・心臓疾患)と 9 号(精神及び行動の障害)が追加された*19。

「別表第 1 の 2」の 1 ～ 10 号に例示列挙された疾病は、特段の反証のない限り「業務上の疾病」と認められるが、これらに該当しない疾病も、「業務に起因すること」が認定されれば、「業務上の疾病」として取扱われる(11 号)。

(4) 自殺

労働者が自殺した場合は、故意による負傷、死亡であるところ、労働者が故意に負傷、疾病、障害若しくは死亡又はその直接の原因となった事故を生じさせたときは、政府は保険給付を行わないと規定されているので(労災保険 12 条の 2 の 2 第 1 項)、支給制限されるのが原則である。

しかし、例外的に、第一に、業務上の災害により負傷又は疾病を被った労働者が、この業務上の負傷・疾病によって反応性うつ病などの精神障害に陥り、これにより自殺した場合は、自殺は労働者の自由な意思に基づく行為とはいえないから、労災保険法 12 条の 2 の 2 第 1 項の「故意」には該当せず、当該精神障害が業務上の疾病(→前記(3))であれば、労働者の死亡は業務災害である*20。

第二に、業務による著しい心理的負荷から精神障害になり、このために自殺した場合は、自殺は労働者の自由な意思に基づく行為とはいえないから、労災

---

*17　肯定例として、大分労基署長(大分放送)事件・福岡高判平 5・4・28 労判 648 号 82 頁/判タ 832 号 110 頁(出張の宿泊先で階段から転倒して死亡)。

*18　4 号の 1(厚生労働大臣が指定する化学物質等による疾病)については、昭 53・3・30 労働省告示 36 号とその後の改正告示、10 号(その他厚生労働大臣の指定する疾病)については、昭 56・2・2 労働省告示 7 号とその後の改正告示で定めている。

*19　労働基準法施行規則の一部を改正する省令(平 22・5・7 厚労省令 69)。この他、4 号の化学物質等による一定の疾病、及び、7 号のがん原性物質等による一定の疾病についての追加も行われた。

*20　佐伯労基署長事件・大分地判平 3・6・25 労判 592 号 6 頁/判時 1402 号 116 頁。

保険法 12 条の 2 の 2 第 1 項の故意に該当せず[*21]、当該精神障害が業務上の疾病であれば、当該労働者の死亡は業務災害である。

4　「通勤による」と「通勤災害」

(1)　「通勤災害」の定義

労災保険法上の労災保険の対象となる「通勤災害」は、労働者の「通勤による」負傷、疾病、障害又は死亡である(労災保険 7 条 1 項 3 号)。

(2)　「通勤による」負傷等の判断基準

「通勤による」とは、「通勤」に通常伴う内在的危険が具体化したことをいう。通勤途上の交通事故、落下物による負傷などがその典型である[*22]。

(3)　「通勤」

「通勤」とは、労働者が、1)就業に関し、2)①住居と就業の場所との間の往復[*23]、②「就業の場所」(労災保険則 6 条)[*24]から「他の就業の場所」への移動[*25]、③「住居と就業の場所との間の往復」に先行し又は後続する住居間の移動(帰省先住居と赴任先住居との間の移動等)で、所定の要件(転任に伴い、当該転任の直前の住居から当該転任の直後の就業の場所に通勤することが困難となったため住居を移転した労働者で、一定のやむを得ない事情により同居していた配偶者、子等と別居している者の移動)(労災保険則 7 条)に該当するもののいずれかの移動で、3)合理的な経路及び方法により往復することをいい、4)業務の性質を有するもの[*26]を除く(労災保険 7 条 2 項)。

1)の「就業に関し」とは、「業務に就くため、又は、業務を終えたため」の

---

*21　地公災神戸支部長(長田消防署)事件・神戸地判平 14・3・22 労判 827 号 107 頁、豊田労基署長(トヨタ自動車)事件・名古屋高判平 15・7・8 労判 856 号 14 頁。「精神障害による自殺の取扱いについて」(平 11・9・14 基発第 545)は、業務上の精神障害によって、正常の認識、行為選択能力が著しく阻害され、又は、自殺行為を思いとどまる精神的な抑止力が著しく阻害されている状態での自殺については、「結果の発生を意図した故意に該当しない」としている。

*22　帰宅途中に暴漢に襲われたり、ひったくりに出会い転倒して負傷する災害は、通勤に内在する危険が具体化したものと認められ、通勤災害である(昭 49・3・4 基収 69、昭 49・6・19 基収 1276)。

*23　単身赴任者が週末等に家族の住む家に帰る場合、単身赴任者の家族の住む自宅も通勤災害制度上の「住居」であり、勤務先と帰省先住居との間の往復も「住居と就業の場所との間の往復」として扱われる(平 3・2・1 基発 74)。

*24　労災保険法の適用事業に係る就業の場所、通勤災害の保険給付の適用を受ける特別加入者に係る就業の場所、及び、国家公務員災害補償法と地方公務員災害補償法による通勤災害の保護対象となる勤務場所である。

*25　いわゆるダブル・ジョブの増加に対応するための規定である。

*26　事業主が運行する通勤用バスに乗車して通勤する際の事故は、業務上の災害である。

意である[*27]。

2)の移動について、「住居」とは、労働者の就業の拠点となる居住場所(単身赴任先住居及び家族の住む帰省先住居等を含む)であり、「就業の場所」とは、「業務を開始し、又は、終了する場所(外勤業務先等を含む)」である。

3)の「合理的な経路及び方法」とは、「当該住居と就業場所を往復する場合に一般に労働者が用いるものと認められる経路及び手段」[*28]である。

労働者が、上記 2)の①～③の移動に関し、「合理的な経路」を「逸脱」し、又は、それらの移動を「中断」した場合においては、当該逸脱又は中断が開始された時点で「通勤」が終了し、その後の移動は、原則として、通勤災害制度上の「通勤」に該当しない(労災保険 7 条 3 項本文)。ここでいう「逸脱」とは、「通勤の途中に就業又は通勤と関係のない目的で合理的経路をそれること」(例：映画館に入って映画をみる)であり、「中断」とは、「通勤の経路上で通勤とは関係のない行為をすること」(例：風景等の写真を撮る)である。

しかし、これらの「逸脱」「中断」の中には、労働者の生活上必要なものも少なくないので、①日用品の購入その他これに準ずる行為[*29]、②職業訓練等、③選挙権の行使等、④病院・診療所で診察等を受けること、⑤要介護状態にある親族の介護のための、「逸脱」「中断」については、当該逸脱又は中断の間を除き(すなわち、合理的通勤経路に復した段階以降は)、通勤災害制度の対象となる「通勤」として扱われる(労災保険 7 条 3 項但書、労災保険則 8 条 1 ～ 5 号)。

第３節　民法上の損害賠償

１　使用者に対する損害賠償請求の法的根拠と安全配慮義務

労働者又は遺族の使用者に対する損害賠償請求(労災民訴)の法的根拠となるのは、①債務不履行責任、②不法行為責任であり、①の債務不履行は、具体的には安全配慮義務違反である。

「安全配慮義務」は、「ある法律関係に基づいて特別な社会的接触の関係に入った当事者間において、当該法律関係の付随義務として当事者の一方又は双方が相手方に対して負う信義則上の義務として一般に認められる」もので[*30]、

---

*27　「業務」とは、賃金の対象となる業務よりも広く、労働者が労働契約に基づく使用者の明示又は黙示の実質的支配下にあることをいう(大河原労基署長〈ＪＲ東日本白石電力区〉事件・仙台地判平 9・2・25 労判 714 号 35 頁/判時 1606 号 145 頁)。

*28　就労前後に子どもを預けるためにとる経路等は合理的経路と解すべきであろう。

*29　通勤途中での外食は「日常生活上必要な行為」と解すべきであろう。

*30　国(自衛隊車両整備工場)事件・最三小判昭 50・2・25 民集 29 巻 2 号 143 頁/労判 222 号 13 頁。

信義則（民１条２項）上の義務として判例法理上確立している。

現行法では、労契法５条が「使用者は、労働契約に伴い、労働者がその生命、身体等の安全を確保しつつ労働することができるよう、必要な配慮をするものとする」と定め、使用者の労働契約上の安全配慮義務を明記しているので、労働契約上の使用者の安全配慮義務は、労契法５条（及び労契法３条４項の信義則）を根拠としうる[*31]。しかし、当該労働者と労働契約関係になく労契法が適用されない派遣先や、当該労働者と特別な社会的接触の関係にある発注者・注文者も、民法１条２項の信義則を根拠として当該労働者に対し安全配慮義務を負う。

２　安全配慮義務の内容

使用者の労働者に対する労働契約上の安全配慮義務は、「労働者が労務提供のため設置する場所、設備若しくは器具等を使用し又は使用者の指示のもとに労務を提供する過程において、労働者の生命及び身体を危険から保護するよう配慮すべき義務」であり、その具体的内容は、労働者の職種、労務内容、労務提供場所等、安全配慮義務が問題となる当該具体的状況等によって異なる[*32]。したがって、安全配慮義務は、使用者が事業遂行に用いる物的設備ないし物的環境を整備するだけでなく、十分な安全衛生教育を施すとともに、職務の内容や職場の状況に応じ適正な人員構成ないし人員配置を行う等の人的環境を整備し、労働時間の適正な管理をなし、健康診断を実施する等の広範な義務を含むものといえよう[*33]。

さらに、労契法５条所定の「生命、身体等の安全の確保」は単に負傷・疾病・障害・死亡からの保護に限らず広く「人格権の保護」を意味すると解され[*34]、また、労務と労働者の人格は切り離すことができないから、労働者がその尊厳と人格権が保障され快適な職場環境で労働しうるよう配慮する「職場環境配慮義務」や、ハラスメントの防止対策義務も含まれる。

労基法が定める労働時間規制・自由時間保障や母性保護規定、安衛法[*35]等が

---

*31　環境施設・東部興産事件・福岡地判平26・12・25労判1111号5頁。

*32　川義事件・最三小判昭59・4・10民集38巻6号557頁/労判429号12頁。

*33　日鉄鉱業（松尾採石所）ほか事件・東京高判平4・7・17労判619号63頁、川義事件・最三小判昭59・4・10民集38巻6号557頁/労判429号12頁、システムコンサルタント事件・東京地判平10・3・19労判736号54頁/判タ1005号106頁、同事件・東京高判平11・7・28労判770号58頁/判時1702号88頁等。

*34　日本土建事件・津地判平21・2・19労判982号66頁、大裕事件・大阪地判平26・4・11労旬1818号59頁、イビケン（旧イビデン建装）ほか事件・名古屋高判平28・7・20労判1157号63頁。

*35　喜楽鉱業事件・大阪地判平16・3・22労判883号58頁/判時1866号100頁。

定める労働者の安全確保のための規定、職場におけるハラスメント防止のための規定等は、関係者の労契法５条又は信義則上の安全配慮義務の具体的内容をなすが、その一部を定めるにすぎないから、法令の定める基準を遵守したからといって安全配慮義務を尽くしたということはできない[*36]。

３　損害賠償請求権の発生要件

(1) 安全配慮義務違反による損害賠償請求権の発生要件

使用者等の安全配慮義務違反(民 415 条)による労働者又は遺族の損害賠償請求権の発生要件は、①当該使用者等と当該労働者との間の労働契約又は「ある法律関係に基づく特別な社会的接触の関係」の存在、②具体的な安全配慮義務の存在とその不履行(債務の発生原因及び取引上の社会通念に照らして債務者〈使用者等〉の責めに帰することができない事由による場合を除く)、③損害の発生と当該安全配慮義務違反との因果関係の存在である。

上記の②が肯定されるためには、当該事案に即して、a)労働者の死亡・事故・疾病について予見可能性があり、かつ、b)労働者の死亡・事故・疾病という結果を回避する可能性があったが回避する措置をとらなかったことが必要であり、予見可能性を前提とする結果回避義務の存在とその不履行の事実の存在(使用者等の責めに帰することができない事由による場合を除く)が必要である[*37]。

ただし、使用者等が認識すべき予見義務の内容は、労働者の生命・健康という被害法益の重大性に鑑み、安全性に疑念を抱かせる程度の抽象的な危惧であれば足り、必ずしも生命・健康に対する障害の性質・程度や発症頻度まで具体的に認識する必要はない[*38]。

(2) 不法行為責任に基づく損害賠償請求権の発生要件

不法行為のうち、使用者等の民法 709 条に基づく不法行為を理由とする、労働者又は遺族の損害賠償請求権の発生要件は、①使用者等の故意又は過失の存在、②①による権利又は利益の侵害、③損害の発生と当該故意又は過失との因果関係である。前記①の過失と、前記②が肯定されるためには、注意義務の存在とその違反、すなわち、予見可能性を前提とする結果回避義務の存在とそれ

---

*36　日鉄鉱業事件・福岡高判平元・3・31 労判 541 号 50 頁/判時 1311 号 36 頁。

*37　林野庁高知営林局事件・最二小判平 2・4・20 集民 159 号 485 頁/労判 561 号 6 頁。

*38　日鉄鉱業事件・福岡高判平元・3・31 労判 541 号 50 頁/判時 1311 号 36 頁、関西保温工業・井上冷熱事件・東京地判平 16・9・16 労判 882 号 29 頁/判時 1882 号 70 頁、同事件・東京高判平 17・4・27 労判 897 号 19 頁、中部電力ほか事件・静岡地判平 24・3・23 労判 1052 号 42 頁、ニチアス(羽島工場)事件・岐阜地判平 27・9・14 労判 1150 号 61 頁。

に違反する事実の存在が必要である。

また、民法 715 条に基づく使用者責任を理由とする、労働者又は遺族の損害賠償請求権の発生要件は、①当該使用者等がある事業のために他人を使用し、②当該被用者が事業の執行について第三者（労働者又は遺族）に損害を加え不法行為責任を負い、③「当該使用者等が当該被用者の選任及びその事業の監督について相当の注意をしたとき、又は、相当の注意をしても損害が生ずべきであったとき」に該当しないことである。

例えば、使用者は、その雇用する労働者に従事させる業務を定めてこれを管理するに際し、業務の遂行に伴う疲労や心理的負荷等が過度に蓄積して労働者の心身の健康を損なうことがないよう注意する義務を負い、使用者に代わって労働者に業務上の指揮監督を行う権限を有する者は、使用者の注意義務に従ってその権限を行使すべきであるから、当該指揮監督権者が、労働者が恒常的に著しく長時間業務に従事しその健康状態が悪化していることを認識しながら、その負担を軽減させる措置をとらなかったために、当該労働者がうつ病に罹患して自殺したときは、使用者は民法 715 条に基づく損害賠償責任を負う[*39]。

*39　電通事件・最二小判平 12・3・24 民集 54 巻 3 号 1155 頁/労判 779 号 13 頁。

第３編　労働契約

第11章　労働契約の成立

本章では、労働契約の成立に関連して、①労働契約の成立と分類（→第１節）、②労働契約の締結に関する法規制（→第２節）、③採用内定（→第３節）を順に検討し、併せて、④試用期間（→第４節）についても検討する。

第１節　労働契約の成立と分類

１　労働契約の成立

契約は、契約内容を示してその締結を申し入れる意思表示（申込み）に対して相手方が承諾したときに成立し、法令に特別の定めがある場合を除き、書面の作成その他の方式を具備することを要しない（民522条１・２項）。

「労働契約」は、労務の供給と報酬の支払が対価関係にある有償双務契約であり[*1]、特に方式に関する規定はないので[*2]、①労働者が使用者に対して労務を供給し（使用されて労働し）、②使用者が労働の対償として労働者に報酬（賃金）を支払うことについての意思の合致（申込みと承諾）があれば成立する。

２　労働契約の分類

労働契約は、①「契約期間の定めの有無」という観点から、「期間の定めのない労働契約」と「期間の定めのある労働契約（有期労働契約）」に分類され、②「労働時間の長さ」という観点から、「フルタイム労働契約」と「パートタイム労働契約」に分類され、③「労務供給の相手方」という観点から、契約の当事者（相手方）に対して労務を供給する「通常の労働契約」と契約当事者以外の第三者に労務を供給する「派遣労働契約」に分類される。

---

*1　前記第３章「権利義務関係の決定システムと法源」第２節１参照。

*2　労契法は、「労働契約は、労働者が使用者に使用されて労働し、使用者がこれに対して賃金を支払うことについて、労働者及び使用者が合意することによって成立する」とのみ定めている（労契６条）。

「期間の定めのない・フルタイムの・通常の労働契約」を「典型労働契約」と定義するならば、それ以外の労働契約（①～③の三つの要素の組合せにより７種類存在する）は「非典型労働契約」[*3]と定義することができる。

第２節　労働契約の締結に関する法規制

労働契約の締結に関しては、労働者の労働権・人格権・平等原則の保障等の観点から、労働者の募集（→ 1）、採用（→ 2）、使用者による情報収集（→ 3）、労働条件の明示（→ 4）、労働契約の期間（→ 5）等について、法規制がある。

1　労働者の募集

(1)　募集方法

「労働者の募集」（職安 4 条 5 項）について、第一に、労働者の直接募集は原則として自由であるが、委託募集（労働者を雇用しようとする者がその被用者以外の者に委託して労働者の募集を行う場合）については、厚生労働大臣の許可（報酬を支払う場合）又は届出（報酬を支払わない場合）が必要であり、報酬を支払う場合はその額につき予め厚生労働大臣の認可が必要である（職安 36 条）。

第二に、労働者の募集を行う者（募集者）又は委託を受けて労働者の募集に従事する者（募集受託者）が、その募集に関し、募集に応じた労働者から報酬を受領することは禁止されている（職安 39 条）。

第三に、募集者が、その被用者で募集に従事する者又は募集受託者に対し、賃金、給料その他これらに準ずるもの又は許可を受けた報酬を除き、報酬を与えることは禁止されている（職安 40 条）。

第四に、労働者の募集については、その性別にかかわりなく均等な機会を与えなければならない（均等 5 条）[*4]。また、原則として、その年齢に関わりなく均等な機会を与えなければならず、例外的に年齢を募集・採用条件とすることが認められる場合が限定列挙されている（労働施策 9 条、労働施策則 1 条の 3）[*5]。

国による職業紹介と職業指導のサービス担当機関（「職業安定機関」）として、厚生労働大臣の指揮監督下にある職業安定主管局（職業安定局）、都道府県労働局、公共職業安定所（通称ハローワーク）（職安 8 条 1 項）等があり、また、民営職業紹介機関（無料職業紹介事業<職安 33 条・職安則 25 条、職安 33 条の 2 ～ 33 条の 4・

---

*3　後記第 14 章「非典型労働契約」。
*4　前記第 6 章「平等原則」第 1 節 2(1)。
*5　前記第 6 章「平等原則」第 2 節 5。

職案則 25 条の 2 ～ 25 条の 4>、及び、有料職業紹介事業[*6]）も存在する。

（2）募集等の際の労働条件の明示

労働者の募集を行う者及び募集受託者又は求人者等は、労働者の募集や公共職業安定所等への求人申込みをなすにあたっては、①労働者が従事すべき業務の内容、②労働契約の期間、③就業場所、④始業・就業時刻、所定時間外労働の有無、休憩時間・休日、⑤賃金（臨時に支払われる賃金、賞与等を除く）の額、⑥健康保険、厚生年金、労災保険、雇用保険の適用等の労働条件を書面の交付等により明示しなければならない（職安 5 条の 3、職安則 4 条の 2 第 1 項）。

２　採用

使用者による労働者（契約相手方）の選択、すなわち、採用については、①性別、②障害、③年齢を理由とする差別的取扱いが明文上禁止されている。また、④国籍・信条・社会的身分、⑤団結権・団体交渉権・団体行動権の行使を理由とする採用拒否も違法と解すべきであろう[*7]。

使用者による採用拒否が、均等法 5 条（性別）、障雇法 34 条（障害）、労働施策法 9 条（年齢）、労基法 3 条（国籍・信条・社会的身分）、労組法 7 条 1 号（団結権・団体交渉権・団体行動権の行使）等に違反する場合、裁判所による救済として、損害賠償請求は可能であるが、労働契約の締結は強制できない。ただし、労組法 7 条 1 号違反について、労働委員会による救済として、従業員として取扱えという内容の救済命令を出すことは可能である[*8]。

３　使用者による情報収集

（1）対象事項と方法

使用者が労働契約を締結するかどうかを判断するにあたり、応募者に申告を求めるなど情報収集を行うことは認められる。しかし、応募者の人格権とプライバシー尊重の観点から、対象事項は労働契約の締結を判断するために必要な事項に限定され[*9]、情報収集方法も社会通念上相当な方法でなければならない。

（2）職安法上の規制

職安法は、公共職業安定所、特定地方公共団体、職業紹介事業者、募集受託

---

*6　有料職業紹介事業は厚生労働大臣の許可が必要で（職安 30 条、職安則 18 条）、許可の基準等が詳細に定められている（職安 31 条～ 32 条の 16、職安則 21 条～ 24 条の 8）。

*7　前記第 6 章「平等原則」第 2 節 1、後記第 20 章「不当労働行為と法的救済」第 3 節 1。

*8　後記第 20 章「不当労働行為と法的救済」第 4 節 1（5）。

*9　社会福祉法人北海道社会事業協会事件・札幌地判令元・9・17 労判 1214 号 18 頁。

者、労働者供給事業者及び労働者供給を受けようとする者、求人者及び労働者の募集を行う者は、業務の目的の達成に必要な範囲内で、求職者の個人情報を収集し保管し、使用しなければならない（本人の同意その他正当な理由のある場合を除く）としている（職安５条の４）。

そして、「職業紹介事業者、求人者、労働者の募集を行う者、募集受託者、募集情報等提供事業を行う者、労働者供給事業者、労働者供給を受けようとする者等が均等待遇、労働条件等の明示、求職者等の個人情報の取扱い、職業紹介事業者の責務、募集内容の的確な表示、労働者の募集を行う者等の責務、労働者供給事業者の責務等に関して適切に対処するための指針」*10は、人種、民族、社会的身分、門地、本籍、出生地その他社会的差別の原因となるおそれのある事項、思想及び信条、並びに、労働組合への加入状況についての個人情報の収集を、業務の目的の達成に必要不可欠であって収集目的を示して本人から収集する場合を除き、禁止している（第４の１(1)）。

４　労働条件の明示・説明

(1)　明示すべき労働条件の範囲・方法

使用者は、労働契約の締結に際し、労働者に対して、賃金、労働時間その他の労働条件を明示しなければならない（労基15条１項）*11。

具体的には、1）必ず書面の交付*12により明示しなければならない事項は、①労働契約の期間、②就業場所・従事する業務、③始業・終業時刻、所定時間外労働の有無、休憩・休日・休暇、労働者を二組以上に分けて就業させる場合における就業時転換に関する事項、④賃金（退職手当及び⑧に掲げる賃金を除く）の決定・計算・支払の方法、賃金の締切り・支払の時期、⑤退職（解雇事由を含む）、2）必ず明示しなければならない事項は、⑥昇給、3）定めをする場合は明示しなければならない事項は、⑦退職手当の定めが適用される労働者の範囲、退職手当の決定・計算・支払の方法と支払時期、⑧臨時に支払われる賃金（退職手当を除く）、賞与、労基則８条に掲げる賃金*13、最低賃金額、⑨労働者負担の食費・

---

*10　平11・11・17労告141（平30・9・7厚労告322等により一部改正）。

*11　ただし、労働契約は申込みと承諾により成立するので、労基法15条１項の定める労働条件明示はなされていないが労働契約は成立していることはありうる。

*12　ただし、労働者が希望した場合は、ファクシミリ、又は、電子メール等（労働者が記録の出力により書面を作成できるもの）による送信でもよい（労基則５条４項）。

*13　①１か月を超える期間の出勤成績により支給される精勤手当、②１か月を超える一定期間の継続勤務に対して支給される勤続手当、③ １ か月を超える期間にわたる事由により算定される奨励加給又は能率手当である。

作業用品等、⑩安全・衛生、⑪職業訓練、⑫災害補償・業務外の傷病扶助、⑬表彰・制裁、⑭休職、4）期間の定めのある労働契約で当該労働契約を更新する場合があるものについて、書面で明示しなければならない事項は、⑮労働契約を更新する基準である（労基15条1項、労基則5条1・3・4項）*14。

労働者と使用者は、労働契約の内容（期間の定めのある労働契約に関する事項を含む）について、できる限り書面により確認するものとされている（労契4条2項）。

使用者の明示した労働条件について労働者と使用者の合意があれば、当該労働条件が労働契約の内容となる。

（2）明示された条件が事実と相違する場合

使用者から明示された労働条件が事実と相違する場合、明示された労働条件が労働契約の内容となっている場合は、その履行請求、又は、不履行に対する損害賠償請求（民415条）が可能である。

また、①労働者は労働契約の即時解除権を有し（労基15条2項）、②就業のために住居を変更した労働者が契約解除の日から14日以内に帰郷する場合は、使用者は必要な旅費を負担しなければならない（労基15条3項）。

（3）使用者の説明義務

労働契約の締結にあたり、「使用者は、労働者に提示する労働条件及び労働契約の内容について、労働者の理解を深めるようにする」ことが必要であり（労契4条1項）、その提示する労働条件の内容を労働者に誠実に説明する信義則上の義務（労契3条4項、民1条2項）を負う。

5　労働契約の期間

（1）原則

労働契約は、契約期間を定めることも定めないことも可能である。

契約期間を定める場合には、契約期間の上限は3年が原則である（労基14条1項）。ただし、1年を超える契約期間を定めた場合（一定の事業の完了に必要な期間を定める場合を除く）、当該労働契約の期間の初日から1年を経過した日以後においては、労働者は、その使用者に申し出ることにより、いつでも退職する

*14　この他、「短時間労働者」と「有期雇用労働者」を雇用するときは、紛争を避けるため、これに加えて、通常の労働者には書面の交付による明示を要求しない、昇給・退職手当・賞与の有無、及び、短時間労働者と有期雇用労働者の雇用管理の改善等に関する事項に係る相談窓口についても、文書の交付、又は、労働者が希望する場合は、ファクシミリ若しくは電子メール等で、明示することが必要である（パート・有期6条、パート・有期則2条）。

ことができる（労基附則 137 条）。労働契約の更新は自由である。

（2）例外

第一の例外として、一定の事業の完了に必要な期間を定める場合は、契約期間 3 年を超える労働契約を締結することができる（労基 14 条 1 項）。

この場合は、労基法附則 137 条（労働契約の期間の初日から 1 年を経過した日以後は、労働者はいつでも退職できる）の適用はない（労基附則 137 条括弧書き）。

第二の例外として、1）「高度の専門的知識等」を有し、当該高度の専門的知識等を必要とする業務に就く労働者、及び、2）満 60 歳以上の労働者については、上限 5 年の契約期間の労働契約を締結することができる（労基 14 条 1 項）[*15]。

上記 1）の「高度の専門的知識等」は、「労働基準法第 14 条第 1 項第 1 号の規定に基づき厚生労働大臣が定める基準」[*16]が概略以下のように定めている。すなわち、①博士の学位を有する者、②公認会計士、医師、歯科医師、獣医師、弁護士、一級建築士、税理士、薬剤師、社会保険労務士、不動産鑑定士、技術士、弁理士、③システムアナリスト又はアクチュアリーの試験に合格した者、④特許発明の発明者、登録意匠の創作者、登録品種の育成者、⑤農林水産業・鉱工業・機械・電気・土木・建築の技術者、システムエンジニア、デザイナーで、大学卒業後 5 年、短大・高専卒業後 6 年、高校卒業後 7 年以上の実務経験を有する者、又は、システムエンジニアとしての実務経験 5 年以上を有するシステムコンサルタントであり、いずれも年収 1075 万円以上の者、⑥国、地方公共団体、公益法人等によって知識、技術又は経験が優れたものと認定されている者の、①～⑥のいずれかに該当する者が有する専門的知識、技術又は経験である。

5 年を上限とする労働契約についても、労基法附則 137 条（労働契約の期間の初日から 1 年を経過した日以後は、労働者はいつでも退職できる）の適用はない（労基附則 137 条括弧書き）。

（3）期間の下限

契約期間の下限についての規制はないが、不必要に短い契約期間の労働契約が反復更新されることは、当該労働者の雇用の不安定化をもたらすので、使用者は、有期労働契約により労働者を使用する目的に照らして、必要以上に短い期間を定めることにより、その有期労働契約を反復して更新することのないよう配慮しなければならない（労契 17 条 2 項）。

---

*15　1）については、当該労働者は一定の交渉力があり、労働者の意に反する長期間の拘束にという問題は生じないと考えられたからであり、2）については、労働契約期間の選択の幅を広げた方が雇用促進につながると考えられたからである。

*16　平 15・10・22 厚労告 356（平 20・11・28 厚労告 532 により一部改正）。

（4）契約期間の満了と就労の継続

当該労働契約が民法上の雇用である場合（多くはそうである）、雇用の期間が満了した後労働者が引き続きその労働に従事し、使用者がこれを知りながら異議を述べないときは、契約期間満了時以降、従前と同一の条件の期間の定めのない契約により雇用されたものと推定される（民 629 条 1 項、民 627 条も参照）*17。

（5）上限を超える期間を定めた労働契約

労基法 14 条 1 項の上限を超える期間を定めた労働契約の締結には罰則がある（労基 120 条 1 号）。ただし、処罰の対象は、労基法の立法趣旨に照らし使用者だけである*18。

また、上限を超える契約期間は労基法 13 条により無効となり、労基法 14 条に基づき、上限の 3 年（又は 5 年）に修正される*19。上限を超える期間経過後も労働者が引き続き労働に従事し、使用者がこれを知りながら異議を述べないとき、当該労働契約が民法上の雇用であれば、黙示の更新の推定規定（民 629 条 1 項→前記(4)）により、上限である契約期間満了時以降、従前と同一の条件の、期間の定めのない契約により雇用されたものと推定される。

第３節　採用内定

1　「採用内定取消」と法的救済

日本においては、使用者は、新規学卒者についてはその在学中に「採用内定」通知を行い、卒業後に就労させる場合も多いが、「採用内定」が取り消された場合（「採用内定取消」）、採用内定者が求めうる法的救済は、「採用内定取消」以前の労働契約の成否により異なる。

（1）「採用内定取消」以前の労働契約の成否

労働契約は、労務の供給とその対価としての報酬の支払についての意思の合致（申込みと承諾）により成立するので、当該事案に照らし、1)①使用者による「労働者の募集」が労働契約締結の「申込みの誘因」であり、②内定者の「応募」が労働契約締結の「申込み」であり、③使用者の「採用内定」通知等がそれに対する「承諾」である場合は、「採用内定」通知等により労働契約が成立

---

*17　東亜パルプ事件・神戸地判昭 34・7・2 労民 10 巻 4 号 741 頁。

*18　昭 22・12・15 基発 502、昭 23・4・5 基発 535。

*19　旭川大学事件・旭川地判昭 53・12・26 労民 29 巻 5=6 号 957 頁/判時 919 号 108 頁、同事件・札幌高判昭 56・7・16 労民 32 巻 3=4 号 502 頁、角川文化振興財団事件・東京地決平 11・11・29 労判 780 号 67 頁、自警会東京警察病院事件・東京地判平 15・11・10 労判 870 号 72 頁、平 15・10・22 基発 1022001 号。

し[*20]、2)①内定者の「応募」が労働契約締結の「申込みの誘因」であり、②使用者の「採用内定」通知が労働契約締結の「申込み」である場合は、③内定者の「承諾」により労働契約が成立する。

(2)　「採用内定取消」の法的性質と法的効果

ア　「採用内定取消」以前に労働契約が成立していない場合

「採用内定取消」以前に、労働契約締結の申込みと承諾という意思の合致がなく労働契約が成立していない場合、「採用内定取消」は、単に「労働契約を締結しないこと」(の通知)である。

これは、場合によっては、内定者の労働契約締結への期待権ないし信頼利益を侵害する不法行為又は労働契約締結過程における信義則違反となり、内定者は、使用者に対し損害賠償を請求しうる[*21]が、労働契約が成立していない以上、使用者に対し労働契約上の権利を有する(従業員として)地位にはない。

イ　「採用内定取消」以前に労働契約が成立している場合

採用内定取消以前のいずれかの段階で労働契約が成立している場合、「採用内定取消」は、成立した労働契約を使用者が解約する「解雇」である。

この場合、「採用内定取消」＝解雇が有効であれば、労働契約の解約により労働契約は終了する。

これに対して、「採用内定取消」＝解雇が無効であれば、労働契約は継続しており、内定者は使用者に対し労働契約上の権利を有する地位にあり、就労開始予定日以降の解雇期間中の賃金請求もなしうる(民536条2項前段)。また、「採用内定取消」が不法行為、又は、債務不履行(誠実義務違反)に該当するとして、財産的損害又は精神的損害につき賠償請求をすることも可能である[*22]。

---

*20　大日本印刷事件・最二小判昭54・7・20民集33巻5号582頁/労判323号19頁、電電公社(近畿電通局・機械職)事件・最二小判昭55・5・30民集34巻3号464頁/労判342号16頁、日立製作所事件・横浜地判昭49・6・19労民25巻3号277頁/労判206号46頁、電電公社(近畿電通局・電信外務職)事件・大阪地判昭49・11・1労判213号48頁/判時760号100頁、オプトエレクトロニクス事件・東京地判平16・6・23労判877号13頁/判時1868号139頁。

*21　わいわいランド事件・大阪高判平13・3・6労判818号73頁、コーセーアールイー(第二)事件・福岡地判平22・6・2労判1008号5頁、同事件・福岡高判平23・3・10労判1020号82頁。

*22　日立製作所事件・横浜地判昭49・6・19労民25巻3号277頁/労判206号46頁、大日本印刷事件・大阪高判昭51・10・4労民27巻5号531頁/労判260号26頁(最二小判昭54・7・20民集33巻5号582頁/労判323号19頁も維持)、オプトエレクトロニクス事件・東京地判平16・6・23労判877号13頁/判時1868号139頁、宣伝会議事件・東京地判平17・1・28労判890号5頁、インターネット総合研究所事件・東京地判平20・6・27労判971号46頁、カワサ事件・福井地判平26・5・2労判1105号91頁等。

(3) 「採用内定取消」＝「解雇」の場合の効力

「採用内定取消」＝「解雇」の場合、その効力は、解雇が有効となる要件に照らして判断され、①解雇権の法的根拠があり、②解雇権の行使が適法であれば、採用内定取消＝解雇は有効である*23。ただし、就労開始前なので、就業規則の適用はなく、労基法 20 条(解雇予告又は解雇予告手当の支払)の適用はない。

したがって、採用内定取消＝解雇が有効であるためには、①期間の定めのある労働契約であれば、「やむを得ない事由」(労契 17 条 1 項)が存在すること、また、②期間の定めのない労働契約及び期間の定めのある労働契約のいずれについても、労働協約又は労働契約に解雇事由・手続等の定めがある場合はこれを充足していること、「信義則違反」(労契 3 条 4 項)又は「解雇権濫用」(労契 16 条)でないこと、その他強行法規違反でないことが必要である。

そして、「やむを得ない事由」(労契 17 条 1 項)の存在、あるいは、「信義則違反」(労契 3 条 4 項)又は「解雇権濫用」(労契 16 条)でないことが肯定されるためには、1)採用内定取消の理由が「人的理由」(内定者の行為・能力等)である場合は、①採用内定の取消事由が、使用者が採用内定当時知ることができず、また知ることが期待できないような事実(卒業できなかったこと、必要な単位・資格を取得できなかったこと、病気等により労務の履行が不可能になったこと等)で、かつ、諸般の事情に照らし、それを理由として採用内定を取り消すことが客観的に合理的と認められ社会通念上相当として是認することができるものであること*24、②内定者に十分に説明し協議することが必要であり、2)採用内定取消の理由が「経営上の理由」(当該企業の経営不振等)である場合は、①人員削減の必要性、②解雇の必要性(解雇回避義務の履行)、③解雇対象者の選定基準と適用の客観性・合理性、④説明・協議等の手続の履践が認められなければならない*25。

2　研修・実習への参加義務等の有無

採用内定期間中、使用者が内定者に対して、研修・実習への参加、あるいは、報告書・レポートの提出等を求めた場合、内定者はこれに従う義務があるか。

就労開始までの権利義務関係をどのように設定するかは、契約当事者の合意による。したがって、研修・実習参加等についての合意がなければ、内定者に

---

*23　解雇が有効となる要件は、後記第 13 章「労働契約の終了」第 2 節・第 3 節 1。

*24　大日本印刷事件・最二小判昭 54・7・20 民集 33 巻 5 号 582 頁/労判 323 号 19 頁、電電公社(近畿電通局・機械職)事件・最二小判昭 55・5・30 民集 34 巻 3 号 464 頁/労判 342 号 16 頁等。

*25　インフォミックス事件・東京地決平 9・10・31 労判 726 号 37 頁/判時 1629 号 145 頁。

研修・実習参加義務等は発生しない。なお、就業規則は就労開始前には適用されないから、就業規則の規定は法的根拠とはならない。

また、研修・実習参加等を義務付ける事前の合意があったとしても、特に内定者が学生である場合は、当該合意には、内定者は当該研修・実習と学業の両立が困難となった場合には研修・実習への参加をやめることができるとの留保が付されていると解するのが合理的解釈であろう[*26]。また、使用者は内定者の学業等に配慮すべき信義則上の義務があるので、学業に支障をきたすような研修・実習参加等の命令は、信義則に反し、権利濫用で無効であり、内定者が、学業への支障等の合理的な理由に基づき、研修への参加取りやめ等を申し出たときは、これを免除する信義則上の義務を負うと解すべきである[*27]。

第4節　試用期間

1　試用期間の長さと延長

(1)　試用期間の長さ

日本では、労働者の職業能力や適性の判断等を目的として、就労開始後の一定期間を「試用期間」（「見習・研修期間」と呼ぶ場合もある。）として設定し、試用期間満了時点で労働者を「本採用」する場合が多い。

試用期間の長さについて、法律上の上限はないが、試用期間は労働者にとって雇用の不安定な期間であるので、合理的理由のない長い期間が設定されている場合は、その期間は公序（民 90 条）又は信義則（労契 3 条 4 項）に反し無効で、一定の合理的な期間に短縮される[*28]。

(2)　試用期間の延長の可否

試用期間中の労働者の地位は不安定であるから、試用期間の延長は、解雇猶予・適格性の再検討期間としての位置づけを有する場合等を除き、労働者にとって不利益な労働条件の変更である。したがって、①試用期間の延長時点で契約当事者の合意がある場合、又は、②使用者が試用期間を延長する権利を労働契約上有し、かつ、延長する合理的な理由があり、権利を適法に行使した場合でなければ延長することはできない。

試用期間が延長されない場合は、解約権の行使等により労働契約が終了する場合を除き、通常の労働契約関係に移行する。

---

*26　宣伝会議事件・東京地判平 17・1・28 労判 890 号 5 頁。
*27　宣伝会議事件・東京地判平 17・1・28 労判 890 号 5 頁。
*28　ブラザー工業事件・名古屋地判昭 59・3・23 労判 439 号 64 頁/判時 1121 号 125 頁。

2　「本採用拒否」と法的救済

(1) 試用期間と契約期間

「本採用拒否」の場合、労働者が求めうる法的救済と論点は、当該労働契約が、①試用期間を契約期間とする期間の定めのある労働契約か、それとも、②試用期間付で期間の定めのない労働契約、又は、試用期間付で試用期間よりも長い契約期間の定めのある労働契約かにより異なる。

使用者が労働者を新規に採用するに当たり、その労働契約に期間を設けた場合、その期間を設けた趣旨・目的が労働者の適性を評価・判断するためのものであるときは、当該期間は試用期間であり、その期間の満了により当該労働契約が当然に終了する旨の明確な合意が当事者間に成立しているなどの特段の事情が認められる場合を除き、当該期間は契約の存続期間ではなく、労働者としての適格性がない場合は解雇できるという解約権が留保された期間である[*29]。

当該期間が試用期間であり、かつ、契約期間ではなく解約権が留保された期間である場合、当該労働契約は、試用期間付で期間の定めのない労働契約か、又は、試用期間付で試用期間よりも長い契約期間の定めのある労働契約となる。

(2) 「本採用拒否」の法的性質と法的効果

ア　試用期間＝契約期間である場合

「試用期間＝契約期間」である期間の定めのある労働契約の場合には、試用期間中の「本採用拒否」は、期間の定めのある労働契約における期間途中の解雇である。しかし、試用期間(契約期間)満了時の「本採用拒否」は、「新たな労働契約締結の拒否」(契約更新拒否)であり、解雇ではない。それゆえ、契約更新拒否による労働契約終了の肯否が問題となる[*30]。

イ　試用期間＝解約権が留保された期間である場合

「試用期間＝解約権が留保された期間」であり、当該労働契約が、①試用期間付・期間の定めのない労働契約、又は、②試用期間付・試用期間よりも長い契約期間の定めのある労働契約である場合、試用期間中又は試用期間満了時の「本採用拒否」は、いずれも、①期間の定めのない労働契約における解雇、又は、②期間の定めのある労働契約における期間途中の解雇である。

したがって、「本採用拒否＝解雇」が有効であれば労働契約は終了するが、無効であれば労働契約は継続し、労働者は労働契約上の権利を有する地位にあり、解雇期間中の賃金支払を請求しうる(民536条2項前段)。

---

*29　神戸弘陵学園事件・最三小判平2・6・5民集44巻4号668頁/労判564号7頁を参考に一部修正した。

*30　後記第13章「労働契約の終了」第3節2参照。

(3)　「本採用拒否」＝「解雇」の場合の効力

「本採用拒否」＝「解雇」の場合の効力は、当然ではあるが、解雇が有効となる要件に照らして判断され、①解雇権の法的根拠があり、かつ、②解雇権の行使が適法であれば、当該解雇は有効である[*31]。

したがって、本採用拒否＝解雇が有効であるためには、①期間の定めのある労働契約であれば、労契法 17 条 1 項所定の「やむを得ない事由」が存在すること、また、②期間の定めのない労働契約及び期間の定めのある労働契約のいずれについても、就業規則作成義務のある事業場においては、就業規則に解雇事由の定めがあり、かつ、就業規則所定の解雇事由に該当する事実が存在すること、労働協約又は労働契約に解雇事由、解雇手続等の定めがある場合はこれを充足していること、信義則違反又は解雇権濫用でないこと、労基法 20 条・21 条(解雇予告又は解雇予告手当の支払)に違反していないこと、その他強行法規違反でないことが必要である。

そして、「やむを得ない事由」(労契 17 条 1 項)の存在、あるいは、「信義則違反」(労契 3 条 4 項)又は「解雇権濫用」(労契 16 条)でないことが肯定されるためには、1)本採用拒否の理由が「人的理由」(労働者の行為・能力等)である場合、①試用中の勤務状態等により、当初知ることができず、また知ることが期待できないような事実(職務遂行能力、勤務態度等)を知るに至った場合で、②その事実に照らしその者との労働契約を引き続き継続することが適当でないと判断することが、試用期間の趣旨、目的に徴して、客観的に合理的であり、社会通念上相当であり、③労働者に十分に説明し協議したことが必要であり[*32]、2)本採用拒否の理由が「経営上の理由」(当該企業の経営不振等)である場合は、①人員削減の必要性、②解雇の必要性(解雇回避義務の履行)、③解雇対象者の選定基準と適用の客観性・合理性、④説明・協議等の手続の履践が必要である。

---

*31　詳細は、後記第 13 章「労働契約の終了」第 2 節・第 3 節 1。

*32　三菱樹脂事件・最大判昭 48・12・12 民集 27 巻 11 号 1536 頁/労判 189 号 16 頁を参考に一部修正した。

第12章　労働契約内容の設定・変更と懲戒処分

本章では、労働契約に関するルールのうち、①労働契約内容の設定(→第 1 節)、②労働契約内容の変更(→第 2 節)、③懲戒処分(→第 3 節)に関するルールについて、順に検討する。

第１節　労働契約内容の設定

1　労働契約の内容

労働契約は、労働者の使用者に対する労務の供給と使用者の労働者に対する報酬の支払が対価関係にある、有償双務契約である。

労働契約の内容(以下「労働条件」とも言う。)は、具体的には、①労務の内容(職種・職務内容、労務供給方法、服装等)、②労務の量(総労働時間、出来高等)・配分方法(労働日・始業終業時刻)、③自由時間(休憩、休日、休暇等)、④労務供給場所(勤務場所)、⑤労務供給の相手方、⑥労働環境(施設設備、安全衛生、人格権保障等)、⑦労務供給の対価(賃金、福利厚生等)、⑧契約終了要件(定年、辞職、解雇・契約更新拒否の要件等)、⑨労働者の企業秩序遵守義務、秘密保持義務、競業避止義務(同業他社への就職、同業他社の開業、競業会社への協力を行わない義務)、⑩使用者の安全配慮義務、情報の収集・管理に関する配慮義務、人格権尊重・平等取扱義務、労働者の家族的責任に対する配慮義務等、⑪労働者の労働契約内容変更権(年休の時季指定権、休業請求権等)、⑫使用者の労働契約内容変更権(配転命令権、時間外労働命令権等)、懲戒権等がある。

2　労働契約内容の設定

労働契約の内容は、強行法規に反しない限り[*1]、原則して、労働者と使用者の合意により設定されるが、就業規則が労働契約の内容となる場合や、労働協約が労働契約の内容を規律する場合もあり、労使慣行が合意又は事実たる慣習により労働契約の内容となる場合もある[*2]。

---

*1　労働契約の内容を規律する主な強行法規については、前記第 2 編「労働基準」参照。
*2　前記第 3 章「権利義務関係の決定システムと法源」第 1 節 1。

第２節　労働契約内容の変更

１　労働契約内容の変更の類型

(1) 集合的変更と個別的変更

労働契約内容の変更は、対象となる労働条件と労働者により、①企業又は事業場の労働者全体又はあるカテゴリーの労働者に共通に適用される労働条件を、労働協約又は就業規則により変更する「労働契約内容の集合的な変更」と、②労働契約内容を個々の労働者毎に変更する「労働契約内容の個別的な変更」に分類することができる。

(2) 経営上の理由による変更と人的理由による変更

労働契約内容の変更は、その理由により、①経営上の理由(経済不況、企業再編等)による労働契約内容の変更と、②労働者の人的理由(当該労働者の能力、勤務態度、傷病、非行等)による労働契約内容の変更に大別することができる。

前記(1)で述べた「労働契約内容の集合的な変更」は、経営上の理由により行われるが、「労働契約内容の個別的な変更」は、経営上の理由により行われる場合と人的理由により行われる場合がある。

２　労働契約内容の集合的な変更

労働契約内容の集合的な変更は、①「労働協約による変更」と、②「就業規則による変更」が存在し、そのいずれであるかにより、当該労働者の労働契約内容変更の効力の判断枠組みが異なる。

「労働協約による変更」が肯定されるかどうかは、第19章「労働協約」第５節で検討するので、次項では、就業規則による変更の効力を検討する(→後記3)。

３　就業規則による変更

就業規則の規定の新設・変更により労働契約内容が変更されるかどうかは、当該労働者と使用者との間で、①労働契約の内容を新設・変更後の就業規則の定めと同じ内容に変更することに変更時点での合意がある場合(→(1))、②合意がない場合で、労働者に有利な変更(賃金の引き上げや労働時間の短縮等)である場合(→(2))、③合意がない場合で労働者に不利益な変更(賃金の引き下げや労働時間の延長等)である場合(→(3))、④合意がない場合で新たな労働条件を設定(定年延長に伴う延長期間の賃金等の設定等)する場合(→(4))のいずれかにより、その判断基準が異なる。

(1) 合意による変更

ア　合意の効力

当該労働者が、労働契約の内容を新設・変更後の就業規則の定めと同じ内容に変更することに、その変更時点で使用者と合意している場合は、強行規定等に違反している場合を除き、就業規則の法的効力によってではなく、労働者及び使用者の「合意」により、当該労働契約の内容が変更される（労契 8 条）[*3]。

ただし、労働者にとって有利な変更であれば問題ないが、不利益な変更に労働者が同意する旨の意思表示の成立と効力は厳格に判断する必要がある。

具体的には、第一に、労働者の署名又は押印のある書面により明示的に表示されていなければ、労働者の意思表示の存在は認定し難く、労働者が異議を述べずに変更後の減額された賃金等を受け取っていたとしても、それだけで賃金減額についての黙示の同意を認定することはできない[*4]。

第二に、労働者の意思表示が、当該変更により労働者にもたらされる不利益の内容及び程度、労働者により当該行為がされるに至った経緯及びその態様、当該行為に先立つ労働者への情報提供又は説明の内容等に照らして、自由な意思に基づいてなされたものであると認めるに足りる合理的な理由が客観的に存在すること（「自由な意思に基づくものと認めるに足りる合理的な理由の客観的な存在」を根拠付ける事実の存在）が必要である[*5]。特に、当該労働条件の不利益変更に労契法 10 条所定の合理性が認められない場合は、それでもなお労働者の同意が自由な意思に基づいてなされたものと認められる合理的理由が要求される[*6]。

イ　就業規則の変更自体の有効性

労働者にとって労働条件の不利益な変更である場合は、合意による変更の前提として、就業規則の変更自体が有効に行われ、その定める最低基準も変更されて（下がって）いなければならない[*7]。元の就業規則が残っていてその最低基準効が働くと、元の就業規則よりも労働者に不利な労働条件に関する合意は無効となるからである（労契 12 条）[*8]。

---

*3　山梨県民信用組合事件・最二小判平 28・2・19 民集 70 巻 2 号 123 頁/労判 1136 号 6 頁。

*4　黙示の承諾を否定した裁判例として、名古屋国際芸術文化交流財団事件・名古屋高判平 17・6・23 労判 951 号 74 頁、熊本信用金庫事件・熊本地判平 26・1・24 労判 1092 号 62 頁、京都大学事件・京都地判平 27・5・7 労判 1138 号 74 頁。

*5　山梨県民信用組合事件・最二小判平28・2・19民集70巻2号123頁/労判1136号6頁参照。

*6　熊本信用金庫事件・熊本地判平 26・1・24 労判 1092 号 62 頁参照。

*7　①就業規則が変更される（最低基準が変更される）ことと、②就業規則が労働契約内容を変更することは区別されなければならない。それぞれの要件も異なる。

*8　山梨県民信用組合事件・最二小判平28・2・19民集70巻2号123頁/労判1136号6頁。

就業規則の変更自体が有効となる要件は、1)労働者に有利な変更の場合は、実質的周知又は行政官庁への届出で足りるが、2)労働者に不利な変更の場合は、①労基法所定の手続の履践(意見聴取と添付・届出・周知：労基 90 条・89 条・106 条 1 項)、及び、②労契法 10 条所定の判断要素を参考にして判断される合理性(合意がない場合の就業規則の不利益変更効の要件としての合理性よりは緩やかに解する)が必要である。けだし、就業規則の規定が不利益に変更されればその定める最低基準が下がるので、合意により労働条件を不利益に変更することが可能となり、労働者にとって不利益となるからである。

(2) 合意がない場合の労働者に有利な変更

就業規則は、①就業規則の定めが労働契約の定め(又は労働契約に定めのない状態)よりも労働者にとって有利であること(有利性要件)、②就業規則の実質的周知又は行政官庁への届出(手続要件)という二つの要件を充足すれば、労働契約の内容となるという、最低基準効(労契 12 条)[*9]を有する。

したがって、労働契約締結後、新設・変更された就業規則の定めが労働契約の定め(又は労働契約に定めのない状態)よりも労働者にとって有利な場合は、仮に使用者と労働者の合意がなくても[*10]、就業規則の定めが労働契約の内容となり、労働条件を労働者に有利に変更する。

(3) 合意がない場合の労働者に不利益な変更

ア　原則－労契法 9 条

使用者は、労働者と合意することなく、就業規則を変更することにより、労働者の不利益に労働契約の内容である労働条件を変更することはできない(労契 9 条本文)。したがって、労働契約締結後、新設・変更された就業規則の定めが労働契約の定め(又は労働契約に定めのない状態)よりも労働者にとって不利益な場合、変更時点で労働者との合意がないときは、就業規則の定めは労働契約の内容とはならない(労働契約の内容は変更されない)のが原則である。

イ　例外－労契法 10 条

しかし、就業規則は、①労働条件の不利益な変更であること(不利益変更の要件)、②労働契約締結後に就業規則が変更されたこと(時期の要件・変更の要件)、③変更の合理性(合理性要件)、④労契法 10 条所定の周知(労契法所定の手続要件)、⑤労基法所定の意見聴取と添付・届出・周知手続(労基 90 条・89 条・106 条 1 項)の履践(労基法所定の手続要件)、⑥当該労働条件について就業規則の変更によっ

---

*9　前記第 3 章「権利義務関係の決定システムと法源」第 2 節 3(8)。

*10　例えば、労働者が当該就業規則の変更を知らないときは、労働者にとって有利な変更であっても労働者との合意は存在しない。

て変更されないとの合意が存在しないこと（特約不存在の要件）の①～⑥の要件を充足すれば、労働者との合意がなくても、労働契約の内容を労働者に不利益に変更する「不利益変更効」（労契 10 条）*11を有する。

したがって、変更後の就業規則の定めが、前記①～⑥の要件を全て充足すれば、例外的に当該就業規則の定めが労働契約の内容となり、労働契約の内容を労働者に不利益に変更する（労契 9 条但書・10 条）。これに対して、全てを充足しない場合は、原則として労働契約の内容は変更されないが、③の変更の合理性に関して、変更の必要性は認められるが不利益が大きすぎる場合は、合理性を肯定しうる一定の範囲で不利益変更効を肯定することも可能であろう*12。

なお、当該労働条件について就業規則の変更によっては変更されないとの合意（特約）が存在する場合、原則として合意されていた労働条件が就業規則の変更後も労働契約の内容となる（労契 10 条但書）が、当該合意内容が変更後の就業規則の定める基準に達しない場合は、変更後の就業規則の定めが最低基準効（労契 12 条）により労働契約の内容となる（労契 10 条但書の除外条項）。

ウ　具体的事案

就業規則の変更による労働条件の不利益変更の肯否が問題となった事案としては、①賃金・退職金の減額や決定方法の変更に関する事案*13、②定年制の創設・定年年齢の引き下げに関する事案*14、③週休 2 日制の導入に伴う平日の労働時間延長*15や変形労働時間制の採用に伴う平日の労働時間延長と所定休日の変更等がある。

(4)　合意がない新たな労働条件の設定

労契法は、就業規則の規定の新設により、定年延長に伴う延長期間の労働条件の設定等の「新たな労働条件の設定」が可能かどうか、また、その要件について規定していないが、第一に、内容的には、新たな労働条件が合理的であること（ただし「不利益変更」ではないから、その合理性は不利益変更よりも緩やかに解され

---

*11　前記第 3 章「権利義務関係の決定システムと法源」第 2 節 3(10)。

*12　大阪京阪タクシー事件・大阪地判平 22・2・3 労判 1014 号 47 頁。

*13　大曲市農協事件・最三小判昭 63・2・16 民集 42 巻 2 号 60 頁/労判 512 号 7 頁、第四銀行事件最二小判平 9・2・28 民集 51 巻 2 号 705 頁/労判 710 号 12 頁、みちのく銀行事件・最一小判平 12・9・7 民集 54 巻 7 号 2075 頁/労判 787 号 6 頁等、熊本信用金庫事件・熊本地判平 26・1・24 労判 1092 号 62 頁、東京商工会議所事件・東京地判平 29・5・8 労判 1187 号 70 頁等。

*14　秋北バス事件・最大判昭 43・12・25 民集 22 巻 13 号 3459 頁/判時 542 号 14 頁、大阪府精神薄弱者コロニー事業団事件・大阪地堺支判平 7・7・12 労判 682 号 64 頁等。

*15　北都銀行（羽後銀行）事件・最三小判平 12・9・12 集民 199 号 501 頁/労判 788号23頁、函館信用金庫事件・最二小判平 12・9・22 集民 199 号 665 頁/労判 788 号 17 頁等。

る[*16])、第二に、手続的には、①引き上げられた定年までの期間の労働条件が従来の定年時の労働条件と同じ又はより高い場合は、実質的な周知又は監督官庁への届出で足りるが、②引き上げられた定年までの期間の労働条件が従来の定年時の労働条件より低い場合は、その合理性を担保するため、労契法 10 条所定の周知、及び、労基法所定の全ての手続(意見聴取と添付・届出・周知)(労基 90 条・89 条・106 条 1 項)が履践された場合に限り、契約内容となると解すべきである。

そして、就業規則による新たな労働条件の設定が肯定されない場合は、引き上げられた定年年齢までの労働契約の内容は、必ずしも従来の定年時の労働契約の内容がそのまま継続するのではなく、労働契約の合理的解釈により決定されることになろう。

4　労働契約内容の個別的な変更

(1) 労働契約内容の個別的な変更の類型

労働契約内容の個別的な変更は、変更の対象となる労働条件により、①配転、②出向、③転籍、④降給・降格・降職、⑤昇給・昇格・昇進、⑥休職・休業、⑦労働義務のある時間の変更等に類型化することができる(→5)。

労働契約内容の個別的な変更は、①使用者と労働者の労働条件変更時の合意により行われる場合(→(2))と、②労働者が法令、労働協約、就業規則、労働契約に基づく権利を行使して行う場合(→(3))と、③労働条件変更時の労働者との合意がなく、使用者により「業務命令」として一方的に行われる場合(→(4))がある。

(2) 合意による変更

労働者及び使用者は、その合意により、労働契約の内容である労働条件を変更することができる(労契 8 条)。したがって、労働条件を変更する時点で、当該変更についての労働者と使用者との合意があれば、強行法規違反[*17]等[*18]がある場合を除き、労働契約の内容は変更される。

ただし、労働者にとって有利な変更であれば問題ないが、不利益な変更に労働者が同意する旨の意思表示の成立と効力は厳格に判断する必要がある。

具体的には、第一に、労働者の署名又は押印のある書面により明示的に表示

---

*16　労契法施行(2008<平 20>年)以前の事案であるが、「相応の合理性」を要すると判示した裁判例として、大阪第一信用金庫事件・大阪地判平 15・7・16 労判 857 号 13 頁。

*17　例えば、労基法 26 条所定の使用者の責に帰すべき休業の場合でも賃金を一切支払わない旨の合意は、労基法 26 条違反で無効であり、使用者は休業手当を支払う義務を負う。

*18　錯誤無効を認めた裁判例として、東武スポーツ事件・宇都宮地判平 19・2・1 労判 937 号 80 頁/判タ 1250 号 173 頁。

されていなければ、労働者の意思表示の存在は認定し難く、労働者が異議を述べずに変更後の減額された賃金等を受け取っていたとしても、それだけで賃金減額についての黙示の同意を認定することはできない[*19]。

第二に、労働者の意思表示が、当該変更により労働者にもたらされる不利益の内容及び程度、労働者により当該行為がされるに至った経緯及びその態様、当該行為に先立つ労働者への情報提供又は説明の内容等に照らして、自由な意思に基づいてなされたものであると認めるに足りる合理的な理由が客観的に存在すること(「自由な意思に基づくものと認めるに足りる合理的な理由の客観的な存在」を根拠付ける事実の存在)が必要である[*20]。特に、賃金の減額は賃金債権の放棄と同旨すべきものであるから、賃金債権の放棄と同様、労働者の同意が自由意思に基づきなされたものと認めるに足りる合理的理由の客観的存在を要する[*21]。

(3) 労働者の権利行使

労働者は、法所定の要件を充足する場合、年次有給休暇、生理休暇・産前産後休業・育児時間、育児休業・看護休暇、介護休業・介護休暇を取得する権利等を有しており、その権利行使により、労働契約内容の変更(労働義務の消滅等)を行うことができる[*22]。

また、労働協約、就業規則、労働契約の定めに基づき変更権を有しているときは、労働契約内容の変更を行うことができる(法定外の休暇・休職等)。

(4) 使用者による一方的な変更

ア　有効となる要件

労働条件の変更時点で労働者の同意がない場合、使用者が「業務命令」により一方的に労働契約内容を変更することができるかどうかは、具体的には、個別的変更の類型毎に次項で検討する(→ 5)が、その労働契約内容の変更が有効となる要件は、以下の通りである。

第一は、使用者が、当該労働条件の変更権を有し、当該労働条件変更が、使用者の有する労働条件変更権の範囲内であることである。

---

*19　更生会社三井埠頭事件・東京高判平 12・12・27 労判 809 号 82 頁、日本構造技術事件・東京地判平 20・1・25 労判 961 号 56 頁、技術翻訳事件・東京地判平 23・5・17 労判 1033 号 42 頁、ザ・ウインザー・ホテルズインターナショナル事件・札幌地判平 23・5・20 労判 1031 号 81 頁。

*20　山梨県民信用組合事件・最二小判平28・2・19民集70巻2号123頁/労判1136号6頁参照。

*21　更生会社三井埠頭事件・東京高判平 12・12・27 労判 809 号 82 頁、NEXX 事件・東京地判平 24・2・27 労判 1048 号 72 頁。

*22　前記第 8 章「労働時間と自由時間」第 4 節 3、第 9 章「労働と生活の調和」第 2 節・第 3 節。

労働契約は、労働者及び使用者が対等の立場における合意に基づいて変更することが原則であり（労契３条１項）、使用者の労働条件変更権を根拠付ける法律上の規定はないから、労働条件変更権については労働契約上の法的根拠が必要である。労働条件変更権の法的根拠となりうるのは、使用者が当該労働条件変更権を有することについての、①労働者と使用者の事前の合意、②就業規則の定め（所定の要件を充足し労働契約の内容となるもの）*23、③労働協約の定め（所定の要件を充足し労働契約の内容を規律するもの）*24である。

第二は、当該労働条件変更権の行使が適法であることである。

具体的には、①労働協約、就業規則、労働契約において当該労働条件変更権の行使についての定めがある場合（変更事由、手続等）はこれを充足していること、②信義則（労契３条３・４項、育介26条等）上の義務の履行（信義則違反ではないこと）、③権利濫用（労契３条５項、14条）ではないこと、④差別的取扱いの禁止、賃金・労働時間規制、育児・介護責任を有する者についての特別規制、民法90条の公序等の強行法規に違反していないことである。

以上の要件を充足していない場合は、当該労働条件変更は無効である。

図12.1　労働条件変更権の法的根拠と行使の適法性

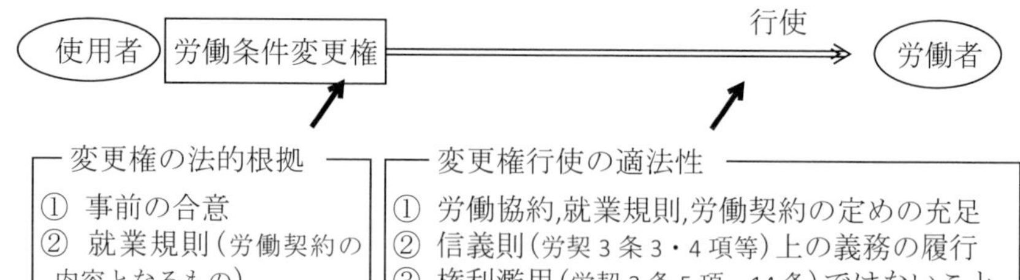

イ　法的救済

当該労働条件変更が無効である場合は、それを前提として、権利義務関係の確認や賃金支払等を請求することができる。また、当該労働条件変更が、信義則違反又は不法行為であるとして、損害賠償を請求しうる場合もある。

ウ　労働条件変更権の行使と信義則

労働条件変更時に労働者の同意がなく、使用者が労働条件変更権を行使して

*23　前記第３章「権利義務関係の決定システムと法源」3。
*24　前記第３章「権利義務関係の決定システムと法源」2、後記第19章「労働協約」。

労働条件を変更する場合、労働者は、経済的・生活上・労働条件上の様々な不利益を被る場合がある。

それゆえ、使用者は、労働条件変更権を有する場合でも、これを行使するにあたっては、①労働者の被る不利益に配慮して、労働条件変更を必要かつ合理的な範囲に限定し、②変更後の労働条件や変更時期等、労働条件の変更の内容については、労働者の不利益緩和措置も含めて相当なものとし、③当該労働条件変更を決定する前に当該労働者に対し説明・協議する（ただし、緊急で時間の余裕のない場合を除く）という、信義則上の義務（労契３条４項）を負う。

具体的には、労働条件変更が、1）当該労働者の人的理由（労働能力、勤務態度等）により行われる場合は、①当該労働条件変更の必要性、②変更後の労働条件（不利益緩和措置も含む）の相当性、③労働者に対する説明・協議の要件を充足することが必要であり、2）経営上の理由により行われる場合は、①労働条件変更の必要性、②対象労働者の選定基準と適用の合理性、③変更後の労働条件（不利益緩和措置も含む）の相当性、④労働者に対する説明・協議の要件を充足することが必要である。

これらの信義則上の義務を履行しない場合は、当該労働条件変更は信義則違反で無効であり、また、損害賠償を請求しうる場合もある。

５　労働契約内容の個別的な変更の具体的類型

（1）配転

ア　定義

「配転」とは、法律の条文上の定義はないが、一般に、職種・職務内容、又は（及び）、勤務場所が相当の期間にわたって変更されることを言う。労務を供給する相手方は同じである。

同一勤務地内での勤務箇所・職務内容の変更を「配置転換」、勤務場所の変更を「転勤」と言う場合もある。

図 12.2　配置転換（配転）

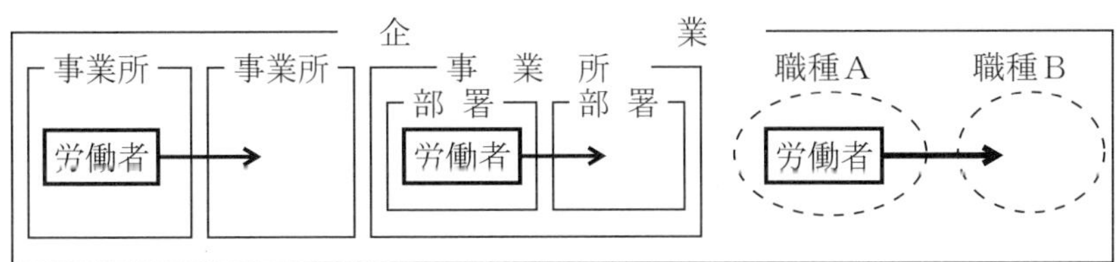

イ　問題の所在

配転については、①配転時に労働者の同意がなく使用者が配転を命じた場合、当該配転命令が有効か（勤務地や職務内容の変更という効果が発生するか）が問題となる。当該配転命令が無効であれば、労働者は配転先での労働義務を負わず、その不存在確認を求めることができる。また、②当該配転に労働者が異議を留めて応じた場合、当該配転命令が信義則違反又は不法行為[*25]であるとして、生じた財産的・精神的損害賠償を請求しうるか等も問題となる。

ウ　配転命令の効力

使用者の配転命令が有効であるためには、1）使用者が配転命令権を有し、2）配転命令権の行使が適法であることが必要である。

使用者は、当然に配転命令権を有しているわけではなく、また、配転命令権の根拠となる法律の条文は存在しないので、労働契約上の法的根拠が必要であり[*26]、①労働者と使用者の事前の合意、②就業規則の定め（所定の要件を充足し労働契約の内容となるもの）、③労働協約の定め（所定の要件を充足し労働契約の内容を規律するもの）のいずれかが必要である。使用者が配転命令権を有しない場合は、当該配転命令は無効である[*27]。

しかし、使用者が配転命令権を有している場合でも、その行使は適法でなければならず、①労働協約、就業規則、労働契約が権利の行使方法を限定している場合（配転事由、手続等）はこれを遵守していること、②信義則（労契３条３・４項、育介26条）上の義務を履行していること、③権利濫用（労契３条５項）でないこと、④差別的取扱い禁止等の強行法規に違反していないことが必要である。

最高裁判決[*28]は、育介法26条（2002<平14>年４月１日施行）及び労契法（2008<平20>年３月１日施行）の施行以前の事案であるが、転勤、特に転居を伴う転勤は、一般に労働者の生活関係に少なからぬ影響を与えるから、使用者の転勤命令権

---

*25　バンク・オブ・アメリカ・イリノイ事件・東京地判平７・12・４労判685号17頁、日本レストランシステムズ事件・大阪高判平17・1・25労判890号27頁、精電舎電子工業事件・東京地判平18・7・14労判922号34頁、ＮＴＴ東日本（北海道・配転）事件・札幌地判平18・9・29労判928号37頁/判タ1222号106頁、ＮＴＴ西日本（大阪・名古屋配転）事件・大阪地判平19・3・28労判946号130頁、ノースウエスト航空事件・東京高判平20・3・27労判959号18頁/判時2000号133頁等。

*26　仲田コーティング事件・京都地判平23・9・5労判1044号89頁<ﾀﾞｲｼﾞｪｽﾄ>、Ｌ産業事件・東京地判平27・10・30労判1132号20頁。

*27　新日本通信事件・大阪地判平9・3・24労判715号42頁、東武スポーツ事件・宇都宮地決平18・12・18労判932号14頁、仲田コーティング事件・京都地判平23・9・5労判1044号89頁<ﾀﾞｲｼﾞｪｽﾄ>。

*28　東亜ペイント事件・最二小判昭61・7・14集民148号281頁/労判477号6頁。

は無制約に行使することができるものではなく、これを濫用することは許されないと判示した上で、配転命令が権利の濫用となるのは、1)業務上の必要性が存在しない場合、又は、2)業務上の必要性が存在する場合であっても、①当該配転命令が他の不当な動機・目的をもってなされたものであるとき、若しくは、②労働者に通常甘受すべき程度を著しく超える不利益を負わせるものであるとき等、特段の事情が存する場合であるとしている。

(2) 出向

ア　定義

「出向」とは、法律の条文上の定義規定はないが、①労働者が労働契約を締結したＡ企業(出向元企業)との労働契約を継続したまま(在籍のまま)、②他のＢ企業(出向先企業)に対して労務を供給すること(Ｂ企業の指示のもとにＢ企業の業務に従事すること)である[*29]。在籍出向と呼ばれることもある。

したがって、出向は、労務を供給する相手方の変更であり、それに伴い、勤務場所や職務内容等も変更されることになるが、後記「転籍」(→(3))との本質的な相違は、出向元との労働契約が存続している点にある[*30]。

当該労働者と出向元企業との労働契約上の権利義務関係は、出向期間中は、当該労働者と出向元企業、及び、当該労働者と出向先企業との間でそれぞれ分有されることになる(少なくとも労務給付請求権の全部又は一部は出向先が有する)。

図 12.3　出向

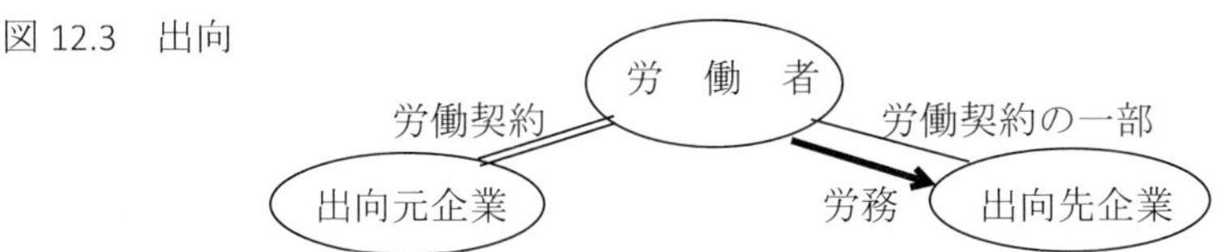

なお、出向は、形式的には「労働者供給」(職安 4 条 6 項)に該当しうるが、営利目的の「事業」としてではなく、関連・グループ企業内での人事異動として行われていれば、職安法 44 条(労働者供給事業の禁止)違反ではない。

イ　問題の所在

出向については、①出向時の労働者の同意がなく使用者が出向を命じた場合、当該出向命令が有効か(労務供給先、勤務地、職務内容等の変更という効果が発生するか)が問題となる。出向命令が無効であれば、労働者は出向先での労働義務を

---

*29　安川電気事件・福岡地小倉支判昭 48・11・27 労民 24 巻 6 号 569 頁/判時 733 号 108 頁参照。

*30　新日本製鐵(日鐵運輸②)事件・最二小判平 15・4・18 集民 209 号 495 頁/労判 847 号 14 頁。

負わず、その不存在確認を求めることができる。また、②当該出向に労働者が異議を留めて応じた場合、当該出向が信義則違反又は不法行為[*31]であるとして、財産的・精神的損害賠償を請求しうるか等も問題となる。

ウ　出向命令の効力

使用者の出向命令が有効であるためには、1)使用者が出向命令権を有し、2)出向命令権の行使が適法であることが必要である[*32]。

出向命令権の根拠となる法律の条文は存在しないので、使用者は当然に出向命令権を有しているわけではなく[*33]、労働契約上の法的根拠が必要であり、①労働者と使用者の事前の合意、②就業規則の定め(労働契約の内容となるもの)、③労働協約の定め(労働契約の内容を規律するもの)のいずれかが必要である。使用者が出向命令権を有していない場合、当該出向命令は無効である[*34]。

しかし、使用者が出向命令権を有している場合でも、出向命令権の行使は適法でなければならず、①労働協約、就業規則、労働契約が定める権利の行使方法(出向事由、手続等)を遵守していること、②信義則(労契 3 条 3・4 項、育介 26 条等)上の義務の履行、③権利濫用(労契　14　条)ではないこと、④差別的取扱い禁止等の強行法規に違反していないことが必要である。

労契法 14 条は、「当該出向の命令がその必要性、対象労働者の選定に係る事情その他の事情に照らして、その権利を濫用したものと認められる場合には、当該命令は、無効とする」と定めているが、その他の事情として、出向後の労働条件(不利益緩和措置等も含む)の相当性、労働者に対する十分な説明・協議手続の履践等を考慮すべきであろう。

(3)　転籍

ア　定義

「転籍」とは、法律の条文上の定義はないが、労働者と現在の使用者である

---

*31　日本レストランシステム事件・大阪高判平 17・1・25 労判 890 号 27 頁、兵庫県商工会連合会事件・神戸地姫路支判平 24・10・29 労判 1066 号 28 頁。

*32　労働契約の多くは民法上の雇用であるところ、民法 625 条 1 項は、雇用につき、「使用者は、労働者の承諾を得なければ、その権利を第三者に譲り渡すことはできない」と定め、出向は、「権利の第三者への譲渡」（使用者の労務給付請求権の出向先への譲渡）であるが、出向命令権を労働契約上創設することは可能と解されている(新日本製鐵<日鐵運輸>事件・福岡高判平 12・11・28 労判 806 号 58 頁、新日本製鐵<日鐵運輸②>事件・最二小判平 15・4・18 集民 209 号 495 頁/労判 847 号 14 頁)。

*33　日立電子事件・東京地判昭 41・3・31 労民 17 巻 2 号 368 頁、安川電気事件・福岡地小倉支判昭 48・11・27 労民 24 巻 6 号 569 頁/判時 733 号 108 頁。

*34　日東タイヤ事件・東京高判昭 47・4・26 労判 189 号 58 頁(最二小判昭 48・10・19 労判　189　号　53　頁もこれを維持)、日本レストランシステム事件・大阪高判平　17・1・25 労判 890 号 27 頁。

Ａ企業(転籍元)との労働契約関係が終了し、新たに当該労働者とＢ企業(転籍先)との間に労働契約が成立することである。

「転籍」は、「出向」と同様、労務を供給する相手方の変更であるが、転籍元との労働契約は終了して転籍先との間に新たな労働契約が成立し、その上で転籍先に対し労務を供給する。

図 12.4　転籍

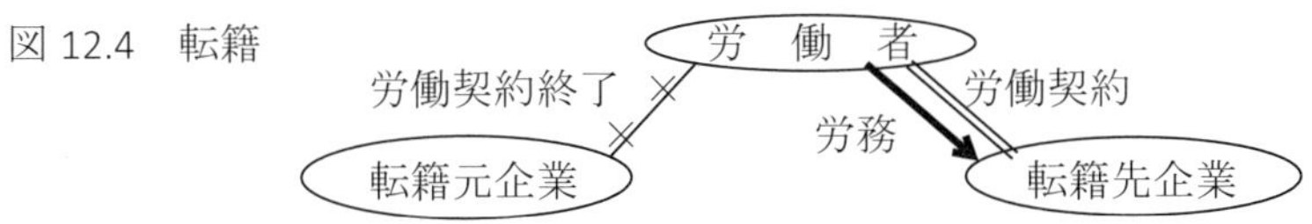

「転籍」には、①労働者が転籍元との労働契約を合意解約し、転籍先と新たに労働契約を締結する「解約型」と、②労働契約上の使用者の地位が転籍元から転籍先に譲渡される「譲渡型」がある。

イ　問題の所在

転籍については、転籍時に労働者の同意がない場合、転籍元との労働契約終了の肯否と転籍先との労働契約の成否が主たる論点となる。当該労働者と転籍元との労働契約が終了していなければ、当該労働者は、転籍元に対し労働契約上の権利を有する地位にあることの確認を求めることができる。

ウ　解約型の転籍

解約型の転籍において、転籍は、転籍元との労働契約の解除と転籍先との新たな労働契約の締結であるところ、転籍元は一定の要件を充足すれば、労働者を解雇することはできるが、労働者の同意なく労働者に転籍先との新たな労働契約を締結させることはできない[*35]。

したがって、転籍には、転籍時点での労働者の同意(転籍元との労働契約の解除と転籍先との労働契約の締結についての同意)が必要である。転籍についての労働者の事前の同意(労働契約締結時等の同意)は、公序(民 90 条)違反で無効であり、転籍を義務付ける就業規則又は労働協約の規定も、公序又は信義則に反し、労働契約の内容とはならず(労契 13 条)又は労働契約を規律しない。

エ　譲渡型の転籍

譲渡型の転籍は、労働契約上の使用者の地位の譲渡(契約上の地位の移転)であり、使用者の権利の譲渡の一種であるが、出向とは異なり、権利の一部ではなく労働契約上の地位の包括的な譲渡である。

したがって、転籍については、転籍時点における労働者の同意がなければ、

*35　千代田化工建設(仮処分)事件・横浜地判平元・5・30 労判 540 号 22 頁/判時 1320 号 153 頁。

労働契約上の使用者の地位の譲渡は無効と解すべきである[*36]。使用者がその地位を第三者に譲渡しうることについての、労働者の事前の同意は、公序（民90条）違反で無効であり、就業規則又は労働協約の規定も、公序又は信義則に反し、労働契約の内容とはならず（労契13条）又は労働契約を規律しない。

（4）降職・降格・降給

ア　定義

①「降職」とは、役職や職位を引き下げるもの（「昇進」の反対措置）であり、②「降格」とは、職能資格制度上の資格・格付け、賃金格付けを低下させるもの（「昇格」の反対措置）であり、③「降給」とは、降職・降格に伴う賃金の減額、賃金体系の変更に伴う賃金の減額等、賃金の引き下げ全て（「昇給」の反対措置）と定義することができるが、「降職」と「降格」の区別は困難な場合もある。通常、「降職」は降格・降給も伴い、「降格」は降給も伴う。

図 12.5　降職（昇進）、降格（昇格）、降給（昇給）

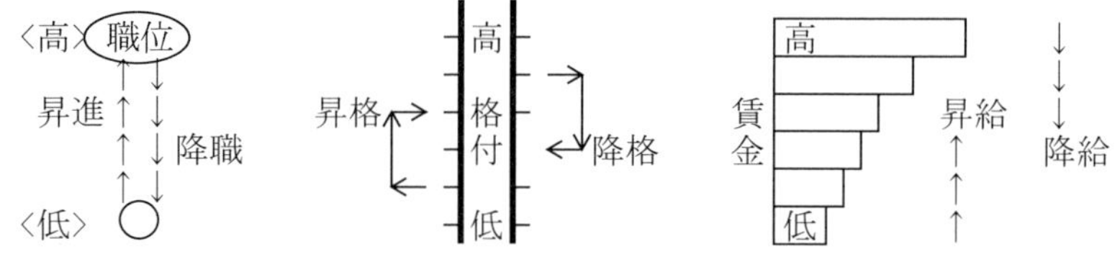

イ　問題の所在

降職・降格・降給については、①降職・降格・降給時に労働者の同意がなく使用者が一方的に降職・降格・降給を行った場合、その効力が問題となる。降職・降格が無効であれば、労働者は、降職・降格前の職位・格付けにあることの地位確認を求めることができ、また、降職・降格・降給が無効であれば、差額賃金の支払を求めることができる（賃金差額は不法行為に基づく損害賠償として請求することも可能である）。また、②当該降職・降格・降給につき、信義則違反又は不法行為[*37]であるとして、損害賠償を請求しうるかも問題となる。

ウ　降職・降格・降給の効力

降職・降格・降給時に労働者の同意がない場合、降職・降格・降給が有効で

*36　日立製作所（横浜工場）事件・東京高判昭43・8・9労民19巻4号940頁/判タ229号308頁（最一小判昭48・4・12集民109号53頁もこれを維持）、三和機材事件・東京地判平7・12・25労判689号31頁/判タ909号163頁等。

*37　北海道厚生農協連合会事件・釧路地帯広支判平9・3・24労民48巻1=2号79頁/労判731号75頁、近鉄百貨店事件・大阪地判平11・9・20労判778号73頁。

あるためには、①使用者が降職・降格・降給権を有し、②降職・降格・降給権の行使が適法であることが必要である。

使用者は、降格権・降給権は言うまでもなく、降職権についても当然に有しているわけではなく、また、降職権・降格権・降給権の法的根拠となる法律の条文は存在していないので、労働契約上の法的根拠が必要であり、①労働者と使用者の事前の合意、②就業規則の定め（労働契約の内容となるもの）、③労働協約の定め（労働契約の内容を規律するもの）のいずれかが必要である。使用者が降職権等を有しない場合は、当該降職・降格・降給は無効である[*38]。

しかし、使用者が降職・降格・降給権を有している場合であっても、降職・降格・降給権の行使は適法でなければならず、①労働協約、就業規則、労働契約の定める権利の行使方法（降職・降格・降給の基準、決定方法、手続等）を遵守していること、②信義則（労契３条４項）上の義務の履行、③権利濫用（労契３条５項）でないこと、④差別的取扱い禁止等の強行法規違反でないことが必要である。

(5) 昇進・昇格・昇給

ア　定義

①「昇進」とは、役職又は職位の上昇であり（「降職」の反対の措置）、②「昇格」とは、職能給制度における資格・格付け、賃金格付けの上昇、職務等級の上昇であり（「降格」の反対の措置）、③「昇給」とは、昇進・昇格に伴う賃金の増額、賃金体系の変更に伴う賃金増額、ベースアップ等、全ての賃金の引き上げである。通常、「昇進」は昇格・昇給を伴い、「昇格」は昇給を伴う。

イ　問題の所在

昇進・昇格・昇給については、それが行われなかった場合に労働者がどのような法的救済を求めることができるかが問題となる。

ウ　昇進・昇格・昇給が行われなかった場合の救済方法

昇進・昇格・昇給措置をとらないことが、①強行法規により禁止されている差別的取扱い（性別：均等６条、妊娠・出産・産前産後休業取得等：均等９条３項、国籍・信条・社会的身分：労基３条、団結権・団体交渉権・団体行動権の行使等：労組７条１号・４号、障害：障雇35条、短時間・有期雇用労働者：パート・有期８条・９条、育児・介護休業取得等：育介10条・16条等）に該当する場合、②昇進・昇格・昇給の基準が労働契約の内容となっており、これを充足している場合[*39]、③労働協約、

---

*38　岡部製作所事件・東京地判平18・5・26労判918号5頁、日本システム開発研究所事件・東京地判平18・10・6労判934号69頁、新聞輸送事件・東京地判平22・10・29労判1018号18頁。

*39　三和機材事件・千葉地判平22・3・19労判1008号50頁。

就業規則等に定めた基準・手続等に違反している場合[*40]、④昇進・昇格・昇給の前提となっている人事考課が社会通念上著しく妥当性を欠く場合[*41]等に該当すれば違法であり、不法行為（民709条）又は信義則（労契3条4項）違反であるとして、損害賠償を請求することも可能である。また、前記①の場合は当該強行法規に基づき[*42]、②の場合は労働契約に基づき、昇進・昇格・昇給した地位にあることの確認及びそれに基づく賃金支払請求が可能である。

(6) 休職・休業

ア　定義

使用者の労働条件変更命令として行われる「休職・休業」は、使用者が一時的に労働者の労働義務を免除又は労務の受領を拒否し、労働義務を消滅させることである。労働者の人的理由によるものとして、傷病休職（労働者の傷病を理由とする休職）、起訴休職（労働者が起訴されたことを理由とする休職）等があり、経営上の理由によるものとして、余剰人員の発生を理由とする休業がある。

イ　問題の所在

休職・休業をめぐる問題としては、①使用者が賃金を全部又は一部支払わない場合の、休職期間中の賃金請求権の有無、及び、休業手当（労基26条）請求権の有無、②当該休職処分が、信義則違反、又は、不法行為[*43]であることを理由とする損害賠償請求の可否等がある。

ウ　賃金請求権の有無に関する判断枠組み

賃金の全部又は一部が支払われない休職・休業に、当該休職・休業時点で労働者が同意している場合は、労働契約内容が変更され（労契8条）、労働者は賃金請求権を有しない。これに対して、労働者の同意がないにもかかわらず、使用者が休職・休業を命じた場合（労務の受領を拒否した場合）、賃金請求権の有無は、使用者が、①休職・休業命令権の行使として休職を命じた場合（→エ・オ）と、②単に労務の受領を拒否した場合（→カ）により、その判断枠組みが異なる。

エ　休職・休業命令権の行使と賃金請求権

使用者が休職・休業命令権の行使としてこれを命じた場合、当該命令が有効であれば、労働義務と賃金支払義務が消滅し、労働者は賃金請求権を有しない。

しかし、命令が無効であれば、労働義務は存続するところ、労働者が労務を履行しなかったことは、使用者の労務受領拒否によるもので、「債権者（使用者）

*40　マナック事件・広島高判平13・5・23労判811号21頁。
*41　光洋精工事件・大阪高判平9・11・25労判729号39頁。
*42　前記第6章「平等原則」第1節6・第2節1。
*43　山九事件・東京地判平15・5・23労判854号30頁。

の責めに帰すべき履行不能」（民536条2項前段）に該当し、労働者は賃金請求権を有する[*44]。したがって、当該休職・休業命令の効力が問題となる。

オ　休職・休業命令の効力

使用者は当然に休職・休業命令権を有しているわけではなく、また、休職命令権の法的根拠となる法律の条文は存在していないので、使用者の休職・休業命令が有効であるためには、使用者が労働契約上休職・休業命令権を有していることが必要であり、①労働者と使用者の事前の合意、②就業規則の定め（労働契約の内容となるもの）、③労働協約の定め（労働契約の内容を規律するもの）のいずれかが必要である。

しかし、使用者が休職命令権を有している場合も、休職命令権の行使は適法でなければならず、①労働協約、就業規則、労働契約が権利の行使方法を限定している場合（休職事由、休職期間、手続等）は、これを遵守していること、②信義則（労契3条4項）違反ではないこと、③権利濫用（労契3条5項）ではないこと、④差別的取扱い禁止等の強行法規に違反していないことが必要である。

カ　労務の受領拒否と賃金請求権

使用者が労務の受領を拒否した場合、労務は履行されていないので、特約がある場合を除き、民法536条2項前段に基づく賃金請求権の有無が問題となる。

第一に、使用者の労務受領拒否が、労働者の傷病、起訴等、人的理由をその理由としている場合、労働者が債務の本旨に従った労務を提供しているときは、受領拒否の理由がなく「債権者（使用者）の責めに帰すべき履行不能」（民536条2項前段）となるので、労働者は賃金請求権を有する。

第二に、使用者の労務受領拒否が、業務縮小・操業短縮等の経営上の理由による場合、当該休職・休業（労務受領拒否）は、①休職・休業の必要性があること、②対象労働者の選定基準と適用に合理性があること（①と②には不当な動機・目的でないことを含む）、③休職・休業の時期・期間、賃金減額幅等が相当であること、④労働者に対する説明・協議を十分に行ったことを充足する場合でなければ、合理的な理由がなく信義則違反で「債権者（使用者）の責めに帰すべき履行不能」（民536条2項前段）となり、労働者は賃金請求権を有する。

キ　休業手当請求権の有無

労基法26条は強行規定なので、当該休職・休業が「使用者の責に帰すべき事由による休業」に該当すれば、労働者は休業手当請求権を有する。

---

*44　民法536条2項前段の「債権者（使用者）の責めに帰すべき履行不能」に該当する休業の場合でも賃金を支払わないという合意等は、公序（民90条）に反し無効と解される。

労働者の債務の本旨に従った労務の提供がなければ、休業手当請求権は発生しないが、債務の本旨に従った労務の提供がある場合、大規模な自然災害等以外の、経済不況、景気の変動、経営不振等を理由とする休業は、労働者の生活保障の観点から、「使用者の責に帰すべき休業」と解すべきである。

(7) 労働義務のある時間の変更

ア　変更の類型

労働時間・休日等、労働義務のある時間の変更としては、①所定時間外労働(労働時間の延長)、②所定休日労働、③労働義務のある日時の変更等がある。

イ　問題の所在

労働義務のある時間の変更については、①当該労働義務のある時間の変更の効力が問題となる。当該変更が無効であれば、労働者は、変更後の時間に労働する義務がないので、変更後の時間に労働しなくても債務不履行とはならず、それを理由とする懲戒処分や解雇等は法律行為であれば無効であり[*45]、また不法行為にも該当しうる。それに対して、当該変更が有効で、労働者が変更後の時間に労働しなければ、債務不履行であり、債務不履行を理由とする懲戒処分や解雇等は、要件を充足していれば有効となる[*46]。また、②当該労働義務のある時間の変更につき、労働者が異議を留めて就労した場合、当該変更が信義則違反又は不法行為[*47]であるとして損害賠償を請求しうるかも問題となる。

ウ　労働義務のある時間の変更の効力

使用者の変更命令(時間外労働命令等)が有効であるためには、①使用者が変更権を有し、②変更権の行使が適法であることが必要であるが、当該変更により法定時間外労働・法定休日労働を行わせることとなる場合は、その前提として、法定時間外・法定休日労働をさせるための法所定の要件の充足が必要である。

したがって、第一に、労働義務のある時間の変更により、法定時間外労働又は法定休日労働となる場合は、①労基法 33 条又は 36 条(労使協定の締結・届出)、②労基法 32 条の 2・32 条の 3・32 条の 4・32 条の 5(変形労働時間制の導入、ただし、休日に関する規制は適用される)、③労基法 41 条又は 41 条の 2(適用除外)等それが例外的に許容される要件を充足していることが必要であり[*48]、充足して

---

*45　トーコロ事件・東京地判平 6・10・25 労民 45 巻 5=6 号 369 頁/労判 662 号 43 頁、同事件・東京高判平 9・11・17 労民 48 巻 5=6 号 633 頁/労判 729 号 44 頁、同事件・最二小判平 13・6・22 労判 808 号 11 頁。

*46　日立製作所(武蔵野工場)事件・最一小判平 3・11・28 民集 45 巻 8 号 1270 頁/労判 594 号 7 頁。

*47　北海道厚生農協連合会事件・釧路地帯広支判平 9・3・24 労民 48 巻 1=2 号 79 頁/労判 731 号 75 頁、近鉄百貨店事件・大阪地判平 11・9・20 労判 778 号 73 頁。

*48　前記第 8 章「労働時間と自由時間」第 3 節 2 ～ 5 参照。

いない場合は、当該命令は労基法32条違反又は労基法35条違反で無効である。

第二に、使用者は当然に変更権（時間外労働命令権等）を有しているわけではなく、また、変更権の法的根拠となる法律の条文は存在しないので、使用者が労働契約上当該変更権を有していることが必要であり、①労働者と使用者の事前の合意、②就業規則の定め（労働契約の内容となるもの）、③労働協約の定め（労働契約の内容を規律するもの）[*49]のいずれかが必要である。

第三に、使用者が変更権を有している場合でも、変更権の行使は適法でなければならず、①労働協約、就業規則、労働契約により定められた権利の行使方法（変更事由[*50]、時間外労働・休日労働の上限、手続等）を遵守していること、②信義則違反（労契3条3・4項）ではないこと、③権利濫用（労契3条5項）ではないこと、④労働時間・休日等に関する規制、差別的取扱い禁止等の強行法規に違反していないこと[*51]が必要である。

第3節　懲戒処分

1　懲戒処分の定義と懲戒事由

(1) 定義

「懲戒処分」は、法律の条文上の定義はないが、「使用者が、企業秩序を維持し、服務規律（使用者が労働者に対して設定する行為規範）の実効性を確保することを目的として、服務規律に違反する労働者の非違行為への制裁として、労働者に対して行う経済的又は人格的不利益処分」と定義することができる。

労働者の非違行為を理由として使用者が行う労働契約内容の変更・解雇は、①懲戒処分として行われる場合と、②それ以外の場合があるが、いずれかにより、有効かどうかの判断枠組みが異なる。当該労働契約内容の変更・解雇が、懲戒処分かどうかは、使用者の意思の合理的解釈により決定される[*52]。

(2) 懲戒事由

懲戒事由（懲戒処分の対象となる労働者の行為）としては、1)労務の履行に関するものとして、①経歴詐称、②遅刻・早退、欠勤、職務懈怠、業務過誤、③業務命令違反、

*49　日立製作所（武蔵野工場）事件・最一小判平3・11・28民集45巻8号1270頁/労判594号7頁の味村治裁判官の補足意見参照。

*50　就業規則所定の変更事由かどうかが争われた事案として三菱重工業（横浜造船所）事件・横浜地判昭55・3・28労民31巻2号431頁/労判339号20頁。

*51　黒川乳業事件・大阪地判平5・8・27労判643号64頁（大喪の礼の日を振替休日としたことは思想信条の自由等の侵害ではないと判断）。

*52　グラバス事件・東京地判平16・12・17労判889号52頁。

④服装等の規制違反、⑤職場規律違反、⑥競業避止義務違反等が、2)企業財産・施設の管理・保全に関するものとして、①企業財産への損害、②企業施設の無断使用等が、3)職場外の職務遂行とは直接関係のない行為については、①私生活上の非行、②兼業・二重就職、③秘密保持義務違反等が規定されることが多い。

２　懲戒処分の種類

懲戒処分の種類について、減給に関する規制(労基 91 条)の他に法律上の規定はないが、一般に、懲戒処分として、①戒告・譴責、②減給、③降給・降格・降職、配転、昇給停止・延伸、④出勤停止・休職、⑤懲戒解雇、⑥賞与・退職金の減額・不支給等が行われている。

(1) 戒告・譴責

「戒告・譴責」とは、労働者に始末書を提出させて、又は始末書を提出させることなく、将来を戒める懲戒処分である。

(2) 減給

「減給」とは、本来ならばその労働者が現実になした労務の履行に対応して受けるべき賃金額から一定額を差し引くことである。

減給は、労働者にとって重大な不利益を被らせるものであるので、①減給は 1 回の額[*53]が平均賃金の 1 日分の半額を越えてはならず、②減給の総額は一賃金支払期における賃金の総額の 10 分の 1 を越えてはならない(労基 91 条)[*54]。③制限を越えた減給を行った場合は使用者は 30 万円以下の罰金に処せられる(労基 120 条柱書・1 号)。労基法 91 条の制限に反する就業規則等の定めは無効であり、また、この制限を超える減給処分もその超える部分は無効である。

減給を制限する労基法 91 条の規定があるということは、減給自体は禁止されていないということであり、減給は、賠償予定の禁止(労基 16 条)及び賃金全額払の原則(労基 24 条)の例外として許容されていると解される。

(3) 降給・降格・降職、配転、昇給停止・延伸

「降給」は、将来の賃金額の引き下げであり、「降格」は賃金格付けの引き下げであり、「降職」は、役職・職位の引き下げであり、「配転」は、勤務地又は職務内容の変更であり、「昇給停止」は、一定期間昇給を行わないことで

*53　「1 回の額」とは、1 回の処分事案についてという意味である(全国建設国保北海道東支部事件・札幌地判平 17・5・26 労判 929 号 66 頁/判タ 1221 号 271 頁)。

*54　一賃金支払期における賃金総額が欠勤等により減額され少なくなった場合でも、減給の総額は当該賃金支払期に対し現実に支払われる賃金総額の 10 分の 1 を超えてはならない(昭 25・9・8 基収 1338)。

あり、「昇給延伸」は、昇給時期を遅らせることである。

これらは、懲戒処分ではない通常の労働契約内容の個別的変更として行われる場合もあり、その場合は、通常の労働契約内容の個別的変更としてその効力が判断される(→前記第2節5(1)(4))。

(4) 出勤停止・休職

「出勤停止・休職」とは、労働者の就労を一定期間禁止すること(労務の受領拒否)であり、通常、出勤停止期間中は賃金が支給されず、また、退職金額等の算定にあたり勤続年数に算入されない取扱いを受ける場合もある。

出勤停止・休職は、懲戒処分ではない通常の労働契約内容の個別的変更として行われる場合もあり、その場合は、通常の労働契約内容の個別的変更としてその効力が判断される(→前記第2節5(6))。

(5) 懲戒解雇

「懲戒解雇」は、懲戒処分として行われる解雇である。解雇予告も解雇予告手当の支払もせずに即時になされ、また、退職金の全部又は一部が支給されない場合も多いが、概念としては「即時解雇」(労基20条1項但書)とは区別され、また、退職金の減額・不支給措置と懲戒解雇の効力は別々に判断される(懲戒解雇は有効だが退職金の減額・不支給という懲戒処分は無効と判断される場合もある)。

また、不利益の程度が相対的に軽い「諭旨解雇」(懲戒解雇の一種である)が別個に設けられる場合もある。

解雇は、懲戒処分ではない通常の解雇として行われる場合もあり、その場合は、通常の解雇としてその効力が判断される[*55]。

(6) 賞与・退職金の減額・不支給

懲戒処分としては、「賞与・退職金の減額・不支給」措置がとられる場合もある。賞与・退職金は、功労報償的な性格も有するが、賃金の後払的な性格も有し、また、退職金は労働者の退職後の生活保障という機能も有するので、特に退職金の全額不支給という処分は、当該労働者の永年の勤続の功を抹消してしまうほどの重大な背信的事由がある場合にのみ肯定される[*56]。

3　問題の所在と求めうる法的救済

懲戒処分については、第一に、その効力が問題となる。当該懲戒処分が無効

---

*55　詳細は、後記第13章「労働契約の終了」第2節・第3節1。

*56　旭商会事件・東京地判平7・12・12労判688号33頁、小田急電鉄事件・東京高判平15・12・11労判867号5頁/判時1853号145頁、日音事件・東京地判平18・1・25労判912号63頁/判時1943号150頁。

であれば、労働者は、それを前提として法的救済を求めることができる。具体的には、①懲戒解雇、諭旨解雇の場合は、労働契約上の権利を有する地位の確認と未払賃金の支払であり、②降職・降格・降給、昇給停止・延伸の場合は、変更前の契約上の地位を有することの確認と未払賃金の支払であり、③配転の場合は、配転先又は配転後の職務内容での労働義務の不存在確認であり、④出勤停止・休職の場合は未払賃金の支払であり、⑤減給、賞与・退職金の減額・不支給等の場合は、未払賃金の支払であり、⑥始末書提出命令の場合は、義務不存在確認であり、⑦戒告・譴責等の場合は、処分の無効確認で、既に昇給・昇格、賞与等に具体的に不利益が生じている場合は、未払賃金の支払である。

第二に、当該懲戒処分が、信義則違反又は不法行為に該当すれば、労働者は損害賠償を請求することができる。

4　懲戒処分の効力

懲戒処分の効力についての論点は、①使用者の「懲戒権」の法的根拠、(→(1))、及び、②懲戒権の行使の適法性(→(2))である。

懲戒解雇の場合は、懲戒処分が有効となる要件と解雇が有効となる要件の双方の充足が必要である(→(3))。

(1)懲戒権の法的根拠

懲戒権の法的根拠に関する見解は、①使用者は労働契約の当事者として当然に懲戒権を有するという「固有権説」、及び、②労働契約上の法的根拠が必要であるとする「契約説」に大別しうる。

懲戒権の法的根拠に関連する最高裁判決(いずれも労契法施行(2008<平 20>年)前の事案)は、労働契約の性質・内容上、使用者は企業秩序に違反する労働者に対する懲戒権を有しているが、懲戒処分は特別の制裁罰であるがゆえに、懲戒権は就業規則に懲戒事由と懲戒の種類・程度を明定し少なくとも実質的に周知してこれを労働契約の内容とすることによって具体的に行使しうると解していると思われ*57、固有権説を基礎としつつも実質的に契約説に近い立場であろう。

しかし、使用者の懲戒権の法的根拠となる憲法上の権利や法律の条文はないこと、労働者と使用者は対等な契約当事者であることからすれば、使用者が労働契約の当事者として当然に懲戒権を有するという見解は支持し難い。

*57　国鉄(札幌運転区)事件・最三小判昭 54・10・30 民集 33 巻 6 号 647 頁/労判 329 号 12 頁、関西電力事件・最一小判昭 58・9・8 集民 139 号 393 頁/労判 415 号 29 頁、フジ興産事件・最二小判平 15・10・10 集民 211 号 1 頁/労判 861 号 5 頁、ネスレ日本事件・最二小判平 18・10・6 集民 221 号 429 頁/労判 925 号 11 頁等参照。

したがって、懲戒権は労働契約上の法的根拠を必要とし*58、具体的には、使用者が懲戒権を有することについて、①労働者と使用者の事前の合意があること、②就業規則に定めがありそれが労働契約の内容となっていること、③労働協約に定めがありそれが労働契約の内容を規律していることのいずれかにより、懲戒権が発生すると端的に解すべきである。

(2) 懲戒権の行使の適法性

ア　就業規則の定めと内容・手続

懲戒権の行使が適法であるためには、第一に、①就業規則に懲戒事由と懲戒処分の種類・程度の定めが存在し、②規定内容が法令・労働協約に反せず（労基 92 条 1 項）、合理的な内容であり、③規定内容が実質的に周知され、④就業規則の作成・変更にかかる労基法所定の手続（過半数代表の意見聴取〈労基 90 条 1 項〉、行政官庁への届出〈労基 90 条 2 項・89 条〉、周知〈労基 106 条 1 項〉）が履践されていることが必要である。

懲戒権の法的根拠が就業規則の定めであれば（多くはそうであろう）、上記①～④を充足していなければ、労働契約の内容とはならないから、上記①～④は、懲戒権の法的根拠の有無（→前記(1)）において判断される。

また、懲戒処分は制裁罰であるので、罪刑法定主義的な観点（懲戒処分〈制裁〉が就業規則の相対的必要記載事項〈労基 89 条 9 号〉であることはその表れである）から、前記①（就業規則の定め）と③（実質的周知）が必要である。それゆえ、使用者は、就業規則に懲戒事由・懲戒処分を定める以前の労働者の行為については懲戒処分の対象とすることはできない（不遡及の原則）。

また、懲戒権は企業秩序維持を目的として設定されるから、前記②（規定内容の適法性及び合理性）と④（内容の合理性を担保するための労基法所定の意見聴取・届出・周知の手続の履践）が必要である。

就業規則作成義務のない事業場においても、罪刑法定主義的な観点と懲戒権の目的に照らし、①事前に書面に懲戒事由と懲戒処分の種類・程度を定め、②その内容を適法かつ合理的なものとし、③これを周知することが必要である。

イ　懲戒事由に該当する事実の存在

懲戒権の行使が適法であるためには、第二に、就業規則等に定めた懲戒事由に該当する事実が存在することが必要である。

懲戒事由該当事実の存否は、形式的該当性のみならず、懲戒処分を行うこと

---

*58　洋書センター事件・東京高判昭 61・5・29 労民 37 巻 2=3 号 257 頁/労判 489 号 89 頁、倉田学園（高松校）事件・高松地判平元・5・25 労民 40 巻 2=3 号 364 頁/労判 555 号 81 頁、丸林運輸事件・東京地決平 18・5・17 労判 916 号 12 頁/判時 1937 号 157 頁。

が企業秩序維持のために必要であるかどうか、実質的該当性も問題となるので、事実認定の問題のみならず法的評価の問題も生じる。

ウ　労働協約・就業規則・労働契約の定めの充足

懲戒権の行使が適法であるためには、第三に、当該懲戒処分が就業規則等の定める懲戒処分の中から選択されたこと、及び、労働協約・就業規則・労働契約に懲戒権の行使に関する定め（手続等）がある場合はこれを充足することが必要である。

図 12.6　懲戒権の法的根拠と行使の適法性

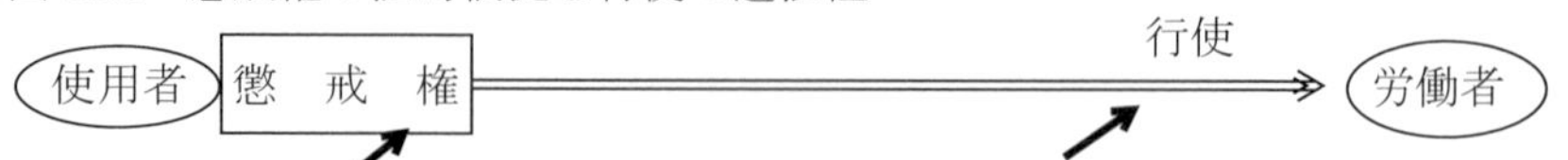

懲戒権の法的根拠

〈固有権説〉
使用者の固有権

〈契約説〉
① 事前の合意
② 就業規則（労働契約の内容となるもの）
③ 労働協約（労働契約の内容を規律するもの）

懲戒権行使の適法性

① 就業規則の定め（懲戒事由と懲戒処分の種類・程度）、内容の合理性、周知等手続履践
② 懲戒事由に該当する事実の存在
③ 労働協約,就業規則,労働契約の定めの充足
④ 信義則（労契 3 条 4 項）上の義務の履行
⑤ 権利濫用（労契 15 条）ではないこと
⑥ 強行法規違反ではないこと

エ　信義則上の義務の履行

懲戒権の行使が適法であるためには、第四に、信義則（労契 3 条 4 項）上の義務を履行し当該懲戒処分が信義則違反でないことが必要である。具体的には、使用者は、①同一の行為につき、複数回懲戒処分を行うことはできず（一事不再理の原則）、②懲戒処分は、懲戒処分の対象となった行為の性質・態様その他の事情に照らして、懲戒処分時点で必要かつ相当な内容でなければならず（相当性の原則）*59、③当該懲戒処分は、従来の懲戒処分と均衡のとれたものでなければならず（平等取扱原則）*60、④懲戒処分を行うにあたり、迅速な調査を行い、労働者に対し懲戒理由について十分に説明し弁明の機会を付与し、労働者が当該処分の当・不当と法的救済を求めるか否かを判断できるよう、その内容と理由を労働者に告知する*61等の適正な手続を履践しなければならない（適正手続）。

---

*59　ネスレ日本事件・最二小判平 18・10・6 集民 221 号 429 頁/労判 925 号 11 頁参照。

*60　時代の変化により当該非違行為に対する評価が厳しくなる場合（飲酒運転やハラスメント等）は、従来より重い懲戒処分が行われることを事前に周知すべきであろう。

*61　後に裁判所で、労働者に告知しなかった懲戒処分の理由（懲戒事由に該当する事実等）を主張することは、特段の事情がある場合を除き、信義則に反し許されない。

これらに反する懲戒処分は、信義則違反で無効である。

オ　権利濫用でないこと

懲戒権の行使が適法であるためには、第五に、当該懲戒処分が懲戒権濫用（労契 15 条）に該当しないことが必要である。「当該懲戒が、当該懲戒に係る労働者の行為の性質及び態様その他の事情に照らして、客観的に合理的な理由を欠き、社会通念上相当であると認められない場合は、その権利を濫用したものとして、当該懲戒は、無効とする」（労契 15 条）とされているところ、懲戒権の濫用に該当するかどうか、客観的に合理的な理由と社会通念上の相当性の判断基準は、前記エの信義則違反か否かの判断基準と基本的に同じであり、①一事不再理の原則、②相当性の原則、③平等取扱原則、④適正手続の履践を充足しない場合は、懲戒権の濫用で無効である。

カ　強行法規違反でないこと

懲戒権の行使は、差別的取扱い禁止等の強行法規違反であってはならず、強行法規に違反する場合は無効である。

当該懲戒処分が減給である場合は、労基法 91 条（①減給は 1 回の額が平均賃金の 1 日分の半額を越えてはならず、②減給の総額は一賃金支払期における賃金の総額の 10 分の 1 を越えてはならない）違反であってはならない。

(3) 懲戒解雇の効力

懲戒解雇の場合は、懲戒処分であるとともに解雇でもあるので、それが有効であるためには、懲戒処分が有効となる要件（→前記(1)(2)）を充足するとともに、解雇が有効となる要件[*62]を充足することが必要である。

したがって、第一に、期間の定めのある労働契約において期間途中に懲戒解雇を行う場合は、「やむを得ない事由」（労契 17 条 1 項）が必要であるが、懲戒処分が有効となる要件（→前記(1)(2)）を充足し、かつ、契約期間の途中で解雇する高度の必要性が認められれば、「やむを得ない事由」の存在は肯定される。

第二に、懲戒解雇は、「解雇権濫用」（労契 16 条）であってもならないが、解雇権濫用か否かの判断は、懲戒権濫用か否か（前記(2)オ）の判断と同じである。

第三に、懲戒解雇は、解雇期間の制限（労基 19 条）や解雇予告又は解雇予告手当の支払に関する規定（労基 20 条・21 条）等の解雇に関する規制も遵守することが必要である。

---

*62　後記第 13 章「労働契約の終了」第 2 節・第 3 節 1。

第13章　労働契約の終了

本章では、労働契約の終了について、①総論(→第 1 節)、②期間の定めのない労働契約における解雇(→第 2 節)、③有期労働契約における解雇・契約更新拒否(→第 3 節)、④定年と継続雇用(→第 4 節)、⑤使用者による一方的終了以外の労働契約終了事由(→第 5 節)をめぐる論点を検討する。

第１節　総論

1　労働契約終了の類型

労働契約の終了は、① 使用者による一方的な(契約終了時に労働者の同意のない)労働契約の終了と、②それ以外の労働契約の終了(当事者の消滅を含む)に大別される。

(1) 使用者による一方的な労働契約終了

使用者による一方的な労働契約終了は、その終了事由(原因)により、①期間の定めのない労働契約における解雇(使用者による解約)(→第 2 節)、②有期労働契約における期間途中の解雇(→第 3 節 1)、③有期労働契約の期間満了後の使用者による契約更新拒否(雇止め)(→第 3 節 2)、④定年及び定年後の使用者による再雇用拒否(→第 4 節)に分類される。

図 13.1　意思表示による労働契約終了の類型

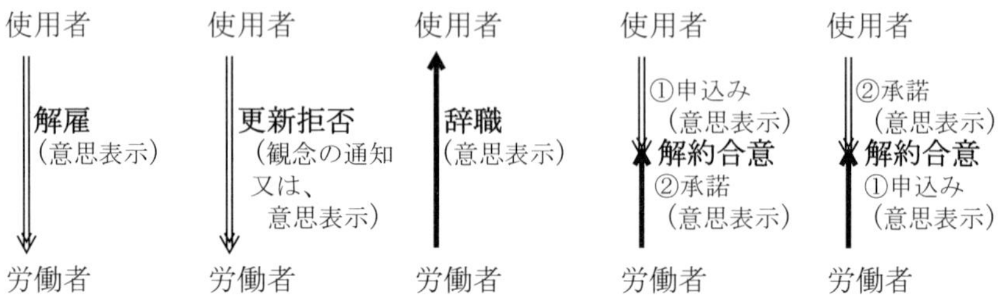

(2) 使用者による一方的労働契約終了以外の労働契約の終了

使用者による一方的労働契約終了以外の労働契約の終了は、その終了事由(原因)により、①当事者の消滅、②解約合意、③辞職(退職)(労働者による解約)に分類され(→第 5 節)、④有期労働契約の期間満了又は定年で労働者が契約の更新・継続を望まない場合もある。

2　使用者による一方的な労働契約終了の分類

(1) 性質による分類

使用者による一方的な労働契約終了は、懲戒処分として行われたか否かにより、①懲戒解雇等[*1]と、②通常の解雇・契約更新拒否等に分類される。

(2) 理由による分類

使用者による一方的な労働契約終了(解雇・契約更新拒否等)の理由は、第一に、①労働者の人的理由(労働能力、勤務態度<遅刻・早退・欠勤等>、非違行為、業務命令違反等)、②経営上の理由(経営不振、企業再編等)、⑤ユニオン・ショップ協定に基づき行われるもの[*2]に分類することができ、第二に、別の観点から、①労働契約の終了の必要性と、②使用者の労働条件変更の申込み(例えば労働者の労働能力低下に対応する賃金の減額)に対し労働者が承諾しないこと、すなわち、従来の労働条件では労働契約を維持できないことに分類される。

3　労働契約終了時等の使用者の義務

(1) 労働者の請求に基づく退職時等の証明書の交付

使用者は、①労働者が、退職の場合に、使用期間、業務の種類、その事業における地位、賃金又は退職の事由(退職の事由が解雇の場合にあってはその理由を含む)についての証明書を請求したときは、遅滞なくこれを交付しなければならず(労基 22 条 1 項)、②労働者が、解雇の予告がされた日から退職の日までの間において、当該解雇の理由について証明書を請求した場合、使用者は遅滞なくこれを交付しなければならない(労基 22 条 2 項)。③上記①と②の証明書には、労働者の請求しない事項を記入してはならない(労基 22 条 3 項)。また、④使用者は、あらかじめ第三者と謀り、労働者の就労を妨げることを目的として、労働者の国籍、信条、社会的身分若しくは労働組合運動に関する通信をし、又は、これらの証明書に秘密の記号を記入してはならない(労基 22 条 4 項)。

(2) 金品の返還

使用者は、労働者の死亡又は退職の場合、権利者の請求があった場合は 7 日

---

*1　前記第 12 章「労働契約内容の設定・変更と懲戒処分」第 3 節 4(3)参照。
*2　後記第 16 章「団結の結成と運営」第 2 節 5(4)参照。

以内に賃金を支払い、労働者の権利に属する金品を返還しなければならない（労基 23 条 1 項）。この賃金又は金品に関して争いがある場合は、使用者は、異議のない部分を 7 日以内に支払い、又は返還しなければならない（労基 23 条 2 項）。

ただし、退職手当については支払時期と支払方法が就業規則の相対的必要記載事項（労基 89 条 3 の 2 号）であるので、就業規則の規定に従えばよい。

4　労働契約終了をめぐる法的紛争と法的救済

(1) 法的紛争

労働契約終了をめぐる法的紛争としては、大別以下の二つがある。

第一は、労働者が、労働契約は終了していないとして、使用者に対し労働契約上の権利を有する地位にあることの確認と未払賃金の支払を請求する場合であり、その前提として、労働契約終了の肯否が問題となる（→第 2 節～第 5 節）。また、これに加えて、使用者の解雇等が不法行為又は信義則違反であるとして精神的損害賠償を請求する場合は、当該解雇等が不法行為又は信義則違反に該当するかどうかも問題となる。

第二は、労働者が、復職（労働契約の継続）は望まないが、使用者の解雇等が不法行為又は信義則違反であるとして、財産的損害（一定期間の賃金相当額）又は（及び）精神的損害賠償を請求する場合である。この場合、当該解雇等が不法行為又は信義則違反かどうかと財産的損害の有無が問題となる。

(2) 地位確認と賃金支払請求

解雇無効等により、労働契約終了の効力が否定される場合は、労働者は、それを前提として、相手方使用者に対し、労働契約上の権利を有する地位の確認を求めることができる。

また、債務の本旨に従った履行の提供があれば（労働者に就労の意思と能力があれば）、労務の履行不能は債権者（使用者）の責めに帰すべき事由（解雇等）（民 536 条 2 項前段）によるものであるから、労務の受領を拒否された後、解雇無効等の判決が確定するまでの賃金と遅延損害金[*3]の支払を請求することができる。

(3) 不法行為・信義則違反に基づく損害賠償請求等

ア　精神的損害賠償請求

解雇・契約更新拒否等は、労働者の人格権を侵害し精神的苦痛を与えるもので、不法行為や信義則違反にも該当しうる。その場合、労働者は、労働契約が終了していないことを前提とする、労働契約上の権利を有する地位確認と未払

---

*3　法定利率については、民法 404 条・419 条 1 項参照。

賃金の支払に加えて、それでは慰謝されない精神的損害につき賠償請求することが可能である。また、労働者が労働契約の終了を争わず、不法行為又は信義則違反に基づく精神的損害賠償請求を行うことも可能である[*4]。

イ　財産的損害賠償請求

解雇等が無効でも、労働者が、復職（労働契約の継続）は望まないが、使用者の解雇等が不法行為・信義則違反であるとして財産的損害（一定期間の賃金相当額）を請求する場合、労働者が就労の意思を喪失し復職を断念した理由（その結果労働契約は終了し賃金請求権も喪失する）は、主として使用者が解雇等により労務の受領を拒否したことにあるから、特段の事情がない限り、賃金請求権の喪失は使用者による労務の受領拒否と相当因果関係を有し、それがなければ得られたであろう一定期間の賃金相当額を損害賠償請求しうる[*5]。ただし、労働者がその後他の使用者と労働契約を締結した場合は、逸失利益は、それを考慮して決定されることになろう。

第２節　期間の定めのない労働契約における解雇

期間の定めのない労働契約における解雇の効力については、①解雇権の法的根拠（→１）、及び、②解雇権の行使の適法性（→２～４）が問題となる。

１　解雇権の法的根拠

解雇権については、期間の定めのない契約の一般原則（契約当事者はいずれも一方的意思表示により契約を解約することができる）に基づき、使用者は当然に解雇権を有している。また、当該労働契約が民法上の雇用契約である場合は、民法627条１項前段（「当事者が雇用の期間を定めなかったときは、各当事者はいつでも解約の申入れをすることができる」）も解雇権の法的根拠となる。

２　解雇権の行使の適法性

解雇権の行使が適法であるためには、法令に違反しないことが必要であり、法令による解雇制限としては、①業務災害・産前産後の場合の解雇制限（→

*4　大生会事件・大阪地判平22・7・15労判1014号35頁。

*5　三枝商事事件・東京地判平23・11・25労判1045号39頁。一定期間の賃金相当額の損害賠償請求を認容した裁判例として、Ｓ社（派遣添乗員）事件・東京地判平17・1・25労判890号42頁、インフォーマテック事件・東京地判平19・11・29労判957号41頁、小野リース事件・仙台地判平20・12・24労判1018号12頁、同事件・仙台高判平21・7・30労判1018号9頁、テイケイ事件・東京地判平23・11・18労判1044号55頁。

(1))、②妊娠中及び産後１年以内の解雇の禁止(→(2))、③解雇予告又は解雇予告手当の支払(→(3))、④解雇理由証明書の交付(→(4))、⑤解雇理由の個別的規制(→(5))、⑥解雇の一般的な規制(→(6))がある。

また、労働協約に違反しないこと(→(7))、就業規則所定の解雇事由に該当する事実の存在(→(8))、労働契約に違反しないこと(→(9))も必要である。

(1) 業務災害・産前産後の場合の解雇制限

ア　原則

使用者は、①労働者が業務上負傷し又は疾病[*6]にかかり療養のため休業する期間及びその後 30 日間は、当該労働者を解雇してはならない(労基 19 条 1 項本文)[*7]。また、②産前産後の女性が労基法 65 条によって休業する期間及びその後 30 日間は、当該女性を解雇してはならない(労基 19 条 1 項本文)。

イ　例外

上記アの例外として、①業務災害の場合、使用者が打切補償(労基 81 条)を支払うときは、解雇することができる(労基 19 条 1 項但書前段)。労災保険による療養補償給付(労災保険 12 条の 8 第 1 項 1 号)を受ける労働者が療養開始後 3 年を経過しても疾病等が治らない場合には、使用者は、労基法 75 条の使用者による療養補償を受ける労働者が療養開始後 3 年を経過しても疾病等が治らない場合と同様、当該労働者につき労基法 81 条の打切補償の支払をすることにより、解雇制限の除外事由(労基 19 条 1 項但書前段)の適用を受けて解雇することができる[*8]。また、当該労働者が療養開始後 3 年を経過した日において傷病補償年金(労災保険 12 条の 8 第 1 項 6 号)[*9]を受けている場合、又は、その日以後同年金を受けることとなった場合は、3 年を経過した日又は同年金を受けることとなった日において打切保障が支払われたものとみなされ(労災保険 19 条)、使用者は当該労働者を解雇することができる。

---

*6　労基法 19 条 1 項にいう「業務上の傷病」とは、労働災害補償制度における「業務上の傷病」、すなわち、労基法 75 条にいう業務上の傷病及び労災保険法にいうそれと同義であり、業務と相当因果関係のある傷病である(東芝事件・東京地判平 20・4・22 労判 965 号 5 頁、同事件・東京高判平 23・2・23 労判 1022 号 5 頁/判時 2129 号 121 頁、アイフル事件・大阪高判平 24・12・13 労判 1072 号 55 頁、第一興商事件・東京地判平 24・12・25 労判 1068 号 5 頁)。

*7　労基法 19 条 1 項違反で無効と判断した裁判例として、東芝事件・東京地判平 20・4・22 労判 965 号 5 頁、アイフル事件・大阪高判平 24・12・13 労判 1072 号 55 頁、ゴールドルチル事件・名古屋高決平 28・1・11 労判 1156 号 18 頁、武相学園事件・東京高判平 29・5・17 労判 1181 号 54 頁。

*8　専修大学事件・最二小判平 27・6・8 労判 1118 号 18 頁。

*9　労働能力喪失率 100 %の重度障害を負い、かつ、長期継続療養を必要とする被災労働者に支給される年金。

また、①(業務災害)、及び、②(産前産後)のいずれの場合も、天災事変その他やむを得ない事由のために事業の継続が不可能となった場合で、その事由について行政官庁(所轄労働基準監督署長)の認定を受けたときは、解雇することができる(労基 19 条 1 項但書後段・2 項、労基則 7 条)。当該期間中の解雇が労働者に与える不利益の重大性に鑑みるならば、労基法 19 条 1 項但書後段所定の客観的要件(天災事変その他やむを得ない事由)の充足のみならず、行政官庁の認定(労基 19 条 2 項)も、解雇制限期間中の解雇が有効となる要件と解すべきである。

(2) 妊娠中及び産後 1 年以内の解雇の禁止

妊娠中の女性及び出産後 1 年を経過しない女性労働者に対する解雇は無効である(均等 9 条 4 項)。ただし、事業主が、当該解雇が妊娠、出産、産前産後休業取得等を理由とする解雇でないことを証明したときは、この限りではない(均等 9 条 4 項但書・3 項、均等則 2 条の 2)。

(3) 解雇予告又は解雇予告手当の支払

ア　原則

使用者は、労働者を解雇する場合は、少なくとも 30 日前に予告をし、又は、30 日分以上の平均賃金(解雇予告手当)を支払わなければならない(労基 20 条 1 項)(ただし、試の使用期間中の者は、14 日を超えて引き続き使用されるに至った場合を除き、同規定は適用されない〈労基 21 条〉)。解雇予告の日数は、平均賃金を支払った日数分について短縮することができる(労基 20 条 2 項)(例：10 日分の平均賃金を支払い 20 日前に解雇予告を行う)。

イ　例外

例外として、以下の場合は、解雇予告又は解雇予告手当の支払をしない「即時解雇」を行うことができる。すなわち、①天災事変その他やむを得ない事由のために事業の継続が不可能となった場合、又は、②労働者の責に帰すべき事由(＝解雇手当の支払を必要としないほど重大な事由)*10に基づいて解雇する場合で、①②のいずれについてもその事由について行政官庁(所轄労働基準監督署長)の認定を受けたときである(労基 20 条 1 項但書、同条 3 項が準用する 19 条 2 項、労基則 7 条)。

ウ　解雇予告又は解雇予告手当の支払を欠く解雇の効力

それでは、即時解雇事由が存在しないにもかかわらず、使用者が労基法 20 条 1 項に基づく解雇予告又は解雇予告手当の支払をせずに労働者を解雇した場合、解雇が有効となる他の要件を充足していれば当該解雇は有効であろうか。

---

*10　該当例として、洋書センター事件・東京高判昭 61・5・29 労民 37 巻 2=3 号 257 頁/労判 489 号 89 頁、豊中市不動産事業協同組合事件・大阪地判平 19・8・30 労判 957 号 65 頁、旭運輸事件・大阪地判平 20・8・28 労判 975 号 21 頁。

判例[*11]は、「相対的無効説」（即時解雇としての効力は生じないが、使用者が即時解雇に固執しない限り、解雇通知後 30 日経過後又は解雇予告手当の支払後、解雇の効力が発生する）である。しかし、労基法 20 条に違反する解雇の意思表示は原則として無効であるが、労働者は労基法 114 条（労基法 20 条違反の場合、労働者は解雇予告手当及び付加金の支払を請求しうるとの規定）に基づき、解雇無効を主張する代わりに解雇有効を前提として解雇予告手当及び付加金支払を請求することもできる[*12]（「労働者選択説」）と解すべきであろう。

（4）解雇理由証明書の交付

労働者が、①解雇予告日から退職の日までの間に、当該解雇の理由について証明書を請求した場合は、使用者は遅滞なくこれを交付しなければならず（労基 22 条 2 項本文）（ただし、労働者が解雇が予告された日以後に当該解雇以外の事由により退職した場合は、使用者は当該退職の日以降これを交付することを要しない〈労基 22 条 2 項但書〉）、②退職の日以降も、退職の事由が解雇である場合、当該解雇の理由について証明書を請求した場合は、使用者は遅滞なくこれを交付しなければならない（労基 22 条 1 項）。

（5）解雇理由の個別的規制

解雇理由については、労働者の属性・権利行使・行為を理由とする差別的取扱い禁止の観点から、以下の理由による解雇は禁止されている。

すなわち、①国籍、信条、社会的身分（労基 3 条）、②労働組合員であること、労働組合に加入し若しくはこれを結成しようとしたこと、労働組合の正当な行為をしたこと（労組 7 条 1 号）、③性別（均等 6 条 4 号）、④女性労働者の婚姻、妊娠、出産、産前産後休業の取得等（均等 9 条 2 項・3 項、均等則 2 条の 2）、⑤育児休業・介護休業等の取得の申出又は取得等（育介 10 条、16 条、16 条の 4、16 条の 7、16 条の 10、18 条の 2、20 条の 2、23 条の 2）、⑥ハラスメントに関する相談等をしたこと（均等 11 条 2 項、11 条の 3 第 2 項、育介 25 条 2 項、労働施策 30 条の 2 第 2 項）、⑦労基法上・派遣法上の違反の申告をしたこと（労基 104 条 2 項、派遣 49 条の 3 第 2 項）、⑧個別紛争解決法上の紛争解決援助の求め又はあっせん申請をしたこと（個別紛争解決 4 条 3 項、5 条 2 項）、⑨均等法上、パート・有期法上、障雇法上、労働施策法上の紛争解決援助の求め又は調停の申請をしたこと（均等 17 条 2 項、18 条 2 項、パート・有期 24 条 2 項、25 条 2 項、障雇 74 条の 6 第 2 項、74 条の 7 第 2 項、

---

*11　細谷服装事件・最二小判昭 35・3・11 民集 14 巻 3 号 403 頁/判時 218 号 6 頁。わいわいランド事件・大阪高判平 13・3・6 労判 818 号 73 頁、岡田運送事件・東京地判平 14・4・24 労判 828 号 22 頁も同旨。

*12　わいわいランド事件・大阪地判平 12・6・30 労判 793 号 49 頁。

労働施策30条の5第2項・30条の6第2項)、⑩労働委員会への救済申立て等をしたこと(労組7条4号)、⑪公益通報(公益通報者保護3条)、⑫労働者が裁判員の職務を行うための休暇を取得したこと(裁判員の参加する刑事裁判に関する法律100条)等を理由とする解雇は禁止されている[*13]。

(6) 解雇の一般的な規制

ア　信義則

解雇権は信義則(労契3条4項)に則して行使されなければならず、信義則違反の解雇は無効である。

「信義則違反でないこと(信義則上の義務の履行)」は、「解雇の客観的に合理的な理由と社会通念上の相当性があること」であり、具体的には、①解雇の客観的に合理的な理由があり、解雇回避義務を尽くしてもなお当該解雇の必要性が存在すること(解雇の必要性・相当性)、②十分に説明・協議を行い、解雇通知時に解雇理由を通知したこと(適正手続)である[*14]。

また、使用者は、解雇が必要であっても、解雇により労働者が被る不利益をできるだけ緩和するよう可能な措置をとる信義則上の義務を負う(ただし労働者に帰責事由があるときを除く)と解される。この不利益緩和義務を履行しない場合は、解雇が有効であっても、損害賠償責任を負うと解すべきである。

イ　解雇権濫用

解雇権は濫用してはならず、「解雇は、客観的に合理的な理由を欠き、社会通念上相当であると認められない場合は、その権利を濫用したものとして、無効とする」(労契16条)と定められている。

「解雇権濫用でないこと」、すなわち、「解雇の客観的に合理的な理由があり社会通念上相当であること」の具体的内容は、信義則違反でないことと基本的には同じであり、①解雇の客観的に合理的な理由があり、解雇回避義務を尽くしてもなお当該解雇の必要性が存在すること(解雇の必要性・相当性)、②説明・協議と解雇理由の通知(適正手続)である。

(7) 労働協約による制限

労働協約において、使用者の解雇権の行使要件として、労働者の解雇事由、解雇基準、解雇手続、不利益緩和措置等を定めた場合、それらの規定は、「労

---

*13　また、企画業務型裁量労働制を導入するためには、裁量労働制の適用に同意しない労働者に対する解雇その他不利益な取扱いをしてはならないことを決議で定めることが必要である(労基38条の4第1項6号)。

*14　後に裁判所で、使用者が労働者に告知しなかった解雇理由を解雇理由として主張することは、特段の事情がある場合を除き、信義則に反し許されないと解すべきである。

働者の待遇に関する基準」（労組 16 条）に該当するから、労働協約の規範的効力（労組 16 条）により労働契約の内容を規律する[*15]。したがって、これに違反する解雇は、労働契約違反で無効となる。

(8) 就業規則による制限

ア　解雇事由

解雇事由は、就業規則の絶対的必要記載事項（労基 89 条 3 号）である。

使用者は、期間の定めのない労働契約においては解雇権を有しているが、解雇は、労働者に大きな経済的・人格的不利益を被らせるので、労基法は、解雇事由（解雇の対象となる事由）を事前に就業規則に明示することを要求しており、就業規則に記載された解雇事由は限定列挙である[*16]。

したがって、就業規則作成義務のある事業場においては、労基法所定の意見聴取と添付・届出・周知（労基 90 条・89 条・106 条 1 項）の手続を履践した就業規則に解雇事由が定められていなければ解雇権を行使することができず、また、定められた解雇事由に該当する事実が存在する場合にのみ解雇権を行使することが当該事業場の「労働条件の最低基準」であり、就業規則の最低基準効（労契 12 条）により労働契約の内容となる。それゆえ、これに違反する解雇は労働契約違反で無効となる。

イ　解雇事由に該当する事実の存在

「就業規則所定の解雇事由に該当する事実の存在」は、事実認定の問題である。しかし、就業規則所定の解雇事由は、信義則（労契 3 条 4 項）に基づき合理的な範囲に限定・明示されなければならず、信義則に則して合理的限定的に解釈される[*17]。すなわち、解雇事由は、「解雇の客観的に合理的な理由と社会通念上の相当性」を充足することが必要であり、具体的には、①解雇の客観的に合理的な理由があり、解雇回避義務を履行してもなお当該解雇の必要性が存在すること（解雇の必要性・相当性）、②説明・協議と解雇理由の通知（適正手続）を含むものとして定められなければならず、そのように合理的限定的に解釈され、これに該当する事実が存在することが必要である。

ウ　その他の定め

就業規則に、解雇事由以外の解雇手続等を定めた場合、それらの規定は当該

---

*15　後記第 19 章「労働協約」第 3 節 4 参照。

*16　東芝（柳町工場）事件・最一小判昭 49・7・22 民集 28 巻 5 号 927 頁/労判 206 号 27 頁、寿建築研究所事件・東京高判昭 53・6・20 労判 309 号 50 頁/判時 902 号 114 頁。

*17　セガ・エンタープライゼス事件・東京地決平 11・10・15 労判 770 号 34 頁/判タ 1050 号 129 頁参照。

事業場の「労働条件の最低基準」であり、就業規則の最低基準効(労契 12 条)により労働契約の内容となり、これに違反する解雇は労働契約違反で無効となる。

図 13.2　解雇権の法的根拠と行使の適法性

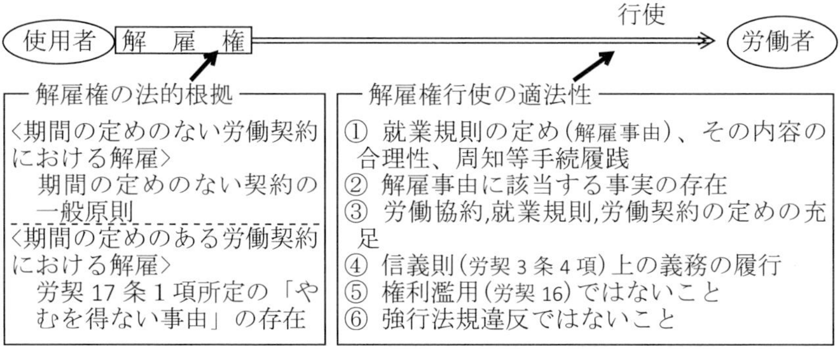

使用者　解　雇　権　──行使──⇒　労働者

解雇権の法的根拠

〈期間の定めのない労働契約における解雇〉
　期間の定めのない契約の一般原則

〈期間の定めのある労働契約における解雇〉
　労契 17 条 1 項所定の「やむを得ない事由」の存在

解雇権行使の適法性

① 就業規則の定め(解雇事由)、その内容の合理性、周知等手続履践
② 解雇事由に該当する事実の存在
③ 労働協約,就業規則,労働契約の定めの充足
④ 信義則(労契 3 条 4 項)上の義務の履行
⑤ 権利濫用(労契 16)ではないこと
⑥ 強行法規違反ではないこと

(9) 労働契約による制限

労働契約に、労働者の解雇事由、解雇基準、解雇手続、不利益緩和措置等を定めた場合は、これに違反する解雇は、労働契約違反で無効となる。

3　解雇が有効となる要件

以上を整理するならば、期間の定めのない労働契約における解雇が有効となる要件は、以下の通りである。

使用者は、期間の定めのない契約の一般原則に基づき、解雇権を有する。

しかし、解雇権の行使が適法であるためには、①就業規則作成義務のある事業場では、労基法所定の意見聴取と添付・届出・周知(労基 90 条・89 条・106 条 1 項)の手続を履践した就業規則に合理的な内容の解雇事由(限定列挙)の定めがあり、その解雇事由に該当する事実が存在すること、②労働協約、就業規則、労働契約に解雇事由・手続等の定めがある場合は、これを充足していること、③信義則上の義務(労契 3 条 4 項)の履行、④解雇権濫用でないこと(労契 16 条)、⑤その他強行法規違反(産前産後・業務災害の場合の解雇制限〈労基 19 条〉、解雇予告又は解雇予告手当の支払〈労基 20 条・21 条〉[*18]、差別的〈不利益な〉取扱い禁止等への違反)に該当しないことが必要である。

*18　ただし、判例の相対的無効説によれば、使用者が即時解雇に固執する場合を除き、解雇が有効となる要件ではない。

4　具体的判断基準

解雇が有効となる要件の一部である、1)就業規則所定の解雇事由に該当する事実の存在(就業規則作成義務のある事業場)、2)信義則(労契 3 条 4 項)上の義務の履行、3)解雇権濫用でないこと(労契 16 条)は、いずれも、その基本的判断基準は「解雇の客観的に合理的な理由と社会通念上の相当性があること」であるが、その具体的な判断基準は、当該解雇が、①懲戒解雇以外の労働者の人的理由による解雇(普通解雇)(→(1))、②労働者の人的理由による使用者の労働条件変更の申込みに対し労働者が承諾しないことを理由とする解雇(→(2))、③雇用の廃止・削減等を理由とする解雇(整理解雇)(→(3))、④経営上の理由による使用者の労働条件変更の申込みに対し労働者が承諾しないことを理由とする解雇(→(4))のいずれに該当するかにより、その内容を異にする。①・②は、労働者の人的理由による解雇であり、③・④は、経営上の理由による解雇である。

(1)　労働者の人的理由による解雇(普通解雇)

懲戒解雇以外の労働者の人的理由による解雇(普通解雇)が、「就業規則所定の解雇事由該当事実が存在し、信義則違反・解雇権濫用に該当しない」と判断されるための要件は、①解雇の客観的に合理的な理由(労働能力の欠如、勤務態度不良、業務命令拒否等)の存在と、解雇という最終手段をとる必要性・相当性(解雇回避義務<教育、注意・警告・懲戒処分、別の職務・配置や降格・降給等、他の手段によって解雇を回避する努力をする信義則上の義務>の履行)[*19]、②①を確認するために労働者に対して十分な説明・協議を行い、解雇を決定した場合は解雇理由の通知を行ったことと解される。

(2)　労働者の人的理由による使用者の労働条件変更の申込みに対し労働者が承諾しないことを理由とする解雇

労働者の人的理由による使用者の労働条件変更の申込みに対し労働者が承諾しないことを理由とする解雇が、「就業規則所定の解雇事由該当事実が存在し、信義則違反・解雇権濫用に該当しない」と判断されるための要件は、①労働条件を変更する客観的に合理的な理由(労働能力の欠如、勤務態度不良、業務命令拒否等)の存在と、変更後の労働条件(勤務地、職務内容、格付け、賃金等)の相当性、②労働条件変更の申込みを承諾しない労働者を解雇する必要性・相当性(解雇回避義務を履行したこと<労働条件を変更しないで労働契約を維持する可能性、労働者が受け入れられる別の労働条件変更措置、代償措置による説得、希望退職等の可能性を追求したこと>)、③労働者に対する説明・協議と解雇理由の通知と解される。

---

*19　高知放送事件・最二小判昭 52・1・31 集民 120 号 23 頁/労判 268 号 17 頁参照。

(3) 雇用の廃止・削減等を理由とする解雇(整理解雇)

雇用の廃止・削減等を理由とする解雇(整理解雇)が、「就業規則所定の解雇事由該当事実が存在し、信義則違反・解雇権濫用に該当しない」と判断される要件は、判例法理により確立されてきた「整理解雇の四要件(要素)」[*20]を参考として、①雇用の廃止・削減を行う経営上の必要性、②解雇の必要性・相当性(解雇回避義務の履行〈配転・出向、再教育・訓練、労働時間の短縮・休業、希望退職者募集等〉)、③解雇対象者の選定基準と適用の合理性と客観性、④労働者及び労働組合等に対する説明・協議と労働者に対する解雇理由の告知と解される。なお、この判断基準は、通常の解雇のみならず、民事再生手続開始決定後の解雇[*21]、会社更生手続開始決定後の解雇[*22]、会社解散に伴う解雇[*23]にも適用される。

(4) 経営上の理由による使用者の労働条件変更の申込みに対し労働者が承諾しないことを理由とする解雇

経営上の理由による使用者の労働条件変更の申込みに対し労働者が承諾しないことを理由とする解雇が、「就業規則所定の解雇事由該当事実が存在し、信義則違反・解雇権濫用に該当しない」と判断される要件は、従来の裁判例[*24]を参考に、①従来の労働条件を変更する経営上の必要性と、変更後の労働条件の相当性、②労働条件変更の対象者の選定基準と適用の合理性・客観性、③労働条件変更の申込みに対し承諾しない労働者を解雇する必要性と相当性(当該労働者の解雇をできるだけ回避する解雇回避義務の履行〈労働条件を変更しないで労働契約を維持する可能性、労働者が受け入れられる別の労働条件変更措置、代償措置による説得、希望退職等の可能性の追求〉)、④労働者及び労働組合等に対する説明・協議手続と労働者に対する解雇理由の通知と解すべきである。

---

*20　大村野上事件・長崎地大村支判昭 50・12・24 労判 242 号 14 頁/判時 813 号 98 頁、東洋酸素事件・東京高判昭 54・10・29 労民 30 巻 5 号 1002 頁/労判 330 号 71 頁、山田紡績事件・名古屋地判平 17・2・23 労判 892 号 42 頁/判タ 1236 号 209 頁、同事件・名古屋高判平 18・1・17 労判 909 号 5 頁等参照。

*21　山田紡績事件・名古屋地判平 17・2・23 労判 892 号 42 頁/判タ 1236 号 209 頁、同事件・名古屋高判平 18・1・17 労判 909 号 5 頁。

*22　日本航空事件・東京地判平 24・3・29 労判 1055 号 58 頁、日本航空(客室乗務員)事件・大阪地判平 27・1・28 労判 1126 号 58 頁、同事件・大阪高判平 28・3・24 労判 1167 号 94 頁。

*23　グリン製菓事件・大阪地決平 10・7・7 労判 747 号 50 頁、三陸ハーネス事件・仙台地決平 17・12・15 労判 915 号 152 頁/労経速 1924 号 14 頁。

*24　スカンジナビア航空事件・東京地決平 7・4・13 労民 46 巻 2 号 720 頁/労判 675 号 13 頁、大阪労働衛生センター第一病院事件・大阪地判平 10・8・31 労判 751 号 38 頁/判タ 1000 号 281 頁、同事件・大阪高判平 11・9・1 労判 862 号 94 頁、日本ヒルトンホテル(仮処分)事件・東京地決平 11・11・24 労旬 1482 号 31 頁、日本ヒルトンホテル(本案訴訟)事件・東京高判平 14・11・26 労判 843 号 20 頁等。

第３節　有期労働契約における解雇・契約更新拒否

有期労働契約における、使用者による一方的労働契約終了としては、①契約期間途中の解雇（→１）、及び、②契約期間満了時の契約更新拒否（→２）がある。

１　契約期間途中の解雇

有期労働契約における契約期間途中の解雇の効力については、期間の定めのない労働契約と同様、①解雇権の法的根拠（→(1)）、及び、②解雇権の行使の適法性（→(2)～(4)）が問題となる。

(1) 解雇権の法的根拠

有期労働契約における解雇については、使用者は当然に解雇権を有するものではなく、「やむを得ない事由」（労契 17 条 1 項）が存在する場合にのみ解雇権を有する。

有期労働契約においては、期間満了までは契約が継続することが原則であり、期間途中の解雇は、労働者に大きな経済的・人格的不利益を被らせるものであるから、「やむを得ない事由」（労契 17 条 1 項）の存在は、「解雇の客観的に合理的な理由と社会通念上の相当性が存在すること」、すなわち、①解雇の客観的に合理的な理由があり、解雇回避義務を履行してもなお当該解雇の必要性が存在すること（解雇の必要性・相当性）、②説明・協議と解雇理由の通知（適正手続）*25 を充足する場合に肯定されると解すべきである。

ただし、契約期間途中の解雇であるから、契約期間満了まで契約を継続することができないという、高度の解雇の必要性・相当性が要求され、一般的に、期間の定めのない労働契約における解雇より厳格に判断される*26。

(2) 解雇権の行使の適法性

使用者が解雇権を有する場合も、解雇権の行使が適法であるためには、期間の定めのない労働契約における解雇と同様、①就業規則作成義務のある事業場では、労基法所定の手続を履践した就業規則に解雇事由（限定列挙）の定めがあり、当該解雇事由に該当する事実があること、②労働協約、就業規則、労働契

---

*25　国立Ａ医療研究センター（病院）事件・東京地判平 29・2・23 労判 1180 号 99 頁参照。

*26　プレミアライン事件・宇都宮地栃木支決平 21・4・28 労判 982 号 5 頁、アウトソーシング事件・津地判平 22・11・5 労判 1016 号 5 頁、東奥義塾事件・仙台高秋田支判平 24・1・25 労判 1046 号 22 頁、資生堂・アンフィニ事件・横浜地判平 26・7・10 労判 1103 号 23 頁参照。

約に解雇事由、解雇手続等の定めがある場合はこれを充足していること、③信義則（労契 3 条 4 項）上の義務の履行、④解雇権濫用でないこと（労契 16 条）、⑤その他強行法規違反でないことが必要である（→前記第 2 節 2 ～ 4）。

ただし、第一に、期間途中の解雇であるから、契約期間満了まで契約を継続することができないという、高度の解雇の必要性・合理性が要求され、一般的に、期間の定めのない労働契約における解雇より厳格に判断される。

第二に、解雇予告又は解雇予告手当の支払（労基 20 条）は、1）日日雇い入れられる者、2）2 か月以内の期間を定めて使用される者、3）季節的業務に 4 か月以内の期間を定めて使用される者、4）試の使用期間中の者には適用されない（労基 21 条 1 号～ 4 号）。但し、以下の場合は適用がある（労基 21 条但書）。すなわち、前記 1）の日日雇用者が 1 か月を超えて引き続き雇用されるに至った場合、2）及び 3）の短期雇用者が所定の期間（2 か月又は 4 か月）を超えて引き続き雇用されるに至った場合、4）の試用期間中の者が 14 日以上引き続き雇用される場合である。

(3)　解雇が有効となる要件

以上を整理するならば、有期労働契約における契約期間途中の解雇が有効となる要件は、以下の通りである。

使用者は、労契法 17 条 1 項所定の「やむを得ない事由」が存在する場合に限り、解雇権を有する。

また、解雇権の行使が適法であるためには、①就業規則作成義務のある事業場においては、労基法所定の意見聴取と添付・届出・周知（労基 90 条・89 条・106 条 1 項）の手続を履践した就業規則に解雇事由（限定列挙）の定めがあり、当該解雇事由に該当する事実が存在すること、②労働協約、就業規則、労働契約に解雇事由・解雇手続等の定めがある場合は、これを充足していること、③信義則（労契 3 条 4 項）上の義務の履行、④解雇権濫用でないこと（労契 16 条）、⑤その他強行法規違反（産前産後・業務災害の場合の解雇制限〈労基 19 条〉、解雇予告又は解雇予告手当の支払〈労基 20 条・21 条〉[*27]、差別的〈不利益な〉取扱い禁止等への違反）に該当しないことが必要である。

(4)　具体的判断基準

解雇が有効となる要件である、1）「やむを得ない事由」の存在、2）就業規則所定の解雇事由に該当する事実の存在、3）信義則（労契 3 条 4 項）上の義務の履行、4）解雇権濫用でないこと（労契 16 条）の基本的判断基準は、いずれも、「解

*27　ただし、判例の相対的無効説によれば、使用者が即時解雇に固執する場合を除き、解雇が有効となる要件ではない。

雇の客観的に合理的な理由と社会通念上の相当性があること」であるが、その具体的な判断基準は、期間の定めのない労働契約における解雇と同様、当該解雇が、①懲戒解雇以外の労働者の人的理由による解雇（普通解雇）、②労働者の人的理由による労働条件変更の申込みに対し労働者が承諾しないことを理由とする解雇、③雇用の廃止・削減等の経営上の理由による解雇（整理解雇）、④経営上の理由による労働条件変更の申込みに対し労働者が承諾しないことを理由とする解雇のいずれに該当するかにより、その内容を異にする（→前記第２節４）。ただし、先に述べたように、解雇の高度の必要性・相当性が要求され、一般に、期間の定めのない労働契約における解雇よりも厳格に解される。

２　契約更新拒否

(1)　問題の所在

有期労働契約は、契約期間満了により終了するのが原則である。

しかし、現行法においては、有期労働契約の締結事由に関する限定がなされていない（いわゆる「入口規制」が存在しない）。したがって、使用者が有期労働契約を締結する場合として、①当該労働が一時的にしか必要でない場合（季節的な労働、休業している人の代替要員、一時的な生産量の増大への対応等）もあるが、②労働の必要性は継続的に存在するが、期間の定めのない労働契約を締結すると解雇が制限されるので、余剰人員が発生したときは雇止め（契約更新拒否）により労働契約を終了させることができるよう、雇用調整のために有期労働契約を締結する場合、③労働者の能力・適性等を評価し、契約期間満了時に労働契約の継続か終了かを選択できるよう、有期労働契約を締結する場合等がある。

②（雇用調整型）と③（能力判断型）の場合は、使用者による労働契約の終了の制限と労働者の保護が必要であるので、雇止めにも予告制度が存在する（→(2)）。また、従来、判例は、②の事例には解雇規制法理を類推適用し、③の事例には「期間の定め」を試用期間と解することにより解雇規制法理を直接適用していたが、2012（平 24）年に新設された労契法 19 条は、有期労働契約締結・更新の承諾みなし規定を設けることによる制限を行っている（→(3)）。

(2)　雇止めの予告制度

使用者は、有期労働契約（当該契約を 3 回以上更新し又は雇入れの日から起算して 1 年を超えて継続勤務している者に係るものに限り、予め当該契約を更新しない旨明示されているものを除く）を更新しない場合、少なくとも当該契約の期間の満了日の 30 日前までに予告しなければならない。また、この予告をする場合又は有期労働契約が更新されなかった場合、労働者が更新しない理由につき証明書を請求したときは遅滞なくこれを交付しなければならない（労基 14 条 2 項、「有期労働契約の締結、更新及び雇止めに関する基準」[*28]1 条・2 条）。

(3) 有期労働契約締結・更新の承諾みなし制度

労契法 19 条の定める有期労働契約締結・更新の承諾みなし制度は、一定の要件を充足する場合は、使用者が有期労働契約の更新を拒否しても、労働者の申込みにより、使用者が有期労働契約の更新又は締結の申込みを承諾したものとみなす制度である。その内容は以下の通りである。

ア　みなしの要件

使用者が契約の更新又は締結の申込みを承諾したとみなされる要件（有期労働契約が更新・締結される要件）は三つある（労契 19 条）。

第一は、「当該有期労働契約の法的性質の要件」であり、当該有期労働契約が以下の 1) 又は 2) のいずれかに該当することである。

1)「当該有期労働契約が過去に反復して更新されたことがあるものであって、その契約期間の満了時に当該有期労働契約を更新しないことにより当該有期労働契約を終了させることが、期間の定めのない労働契約を締結している労働者に解雇の意思表示をすることにより当該期間の定めのない労働契約を終了させることと社会通念上同視できると認められること」（労契 19 条 1 号）[*29]。

2)「当該労働者において当該有期労働契約の契約期間の満了時に当該有期労働契約が更新されるものと期待することについて合理的な理由があるものであると認められること」（労契 19 条 2 号）[*30]。

第二は、「労働者の申込みの要件」であり、契約期間が満了する日までの間に、労働者が当該有期労働契約の更新の申込みをしたこと、又は、当該契約期間の満了後遅滞なく有期労働契約の締結の申込みをしたことである[*31]。

---

*28　平 15・10・22 厚労告 357 号（平 24・10・26 厚労告 551 号等により一部改正）。

*29　東芝（柳町工場）事件・最一小判昭 49・7・22 民集 28 巻 5 号 927 頁/労判 206 号 27 頁が示した要件を基礎に修正を加えて規定したものであり、「期間の定めのない労働契約と実質的に異ならない労働契約であること」とほぼ同義である。これに該当するとした裁判例として、ニヤクコーポレーション事件・大分地判平 25・12・10 労判 1090 号 44 頁/判時 2234 号 119 頁（2 号該当性も肯定）、エヌ・ティ・ティ・ソルコ事件・横浜地判平 27・10・15 労判 1126 号 5 頁、ジャパンレンタカー事件・津地判平 28・10・25 労判 1160 号 5 頁、同事件・名古屋高判平 29・5・18 労判 1160 号 5 頁等。

*30　日立メディコ事件・最一小判昭 61・12・4 集民 149 号 209 頁/労判 486 号 6 頁が示した要件を基礎として規定したものである。これに該当するとした裁判例として、親和運輸東京事件・東京地判平 28・2・19 労判 1136 号 6 頁、国際自動車事件・東京地決平 28・8・9 労判 1149 号 5 頁、ジャパンビジネスラボ事件・東京地判平 30・9・11 労判 1195 号 29 頁、同事件・東京高判令元・11・28LLIDB:L07420454。

*31　これは従来の判例法理にはない要件である。

第三は、「申込みの拒絶の違法性要件」であり、使用者が当該申込みを拒絶することが、客観的に合理的な理由を欠き、社会通念上相当であると認められないことである。

イ　要件①－有期労働契約の法的性質

第一の当該有期労働契約の法的性質については、前記アの 1)と 2)のいずれについても、契約締結時又はその後の、契約期間の上限又は更新回数についての合意内容、使用者の言動(契約継続の期待をもたせるような言動等)、職務内容、職務の臨時性・継続性、契約の更新回数・通算期間、契約の更新手続・契約の期間に関する管理、他の有期労働者の取扱いや契約更新状況等により判断される。ただし、2)は過去一度も契約が更新されていなくても該当しうる。

ウ　要件②－労働者の申込み

第二の要件である、労働者の申込みについては、使用者の雇止めの通知又は期間満了後の労務受領拒否に対する労働者の反対の意思表示によっても認められ、黙示の意思表示もあり得る。また、契約締結の申込みは「遅滞なく」とされているが、合理的な理由による申込みの遅滞は許容されるべきである。

エ　要件③－申込みの拒絶の違法性

第三の要件である、使用者のなした申込みの拒絶の違法性につき、「客観的に合理的な理由と社会通念上の相当性」の肯否の具体的判断基準は、解雇と同様、当該申込みの拒絶の理由が、①懲戒処分以外の労働者の人的理由、②労働者の人的理由による労働条件変更の申込みを労働者が承諾しなかったこと、③経営上の理由による雇用の削減・廃止等、④経営上の理由による労働条件変更の申込みを労働者が承諾しなかったことのいずれに該当するかを検討し、それぞれの類型毎の判断基準を適用して判断する(→前記第２節４参照)。

オ　承諾のみなしの法的効果

「契約の更新又は締結の承諾のみなし」の法的効果として、「従前の有期労働契約の内容である労働条件と同一の労働条件(契約期間を含む)」で、契約が更新され、又は、成立する(労契19条)。

第４節　定年と継続雇用

1　定年制の定義と法的性質

「定年制」とは、労働者が一定の年齢に到達した場合に、労働契約関係を終了させる制度であり、労働契約の終了事由又は解雇事由に関する定めと位置づけることができる。

定年制は、一定の年齢に達した労働者の労働契約を一律に終了させるものであるから、年齢差別であり公序(民 90 条)違反で無効との見解もあるが、人は全て等しく年をとり、形式的平等は満たされていること等に鑑みれば、憲法 14 条・民法 90 条に反するものではなく適法と解すべきであろう[*32]。

定年制には、①「定年退職制」(定年に達したときに労働契約が終了する制度で、定年＝労働契約の終了事由)と、②「定年解雇制」(定年に達したときに解雇の意思表示をして契約を終了させる制度であり、定年＝解雇事由)が存在する。

2　定年に関する法規制

(1) 労基法 14 条との関係

定年は、労働契約の終了事由又は解雇事由に関する定めであり、契約期間の定めではないと解されるので、労基法 14 条(契約期間の上限規制)違反ではない。

(2) 解雇制限規定の適用

解雇制限規定は、定年退職制には適用されず、定年解雇制には適用される。

(3) 定年の下限

定年は、60 歳を下回ることはできない(高年 8 条本文)。ただし、鉱物の試掘、採掘及びこれに附属する選鉱、製錬その他の事業における坑内作業に従事する労働者についてはこの限りではない(高年 8 条但書、高年則 4 条の 2、鉱業法 4 条)。

60 歳を下回る定年を定める労働契約、労働協約は、高年法 8 条違反、又は、公序若しくは信義則違反で無効であり、就業規則は労働契約の内容とならず(労契 13 条)、その場合、労働契約上の定年は 60 歳に修正されると解される。

(4) 65 歳までの雇用確保措置

65 歳未満の定年の定めをしている事業主は、雇用する高年齢者の 65 歳までの安定した雇用を確保するため、次の措置のいずれかを講じなければならない。すなわち、①当該定年の引上げ、②継続雇用制度(現に雇用している高年齢者が希望するときは、当該高年齢者をその定年後も引き続いて雇用する制度)の導入[*33]、③当該定年の定めの廃止のいずれかである(高年 9 条 1 項)。

上記②の「継続雇用制度」には、事業主が、特殊関係事業主(当該事業主の経

---

*32　アール・エフ・ラジオ日本事件・東京地判平 6・9・29 労判 658 号 13 頁/判時 1509 号 3 頁、同事件・東京高判平 8・8・26 労民 47 巻 4 号 378 頁/労判 701 号 12 頁。

*33　2004(平 16)年に継続雇用制度が定められたときは労使協定で継続雇用者の基準を定めることができたが(高年旧 9 条 2 項)、2012(平 24)年の高年法改正(平 24 法 78)によりこのように修正された(2013<平 25>年 4 月 1 日施行)。ただし、2013(平 25)年 3 月 31 日までに継続雇用制度に関する労使協定を締結した場合は、2025 年 4 月 1 日まで経過措置がある。

営を実質的に支配可能となる関係にある事業主その他の当該事業主と特殊の関係のある事業主として高年則4条の3が定める事業主：子会社、関連会社等）との間で、当該事業主の雇用する高年齢者で定年後に雇用されることを希望するものを、定年後に当該特殊関係事業主が引き続き雇用することを約する契約を締結し、当該契約に基づき当該高年齢者の雇用を確保する制度が含まれる（高年9条2項）。

厚生労働大臣は、前記①～③の措置のいずれも講じない事業主に対し、必要な指導・助言、勧告、企業名公表を行うことができる（高年10条1～3項）。また、同措置の実施及び運用（心身の故障のため業務の遂行に堪えない者等の継続雇用制度における取扱いを含む）に関する指針を定めることとされ（高年9条3項）、「高年齢者雇用確保措置の実施及び運用に関する指針」[*34]が作成されている。

3　雇用確保措置がとられなかった場合の法的救済

65歳までの雇用確保措置（①当該定年の引上げ、②継続雇用制度の導入、③当該定年の定めの廃止のいずれか）の導入は、高年法9条1項の定める使用者の義務であり[*35]、公序（民90条）であり、使用者の信義則上の義務でもある。

したがって、65歳までの雇用確保措置が導入されず65歳未満の定年が定められている場合、当該65歳未満の定年を定める労働協約及び労働契約は、高年法9条1項及び公序・信義則違反で無効であり、65歳未満の定年を定める就業規則は労働契約の内容とはならず（労契13条）、信義則に則し定年は65歳になる。それゆえ、労働者は、65歳までは、所定の要件を充足する解雇等により労働契約が終了する場合を除き、労働契約上の権利を有する地位にある。

4　継続雇用拒否、継続雇用後の解雇・契約更新拒否の場合の法的救済

65歳までの雇用確保措置として継続雇用制度が導入されている場合、使用者が、①労働者を継続雇用しなかったとき、②継続雇用した後に解雇したとき、③継続雇用制度が有期労働契約を更新する制度でいずれかの段階で契約更新を拒否したとき、当該労働者はどのような法的救済を求めることができるか。

(1)　継続雇用の拒否

継続雇用制度が導入されている場合は、継続雇用を拒否する事由に該当しないことと、労働者が希望することを停止条件として、定年後も労働契約が継続し又は新たな労働契約が成立する。そして、継続雇用を拒否する事由は、信義

---

*34　平24・11・9厚労告560。
*35　東京大学出版会事件・東京地判平22・8・26労判1013号15頁。

則上合理的限定的に解釈され、「継続雇用を拒否する客観的に合理的な理由と社会通念上の相当性」が肯定される場合のみ、継続雇用を拒否する事由に該当する事実が存在する[*36]。当該事実が存在しないときは、労働者が希望することを条件として、定年後も労働契約が継続し又は新たな労働契約が成立する。

また、継続雇用を拒否する事由に該当しない労働者は、継続雇用への合理的期待を有しているから、当該労働者が雇用継続を希望したにもかかわらず使用者が拒否した場合は、労契法 19 条(有期労働契約締結・更新の承諾みなし制度)(→前記第 3 節 2(3))又は解雇制限規定(→前記第 2 節)を類推適用し、契約終了の肯否を判断するという立論も可能であろう[*37]。

(2) 継続雇用後の解雇

継続雇用後の解雇については、労働契約が継続している場合は期間の定めのない労働契約の解雇(→前記第 2 節)として、新たに有期労働契約(例えば 5 年)が成立している場合は期間途中の解雇(→前記第 3 節 1)として、労働契約終了の肯否と法的救済の可否が決定される。

(3) 継続雇用後の契約更新拒否

継続雇用後の契約更新拒否については、有期労働契約の更新拒否(→前記第 3 節 2)として、労働契約終了の肯否と法的救済の可否が決定される。

第５節　使用者による一方的終了以外の労働契約終了事由

1　当事者の消滅

当事者の消滅としては、第一に、当事者(労働者・使用者)の死亡(使用者については自然人である場合)がある。労働契約上の地位は一身専属的であるので、相続の対象とならず(民 896 条但書)、労働契約は終了する。

第二は、法人格の消滅(企業の解散・消滅)である。法人企業が解散した場合、清算手続が完了すれば法人格は消滅し、労働契約は終了する[*38]。

*36　「高年齢者雇用確保措置の実施及び運用に関する指針」(平 24・11・9 厚労告 560)第 2 の 2。

*37　2012(平 24)年の改正前の事案であるが、このように立論するものとして、津田電気計器事件・最一小判平 24・11・29 集民 242 号 51 頁/労判 1064 号 13 頁、フジタ事件・大阪地判平 23・8・12 労経速 2121 号 3 頁等。また、就業規則に定めた継続雇用制度の周知が使用者による再雇用の申込みで、基準を満たす労働者の再雇用希望の意思表示が承諾であり、これにより再雇用契約が成立したと判断したものとして、津田電気計器事件・大阪地判平 22・9・30 労判 1019 号 49 頁。

*38　ただし、会社解散後、実質的に同一性のある会社や解散会社の親会社等に対して労働契約上の権利を有する地位にある場合もある。

２　解約合意

「解約合意」とは、使用者と労働者の労働契約を終了させる合意であり、契約の一種である。解雇ではないので、法令上の解雇制限規定の適用は受けない。

解約合意は、労働契約の一方当事者の申込みに対する他方当事者の承諾により成立し（民 522 条 1 項）、合意された日時に契約終了の効力が発生する[*39]。

３　辞職（退職）

「辞職（退職）」とは労働者による労働契約の解約である。

(1)　辞職の意思表示の効力①－期間の定めのない労働契約

当該労働契約が期間の定めのない労働契約である場合、労働者は、期間の定めのない契約の一般原則により、解約権を有する。

また、当該契約が民法の雇用に該当する場合は、労働者はいつでも解約の申入れをすることができ、雇用は、解約の申入れの日から 2 週間経過することにより終了する（民 627 条 1 項）。

民法 627 条の規定は、労働者の解約の自由の保障という観点からは強行規定であるので、民法 627 条の定めよりも労働者の解約の自由を制限する（例：辞職の予告期間の延長、労働者の辞職に使用者の許可を要するとする）就業規則、労働契約等の定めは効力を有しない[*40]。これに対し、労働者の解約の自由を拡大する（例：辞職の予告期間の短縮）就業規則、労働契約等の定めは有効である。

(2)　辞職の意思表示の効力②－有期労働契約

当該労働契約が有期労働契約である場合、それが民法上の「雇用」に該当するときは、労働者は、1)雇用の期間が 5 年を超えるときは（「一定の事業の完了に必要な期間」を定める場合は可能である〈労基 14 条 1 項本文〉）、5 年を経過した後、2 週間前の予告により、いつでも契約の解除をすることができ（民 626 条）、2)「やむを得ない事由」があるときは、直ちに契約の解除をすることができ、その事由が当事者の一方の過失によって生じたときは相手方に対して損害賠償の責任を負う（民 628 条）[*41]。

---

*39　神奈川信用農業協同組合事件・最一小判平 19・1・18 集民 223 号 5 頁/労判 931 号 5 頁、NTT 西日本事件・大阪地判平 15・9・12 労判 864 号 63 頁。

*40　高野メリヤス事件・東京地判昭 51・10・29 判時 841 号 102 頁、日本高圧瓦斯工業事件・大阪地判昭 59・7・25 労民 35 巻 3=4 号 451 頁/労判 451 号 64 頁、同事件・大阪高判昭 59・11・29 労民 35 巻 6 号 641 頁/労判 453 号 156 頁。

*41　ただし、使用者が破産手続開始の決定を受けた場合には、労働者又は破産管財人は民法 627 条の規定により 2 週間前の予告で解約の申入れをすることができ、各当事者は解約によって生じた損害賠償を請求することはできない（民 631 条）。

しかし、労基法の適用される労働者は、3 年を上限とする労働契約で 1 年を超える期間が契約期間として締結されたときは、1 年経過後いつでも退職することができる。ただし、一定の事業の完了に必要な期間を定める場合、及び、5 年を上限とする労働契約については、この限りではない(労基 137 条)[*42]。

また、民法 628 条は、労働者の「やむを得ない事由」がある場合の契約の解除権を保障するという点で強行規定であり、労働者の「辞職の自由」の拡大は可能だが、縮小することはできず、労働者の辞職の自由を縮小する就業規則、労働契約等の定めは、民法 628 条に反し、効力を有しないと解すべきである[*43]。

4　労働者の意思に基づかない労働契約終了からの保護

(1) 問題の所在

労働契約の終了は労働者に重大な経済的・人格的不利益をもたらしうるが、「解約合意」や「辞職」に至る過程で、労働者が十分かつ適切な情報を得て理解し、使用者と実質的に対等に交渉し、熟慮した上で慎重に意思決定を行うことが困難な場合も多い。また、「解雇」、使用者による「契約更新拒否」等は法令上規制されているため(→前記第２～４節)、使用者は、「解約合意」又は労働者の「辞職」という外形による労働契約終了を志向する傾向にあるが、「追い出し部屋」等の過度な「退職勧奨」も大きな問題となっており、内実は、労働者の「自由な意思」に基づかない労働契約終了である場合も多い。

そこで、労働者の自由な意思に基づかない労働契約の終了等から労働者を保護することが必要となる。

(2) 解約合意又は辞職に関する労働者の意思表示の効力

解約合意又は辞職に関する労働者の意思表示について、第一に、労働者の署名又は押印のある書面による明示的な表示がなければ、その存在を認定することはできない[*44]。

---

*42　前記第 11 章「労働契約の成立」第 2 節 5。

*43　ネスレコンフェクショナリー事件・大阪地判平 17・3・30 労判 892 号 5 頁は、契約当事者双方につき、解除の自由の拡大はできるが縮小することはできないと判示するが、使用者の解除の自由を縮小する合意は無効とする必要はなく、有効であろう。

*44　朋栄事件・東京地判平 9・2・4 労判 713 号 62 頁、今川学園(木の実幼稚園)事件・大阪地堺支判平 14・3・13 労判 828 号 59 頁、O法律事務所事件・名古屋高判平 17・2・23 労判 909 号 67 頁、東京エムケイ事件・東京地判平 26・11・12 裁判所 DB 平成 25 ワ 32921、税理士事務所事件・東京地判平 27・12・22 労経速 2271 号 23 頁、ソクハイ事件・東京地判平 28・11・25 労経速 2306 号 22 頁、ゴールドルチル(抗告)事件・名古屋高決平 29・1・11 労判 1156 号 18 頁、TRUST 事件・東京地立川支判平 29・1・31 労判 1156 号 11 頁等。

第二に、①心裡留保(民 93 条)、②錯誤(民 95 条)、③詐欺又は強迫(民 96 条)により、無効となり(心裡留保)又は取り消しうる(錯誤、詐欺・強迫)場合がある。

第三に、労働者の意思表示(例：退職願の提出)が、「合意解約の申込み」であれば、労働者は撤回権を留保しており、使用者の承諾の意思表示がなされるまでは、信義に反する等の特段の事情がない限り、自由に撤回することができると解される(民 523 条 1 項、525 条 1 項参照)。

第四に、労働者の意思表示が「自由な意思に基づくものと認めるに足りる合理的な理由の客観的存在」を根拠付ける事実が必要であり[*45]、具体的には、使用者が、①労働契約を終了させる理由、労働者の不利益の内容と程度等について真実かつ適切な情報提供を行い、誠実な説明協議をなしたこと[*46]、②労働者が意思を自由に形成できるよう、希望する場合は説明協議の場に同席者を認め、十分な熟慮期間を付与し、自宅等で書面を作成させたこと等が必要であろう。

(3)　「退職勧奨 」の規制

使用者の「退職勧奨」は、労働者の自発的な退職意思形成を促す事実行為であり、それ自体は違法とされるものではないが、目的[*47]及び態様の点で社会通念上相当な範囲に限定され、それを超えれば、精神的自由、名誉感情、平穏な家庭生活等の人格権侵害の不法行為と評価されうる[*48]。

(4)　辞職を余儀なくされた場合の損害賠償請求

使用者は、労働者がその意に反して退職することのないよう、職場環境を整備する義務を信義則上負うので、労働者は、セクシュアル・ハラスメントや執拗な退職強要・嫌がらせ等の職場環境の悪化等により退職せざるを得なくなった場合、信義則違反又は不法行為に基づき、損害賠償請求をなしうる[*49]。

---

*45　山梨県民信用組合事件・最二小判平 28・2・19 民集 70 巻 2 号 123 頁/労判 1136 号 6 頁参照。

*46　日本 IBM 事件・東京高判平 24・10・31 労経速 2172 号 3 頁参照。

*47　差別禁止事由(労基 3 条、労組 7 条 1 号、均等 6 条・9 条 3 項、育介 10・16 条等参照)を理由とする退職勧奨は、これらの条文に反し違法である。

*48　不法行為とされた例として、下関商業高校事件・最一小判昭 55・7・10 集民 130 号 131 頁/労判 345 号 20 頁(広島高判昭 52・1・24 労判 345 号 22 号を支持)、全日本空輸事件・大阪地判平 11・10・18 労判 772 号 9 頁、同事件・大阪高判平 13・3・14 労判 809 号 61 頁、今川学園木の実幼稚園事件・大阪地堺支判平 14・3・13 労判 828 号 59 頁、国際信販事件・東京地判平 14・7・9 労判 836 号 104 頁、日本航空事件・東京地判平 23・10・31 労判 1041 号 20 頁、兵庫県商工会連合会事件・神戸地姫路支判平 24・10・29 労判 1066 号 28 頁、エム・シー・アンド・ピー事件・京都地判平 26・2・27 労判 1092 号 6 頁、須磨学園ほか事件・神戸地判平 28・5・26 労判 1142 号 22 頁等。

*49　京都 SH(呉服販売会社)事件・京都地判平 9・4・17 労判 716 号 49 頁/判タ 951 号 214 頁、エフピコ事件・水戸地下妻支判平 11・6・15 労判 763 号 7 頁。

第14章　非典型労働契約

本章では、非典型労働契約について、①有期労働契約とパートタイム労働契約(→第1節)、②派遣労働契約(→第2節)の順に検討する。

第1節　有期労働契約とパートタイム労働契約

1　定義

(1)　有期労働契約

「有期労働契約」は、契約期間の定めのある労働契約である。

パート・有期法では、「事業主と期間の定めのある労働契約を締結している労働者」を「有期雇用労働者」と定義している(2条2項)。

(2)　パートタイム労働契約

「パートタイム労働契約」の法律上の定義は存在しない。

パート・有期法では、「一週間の所定労働時間が同一の事業主に雇用される通常の労働者(……中略……)の一週間の所定労働時間に比し短い労働者」を「短時間労働者」と定義している(2条1項)[*1]。したがって、パート・有期法上の「短時間労働者」[*2]は、同じ事業主に雇用される「通常の労働者」[*3]の所定労働時

---

*1　正確には、「一週間の所定労働時間が同一の事業主に雇用される通常の労働者(当該事業主に雇用される通常の労働者と同種の業務に従事する当該事業主に雇用される労働者にあっては、厚生労働省令で定める場合を除き、当該労働者と同種の業務に従事する当該通常の労働者)の一週間の所定労働時間に比し短い労働者」(パート・有期2条1項)と定義され、「厚生労働省令で定める場合」は、「同一の事業主に雇用される通常の労働者の従事する業務が二以上あり、かつ、当該事業主に雇用される通常の労働者と同種の業務に従事する労働者の数が当該通常の労働者の数に比し著しく多い業務(当該業務に従事する通常の労働者の一週間の所定労働時間が他の業務に従事する通常の労働者の一週間の所定労働時間のいずれよりも長い場合に係る業務を除く。)に当該事業主に雇用される労働者が従事する場合」である(パート・有期則1条)。

*2　企業においては、所定労働時間は同じだが「正社員」とは異なる待遇を受ける者に社内用語として「パート(タイム労働者)」の名称を付す場合もあるが、このような労働者は短時間労働者ではないので「疑似パート」とも呼ばれている。

*3　「短時間労働者及び有期雇用労働者の雇用管理の改善等に関する法律の施行について」(平31・1・30基発0130第1号等)の第1の2の(3)では「『通常の労働者』とは、社会通念に従い、比較の時点で当該事業主において『通常』と判断される労働者をいう」と記述されているが、意味がよく分からない。

間との関係で決定される相対的な概念であるが、「通常の労働者」の定義は存在しない。

パート・有期法上の「短時間労働者」あるいは「パートタイム労働者」と呼ばれている労働者の労働契約は、契約期間の有無という観点からは、「有期労働契約」であることが多いが「期間の定めのない労働契約」であることもある。

2　問題の所在

(1)　有期労働契約

有期労働契約に関する問題の第一は、労働者の雇用が不安定であることである。契約期間（例えば３か月）満了後、契約が更新されず、新しい雇用がなければ、労働者は失業する。

雇用の不安定さを解決する方法としては、①有期労働契約を締結することができる事由の限定（「入口規制」）、②一定の要件を充足する有期労働契約の期間の定めのない労働契約への転換（「中間規制」）、③解雇・契約更新拒否の制限（「出口規制」）があるところ、日本では、①は採用されていない（→４(1)）が、②（→５）、及び、③（→６）は規定されている。

第二は、期間の定めのない労働契約を締結している労働者との労働条件格差（時間当たり賃金・賞与・退職金・福利厚生等）が大きいことである。

このため、パート・有期法は、「有期雇用労働者」につき「通常の労働者」との均等・均衡待遇原則を定めている（→７）。

(2)　パートタイム労働契約

パートタイム労働契約に関する問題の第一は、パートタイム労働契約が有期労働契約である場合、労働者の雇用が不安定であることである。

有期労働契約の雇用の不安定さを解決するための規定（→５・６）は、有期労働契約であるパートタイム労働契約にも適用される。

第二は、フルタイムの労働契約を締結している労働者（あるいは、期間の定めのない労働契約を締結している労働者）との労働条件格差（時間当たり賃金・賞与・退職金・福利厚生等）が大きいことである。

このため、パート・有期法は、「短時間労働者」につき「通常の労働者」との均等・均衡待遇原則を定めている（→７）。

3　適用される法律・条文

有期労働契約を締結している労働者については、全ての労働関連法規の他、「有期雇用労働者」（パート・有期２条２項）として、パート・有期法、同法施行規則〈パート・有期則〉[*4]が適用され、関連して、「事業主が講ずべき短時間労働者及び有期雇用労働者の雇用管理の改善等に関する措置等についての指針」（以下、「パート・有期指針」という。）」[*5]、「短時間・有期雇用労働者及び派遣労働者に対する不合理な待遇の禁止等に関する指針」（以下、「パート・有期・派遣待遇指針」という。）[*6]が作成されている。

また、パートタイム労働契約を締結している労働者については、全ての労働関連法規の他、「短時間労働者（パート・有期 2 条 1 項）」に該当すれば、それとして、パート・有期法、パート・有期則、「パート・有期指針」、「パート・有期・派遣待遇指針」も適用される。

4　労働契約の締結

(1) 契約締結事由

現行法では、有期労働契約を締結することができる事由について特に制限はなく、「入口規制」は行われていない。

また、パートタイム労働契約についても、短時間労働であることから雇用の不安定さが導かれるわけではないので、契約締結事由は限定されていない。

(2) 契約期間

労働契約の期間を定める場合は、その上限は 3 年が原則である（労基 14 条 1 項）が、例外として、1）一定の事業の完了に必要な期間を定める場合は、契約期間 3 年を超える労働契約を締結することができ（労基 14 条 1 項）、2）①高度の専門的知識等を有し当該高度の専門的知識等を必要とする業務に就く労働者、及び、②満 60 歳以上の労働者は、契約期間の上限 5 年の労働契約を締結することができる[*7]。

(3) 契約締結時の使用者の説明・明示

使用者は、「短時間労働者」（パート・有期 2 条 1 項）と「有期雇用労働者」（パート・有期 2 条 2 項）を雇い入れるときは、他の労働者の場合と同様、所定の労働条件の明示・説明を行わなければならない[*8]が、これに加えて、昇給・退職手当・賞与の有無、及び、短時間労働者と有期雇用労働者の雇用管理の改善等に関する事項に係る相談窓口についても、文書の交付、又は、労働者が希望す

---

*4　平 5 労令 34（平 30 厚労令 153 により改正）。
*5　平 19・10・1 厚労告 326（平 30・12・28 厚労省告示 429 により改正）。
*6　平 30・12・28 厚労告 430。
*7　有期労働契約の契約期間の詳細は、前記第 11 章「労働契約の成立」第 2 節 5。
*8　前記第 11 章「労働契約の成立」第 2 節 4。

る場合は、fax 若しくは電子メール等で、明示することが必要である（パート・有期6条、パート・有期則2条）。

5　期間の定めのない労働契約への転換

2012（平 24）年に、「有期労働契約が 5 年を超えて反復更新された場合は、労働者の申込みにより使用者が期間の定めのない労働契約の締結を承諾したものとみなす制度」が創設され（労契 18 条）（2013〈平 25〉年 4 月 1 日施行）*9、有期労働契約が期間の定めのない労働契約に転換する制度（「中間規制」）が導入された。

(1)　承諾みなしの要件

使用者が期間の定めのない労働契約の締結の申込みを承諾したとみなされる要件（期間の定めのない労働契約が成立する要件）は、①「通算契約期間の要件」（→(2)）と、②「申込みの要件」（→(3)）の二つである（労契 18 条 1 項前段）。

(2)　要件①－通算契約期間の要件

第一の「通算契約期間の要件」は、同一の使用者との間で締結された二以上の有期労働契約（契約期間の始期が到来していないものを除く）の契約期間を通算した期間が 5 年を超えることである。

したがって、有期労働契約が 1 回以上更新されていることが必要であり、一定の事業の完了に必要な期間を定める契約が締結され 5 年を超えても、一度も更新がないときはこれに含まれない。

ア　通算契約期間の計算と空白期間

労働契約が存在しない「空白期間」が、以下の①又は②の期間続いた場合は、通算契約期間の計算がリセットされ、当該空白期間以前に満了した全ての有期労働契約の契約期間は通算契約期間に算入されない（労契 18 条 2 項）。

すなわち、空白期間が、① 6 か月以上ある場合、又は、②その直前の有期労働契約の契約期間が 1 年未満の場合は、その期間に 2 分の 1 を乗じて得た期間を基礎として厚生労働省令（「労働契約法第 18 条第 1 項の通算契約期間に関する基準を定める省令」*10）で定める期間以上続いた場合である。

イ　通算契約期間の原則と例外

通算契約期間は原則として「5 年」であるが、以下の場合は「10 年」である。

第一に、大学等（大学及び大学共同利用機関法人等）や研究開発法人の研究者、教員等の中の一定の者で、有期労働契約を締結した者。大学の教員等の任期に

---

*9　有期労働契約であれば、フルタイム労働契約・パートタイム労働契約のいずれであれ、また、通常の労働契約・派遣労働契約のいずれであれ、適用される。

*10　平 24・10・26 厚労令 148。

関する法律(平9法82)(4条1項、5条1項、6条、7条)、及び、科学技術・イノベーション創出の活性化に関する法律(平20法63)(15条の2)がこれを定める。

第二に、「高度な専門的知識等を持つ有期雇用労働者」が、当該高度な専門的知識等を必要とし5年を超える一定の期間内に完了することが予定されている業務(プロジェクト)に就く場合で、事業主がその雇用管理措置に関する計画を作成し厚生労働大臣の認可を受けたこと(専門的知識等を有する有期雇用労働者等に関する特別措置法<平26法137>2条3項1号、4条、8条1項)。「高度な専門的知識等を持つ有期雇用労働者」として大臣指定されている者は、①博士の学位を有する者、②公認会計士、医師、歯科医師、獣医師、弁護士、一級建築士、税理士、薬剤師、社会保険労務士、不動産鑑定士、技術士、弁理士、③ＩＴストラテジスト・システムアナリスト、アクチュアリーの試験に合格した者、④特許発明の発明者、登録意匠の創作者、登録品種の育成者、⑤農林水産業・鉱工業・機械・電気・土木・建築の技術者で計画・設計等の業務に就こうとする者、システムエンジニアの業務に就こうとする者、又は、服装・室内装飾等のデザイナーの業務に就こうとする者で、大学卒業後5年、短期大学・高等専門学校卒業後6年、高等学校卒業後7年以上の実務経験を有する者、⑥システムエンジニアとしての実務経験5年以上を有するシステムコンサルタント、⑦国、地方公共団体、公益法人等によって知識等が優れたものと認定されている者の①～⑦のいずれかで*11、かつ、年収1075万円以上の者である*12。

ウ　通算契約期間に算入されない期間

定年(60歳以上)に達した後引き続いて当該事業主(高年法9条2項の特殊関係事業主を含む)に雇用される有期雇用労働者で、事業主がその雇用管理措置に関する計画を作成し厚生労働大臣の認可を受けた場合は、定年後引き続き当該事業主に雇用されている期間は、通算契約期間に算入されない(すなわち、5年を超えても、期間の定めのない労働契約への転換<無期転換>の対象とならない)(専門的知識等を有する有期雇用労働者等に関する特別措置法<平26法137>2条3項2号、6条、8条2項)。

(3)　要件②－申込みの要件

第二の「申込みの要件」は、労働者が、使用者に対して、現に締結している有期労働契約の契約期間が満了する日までの間に、当該満了する日の翌日から労務が提供される期間の定めのない労働契約の締結の申込みをしたことである

*11　「専門的知識等を有する有期雇用労働者等に関する特別措置法第2条第1項の規定に基づき厚生労働大臣が定める基準」(平27・3・18厚労告67)。

*12　専門的知識等を有する有期雇用労働者等に関する特別措置法施行規則(平27・3・18厚労令35)1条。

（「無期転換申込権」の行使）。

ア　申込期間

期間の定めのない労働契約締結の申込みをする権利（「無期転換申込権」）を行使できる期間は、当該契約期間中に通算契約期間が５年*13を超えることとなる有期労働契約の契約期間の初日から当該契約の期間満了日までの間である。したがって、申込みは、通算契約期間が５年を超えていなくても可能である。

なお、当該期間中に申込みをしなくても、再度有期労働契約が更新された場合は、当該有期労働契約の期間満了までは、新たに申込みを行うことができる。

イ　「無期転換申込権」の放棄・不行使合意の効力

無期転換申込権は、強行規定である労契法 18 条の定める労働者の権利で法律の定める労働条件の最低基準の一つであるから、無期転換申込権の放棄・不行使の合意は、権利発生の前後のいずれであっても、労契法 18 条に反し無効であり、例えば金銭補償により放棄させることはできない。また、これを定める就業規則、労働協約等も、労契法 18 条に反し効力を有しない。

(4)　承諾みなしの法的効果

使用者が期間の定めのない労働契約の締結の申込みを承諾したとみなされた場合、現に締結している有期労働契約の契約期間が満了する日の翌日から労務が提供される期間の定めのない労働契約が成立する。

(5)　転換後の労働条件

期間の定めのない労働契約への転換後の労働条件は、原則として、直前の有期労働契約の労働条件と同一の労働条件（契約期間を除く）である。

ただし、別段の定め（労働契約、就業規則、労働協約）がある場合は、例外的に、その定められた内容となることがある（労契 18 条 1 項後段）。

6　解雇・契約更新拒否の規制

有期労働契約については、①契約期間中の解雇、及び、②使用者による契約更新拒否のいずれについても、一定の規制が行われている（「出口規制」）*14。

7　均等・均衡待遇原則

従来は、労契法が「労働契約は、労働者及び使用者が、就業の実態に応じて、均衡を考慮しつつ締結し、又は変更すべきものとする」（3 条 2 項）と定め、①「有

*13　期間の定めのない労働契約への転換（無期転換）の要件である通算契約期間が例外として 10 年になる場合（→前記(2)イ）は 10 年である。

*14　前記第 13 章「労働契約の終了」第 3 節。

期労働契約を締結している労働者」については、労契法が、「期間の定めがあることによる不合理な労働条件の相違」を禁止し（20 条）、②「短時間労働者」（パート 2 条）については、パート法が、「通常の労働者との不合理な待遇の相違」の禁止（8 条）、「通常の労働者と同視すべき短時間労働者に対する差別的取扱い」の禁止（9 条）等を定めており、2018 年に、①の労契法 20 条に関する二つの最高裁判決[*15]が出された。

しかし、2018 年の改正により、パート法がパート・有期法となり「短時間・有期雇用労働者」（2 条 3 項）（「短時間労働者」〈2 条 1 項〉と「有期雇用労働者」〈2 条 2 項〉）と「通常の労働者」との均等・均衡待遇原則等を定め、労契法 20 条は削除され、新条文が 2020（令 2）年 4 月 1 日から施行されている（附則 1 条 2 号）[*16]。

(1)　パート・有期法の規制枠組み

パート・有期法は、均等・均衡待遇原則に関して、①「短時間・有期雇用労働者」全てを対象とする「不合理な待遇の相違の禁止」（8 条）（→(2)）、②「通常の労働者と同視すべき短時間・有期雇用労働者」に対する差別的取扱いの禁止（9 条）（→(3)）、③前記②以外の短時間・有期雇用労働者に対する取扱い（10 ～ 12 条）（→(4)）を定め、その他、通常の労働者への転換の促進（13 条）、事業主が講じる措置の内容等の説明（14 条）、相談体制の整備（16 条）、短時間・有期雇用管理者の選任（努力義務）（17 条）を定めている。

(2)　不合理な待遇の相違の禁止

パート・有期法 8 条は、「事業主は、その雇用する短時間・有期雇用労働者の基本給、賞与その他の待遇のそれぞれについて、当該待遇に対応する通常の労働者の待遇との間において、当該短時間・有期雇用労働者及び通常の労働者の業務の内容及び当該業務に伴う責任の程度（以下「職務の内容」という。）、当該職務の内容及び配置の変更の範囲その他の事情のうち、当該待遇の性質及び当該待遇を行う目的に照らして適切と認められるものを考慮して、不合理と認められる相違を設けてはならない。」と定めている。

したがって、同条は、事業主が、その雇用する短時間・有期雇用労働者の「基

*15　ハマキョウレックス（差戻審）事件・最二小判平 30・6・1 民集 72 巻 2 号 88 頁/労判 1179 号 20 頁（「ハマキョウレックス最判」）、及び、長澤運輸事件・最二小判平 30・6・1 民集 72 巻 2 号 202 頁/労判 1179 号 34 頁（「長澤運輸最判」）。

*16　中小事業主（資本金の額又は出資の総額が 3 億円〈小売業又はサービス業を主たる事業とする事業主については 5 千万円、卸売業を主たる事業とする事業主については 1 億円〉以下である事業主及びその常時使用する労働者の数が 300 人〈小売業を主たる事業とする事業主については 50 人、卸売業又はサービス業を主たる事業とする事業主については 100 人〉以下である事業主）には 2021（令 3）年 4 月 1 日適用（附則 11 条）。

本給、賞与その他の待遇のそれぞれ」について、「当該待遇に対応する通常の労働者の待遇」との間に「不合理と認められる相違」を設けることを禁止し、「不合理と認められるか否か」の考慮要素として、「職務の内容（当該短時間・有期雇用労働者及び通常の労働者の業務の内容及び当該業務に伴う責任の程度）、当該職務の内容及び配置の変更の範囲その他の事情のうち、当該待遇の性質及び当該待遇を行う目的に照らして適切と認められるもの」を挙げている。

(3)「通常の労働者と同視すべき短時間・有期雇用労働者」に対する差別的取扱いの禁止

パート・有期法 9 条は、事業主は、「通常の労働者と同視すべき短時間・有期雇用労働者」については、「短時間・有期雇用労働者であることを理由として、基本給、賞与その他の待遇のそれぞれについて、差別的取扱いをしてはならない」と定めている。

「通常の労働者と同視すべき短時間・有期雇用労働者」は、①職務の内容（業務の内容及び当該業務に伴う責任の程度）が通常の労働者と同一の短時間・有期雇用労働者（「職務内容同一短時間・有期雇用労働者」）であって、②当該事業所における慣行その他の事情からみて、当該事業主との雇用関係が終了するまでの全期間において、その職務の内容及び配置が当該通常の労働者の職務の内容及び配置の変更の範囲と同一の範囲で変更されることが見込まれるものである（パート・有期 9 条）。

(4)「通常の労働者と同視すべき短時間・有期雇用労働者」以外の短時間・有期雇用労働者に対する取扱い

「通常の労働者と同視すべき短時間・有期雇用労働者」以外の短時間・有期雇用労働者については、事業主は、1) 賃金（職務の内容に密接に関連して支払われるもの）に関し、職務の内容、職務の成果、意欲、能力又は経験その他の就業の実態を勘案して決定するように努めなければならず（パート・有期 10 条、パート有期則 3 条）、2) 教育訓練については、①「職務内容同一短時間・有期雇用労働者」に対しては、通常の労働者に対しその職務の遂行に必要な能力を付与するために実施する教育訓練は、既に当該職務に必要な能力を有している場合を除き実施しなければならず（パート・有期 11 条 1 項、パート・有期則 4 条）、②①以外の短時間・有期雇用労働者に対しては、通常の労働者との均衡を考慮しつつ、その職務の内容・成果、意欲、能力及び経験その他の就業の実態に応じ、実施するように努めなければならず（パート・有期 11 条 2 項）、3) 福利厚生施設については、通常の労働者に利用の機会を与える給食施設、休憩室、更衣室は、利用の機会を与えなければならない（パート・有期 12 条、パート・有期則 5 条）。

(5) 違反の法的効果と法的救済

パート・有期法8条又は9条に違反する「不合理な待遇の相違」又は「差別的取扱い」は全て、労働者の「不合理な待遇の相違や差別なく取り扱われる権利・利益」を侵害する不法行為であり、また、使用者の「労働者を不合理な待遇の相違や差別なく平等に取り扱う信義則上の義務」(労契3条4項)違反であるから、不法行為又は債務不履行に基づく損害賠償請求が可能である[*17]。

また、パート・有期法8条・9条は私法上の効力を有する強行規定であり、かつ、均等・均衡待遇を実現するという条文の目的・性質上、強行的効力(違反部分を無効とする効力)のみならず直律的効力(補充的効力)も有し、労働契約の内容等が不合理な相違のない待遇(8条)又は差別のない待遇(9条)となるように修正又は補充する効力も有する。

したがって、1)当該待遇が、解雇、配転、懲戒処分、降格・降給等の法律行為である場合は、当該法律行為は無効であり、それを前提とした救済を求めることができる。2)当該待遇が、賃金、昇進・昇格、福利厚生に関する権利・利益等である場合、パート・有期法8条又は9条により、不合理な相違又は差別のない賃金額、昇進・昇格した地位、福利厚生に関する権利・利益等が労働契約の内容となり、労働者は、労働契約に基づき不合理な相違又は差別のない賃金支払や地位確認等を請求できる(パート・有期法8条又は9条に基づき、労働者は不合理な相違又は差別のない賃金支払や地位確認等を請求できるとの立論もありうる)。

(6) 「通常の労働者」に対する法的救済

パート・有期法は、短時間・有期雇用労働者の保護が主たる目的だが、使用者が合理的な理由なく「通常の労働者」の待遇を「短時間・有期雇用労働者」よりも不利にすることもありうるので、同法8・9条が禁止する「不合理な待遇の相違」・「差別的取扱い」は、短時間・有期雇用労働者に不利な場合と有利な場合の双方を含み、通常の労働者も法的救済を求めうると解される。

---

*17　労契法旧20条違反につき、不法行為に基づく損害賠償請求認容例として、メトロコマース事件・東京地判平29・3・23労判1154号5頁、同事件・東京高判平31・2・20労判1198号5頁、日本郵便事件・東京地判平29・9・14労判1164号5頁、井関松山ファクトリー事件・松山地判平30・4・24労判1182号5頁、井関松山製造所事件・松山地判平30・4・24労判1182号20頁、ハマキョウレックス(差戻審)事件・大津地彦根支判平27・9・16労判1135号59頁、同事件・大阪高判平28・7・26労判1143号5頁、ハマキョウレックス最判、長澤運輸最判、大阪医科薬科大学(旧大阪医科大学)事件・大阪高判平31・2・15労判1199号5頁等。旧パート法9条(当時は8条)違反につき、不法行為に基づく損害賠償請求認容例として、ニヤクコーポレーション事件・大分地判平25・12・10労判1090号44頁/判時2234号119頁、京都市立浴場運営財団ほか事件・京都地判平29・9・20労判1167号34頁。

第２節　派遣労働契約

労働者派遣については、「労働者派遣事業の適正な運営の確保及び派遣労働者の保護等に関する法律」〈派遣法〉(昭 60 法 88)が、「労働者供給事業」(職安 44 条)の一部を「労働者派遣事業」として法認し、一定の法規制を行っている。

1　定義

(1)　「労働者派遣」

「労働者派遣」とは、「自己の雇用する労働者を、当該雇用関係の下に、かつ、他人の指揮命令を受けて、当該他人のために労働に従事させることをいい、当該他人に対し当該労働者を当該他人に雇用させることを約してするものを含まない」と定義されている(派遣２条１号)。また、「労働者派遣事業」とは、「労働者派遣を業として行うこと」と定義されている(派遣２条３号)。

ア　労働者派遣の当事者

労働者派遣は、①「派遣元」(労働者派遣を行う者)、②「派遣先」(労働者派遣の役務の提供を受ける者)[*18]、③「派遣労働者」(事業主が雇用する労働者で労働者派遣の対象となるもの〈派遣２条２号〉)の三者により行われる。

イ　労働者派遣を構成する契約関係等

労働者派遣は、①派遣元と派遣先との間で締結される「労働者派遣契約」、②派遣元と派遣労働者との間で締結される「派遣労働契約」、③派遣先と派遣労働者の関係により構成される。

①「労働者派遣契約」は、「当事者の一方が相手方に対し労働者派遣をすることを約する契約」であり(派遣 26 条１項)、具体的には、派遣元が派遣先に対して派遣労働者の派遣を約定し、派遣先が派遣元に派遣料を支払う契約である。

②「派遣契労働約」は、法令上の定義はないが、労働契約の一類型であり、派遣労働者が派遣元に対し「派遣先に労務を供給すること」を約定し、派遣元が派遣労働者に賃金を支払うという労働契約である。

③派遣先と派遣労働者の関係は、派遣労働者が派遣元との派遣労働契約に基づいて派遣先に対し労務を供給するが、派遣先と派遣労働者との間には、原則として契約関係は存在しない。

---

*18　派遣法では、派遣法第３章第４節「労働基準法等の適用に関する特例等」(44 条～ 47 条の 4)を除き、派遣元事業主(労働者派遣の許可を受けた者〈派遣２条４号〉)から労働者派遣の役務の提供を受ける者を「派遣先」と定義している(派遣２条４号)。

したがって、労働者派遣は、具体的には、①派遣元と派遣先との間で「労働者派遣契約」が締結され、②派遣労働者と派遣元との間で「派遣労働契約」が締結され、③派遣労働者が派遣元との「派遣労働契約」に基づいて派遣先に対して労務を供給することである。

（2）「紹介予定派遣」

「紹介予定派遣」とは、労働者派遣のうち、派遣元事業主（派遣 5 条 1 項の労働者派遣事業の許可を受けた者：派遣 2 条 4 号）が労働者派遣の役務の提供の開始前又は開始後に、派遣労働者及び派遣先について、職安法等による許可を受け又は届出をして、職業紹介を行い又は行うことを予定してするもので、当該職業紹介により、当該派遣労働者が当該派遣先に雇用される旨が当該労働者派遣の終了前に派遣労働者と派遣先との間で約されるものを含む（派遣 2 条4 号）。

（3）「派遣労働者」

「派遣労働者」とは、「事業主が雇用する労働者であって、労働者派遣の対象となるもの」をいう（派遣 2 条 2 号）。

ア　「無期雇用派遣労働者」と「有期雇用派遣労働者」

派遣労働者は、派遣労働契約の期間の定めの有無により、①「無期雇用派遣労働者」（期間を定めずに雇用される派遣労働者：派遣30条の2第1項）と、②「有期雇用派遣労働者」（期間を定めて雇用される派遣労働者：派遣30条1項）に分類される。

イ　「登録型」派遣労働者と「常用型」派遣労働者

派遣労働者は、派遣法上定義されているわけではないが、①「登録型」派遣労働者と、②「常用型」派遣労働者に分類することができる。

①「登録型」派遣労働者は、派遣元に氏名を登録し、派遣先での仕事があるときに、派遣元と、派遣期間を契約期間とする期間の定めのある派遣労働契約を締結して派遣先で労務を供給する労働者である。したがって、「登録型」派遣労働者は、「有期雇用派遣労働者」の一類型である。

②「常用型」派遣労働者は、派遣元と、期間の定めのない派遣労働契約、又は、派遣期間に関わらず期間の定めのある派遣労働契約を締結し、派遣先で労務を供給する労働者である。したがって、「常用型」派遣労働者は、「無期雇用派遣労働者」又は「有期雇用派遣労働者」の一類型である。

2　問題の所在

派遣労働契約に関する問題は大別二つある。

第一は、派遣労働者の雇用の不安定さである。登録型派遣労働者であれば、派遣期間終了時に派遣労働契約が終了し、常用型派遣労働者も、有期雇用派遣労働者であれば、契約期間満了により派遣労働契約は終了するので、契約の更新又は新たな雇用先がなければ失業する。

雇用の不安定さを解決する方法としては、①労働者派遣の利用の限定(「入口規制」)、②有期派遣労働契約の期間の定めのない派遣労働契約への転換(「中間規制」)、③労働者派遣契約の解除の制限、④派遣労働契約における解雇・契約更新拒否の制限(「出口規制」)、⑤雇用の確保措置、⑥派遣先による派遣労働者の直接雇用等がある。

①に関し、労働者派遣事業の許可制(→４(1))、一定の労働者派遣の制限(→４(4))が定められているが、派遣対象業務(→４(2))、労働者派遣の役務の提供を受けることができる期間(→４(3))の制限が少なく、労働者派遣の利用が限定されているとは言えない。しかし、②～⑥は一定の規定がおかれている。

第二は、派遣労働者と派遣先に直接雇用されている労働者との労働条件格差(時間当たり賃金・賞与・退職金・福利厚生等)が大きいことである。

このため、派遣法は、派遣労働者と派遣先に雇用されている「通常の労働者」等との均等・均衡待遇原則等を定めている(→６(2)・７(1))。

３　適用される法律と条文

(1) 労働者派遣と派遣労働者・派遣労働契約

派遣労働契約を締結している派遣労働者は、全ての労働関連法規等が適用される他、「派遣労働者」として、「労働者派遣事業の適正な運営の確保及び派遣労働者の保護等に関する法律」〈派遣法〉(昭 60 法 88)、同法施行令〈派遣令〉(昭 61 政令 95)、同法施行規則〈派遣則〉(昭 61 労令 20)が適用される[*19]。

また、労働者派遣については、「労働者派遣事業と請負により行われる事業との区分に関する基準」[*20]、「派遣元事業主が講ずべき措置に関する指針」[*21]、「派遣先が講ずべき措置に関する指針」[*22]、「日雇派遣労働者の雇用の安定等を図るために派遣元事業主及び派遣先が講ずべき措置に関する指針」[*23]、「短時間・有期雇用労働者及び派遣労働者に対する不合理な待遇の禁止等に関する指針」[*24]が定められている。

*19　派遣法は、船員職業安定法６条１項所定の船員には適用されない(派遣３条)。
*20　昭 61・4・17 労告 37(平 24・9・27 厚労告 518 により一部改正)。
*21　平 11・11・17 労告 137(平 30・12・28 厚労告 427 等により一部改正)。
*22　平 11・11・17 労告 138(平 30・12・28 厚労告 428 等により一部改正)。
*23　平 20・2・28 厚労告 36(平 30・9・7 厚労告 322 等により一部改正)。
*24　平 30・12・28 厚労告 430。

(2) 使用者等としての義務の主体

派遣労働者の労働契約上の使用者は派遣元であるので、法令上の「使用者」「事業主」「事業者」としての義務は、原則として派遣元が負う。

しかし、労働者保護規定の実効性確保のために、労基法、安衛法、じん肺法、作業環境測定法、均等法、育介法、労働施策法の一部の規定は、派遣先である事業主・事業者にも適用される(派遣 44 条～ 47 条の 4)。

ア　派遣元と派遣先の双方に適用される規定

派遣元と派遣先の双方に適用される規定として、①労基法では、均等待遇(3 条)、強制労働の禁止(5 条)、徒弟の弊害排除(69 条)があり(派遣 44 条 1 項)、②安衛法では、快適な職場環境の実現と労働者の安全と健康確保(3 条 1 項)、総括安全衛生管理者(10 条)、衛生管理者・産業医等(12 条、13 条〈2 項・3 項を除く〉、13 条の 2、13 条の 3)、衛生委員会(18 条)、安全管理者等に対する教育等(19 条の 2)、安全衛生教育(59 条 2 項、60 条の 2)、要配慮者の適正配置(62 条)、健康診断実施後の措置(66 条の 5 第 1 項)、健康教育等(69 条)、体育活動等への便宜供与等(70 条)があり(派遣 45 条 1 項)[*25]、③均等法では、妊娠・出産、産前産後休業取得等を理由とする不利益な取扱いの禁止(9 条 3 項)、セクシュアル・ハラスメント防止対策措置(11 条 1 項)、妊娠・出産等に関するハラスメント防止対策措置(11 条の 3 第 1 項)、妊娠中・出産後の女性労働者の健康管理措置(12 条、13 条 1 項)等があり(派遣 47 条の 2)、④育介法では、育児休業取得等を理由とする不利益な取扱いの禁止(10 条、16 条、16 条の 4、16 条の 7、16 条の 10、18 条の 2、20 条の 2、23 条の 2)、育休等に関するハラスメント防止対策措置(25 条 1 項)等があり(派遣 47 条の 3)、⑤労働施策法では、優越的関係を背景とするハラスメント防止対策措置(30 条の 2 第 1 項)等がある(派遣 47 条の 4)。

イ　派遣先のみに適用される規定

派遣先のみに適用される規定として、①労基法では、公民権行使の保障(労基 7 条)、労働時間・休憩・休日(32 条、32 条の 2 第 1 項、32 条の 3 第 1 項、32 条の 4 第 1 ～ 3 項、33 条～ 35 条、36 条 1 項・6 項、40 条、41 条、141 条 3 項)[*26]、年少者保護(労基 60 条～ 63 条)、女性の坑内労働・危険有害業務・育児時間・生理日の休暇(労基 64 条の 2、64 条の 3、66 条～ 68 条)があり(派遣 44 条 2 項)、②安衛法では、

*25　派遣労働者も派遣先の労災防止措置に協力する義務を負う(安衛4条、派遣45条1項)。

*26　事業場外労働及び裁量労働制におけるみなし時間制(労基 38 条の 2 ～ 38 条の 4)並びに労基 41 条の 2 の適用除外に関する規定はないので、派遣先は派遣労働者に対しこれらの規定を適用することはできない(企画業務型裁量制につき平 12・3・28 基発 180 はこのように述べる)。

安全管理者(安衛 11 条)、作業主任者・安全委員会等(安衛 14 条～ 15 条の 3、17 条)、労働者の危険又は健康障害を防止するための措置(安衛 20 ～ 27 条、28 条の 2 ～ 30 条の 3、31 条の 3、36 条)、定期自主検査(安衛 45 条〈2 項を除く〉)、化学物質の有害性の調査(安衛 57 条の 3 ～ 58 条)、安全衛生教育(安衛 59 条 3 項、60 条)、就業制限(安衛 61 条 1 項)、作業環境測定等(安衛 65 条～ 65 条の 4)、健康診断等(安衛 66 条、66 条の 3、66 条の 4、66 条の 8 の 3)、病者の就業禁止(68 条)、受動喫煙の防止(68 条の 2)、快適な職場環境の形成(安衛 71 条の 2)、安全改善計画等(安衛 9 章 1 節)、計画の届出等(安衛 88 条～ 89 条の 2)等があり(派遣 45 条 2 項)、③じん肺法、作業環境測定法の規定も一部適用される(派遣 46 条、47 条)。

4　労働者派遣事業

(1) 労働者派遣事業の許可

労働者派遣事業を行うには、事業ごとに厚生労働大臣の許可を受けることが必要である(派遣 5 条～ 15 条)。派遣法では、派遣法 5 条 1 項の労働者派遣事業の許可を受けた者を「派遣元事業主」と呼んでいる(派遣 2 条 4 号)。

労働者派遣の役務の提供を受ける者は、派遣元事業主以外の労働者派遣事業を行う事業主から、労働者派遣の役務の提供を受けてはならない(派遣24条の2)。

(2) 派遣対象業務

労働者派遣事業の対象とする業務については、派遣禁止業務が限定列挙され(いわゆるネガティブ・リスト方式)、①港湾運送業務、②建設業務、③警備業務、④医療関係業務(医師、歯科医師、薬剤師、保健師・助産師・看護師、栄養士、歯科衛生士、診療放射線技師、歯科技工士の業務の一部)が派遣禁止業務とされている(派遣 4 条 1 項、施行令 1 条・2 条)。したがって、①～④以外は、労働者派遣事業の対象業務とすることができる。

労働者派遣の事業を行う事業主から労働者派遣の役務の提供を受けようとする者は、派遣労働者を派遣禁止業務に従事させてはならない(派遣 4 条 3 項)。

(3) 労働者派遣の役務の提供を受けることのできる期間

派遣先が派遣就業の場所ごとの業務について派遣元事業主から労働者派遣の役務の提供を受けることのできる期間(派遣可能期間)については、①期間制限のない労働者派遣(派遣40条の2第1項但書1～5号、派遣則32条の4、33条、33条の2)と、②期間制限のある労働者派遣(①以外：派遣 40 条の 2 第 1 項)があり、期間制限がある場合の派遣可能期間は 3 年である(派遣40条の2第2項)。

派遣可能期間は、「派遣就業の場所ごとの業務」につき算定されるので、同一の業務に労働者派遣の役務提供を受けていれば、派遣労働者又は派遣元事業主が代わっても、その期間は通算される[*27]。

しかし、派遣先は、所定の手続に基づき過半数労働組合等の意見を聴取し、かつ、派遣労働者を交代させれば(派遣先は、前記①を除き、派遣元事業主から 3 年を超える期間継続して同一の派遣労働者に係る労働者派遣の役務の提供を受けてはならない<派遣 40 条の 3>)、派遣期間に制限のある労働者派遣についても、3 年を超えて労働者派遣の役務の提供を受けることができる(派遣 40 条の 2 第 3 ～ 6 項)。

(4) 労働者派遣の制限

派遣元事業主は、1)「関係派遣先」(当該派遣元事業主と特殊の関係にある者：親会社や子会社等)への派遣割合(一の事業年度で当該派遣元事業主が雇用する派遣労働者<60 歳以上の定年に達したことより退職した者を除く>の関係派遣先への就業に係る総労働時間が当該派遣元事業主が雇用する派遣労働者の派遣就業に係る総労働時間に占める割合)を 80 %以下としなければならず(派遣 23 条の 2、派遣則 18 条の 3)、2)同盟罷業又は作業所閉鎖の行われている事業所に、労働者派遣(当該同盟罷業又は作業所閉鎖の行われる際現に当該事業所に労働者派遣をしている場合は、当該労働者派遣及びこれに相当するものを除く)をしてはならず(派遣 24 条<職安 20 条を準用・一部修正>)、3)「日雇労働者」(日々又は 30 日以内の期間を定めて雇用する労働者)について労働者派遣を行ってはならない(派遣令 4 条 1 項・2 項、派遣則 28 条の 2、28 条の 3 で定める場合を除く)(派遣 35 条の 4)。また、4)派遣先は、当該派遣先を離職した者を当該離職日から 1 年間は派遣労働者としてその役務の提供を受けてはならず、派遣元はそのような労働者派遣を行ってはならない(60 歳以上の定年に達したことにより退職した者<派遣則 33 条の 10 第 1 項>を除く)(派遣 40 条の 9 第 1 項)。

5　派遣元と派遣先：労働者派遣契約

(1) 労働者派遣契約の内容

労働者派遣契約で定める事項は、①派遣労働者が従事する業務の内容、②労働に従事する事業所の名称・派遣就業の場所・組織単位(労働者の配置の区分で、配置された労働者の業務の遂行を指揮命令する職務上の地位にある者が当該労働者の業務の配分及び当該業務に係る労務管理に関して直接の権限を有するもの<派遣 26 条 1 項 2 号、派遣則 21 条の 2>)、③指揮命令者、④派遣期間と派遣就業日、⑤派遣就業の始業終業時刻と休憩時間、⑥安全衛生、⑦苦情処理、⑧労働者派遣契約の解除にあたっての派遣労働者の雇用安定措置、⑨派遣元責任者、派遣先責任者、

*27　「派遣先が講ずべき措置に関する指針」第 2 の 14(3)は、新たな労働者派遣の開始とその直前に受けた労働者派遣の終了との間の期間が三月を超えない場合は、直前の労働者派遣から継続して労働者派遣の役務の提供を受けているものとみなすとしている。

所定休日労働させうる日、所定時間外労働をさせうる時間数、福利厚生施設の利用、労働者派遣契約の当事者の紛争防止措置、派遣労働者を無期雇用労働者又は 60 歳以上の者に限定するか否か等であり、⑩紹介予定派遣の場合は、当該職業紹介により従事すべき業務の内容及び労働条件その他の紹介予定派遣に関する事項である（派遣 26 条 1 項、派遣則 22 条）。

労働者派遣の役務の提供を受けようとする者及び派遣先は、当該労働者派遣の料金の額につき、派遣元事業主が均等・均衡待遇原則に関する規制（→後記 6 (2)）を遵守できるよう配慮しなければならない（派遣 26 条 11 項）。

派遣元事業主は、派遣先又は派遣先となろうとする者との間で、正当な理由なく、派遣先が当該派遣労働者を派遣元における雇用の終了後雇用することを禁じる旨の契約を締結してはならない（派遣 33 条 2 項）[*28]。

(2)　労働者派遣契約の解除

労働者派遣をする事業主は、労働者派遣の役務の提供を受ける者が派遣法又はそれに適用される労基法等の規定に違反した場合、当該労働者派遣を停止し、又は当該労働者派遣契約を解除することができる（派遣 28 条）。

労働者派遣の役務の提供を受ける者は、派遣労働者の国籍、信条、性別、社会的身分、派遣労働者が労働組合の正当な行為をしたこと等を理由として、労働者派遣契約を解除してはならない（派遣 27 条）[*29]。また、その都合による労働者派遣契約の解除に当たっては、当該派遣労働者の新たな就業の機会の確保、当該派遣労働者に対する休業手当等の費用の負担その他の当該派遣労働者の雇用の安定のために必要な措置を講じなければならない（派遣 29 条の 2）。

6　派遣元と派遣労働者：派遣労働契約

(1)　派遣労働契約の締結・派遣と明示・説明義務等

派遣元事業主は、第一に、派遣労働者として雇い入れようとするときは、その旨を明示し、既に雇用している労働者を新たに派遣の対象とする場合は、その旨を明示し同意を得なければならない（派遣 32 条 1・2 項）。また、労働契約締結時に、通常の労働契約と同じ労働条件明示・説明義務[*30]に加え、昇給・退職手当・賞与の有無、「協定対象派遣労働者」（→後記 (2) エ）か否か（そうであると

*28　同規定に違反する契約条項は無効である（バイエル三共・ホクトエンジニアリング事件・東京地判平 9・11・26 判時 1646 号 106 頁/判タ 987 号 275 頁）。

*29　同規定に反する労働者派遣契約の解除は無効である（トルコ航空（TEI）事件・東京地判平 24・12・5 労判 1068 号 32 頁）。

*30　前記第 11 章「労働契約の成立」第 2 節 4。

きは当該協定の有効期間の終期）、苦情処理についても、文書の交付等により明示する（派遣31条の2第2項1号、派遣則25条の15～25条の18）。また、均等・均衡待遇原則に関する規制（→後記(2)）に基づき講ずべき措置について明示し説明し（派遣31条の2第4項）、派遣労働者として雇用した場合の賃金額の見込みその他当該労働者の待遇、事業運営、労働者派遣制度の概要を書面の交付等により説明しなければならない（派遣31条の2第1項、派遣則25条の14）。

第二に、労働者派遣をするときは、1）①当該労働者派遣をしようとすること、②労働者派遣契約の内容（派遣26条1項各号所定の事項で当該派遣労働者に係るもの：前記5(1)）、③派遣可能期間と抵触することとなる日（派遣可能期間に制限のない場合は①②のみ）を書面の交付等の方法により明示しなければならない（派遣34条1項、派遣則26条）。また、2）「協定対象派遣労働者」を除き、労働契約の期間、契約更新基準、就業場所及び従事すべき業務、始業・終業の時刻、所定労時間外労働の有無、休憩時間、休日、就業時転換、退職（解雇事由を含む）、苦情処理につき明示し、均等・均衡待遇原則に関する規制に基づき講ずべき措置を明示し説明しなければならない（派遣31条の2第3項、派遣則25条の20）。

第三に、派遣労働者として雇い入れる場合又は労働者派遣をしようとする場合若しくは労働者派遣の料金額を変更する場合、当該労働者に、当該労働者派遣の料金額又は当該事業所の労働者派遣の料金の平均額のいずれかを書面の交付等により明示しなければならない（派遣34条の2、派遣則26条の3）。

第四に、正当な理由なく、派遣元での雇用終了後派遣労働者が派遣先に雇用されることを禁じる契約を派遣労働者と締結してはならない（派遣33条1項）[*31]。

(2) 均等・均衡待遇原則

ア　不合理な待遇の相違の禁止

派遣元事業主は、その雇用する派遣労働者の「基本給、賞与その他の待遇のそれぞれ」につき、「当該待遇に対応する派遣先に雇用される通常の労働者の待遇」との間に「不合理と認められる相違」を設けることを禁止され、「不合理と認められるか否か」の考慮要素は、「当該派遣労働者及び通常の労働者の職務の内容（業務の内容及び当該業務に伴う責任の程度：派遣26条8項）、当該職務の内容及び配置の変更の範囲その他の事情のうち、当該待遇の性質及び当該待遇を行う目的に照らして適切と認められるもの」である（派遣30条の3第1項）[*32]。

---

*31　同規定に反する契約条項は無効である（バイエル三共・ホクトエンジニアリング事件・東京地判平9・11・26判時1646号106頁/判タ987号275頁）。

*32　対象労働者は異なるが、短時間・有期雇用労働者と通常の労働者との不合理な待遇の相違を禁止したパート・有期法8条（→前記第1節7(2)）と同様の規制内容である。

イ　派遣先の通常の労働者と同一職務内容等の派遣労働者に対する不利な取扱いの禁止

第二に、派遣元事業主は、その雇用する「派遣労働者」のうち、「①職務の内容が派遣先に雇用される通常の労働者と同一の派遣労働者であって、②当該労働者派遣契約及び当該派遣先における慣行その他の事情からみて、当該派遣先における派遣就業が終了するまでの全期間において、その職務の内容及び配置が当該派遣先との雇用関係が終了するまでの全期間における当該通常の労働者の職務の内容及び配置の変更の範囲と同一の範囲で変更されることが見込まれるもの」については、その「基本給、賞与その他の待遇のそれぞれ」について、「正当な理由がなく、当該待遇に対応する当該通常の労働者の待遇に比して不利なものとすること」を禁止されている（派遣30条の3第2項）[*33]。

ウ　職務の内容等を勘案した賃金の決定

第三に、派遣元事業主は、派遣先に雇用される通常の労働者との均衡を考慮しつつ、前記イ以外の派遣労働者の職務の内容・成果、意欲、能力又は経験その他の就業の実態を勘案し、その賃金（職務の内容に密接に関連して支払われるもの）を決定するように努めなければならない（派遣30条の5、派遣則25条の13）。

エ　「協定対象派遣労働者」についての例外

しかし、派遣元事業主は、労働者の過半数で組織する労働組合がある場合においてはその労働組合、労働者の過半数で組織する労働組合がない場合においては労働者の過半数を代表する者（過半数代表者）との書面による協定により、その雇用する派遣労働者の待遇[*34]について、以下の事項を定めたときは、当該協定により待遇を定める派遣労働者（「協定対象派遣労働者」）については、前記ア〜ウの規制の適用を受けない[*35]。すなわち、①当該協定で待遇を定める派遣労働者（「協定対象派遣労働者」）の範囲、②協定対象派遣労働者の賃金の決定方法で、次の a）及び b）に該当するもの[*36]（a）「派遣先の事業所その他派遣就業の場所の所在地を含む地域において派遣労働者が従事する業務と同種の業務に従事する一般の労

*33　対象労働者、及び、「不利な取扱い」を禁止している点等は異なるが、通常の労働者と同視すべき短時間・有期雇用労働者に対する差別的取扱いを禁止したパート・有期法9条（→前記第1節7(3)）と類似した規制内容である。

*34　派遣先が派遣労働者に対して行う教育訓練（派遣40条2項）と派遣先の給食施設、休憩室、更衣室（派遣則32条の3）を除く（派遣30条の4第1項本文、派遣則25条の7）。

*35　派遣元事業主は、同書面をその有効期間が終了した日から起算して3年を経過する日まで保存しなければならない（派遣則25条の12）。

*36　職務に密接に関連して支払われる賃金以外の賃金は a）に該当するもの（派遣30条の4第1項2号、派遣則25条の8）。

働者であって、当該派遣労働者と同程度の能力及び経験を有する者の平均的な賃金の額」〈派遣則 25 条の 9〉と同等以上の賃金の額、b)派遣労働者の職務の内容、職務の成果、意欲、能力又は経験その他の就業の実態に関する事項の向上があった場合に賃金が改善されること)、③前記②の方法で賃金を決定するに当たり、派遣労働者の職務の内容、職務の成果、意欲、能力又は経験その他の就業実態を公正に評価して賃金を決定すること、④協定対象派遣労働者の賃金以外の待遇の決定方法(派遣労働者の待遇のそれぞれにつき、当該待遇に対応する派遣元事業主に雇用される通常の労働者〈派遣労働者を除く〉の待遇との間に、当該派遣労働者及び通常の労働者の職務の内容、当該職務の内容及び配置の変更の範囲その他の事情のうち、当該待遇の性質及び当該待遇を行う目的に照らして適切と認められるものを考慮して、不合理と認められる相違が生じることにならないもの)、⑤協定対象労働者への段階的かつ体系的な教育訓練(派遣 30 条の 2 第 1 項)の実施、⑥厚生労働省令(派遣則 25 条の 10)で定める事由(ｱ)有効期間、ｲ)協定対象派遣労働者を派遣労働者の一部に限定する場合はその理由、ｳ)特段の事情がない限り、一の労働契約の契約期間中に、当該労働契約に係る派遣労働者について、派遣先の変更を理由として、協定対象派遣労働者か否かを変更しようとしないこと)である(派遣 30 条の 4 第 1 項本文)。ただし、前記②、④、⑤で定めたことを遵守していない場合、又は、前記③の公正な評価に取り組んでいない場合は、前記ア～ウの規制の適用除外とはならない(派遣 30 条の 4 第 1 項但書)。

同協定は周知を要し(派遣 30 条の 4 第 2 項、派遣則 25 条の 11)、その周知は当該労使協定の効力(前記ア～ウの適用除外)を発生させる要件と解すべきであろう。

オ　労働者に対する説明

派遣元事業主は、派遣労働者からの求めがあれば、派遣労働者と比較対象労働者(派遣 26 条 8 項)の待遇の相違の内容と理由、前記ア～エ等の決定に考慮した事項を説明しなければならず(派遣 31 条の 2 第 4 項)、説明を求めたことを理由として解雇その他不利益な取扱いをしてはならない(派遣 31 条の 2 第 5 項)。

(3)　特定有期雇用派遣労働者等の雇用の安定

派遣元事業主は、第一に、「特定有期雇用派遣労働者」(派遣 30 条 1 項柱書、派遣則 25 条 1 項)[*37]のうち、派遣就業の場所の同一の業務につき継続して 3 年間当該労働者派遣に係る労働に従事する見込みがある者に関して、①派遣先に当該派遣労働者に労働契約締結の申込みをすることを求める、②派遣労働者とし

---

*37　「有期雇用派遣労働者」のうち、①派遣先の事業所その他派遣就業の場所における同一の組織単位の業務について継続して 1 年以上の期間当該労働者派遣に係る労働に従事する見込みがある者で、当該労働者派遣の終了後も継続して就業することを希望している者(派遣可能期間の上限がない労働者派遣に係る派遣労働者を除く)」である。

ての就業[*38]の機会を提供する、③派遣労働者以外の労働者として期間を定めないで雇用される機会を提供する、④教育訓練[*39]その他の雇用安定を図るために必要な措置[*40]のいずれかの措置を講じる義務を負い、①の措置を講じたが当該派遣労働者が派遣先に雇用されなかったときは、②〜④のいずれかの措置を講ずる義務を負う（派遣30条2項、派遣則25条の2第2項）。

(4) 期間の定めのない派遣労働契約への転換

派遣労働契約に期間の定めがある場合、労契法 18 条の要件を充足すれば、期間の定めのない派遣労働契約（契約相手方は派遣元）となる（→前記第1節5）。

(5) 派遣労働契約の終了

派遣労働契約の終了については、労働契約成立後の採用内定取消[*41]、無期雇用派遣労働者の解雇、有期雇用派遣労働者の契約期間中の解雇[*42]・契約更新拒否[*43]、解約合意[*44]による労働契約終了の肯否や、損害賠償請求の可否[*45]等につき通常の労働契約と同じ法規制が適用される（→前記第13章「労働契約の終了」）。

7　派遣先と派遣労働者：労務の供給

(1) 派遣先が派遣労働者のために講ずべき措置

派遣先は、派遣労働者と派遣先が雇用している労働者との均等・均衡待遇の観点から、①派遣先が雇用する労働者に実施する業務遂行に必要な能力付与のための教育訓練は、当該派遣労働者が既に当該業務に必要な能力を有している場合等[*46]を除き、同種の業務に従事する派遣労働者に対しても実施する等必要

---

*38　その条件が、当該労働者の能力、経験、居住地、従前の職務に係る待遇その他労働者の配置に関して通常考慮すべき事項に照らして合理的なものに限る（派遣 30 条 1 項 2 号、派遣則 25 条の 3）。

*39　新たな就業の機会を提供するまでの間の教育訓練で、当該期間中、賃金が支払われるものである（派遣則 25 条の 4）。

*40　紹介予定派遣の対象とし又は紹介予定派遣に係る派遣労働者として雇い入れること、その他雇用の継続が図られると認められる措置である（派遣則 25 条の 5）。

*41　パソナ（ヨドバシカメラ）事件・大阪地判平 16・6・9 労判 878 号 20 頁。

*42　フジスタッフ事件・東京地判平 18・1・27 労経速 1933 号 15 頁、プレミアライン事件・宇都宮地栃木支決平 21・4・28 労判 982 号 5 頁、アウトソーシング事件・津地判平 22・11・5 労判 1016 号 5 頁。

*43　伊予銀行・いよぎんスタッフサービス事件・松山地判平 15・5・22 労判 856 号 45 頁、同事件・高松高判平 18・5・18 労判 921 号 33 頁、マイスタッフ・一橋出版事件・東京高判平 18・6・29 労判 921 号 5 頁/判タ 1243 号 88 頁、トルコ航空（TEI）事件・東京地判平 24・12・5 労判 1068 号 32 頁。

*44　ラポール・サービス事件・名古屋高判平 19・11・16 労判 978 号 87 頁。

*45　エキスパートスタッフ事件・東京地判平 9・11・11 労判 729 号 49 頁。

*46　その他、当該教育訓練と同様の教育訓練を派遣元事業主が既に実施した場合又は実施することができる場合である（派遣則 32 条の 2）。

な措置を講じ（派遣 40 条 2 項）、②派遣先に雇用される労働者に対して利用の機会を与える給食施設、休憩室、更衣室については、派遣労働者に対しても利用の機会を与え（派遣 40 条 3 項、派遣則 32 条の 3）、③適切な就業環境の維持、診療所等の施設で派遣先に雇用される労働者が通常利用しているもの（②を除く）の利用に関し必要な措置を講ずるよう配慮しなければならない（派遣 40 条 4 項）。

（2）派遣労働者の直接雇用

ア　特定有期雇用派遣労働者の雇用

派遣先は、派遣就業の場所における組織単位ごとの同一の業務について、派遣元事業主から継続して１年以上の期間同一の特定有期雇用派遣労働者に係る労働者派遣（派遣可能期間に制限のない労働者派遣を除く）の役務の提供を受けた場合で、引き続き同一業務に従事させるため、当該労働者派遣の役務の提供を受けた期間が経過した日以後労働者を雇い入れようとするときは、当該同一業務に派遣実施期間継続して従事した特定有期雇用派遣労働者（継続就業希望者として、派遣元が派遣先に対し労働契約の申込みを求めた者に限る）を遅滞なく雇い入れるように努めなければならない（派遣 40 条の 4、派遣則 33 条の 7）。

イ　労働者の募集に係る事項の周知

派遣先は、当該派遣先の同一の事業所その他派遣就業の場所で派遣元事業主から１年以上の期間継続して同一の派遣労働者に係る労働者派遣の役務の提供を受けている場合において、当該事業所その他派遣就業の場所で労働に従事する通常の労働者（短時間労働者でない労働者）の募集を行うときは、当該募集に係る事項を当該派遣労働者に周知しなければならない（派遣 40 条の 5 第 1 項）[*47]。

ウ　労働契約締結の申込みのみなし制度

労働者派遣の役務の提供を受ける者は、以下の行為をした場合には、その時点で、当該労働者派遣に係る派遣労働者に、その時点の当該派遣労働者の労働条件と同一の労働条件を内容とする労働契約締結の申込みをしたものとみなされる（派遣 40 条の 6）。

すなわち、①派遣禁止業務に従事させること（派遣 4 条 3 項違反）、②労働者派遣事業の許可を受けている派遣元事業主以外の事業主から労働者派遣の役務提供を受けること（派遣 24 条の 2 違反）、③派遣可能期間を超えて労働者派遣の役務の提供を受けること（派遣 40 条の 2 第 1 項違反）（派遣法 40 条の 2 第 3 項に基づき派

---

*47　3 年間当該労働者派遣（派遣可能期間に制限のない労働者派遣を除く）に係る労働に従事する見込みがある特定有期雇用派遣労働者（派遣元が派遣先に労働契約の申込みを求めた者に限る）には、短時間労働者の募集の周知も必要である（派遣 40 条の 5 第 2 項、派遣則 33 条の 8）。

遣可能期間を延長する場合、同条第 4 項所定の過半数労働組合等の意見聴取をしなかったために派遣法 40 条の 2 第 1 項違反となる場合を除く〈派遣 40 条の 6 第 1 項 3 号括弧書き〉）、④派遣可能期間が延長された場合に、派遣就業の場所における組織単位ごとの業務に 3 年を越えて同一の派遣労働者の役務の提供を受けること（派遣 40 条の 3 違反）、⑤派遣法の適用を免れる目的で請負等労働者派遣以外の名目で契約を締結し、労働者派遣契約に定めるべき事項（派遣 26 条 1 項）を定めず労働者派遣の役務の提供を受けることのいずれかである（派遣 40 条の 6 第 1 項 1 号〜5 号）。ただし、労働者派遣の役務の提供を受ける者がその行為が上記①〜⑤に該当することを知らず、かつ、知らなかったことにつき過失がない場合は除かれる（派遣 40 条の 6 第 1 項但書）。

当該労働契約締結の申込みは、①〜⑤の行為終了後 1 年を経過するまでは撤回できず（派遣 40 条の 6 第 2 項）、この間当該派遣労働者が承諾したときは、当該派遣労働者と労働者派遣の役務の提供を受ける者との間に労働契約が成立する。しかし、当該期間中に、派遣労働者から、承諾又は承諾しない旨の意思表示がなかったときは、当該申込みは効力を失う（派遣 40 条の 6 第 3 項）。

当該派遣労働者に係る労働者派遣をする事業主は、労働者派遣の役務の提供を受ける者から求めがあれば、申込みをしたとみなされた時点の当該派遣労働者の労働条件の内容を通知しなければならない（派遣 40 条の 6 第 4 項）。

なお、前記①〜⑤の行為をした者が国又は地方公共団体の機関である場合、当該派遣労働者が同一の業務への従事を求めるときは、当該機関は、関係法令の規定に基づく採用その他の適切な措置を講じなければならない（派遣 40 条の 7 第 1 項）。また、当該派遣労働者に係る労働者派遣をする事業主は、当該機関から求めがあれば、当該機関が前記①〜⑤の行為をした時点における当該派遣労働者の労働条件の内容を通知しなければならない（派遣 40 条の 7 第 2 項）。

第３部　集団的労使関係法

第15章　集団的労使関係法総論

本章では、集団的労使関係法の総論として、①憲法 28 条と労組法の概要(→ 1)、②憲法 28 条と保障されうる行為(→ 2)、③団結権・団体交渉権・団体行動権保障の意義(→ 3)、④団結権・団体交渉権・団体行動権保障の法的効果と法的救済(→ 4)、⑤集団的労使紛争と紛争解決制度(→ 5)を検討する。

1　憲法 28 条と労組法の概要

憲法 28 条は、労働者が使用者と実質的に対等な立場で交渉し、雇用・労働条件を維持・向上させることを可能とするために、勤労者(労働者)に対し、①団結権、②団体交渉権、③団体行動権を保障する。

①「団結権」は、労働者が雇用・労働条件の維持・改善その他経済的地位の向上を図ることを主たる目的として、一時的又は継続的な団結体を結成し又はこれに加入し、これを運営し、強化・拡大する権利である。広い意味では、団体交渉権と団体行動権の根底にある権利と位置づけることもできる。

②「団体交渉権」は、労働者が使用者又は使用者団体と団体交渉を行う権利である。

③「団体行動権」は、労働者が雇用・労働条件その他の待遇や労使関係上のルール等に関する要求を示威又は実現するために、団体行動を行う権利である。

また、労組法は、これらの権利保障の実効性を確保するために、④「労働組合」に関する制度、及び、⑤「労働協約」に関する制度を定め、また、⑥「不当労働行為救済制度」を整備している。

2　憲法 28 条と保障されうる行為

団体交渉権により保障される行為は「団体交渉」である。

団結権及び団体行動権により保障される行為のうち、①「労務の不提供(同盟罷業)又は不完全な提供(怠業)、及び、これを維持強化するための行為(ピケッティング、職場占拠等)」が「争議行為」であり[*1]、②「争議行為以外の行為」、

---

*1　東京労委(大成観光<ホテルオークラ>)事件・最三小判昭 57・4・13 民集 36 巻 4 号 659 頁/労判 383 号 19 頁の伊藤正己裁判官の補足意見参照。

すなわち、団結体の結成・加入、対内的団結活動(団結体の運営)、対外的団結活動(ビラ貼り・ビラ配布・集会・情宣活動等)が「団結活動」である。

そして、①「争議行為」を行う権利を「争議権」、②「団結活動」を行う権利を「団結活動権」と別途定義することができ、「争議権」は、憲法28条の定める「団体行動権」の一部、「団結活動権」は、憲法28条の定める「団結権」及び「団体行動権」の一部を合わせたものである。

図 15.1　憲法28条と保障されうる行為

<table>
<tr><td colspan="3">団　結　活　動</td><td rowspan="2">争議行為
(同盟罷業・怠業、ピケッティング等)</td><td rowspan="2">団体交渉</td><td rowspan="2">保障されうる行為</td></tr>
<tr><td>団結の結成・加入</td><td>対内的団結活動</td><td>対外的団結活動</td></tr>
<tr><td colspan="3">団　結　活　動　権</td><td>争　議　権</td><td rowspan="2">団体交渉権</td><td rowspan="3">憲法28条</td></tr>
<tr><td colspan="2"></td><td colspan="2">団　体　行　動　権</td></tr>
<tr><td colspan="5">団　結　権</td></tr>
</table>

3　団結権・団体交渉権・団体行動権保障の意義

憲法 28 条による団結権・団体交渉権・団体行動権保障は、労働者の雇用保障と労働条件の維持・向上、その他経済的地位の向上を目的とするものであるが、具体的には、次のような意義を有する。

第一は、労働条件に関する対等決定の実現と労働者の雇用保障・労働条件等の維持・向上である。

労働者個人では使用者と対等に交渉することが困難であるので、労働者が団結し、その団結力を背景として、団体交渉により使用者と集団的なレベルで対等な立場で交渉することを保障し、もって労働者の雇用・労働条件その他の待遇の維持・向上を要求し実現することを可能にする。

第二は、労働関係法規違反の是正と権利紛争の自主的解決による、労働関係法規と労働者の権利の実効性確保である。

労働関係法規違反の是正は、無論、行政機関や司法機関によっても行われ、また、権利義務関係についての紛争は最終的には裁判所による解決に委ねられるが、その法的救済が現実かつ迅速に行われるとは限らない。また、労働者個人が使用者と交渉することは困難である。しかし、団体交渉により自主的に解決されれば、現実かつ迅速に、また、特別な費用がかからずに、違法状態が是正され紛争が解決される。したがって、団体交渉は、労働関係法規と労働者の権利の実効性確保という観点から重要な紛争解決手段である。

第三は、労使自治に基づく個別的労働関係及び集団的労使関係に関するルールの設定である。労働者が団結し、団体交渉を行うことにより、個別的労働関係に関する紛争の処理システム（苦情処理手続、相談窓口の設置等）、集団的労使関係に関するルール（団体交渉・団結活動・争議行為等に関する手続、使用者の労働組合への便宜供与等）等を設定することが可能となる。

第四は、労働市場における公正競争の実現である。労働者が団結し、企業横断的交渉を行うことにより、各企業に共通の雇用・労働条件基準を設定し、公正な取引条件を整備することが可能となる。

第五は、労働関係立法の整備・促進である。団体交渉による労働条件設定により、労働関係立法の制定や改善を促進することができる。

そして全体として、団結権・団体交渉権・団体行動権の保障は、自ら団結権等を行使する労働者の雇用保障と労働条件等の維持・向上を直接の目的とすることにより、労働者全体の雇用保障と労働条件の維持・向上を実現する。

4　団結権・団体交渉権・団体行動権保障の法的効果と法的救済

憲法 28 条による団結権・団体交渉権・団体行動権の保障、及び、労組法における労働組合、労働協約、不当労働行為救済制度等の定めの法的効果と求めうる法的救済の概要は、以下の通りである。

(1)　刑事免責

正当な団結活動・争議行為は、強要罪（刑 223 条）、脅迫罪（刑 222 条）、威力業務妨害罪（刑 234 条）、住居侵入罪（刑 130 条）等の構成要件に該当しない場合はもちろんのこと、該当しても違法性が阻却され、刑罰を科されない。

また、正当な団体交渉、又はこれを求める行為であれば、団体交渉開催の要求、団体交渉での賃金引き上げ等の要求、使用者の施設内での滞留等は、強要罪（刑 223 条）や住居侵入罪（刑 130 条）等の構成要件に該当しない場合はもちろんのこと、該当しても違法性を阻却され、刑罰を科されない。

刑法 35 条は、「法令又は正当な業務による行為は、罰しない」と定め、労組法 1 条 2 項は、刑法 35 条の規定は「労働組合の団体交渉その他の行為であって前項に掲げる目的を達成するためにした正当なものについて適用があるものとする」と定めるが、正当な団結活動・争議行為、正当な団体交渉又はこれを求める行為の場合、刑事責任を負わない[*2]ことは、憲法 28 条から直接導かれ

*2　旧東京第一陸軍造兵廠事件・最大判昭 24・5・18 刑集 3 巻 6 号 772 頁。

る効果であり、労組法1条2項はその確認規定である[*3]。

したがって、労組法1条2項は、刑罰を科されないのは「労働組合の団体交渉その他の行為」と規定しているが、ここでの「労働組合」には、労組法上の労働組合のみならず、憲法28条所定の権利を享受する団結体（憲法上の労働組合〈労組法上の労働組合・憲法組合〉及び憲法上の保護を受ける一時的な団結体）[*4]全てが含まれ、また、団結体の結成等に向けた未組織労働者の行為も含まれると解するのが、憲法28条と労組法1条2項の整合的な解釈である。

それゆえ、憲法28条所定の権利を享受する団結体と未組織労働者の、正当な団結活動・争議行為、正当な団体交渉又はこれを求める行為については、労組法1条2項の適用により、また、憲法28条の法的効果により、刑罰は科されない。

(2) 民事免責

団結活動・争議行為のうち、同盟罷業及び怠業は、労働義務の不履行（民415条）に該当しうるし、これを誘致する指導者の行為は債権（使用者の労務給付請求権）侵害の不法行為（民709条）に該当しうるし、同盟罷業、怠業、職場占拠、ピケッティング等は使用者の操業する権利を故意に侵害する不法行為等に該当しうる。しかし、正当な団結活動・争議行為については、債務不履行や不法行為に該当しない場合はもちろんのこと、該当する場合であっても、違法性が阻却され、債務不履行・不法行為責任を負わない。また、正当な団体交渉又はこれを求める行為であれば、不法行為（民709条）に該当しない場合はもちろんのこと、該当する場合でも、違法性が阻却され、損害賠償責任を負わない。

労組法8条は、「使用者は、同盟罷業その他の争議行為であって正当なものによって損害を受けたことの故をもって、労働組合又はその組合員に対し賠償を請求することができない」と定めるが、正当な団結活動・争議行為、及び、正当な団体交渉又はこれを求める行為の場合、損害賠償責任を負わないことは憲法28条から直接導かれる効果であり、労組法8条はその確認規定である[*5]。

したがって、労組法8条は、損害賠償責任を負わないのは「労働組合又はその組合員」の「同盟罷業その他の争議行為」と規定しているが、ここでの「労働組合又はその組合員」には、労組法上の労働組合とその組合員のみならず、憲法組合とその組合員、憲法上の保護を受ける一時的団結体の構成員、未組織労働者も含まれ、また、「同盟罷業その他の争議行為」には、争議行為以外の

*3　全逓東京中郵事件・最大判昭41・10・26刑集20巻8号901頁/判時460号10頁。
*4　「憲法上の労働組合」「労組法上の労働組合」、「憲法組合」、「憲法上の保護を受ける一時的な団結体」の概念については、後記第16章「団結の結成と運営」第1節1・2。
*5　全逓東京中郵事件・最大判昭41・10・26刑集20巻8号901頁/判時460号10頁。

団結活動、及び、団体交渉又はこれを求める行為も含まれるというのが、憲法28条と労組法8条の整合的な解釈である。

それゆえ、労組法上の労働組合、憲法組合、労働者は、正当な団結活動・争議行為・団体交渉又はこれを求める行為については、労組法8条の適用により、また、憲法28条の法的効果により、使用者に対し損害賠償責任を負わない。

また、労組法8条は「使用者」は損害賠償を請求できないと定めているが、先に述べたように、正当な団結活動・争議行為・団体交渉又はこれを求める行為についての民事免責は憲法28条から直接導かれる効果であるから、使用者以外の第三者が損害を被った場合でも、第三者に対し損害賠償責任を負わない[*6]。

(3) 不利益な取扱いからの保護

憲法28条の団結権・団体交渉権・団体行動権保障は、国がこれを侵害してはならないという自由権保障のみならず、労使間において、労働者及び団結体の団結権・団体交渉権[*7]・団体行動権を尊重すべき公序(民90条)を形成する。

また、労組法7条の不当労働行為禁止規定は、憲法28条の団結権・団体交渉権・団体行動権を保障する規定であり、不当労働行為の成立要件を定めるとともに、私法上の強行規定であり、使用者又は使用者団体の信義則上の義務(民1条2項、労契3条4項)の内容となっている[*8]。

したがって、正当な団結活動・争議行為、又は、正当な団体交渉の要求・団体交渉への参加を理由とする、使用者又は使用者団体による労働者に対する不利益な取扱い(解雇、配転、嫌がらせ等)は、第一に、労働者及び団結体の団結権・団体交渉権・団体行動権を侵害するものとして、公序に反し、不法行為となりうるもので、信義則違反でもある。それゆえ、労働者及び労働組合は、裁判所において、それぞれの権利侵害につき、損害賠償を請求することができる。第二に、当該不利益な取扱いが法律行為であれば、公序(民90条)違反で無効[*9]、

---

*6　菱中興業(王子製紙労働組合)事件・札幌地室蘭支判昭43・2・29労民19巻1号295頁/判時522号6頁、中村商店(川中島自動車労組)事件・長野簡判昭43・8・1判時535号84頁、東急電鉄事件・横浜地判昭47・8・16判タ286号274頁。

*7　団体交渉権につきこのように述べるものとして、新聞之新聞社事件・東京高決昭50・9・25労民26巻5号723頁/労判238号52頁、国鉄(団交応諾義務確認請求)事件・東京地判昭61・2・27労民37巻1号123頁/労判469号10頁、同事件・東京高判昭62・1・27労民38巻1号1頁/労判505号92頁(最三小判平3・4・23集民162号547頁/労判589号6頁も維持)等。

*8　日本メール・オーダー事件・東京地判平21・4・13労判986号52頁は、労基法3条、労組法7条により、使用者は労働組合員であることを理由として不平等・不利益に取り扱ってはならない信義則上の義務を負うと判示している。

*9　新聞之新聞社事件・東京高決昭50・9・25労民26巻5号723頁/労判238号52頁。

また、労組法7条違反[*10]で無効であり、信義則違反（労契3条4項）、権利濫用（労契3条5項、14条、15条、16条）で無効とも言いうる。それゆえ、不利益な取扱いを受けた労働者は、裁判所において、当該法律行為の無効を前提として救済を求めることができる[*11]。第三に、当該不利益な取扱いは、労組法7条の不当労働行為にも該当するものであり、労働者（労組3条）及び法適合認証組合[*12]は、労働委員会において、救済命令を求めることができる。

（4）労働協約

労働組合と使用者又はその団体との間で締結された労働協約（労組14条）は、協約当事者間の契約としての効力（債務的効力）を有し、協約当事者の権利義務関係を規律する。

また、労働協約の中の労働条件その他の労働者の待遇を定める部分は、一定の労働契約の内容を規律する効力（規範的効力）を有し（労組16・17・18条）、労働者と使用者の権利義務関係を規律する。

（5）不当労働行為に対する法的救済

使用者の行為が労組法7条の不当労働行為に該当する場合、第一に、それを受けた労働者（団体交渉拒否を除く）及び法適合認証組合は、労働委員会において、侵害された団結権等を回復するために救済を受けることができる。

第二に、それを受けた労働者（労組7条2号の団体交渉拒否を除く）及び労働組合は、裁判所において、団結権等侵害の不法行為であることを理由に損害賠償を請求することができ、また、当該行為が法律行為である場合は、公序（民90条）違反・労組法7条違反で無効であることを前提とする法的救済を求めることができる。また、団体交渉拒否（労組7条2号）については、団体交渉を拒否された労働組合は、当該団交事項について当該使用者又は使用者団体に対して団体交渉を求めうる地位にあることの確認を裁判所において求めうる。

5　集団的労使紛争と紛争解決制度

（1）集団的労使紛争の類型

労働者の団結体と使用者（団体）との間の集団的労使関係において生じた紛争

---

*10　医療法人新光会事件・最三小判昭43・4・9民集22巻4号845頁/労判74号79頁。

*11　順大堂病院事件・東京地判昭40・11・10労民16巻6号909頁/判時428号29頁、日本航空事件・東京地決昭41・2・26労民17巻1号102頁/判時440号11頁、興国人絹パルプ事件・大分地判昭41・10・25労民17巻5号1280頁、全日空事件・東京地判昭42・4・24判時483号71頁等。

*12　「法適合認証組合」の概念については、後記第16章「団結の結成と運営」第1節3。

である「集団的労使紛争」は、①権利義務関係の有無と内容に関する紛争である「権利紛争」（例：賞与請求権の有無）と、②新たな権利義務関係の形成に関する紛争である「利益紛争」（例：賃金の引き上げ）に区別することができる。

(2) 解決方法

集団的労使紛争は、当事者による自主的な解決（団体交渉等）が可能であり、第三者による解決もありうるが、当事者間又は第三者の援助により解決できない場合は公的機関により解決され、権利紛争は最終的には裁判所で解決される。

しかし、裁判所（司法機関）とは別に、憲法28条の定める団結権・団体交渉権・団体行動権保障の実効性を確保し、また、集団的労使紛争（権利紛争及び利益紛争）を解決するために、独立・専門行政委員会である「労働委員会」が設置されている（→(3)～(5)）。

(3) 労働委員会

独立・専門行政委員会である「労働委員会」の組織・機能等については、労組法4章（19条～27条の26）及び労働委員会規則に規定されている。

労働委員会には、①中央労働委員会（中労委）（全国に一つ）と、②都道府県労働委員会（都道府県労委）（各都道府県に一つ）がある（労組19条2項）。

労働委員会は、いわゆる「三者構成」であり、それにより、独自の専門性を有している。具体的には、①公益を代表する「公益委員」、②労働者を代表する「労働者委員」、③使用者を代表する「使用者委員」の三者各同数をもって組織され（労組19条1項）、中労委の委員は各15名である。

中労委の委員は、労働者委員は労働組合の推薦に基づき、使用者委員は使用者団体の推薦に基づき、公益委員は労働者委員と使用者委員の同意を得て作成された名簿の中から、両議院の同意を得て、内閣総理大臣が任命する（労組19条の3第2項）。また、都道府県労委の委員は、労働者委員は労働組合の推薦に基づき、使用者委員は使用者団体の推薦に基づき、公益委員は使用者委員及び労働者委員の同意を得て、知事が任命する（労組19条の12第3項）。

中労委の委員及び都道府県労委の委員のいずれも非常勤であるが、公益委員のうち2人以内は常勤とすることができる（労組19条の3第6項、19条の12第6項）。

労働委員会の委員の任期は2年であり（再任可）、中労委の公益委員は特別職の国家公務員、都道府県労委の委員は特別職の地方公務員、中労委の労使委員は一般職の国家公務員である（国公2条3項9号、地公3条3項2号、国公2条2項）。

労働委員会は、独立の行政委員会であり（国家行政組織3条2項・4項、地方自治138条の4第1項・180条の5第2項2号・202条の2第3項）、労組法及び労調法に規定する権限を独立して行う（労組法施行令16条）。すなわち、所轄機関たる厚生労働省や都道府県知事の指揮命令を受けずに独立して権限を行使する。

(4) 労働委員会の権限

労働委員会の主な権限は、①不当労働行為の審査と救済(労組 20 条・27 条〜27 条の 18)[*13]、②労働組合の資格審査(労組 5 条 1 項、労委則 22 〜 27 条)[*14]、③労働協約の地域的拡張適用の決議(労組 18 条 1 項)[*15]、④労働争議の調整(労組 20 条、労調 8 条の 2 〜 35 条)(→(5))、⑤手続に関する規則の制定(中労委:労組 26 条 1 項、都道府県労働委:労組 26 条 2 項、労組法施行令 26 条の 3)、⑥強制権限(使用者又はその団体、労働組合その他の関係者に対して、出頭、報告の提出若しくは必要な帳簿書類の提出を求め、又は委員若しくは労働委員会の職員に関係工場事業場に臨検し、業務の状況若しくは帳簿書類その他の物件を検査させる権限:労組 22 条、妨害した者等への罰金:労組 30 条)である。

(5) 労働争議の調整

労調法は、集団的労使紛争の自主的解決を基本原則としつつ、労働関係の公正な調整、労働争議の予防・解決、産業平和の維持と経済の興隆への寄与を目的として(労調 1 条)、労働委員会による「労働争議調整制度」を定めている。

争議調整手続の対象となるのは、「労働争議」(労働関係の当事者間において、労働関係に関する主張が一致しないで、そのために争議行為が発生してゐる状態又は発生する虞がある状態:労調 6 条)であり、ここでいう「争議行為」とは、「同盟罷業、怠業、作業所閉鎖その他労働関係の当事者がその主張を貫徹することを目的として行ふ行為及びこれに対抗する行為であって、業務の正常な運営を阻害するもの」(労調 7 条)と定義されている。

争議調整の手続としては、①斡旋、②調停、③仲裁の 3 種類がある。①斡旋は、当事者の双方若しくは一方の申請又は労働委員会の会長の職権に基づき、斡旋員が関係当事者間を斡旋し事件の解決に努める手続である(労調 10 〜 16 条)。②調停は、当事者双方からの申請、当事者双方又は一方からの労働協約の定めに基づく申請等に基づき、労働委員会に設けられる調停委員会が関係当事者から意見を徴して調停案を作製しその受諾を両当事者に勧告する手続である(労調 17 〜 28 条)。③仲裁は、当事者双方からの申請又は労働協約の定めに基づく双方若しくは一方からの申請に基づき、労働委員会に設けられる仲裁委員会が両当事者に仲裁裁定を下す手続であり、仲裁裁定は労働協約と同一の効力を有する(労調 29 〜 35 条)。

---

*13　後記第 20 章「不当労働行為と法的救済」第 4 節 1。
*14　後記第 16 章「団結の結成と運営」第 1 節 3(2)。
*15　後記第 19 章「労働協約」第 4 節 2(2)イ。

第16章　団結の結成と運営

憲法 28 条の保障する「団結権」は、一時的な団結体を結成する権利も含むものであるが、労働者の雇用・労働条件の維持改善その他の経済的地位の向上を図るためには、継続的な団結体である「労働組合」が特に重要であり、労働組合の結成と組織・運営は団結権の重要な内容である。

本章では、労働組合を中心として、①団結体の概念と権利(→第 1 節)、②労働組合の組織と運営(→第 2 節)の順に検討する。

第１節　団結体の概念と権利

労働者の団結体として、憲法又は労組法上の法的保護を受ける団結体は、その有する権利の相違(→ 4)に着目するならば、①憲法 28 条所定の権利を享受する団結体(→ 1)、②「労組法上の労働組合」(→ 2)、③「法適合認証組合」(→ 3)の三つに分類することができる。

1　憲法 28 条所定の権利を享受する団結体

憲法 28 条所定の権利の享受主体は、第一次的には「勤労者」(憲法 28 条)であり、労組法上の労働者(労組 3 条)は「勤労者」と同じと解される[*1]。

しかし、団結の結成・加入を除く団結権、団体交渉権、団体行動権は、その権利の性質上、集団的に行使されるものであり、労働者の団結体自体にも団結権等が保障されなければ、権利保障の目的を達成することはできない。したがって、第二次的には、労働者の団結体も憲法 28 条所定の権利の享受主体となりうる。また、権利の性質上、憲法 28 条所定の権利の享受主体となる労働者の団結体は、法人である必要はなく、社団性も要しない。

(1)　要件

憲法 28 条所定の権利の享受主体となる団結体は、第一に、憲法 28 条所定の権利の第一次的享受主体が勤労者（労働者）であること、第二に、憲法 28 条による団結権、団体交渉権、団体行動権保障は、労働者の雇用保障と労働条件

*1　前記第 2 章「労働法の主体」第 1 節 4(3)参照。

の維持改善、その他経済的地位の向上を目的とするものであること、第三に、権利の享受主体たる労働者の団結体としての団結性が求められると解すべきことに鑑みれば、その要件は以下のように解すべきであろう。

すなわち、第一に、勤労者（労働者）が主体である組織であること（①主体の要件）、第二に、労働者が自主的に組織したものであること（②自主性の要件）、第三に、労働者の雇用保障と労働条件の維持改善、その他経済的地位の向上を主たる目的とするものであること（③目的の要件）、第四に、労働者の団結体としての団結性があること（④団結性の要件）、具体的には、ｱ）社団性を有する継続的な団結体、すなわち、規約を有しその運営のための組織（意思決定機関、業務執行機関、役員、財政）を有している団結体、又は、ｲ）統一した意思決定のもとに統一した行動をとることができる一時的な団結体であることである。

（2）分類

ア　「憲法上の労働組合」

憲法 28 条所定の権利を享受する団結体のうち、①勤労者（労働者）が主体である、②自主的な組織で、③労働者の雇用保障と労働条件の維持・向上，その他経済的地位の向上を主たる目的とし、④社団性を有する継続的な団結体を、「憲法上の労働組合」と呼ぶ[*2]。結果として、「憲法上の労働組合」は、労組法 2 条の定める「労組法上の労働組合」（→後記2）の要件のうち、同条本文の定める要件（①主体の要件、②自主性の要件〈積極的要件：自主的に組織する団体であること〉、③目的の要件、④団体性の要件）を充足するものである。

「憲法上の労働組合」は、労組法 2 条の定める要件を全て充足する「労組法上の労働組合」と、労組法 2 条本文所定の要件は充足するが、同条但書 1 号（「使用者の利益を代表する者」の参加を許すもの）と 2 号（「使用者の経費援助」を受けるもの）のいずれか又は双方に該当し、自主性の要件（消極的要件：1・2 号に該当しない）を充足しない「憲法組合（自主性不備組合）」に区分することができる。

イ　「憲法上の保護を受ける一時的団結体」

憲法 28 条所定の権利を享受する団結体のうち、①勤労者（労働者）が主体である、②自主的な組織で、③労働者の雇用保障と労働条件の維持・向上，その他経済的地位の向上を目的とするもので、④統一した意思決定のもとに統一した行動をとることができる一時的な団結体（一時的な争議団等）を「憲法上の保護を受ける一時的団結体」と呼ぶ。

---

*2　本書で単に「労働組合」という場合、特にことわりのない限り、「憲法上の労働組合」を指す。

図 16.1　労働組合等の概念と団結権・団体交渉権・団体行動権

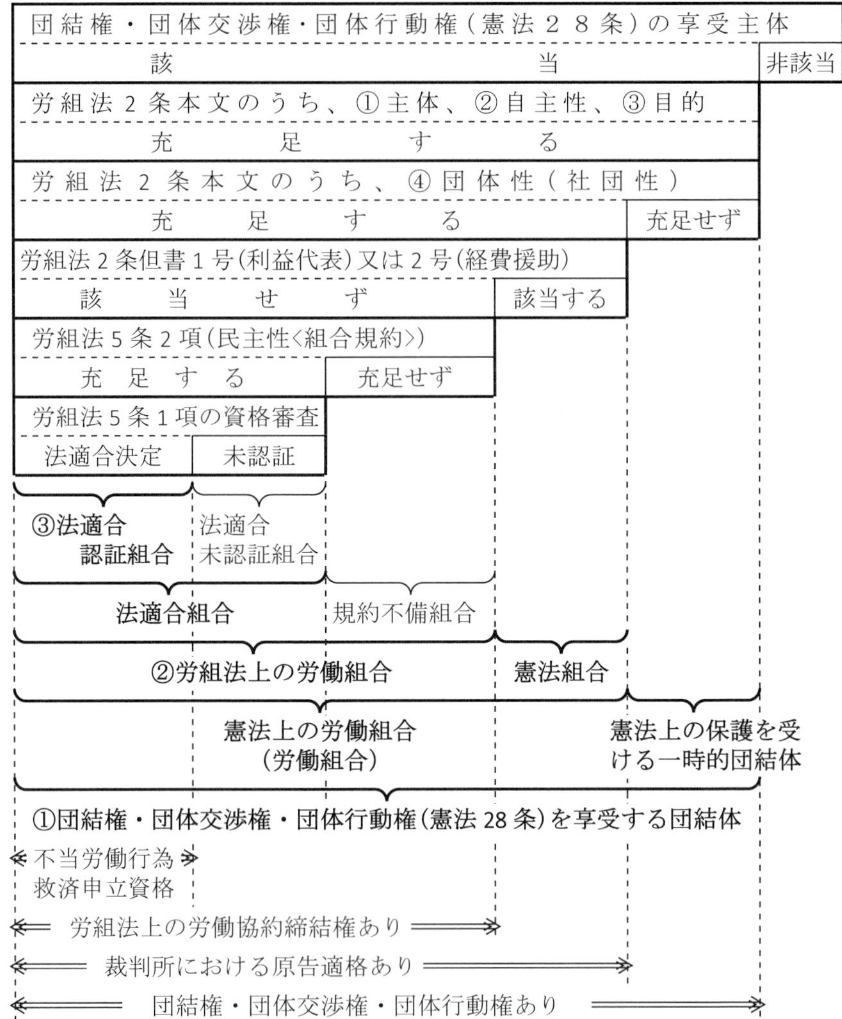

2　労組法上の労働組合

「労組法上の労働組合」とは、労組法 2 条の定める要件全てを充足する労働組合である。労組法 2 条は、労組法でいう労働組合とは、①労働者が主体となって、②自主的に、③労働条件の維持改善その他経済的地位の向上を図ることを主たる目的として組織する、④団体又はその連合団体をいうと定め（労組 2 条本文)、その但書で、②と③に関連して、労働組合に該当しない四つの場合を規定している(労組2条但書1～4号)。

したがって、「労組法上の労働組合」に該当する要件は、①主体の要件(→(1))、②自主性の要件(→(2))、③目的の要件(→(3))、④団体性の要件(→(4))の四つに整理することができる。

(1) 主体の要件

第一の、主体の要件は、「労働者」が主体となる組織であることである(労組2条本文)。ここで言う「労働者」とは、労組法3条が「職業の種類を問わず、賃金、給料その他これに準ずる収入によって生活する者」と定義しているところの「労組法上の労働者」[*3]である。

(2) 自主性の要件

第二の、自主性の要件は、①労働者が「自主的に…………組織する」団体又はその連合団体であることである(労組2条本文)。そして、労働組合の自主性確保の観点から、さらに、②「使用者の利益を代表する者」の参加を許すもの(労組2条但書1号)に該当しないこと、及び、③使用者の経費援助を受けるもの(労組2条但書2号)に該当しないことが、要件とされている。

ア　自主性

上記①の「自主的に」組織するとは、労働者が「自発的に」組織し、特に使用者及び国家から独立し、実質的支配を受けていないことを意味する。

イ　使用者の利益を代表する者

上記②の「使用者の利益を代表する者」について、労組法2条但書1号は、1)役員[*4]、2)雇入解雇昇進又は異動に関して直接の権限を持つ監督的地位にある労働者、3)使用者の労働関係についての計画と方針とに関する機密の事項に接し、そのためにその職務上の義務と責任とが当該労働組合の組合員としての誠意と責任とに直接にてい触する監督的地位にある労働者、4)その他使用者の利益を代表する者[*5]と定めている。

労組法2条但書1号は、労働組合の自主性確保を目的とする規定であるから、当該人が「使用者の利益を代表する者」に該当するかどうかは、形式的該当性に加えて、当該人が参加することにより当該労働組合の自主性が損なわれるかという観点から、その職務内容、当該労働組合の組織対象者等に照らし実質的

---

*3　前記第2章「労働法の主体」第1節4・5参照。
*4　取締役、監査役、理事、監事等が該当しうる。
*5　例えば、社長秘書、会社を警備し従業員を取締まる守衛等が含まれうる。

な自主性阻害の有無を個別具体的に判断し[*6]、実質的な自主性の阻害が肯定される場合にのみ、「使用者の利益を代表する者」に該当することになる。

ウ　経費援助

上記③につき、労組法２条但書２号は、「団体の運営のための経費の支出につき使用者の経理上の援助を受けるもの。但し、労働者が労働時間中に時間又は賃金を失うことなく使用者と協議し、又は交渉することを使用者が許すことを妨げるものではなく、且つ、厚生資金又は経済上の不幸若しくは災厄を防止し、若しくは救済するための支出に実際に用いられる福利その他の基金に対する使用者の寄附及び最小限の広さの事務所の供与を除くものとする」と定める。

使用者の経費援助は、当事者の意思にかかわらず、労働組合の自主性と独立性を侵食する危険があるから、実質的な自主性阻害の有無ではなく形式的該当性で判断すべきである。また、同規定は例示規定と解されるから、労組法２条但書２号に列挙された例外、及び、これに準ずる組合事務所の光熱費負担、掲示板の貸与等のみが「経費援助」に該当しないと解される。

なお、在籍専従（労働者が組合役員等に従事する一定期間無給で休職すること）や組合休暇（労働者が組合の活動を行うために取得する無給の休暇）の承認は、単に当該労働者の労働義務を免除し賃金を支払わないものであるから、「経費援助」には該当せず、チェック・オフ（→後記第２節７(2)）も、組合員の支払う組合費を労働組合に引き渡すだけで使用者が労働組合にお金を支払うものではないから、「経費援助」には該当しない。

(3)　目的の要件

第三の、目的の要件は、「労働条件の維持改善その他経済的地位の向上を図ること」を主たる目的とすることである（労組２条本文）。

「共済事業その他福利事業のみを目的とするもの」、及び、「主として政治運動又は社会運動を目的とするもの」は労働組合に該当しないことが明記されている（労組２条但書３号・４号）。ただし、「労働条件の維持改善その他経済的地位の向上を図ること」を主たる目的としていれば、付随的に福利事業、政治運動、社会運動を目的としていても、労組法上の労働組合に該当しうる。

(4)　団体性の要件

第四の、団体性の要件は、労働者が主体となって組織する「団体又はその連合団体」であることである（労組２条本文）。

*6　東京労委（日本 IBM）事件・東京地判平 15・10・1 労判 864 号 13 頁、同事件・東京高判平 17・2・24 労判 892 号 29 頁。

ここでいう「団体」とは、①複数人の結合であって（したがって、少なくとも二人の構成員が必要であり[*7]）、②規約を有し、その運営のための組織（意思決定機関、業務執行機関、役員、財政）を有していること（社団性）が必要である。したがって、社団性のない一時的な争議団等はこの要件を充足しない。

また、労組法2条が予定する「団体又はその連合団体」は、労組法上の労働組合が労働協約締結権を有することを考慮すれば（→後記 4(2)）、③団体交渉や団体行動に必要な統制力を組合員に対して有していること（統制力）が必要である。したがって、そのような統制力のない、労働組合の連絡・協議組織に止まる連合体は、この要件を充足しない。

(5) 労組法上の労働組合の分類

労組法上の労働組合は、①「法適合組合」と②「規約不備組合」に区分することができる。①「法適合組合」は、労組法2条の労働組合の定義に該当し、かつ、組合規約の必要記載事項（労組 5 条 2 項）の規定に適合する労働組合である。これに対し、②「規約不備組合」は、労組法2条の労働組合の定義に該当するが、組合規約の必要記載事項（労組 5 条 2 項）に不備がある労働組合である[*8]。

3　法適合認証組合

「法適合認証組合」は、労働委員会の資格審査の手続（労委則 22 条～ 27 条以下）を経て、労働組合の定義（労組 2 条）及び組合規約の必要記載事項（労組 5 条 2 項）の規定に適合する「法適合組合」である旨の労働委員会の決定（労委則 25 条）を受けた労働組合である（労組 5 条 1 項参照）。

したがって、法適合認証組合は、労組法上の労働組合に該当する四つの要件（①主体の要件、②自主性の要件、③目的の要件、④団体性の要件）を充足していること（→前記 2）に加えて、⑤労組 5 条 2 項の定める必要記載事項を組合規約に定めていること（「民主性の要件」）（→(1)）、及び、⑥労働委員会の資格審査を経て、労働組合の定義及び規約の必要記載事項の規定に適合している「法適合組合」である旨の決定を受けること（→(2)）をその要件とする。

(1) 民主性の要件

第五の、民主性の要件は、組合規約に、労組法 5 条 2 項の定める必要的記載

---

*7　ただし、当初複数人組合員がおり、その後使用者の不当労働行為等により組合員が1人となってしまったが組合員が増加する可能性がある場合は、団体性を失わない。

*8　ただし、「規約不備組合」が労働委員会に不当労働行為の救済の申立てをした場合、労働委員会が資格審査で組合規約の補正を指導し当該労働組合がこれに応ずれば、労働委員会の命令前に法適合組合となり、その旨の決定を受けて法適合認証組合となる。

事項[*9]を含むことである。この必要的記載事項には、名称、主たる事務所の所在地という、団体の特定性に関する事項のみならず、労働組合の公正で民主的な運営を確保するための事項も含まれているので、民主性の要件と呼ばれている。

(2) 労働委員会における資格審査と適合決定

第六の要件は、労働委員会における「資格審査」(労組法 5 条 1 項の規定に基づき労働委員会によって行われる、労働組合が労組法 2 条及び 5 条 2 項の両規定に合致するか否かの審査)(労委則 22 条)により、法適合組合である旨の決定(労委則 25 条)を受けることである。資格審査の手続の詳細は、労委則 22 ～ 27 条に規定され、労組法 5 条 2 項の適合性は形式審査で足りるとされている[*10]。

資格審査は、①労働組合が、労働委員会の労働者委員の推薦(労組 19 条の 3 第 2 項、19 条の 12 第 3 項)、不当労働行為の救済の申立て(労組 27 条 1 項)、又は労働協約の地域的拡張適用の申立て(労組 18 条 1 項)を行う場合、②労働委員会が労働組合に不当労働行為の救済(労組 27 条の 12 第 1 項)を与える場合、③労働組合が法人登記(労組 11 条 1 項)のため資格証明書の交付を求める場合、④労働組合が労働者を代表する地方調整委員(労組 19 条の 10 第 1 項)の候補者を推薦するための資格証明書の交付を求める場合等に行われる(労組5条1項、労委則22条)[*11]。

資格審査は、労働組合が労組法に規定する手続への参与等をしようとする度毎に行われ(労委則 22 条 1 号参照)、一度法適合組合であるとの決定を受けてもその後ずっと法適合認証組合であるわけではなく、別の手続に参与したり別の不当労働行為の救済を求める場合は、改めて資格審査を受ける必要がある。

4　労働組合・一時的団結体・労働者の権利

(1) 憲法 28 条所定の権利を享受する団結体

ア　憲法上の労働組合

「憲法上の労働組合」は、第一に、憲法 28 条の団結権、団体交渉権、団体行動権を享受し、その侵害に対しては、裁判所における法的救済、すなわち、不法行為に基づく損害賠償を求めることができる[*12]。

第二に、刑事免責(労組 1 条 2 項)、及び、民事免責(労組 8 条)の規定は、憲法

*9　前記第 3 章「権利義務関係の決定システムと法源」第 2 節 4(3)参照。

*10　北海道労委(北日本倉庫港運)事件・札幌地判昭 56・5・8 労判 372 号 58 頁。

*11　労調法に定める、労働委員会による斡旋、調停、仲裁(→前記第 15 章「集団的労使関係法総論」5(5))を求める場合には、資格審査を受ける必要はない。

*12　法人でなくても社団性があり代表者の定めがあれば、その名において訴え、又は訴えられることができる(民訴 29 条)。

28 条が団結権、団体交渉権、団体行動権を保障していることから直接発生する法的効果の確認規定と解されるので、両規定の適用を受ける。

第三に、憲法上の労働組合は、労組法 7 条 2 号の「労働者の代表者」に含まれるので、使用者による労組法 7 条 2 号違反の団体交渉拒否については、裁判所における法的救済、すなわち、不法行為に基づく損害賠償と当該事項につき団体交渉を求めうる地位確認を求めることができる[*13]。

第四に、労調法の定める労働委員会による斡旋、調停、仲裁[*14]については、特にこれを求めうる者の資格は制限されていないので利用できる。

イ　憲法上の保護を受ける一時的団結体

憲法上の保護を受ける一時的団体は、憲法上の労働組合と同様、①憲法 28 条の団結権、団体交渉権、団体行動権を享受し、②刑事免責(労組 1 条 2 項)、及び、民事免責(労組 8 条)の規定の適用を受け、③労組法 7 条 2 号の「労働者の代表者」に含まれる。

しかし、社団性がないので、①の権利の侵害又は③に関する使用者の団体交渉拒否について、原告となって裁判所に法的救済を求めることはできない。

ただし、④労調法の定める労働委員会による斡旋、調停、仲裁については、これを求めうる者の資格は制限されていないので、その利用は可能であろう。

(2)　労組法上の労働組合

労組法上の労働組合は、憲法上の労働組合に含まれるので、憲法上の労働組合としての権能(→前記(1)ア)を有する。

これに加えて、労組法上の労働組合として、労組法の定める労働協約締結権を有し(労組 14 条)、労働協約の期間・規範的効力・工場事業場単位の労働協約の拡張適用に関する労組法の規定の適用を受ける(労組 15 条〜 17 条)[*15]。

(3)　法適合認証組合

労組法の定める手続への参与又は救済を求めるために、法適合組合である旨の労働委員会の決定を受けた法適合認証組合は、(その前提として法適合決定を受けた)当該手続への参与等が可能である。具体的には、①労働協約の地域単位の拡張適用の申立て(労組 18 条)、②労働委員会への労働者委員の推薦(労組 19 条の 3 第 2 項、19 条の 12 第 3 項)、③労働委員会への不当労働行為救済の申立て(労

*13　後記第 17 章「団体交渉」第 3 節 2。

*14　前記第 15 章「集団的労使関係法総論」5(5)。

*15　後記第 19 章「労働協約」参照。この他、労基法等にいう「労働組合」も労組法上の労働組合と同じと解されるので、例えば、「過半数組合」(当該事業場の労働者の過半数を組織する労働組合)は、労組法上の労働組合でなければならないと解される。

組 27 条 1 項)、④労働者を代表する地方調整委員(労組 19 条の 10 第 1 項)の候補者の推薦、⑤労働委員会による不当労働行為救済(労組 27 条の 12 第 1 項)を受けることのいずれかである(労組 5 条 1 項、労委則 22 条)。

また、法適合組合である旨の労働委員会の証明(資格証明書)を受けることにより、法人登記と法人格の取得が可能である(労組 11 条 1 項、労委則 22 条)。

(4) 労働者(勤労者)

憲法 28 条の「勤労者」(「労組法上の労働者」〈労組 3 条〉も同じ概念である)は、憲法 28 条の保障する団結権・団体交渉権・団体行動権の第一次的な享受主体であり、労組法 7 条による法的保護を受ける。

したがって、その権利侵害(例えば組合員であることを理由とする解雇、嫌がらせ等)については、裁判所において、不法行為に該当するとして損害賠償を請求し、また、それが法律行為である場合はその無効を前提とする法的救済を求めることができる。また、当該権利侵害が労組法 7 条 1・3・4 号の不当労働行為に該当する場合は、労働委員会において、救済を求めることができる*16。

第２節　労働組合の組織と運営

労働組合は、労働者が自主的に組織する団体であり、その組織運営は、原則として、組合規約と多数決原則等に基づく組合自治に委ねられている。

しかし、労働組合は、憲法又は労組法上の特別な権利と保護を享受し、労働者・組合員の権利・利益に重大な影響を与えるので、労働者・組合員の平等取扱原則、組合員の組織運営への参加権保障と基本的人権保障等の観点からの規制がある。

１　法人である労働組合の組織・運営・管理・清算

労働組合の財産所有や取引処理の便宜を図り、権利義務を明確化するために、労組法に、法人格の取得に関する規定(労組 11 条)と、法人である労働組合の組織、運営、管理、清算に関する規定が置かれている(労組 12 条～ 13 条の 13)。

２　労働組合の設立と組織・財政

(1) 労働組合の設立－自由設立主義

労働組合は、労働者が自主的に設立する団体である。

---

*16　後記第 20 章「不当労働行為と法的救済」第 4 節 1(1)。

労働組合の設立は、設立に携わる労働者の合同行為であり、設立された労働組合と設立に携わった労働者は、労働組合の設立と同時あるいはその後に、組合員契約を締結し、組合規約等をその内容とする権利義務関係にある。

労働組合の設立については、特に規制はなく、労働者は自由に労働組合を設立することができる。行政官庁への届出や許可、使用者の承認は必要ではない。

また、労働組合の組織対象者の範囲（組合加入資格を有する者の範囲）等についての規制もなく、労働組合を結成する労働者は、基本的に、その利益を代表するために効果的であると考える組織形態を選択することができる。

(2) 労働組合の組織形態

ア　組織対象範囲による分類

労働組合の組織形態は、組織対象者（組合加入資格を有する者）の範囲により、①職種別労働組合（企業の枠を越えて、同一の職種・職業の労働者〈船員、港湾荷役作業員等〉を組織する横断的労働組合）[*17]、②産業別労働組合（企業の枠を越えて、同一の産業〈建設業、港湾運送業、電機産業等〉に従事する労働者を組織する横断的組合）[*18]、③一般労働組合（職種、産業の如何を問わず、企業の枠を越えて労働者を対象とする労働組合）[*19]、④企業別労働組合（特定の企業で働く労働者を組織対象とする労働組合）、⑤地域労働組合（中小企業に働く労働者を一定の地域において企業の枠を越えて組織対象とする労働組合）等に分類されるが、それ以外の組織形態も可能である。

イ　構成員による分類

労働組合の組織形態は、構成員が個人か労働組合かにより、①単位組合（単位労働組合）、②連合組合、③混合組合に分類される。

①「単位組合」は、構成員が労働者個人である労働組合である。このうち、その内部にそれ自体独自の労働組合といえる下部組織を有しない労働組合を「単位組織組合」と呼び、その内部にそれ自体独自の労働組合といえる下部組織を有する労働組合を「単一組織組合」（「単一組合」）[*20]と呼んでいる。

②「連合組合」は、構成員が労働組合である労働組合である[*21]。その中には、事業所毎に結成された単位組合が企業毎に結集する「企業連」、企業グループ内の企業別組合が連合した「企業グループ労組」、企業連や企業単位の単位組

---

*17　全日本海員組合、全日本港湾労働組合（全港湾）、日本介護クラフトユニオン（NCCU）等。

*18　全国建設労働組合総連合（全建総連）、全国港湾労働組合連合会（全国港湾）、全日本電機・電子・情報関連産業労働組合連合会（電機連合）、日本基幹産業労働組合連合会（基幹労連）、日本音楽家ユニオン等。

*19　例として、全国繊維化学食品流通サービス一般労働組合（ＵＡゼンセン）。

*20　単一組織組合の例として、全日本港湾労働組合（全港湾）等。

*21　連合組合の例として、全国建設労働組合総連合（全建総連）等。

合が産業規模毎に結集する「全国単産」*22等もある。

③「混合組合」は、構成員が労働者個人と労働組合の双方である労働組合である*23。

図 16.2　労働組合の組織形態　組合構成員による分類

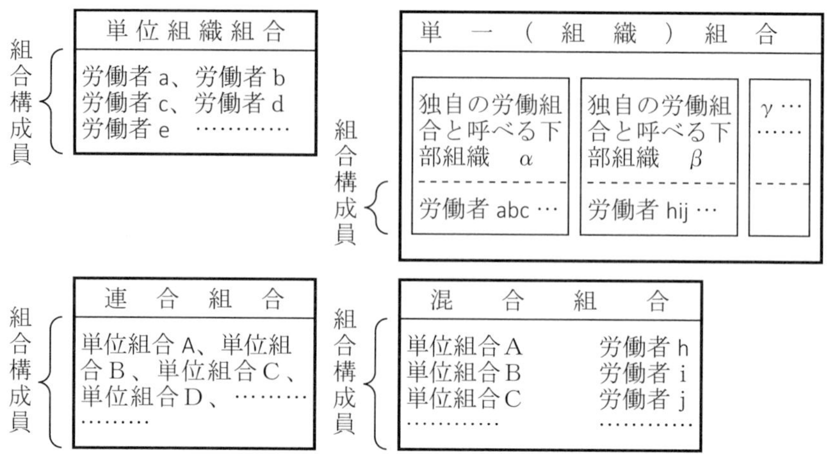

(3) 労働組合の協議会・全国的中央組織(ナショナルセンター)

労働組合の上部団体としては、それ自体は労働組合ではない(すなわち労組法 2 条本文を充足していない)産業別の協議会*24も組織され、全国単産が加入している場合もある。

また、労働組合の全国的な中央組織(ナショナルセンター)として、日本労働組合総連合会(連合)、全国労働組合総連合(全労連)、全国労働組合連絡協議会(全労協)があるが、いずれも、それ自体は労働組合ではなく(すなわち労組法 2 条本文を充足しておらず)、労働組合の協議・連絡組織である。

(4) 労働組合の機関

労働組合の機関について、法人である労働組合には代表者を置く必要があり(労組 12 条 1 項)、法人格取得のために労組法 2 条及び 5 条 2 項に適合している

*22　全国単産の例として、全日本電機･電子･情報関連産業労働組合連合会(電機連合)、日本基幹産業労働組合連合会(基幹労連)等。

*23　適用法が異なる労働者を組織している労働組合、例えば、地公法が適用される労働者と労組法が適用される労働者を組織対象とする組合、あるいは、地公法が適用される労働者と地公労法が適用される労働者を組織する組合も、混合組合とよばれている。

*24　金属産業労働組合協議会(金属労協)、全日本交通運輸産業労働組合協議会(交運労協)等がある。

旨の決定を労働委員会から得るには、組合規約中に「総会」についての定めが置かれている必要がある（労組５条２項６号）。

実際には、①意思決定機関（最高意思決定機関としての総会又は代議員会、中間議決機関としての代議員会、中央委員会等）、②業務執行機関（委員長、副委員長、書記長、執行役員等の執行委員会が担う場合が多い）、③代表機関（一般的には委員長）、④監査機関（監査委員、監事等）、⑤事務処理機関（書記局、職場委員等）、⑥特別機関（選挙管理委員会、苦情処理委員会等）等がある。

(5) 労働組合の財政と組合費納入義務

労働組合の組合員は、労働組合の財政を支えるために、組合規約の定める基準と手続に従って組合費を納付する義務を負う。また、組合規約に定めがあれば、労働組合は、所定の手続を経て、通常の組合費の他に臨時組合費の徴収を決定し、組合員にその納付を義務付けることも可能である。

しかし、①当該組合費が、労働組合の目的達成のために必要な活動（政治的・社会的・文化的活動など広く組合員の生活利益の擁護と向上に直接間接に関係する活動を含む）のために徴収されるものではない場合、又は、②労働組合の目的達成のために必要な活動のために徴収されるものであっても、問題とされている具体的な団結活動の内容・性質等を考慮し、受忍すべき程度を超える不利益を組合員に被らせる場合*25は、組合費支払請求は、公序違反（民 90 条）又は信義則違反（民１条２項）若しくは権利濫用（民１条３項）と判断され、組合員は当該組合費支払義務を負わない。

具体的には、組合員は、他組合の闘争支援、組合員の救援、水俣病患者救済のような社会的活動、労働者の権利利益に直接関係する立法・行政措置の促進・反対の活動のための組合費徴収については、支払義務を負うが、労働者の権利利益に直接関係しない一般的政治活動、特定の立候補者の支援、政党への寄附、違法な争議闘争のための組合費徴収については、支払義務を負わない。

(6) 組合財産の所有形態

ア　法人である労働組合

法人である労働組合の財産は、組合の単独所有である。

法人である労働組合が解散したときは、その財産は、①組合規約で指定した者に帰属し、②組合規約で権利の帰属すべき者を指定せず、又は指定する方法を定めなかったときは、代表者は、総会の決議を経て、当該法人である労働組

*25　国労（広島地本〈労働者上告〉）事件・最三小判昭 50・11・28 民集 29 巻 10 号 1634 頁/労判 240 号 22 頁②事件、国労（広島地本〈組合上告〉）事件・最三小判昭 50・11・28 民集 29 巻 10 号 1698 頁/労判 240 号 22 頁①事件参照。

合の目的に類似する目的のために、その財産を処分することができ、③前記①②により処分されない財産は、国庫に帰属する（労組 13 条の 10）。

イ　法人格のない労働組合

法人格のない労働組合の財産については法令上の規定はないところ、「総有」との最高裁判決[*26]もあるが、労働組合の財産は、過去の組合員の支払った組合費等の蓄積も含まれており、現在の組合員全体の「総有」との判断は妥当ではないから、労働組合の単独所有と解すべきであろう。

なお、組合規約上特別の定めをすれば、組合員の持分権（一定事由に該当する場合の払戻請求権）を留保した積立金等を設置することは可能であり、そのような性質のものと認められれば、組合員は払戻請求権を有する[*27]。

(7) 福利事業基金の流用

労働組合は、共済事業その他福利事業のために特設した基金を他の目的のために流用しようとするときは、総会の決議を経る必要がある（労組 9 条）。組合員の経済的利益を保護し、その決定手続を公正なものとするための規定である。

3　労働組合の組織変動

労働組合にも組織変動は起こりうる。労働組合の組織変動は、①解散（→(1)）、②組織変更（→(2)）、③合同（→(3)）に大別することができる。

(1) 解散

労働組合は、①組合規約で定めた客観的な解散事由（例えば当該労働組合に対する破産手続開始決定[*28]）が発生した場合（労組 10 条 1 号）、あるいは、②組合員又は構成団体の 4 分の 3 以上の多数による総会の決議があった場合（労組 10 条 2 号）に、解散する（労組 10 条）。同規定は強行規定と解される。

(2) 組織変更

①組合員資格を有する者の範囲の変更は、組合規約の改正（労組 5 条 2 項 9 号）により可能であり、②単位組合である「単一組織組合」がその下部組織を構成単位組合とする「連合組合」になること、又はその逆で、「連合組合」がその構成単位組合を下部組織として「単一組織組合」になること（前記図 16・2 参照）、及び、単位組合が連合組合に加入することは、関係組合の総会での決定と組合

*26　品川白煉瓦岡山工場労組事件・最一小判昭 32・11・14 民集 11 巻 12 号 1943 頁/判時 131 号 23 頁、国労大分地本事件・最一小判昭 49・9・30 民集 28 巻 6 号 1382 頁/判時 754 号 26 頁。
*27　全金大興電機支部事件・最三小判昭 50・2・18 集民 114 号 139 頁/判時 777 号 92 頁。
*28　当該労働組合の違法な争議行為により多額の損害賠償を請求され支払不能となった場合等が想定される。

規約改正(労組５条２項９号)により可能であり、③単位組合が別の単位組合の下部組織になることは、当該単位組合としての組織の解消となるので、解散(労組 10 条２号)に準じた手続が必要と解される。

組織変更後の労働組合は変更前の労働組合と同一性を有し、変更前の労働組合の財産、労働協約等を承継する。また、労働組合の解散及び新労働組合の結成という形式がとられた場合も、実質的に同一性が認められる場合は、財産や労働協約の承継が肯定される[*29]。

(3) 合同

労働組合の合同(合併)は、２ つ以上の労働組合がその存続中に １ つの労働組合に統合されることであり、Ａ労組とＢ労組が合同してＣ労組となる「新設合同」と、甲労組が乙労組を吸収し甲労組として存続する「吸収合同」がある。

合同について、法令上の定めはないが、関係労働組合間での合同協定の締結、各労働組合における合同の決議が必要であり、この決議は解散決議(労組 10 条２号)に準ずることが必要であろう。

合同により、特段の意思表示がない限り、財産[*30]、組合員との権利義務関係、労働協約等は、合同後の新労働組合に承継されると解される。

４　組合員資格の得喪と組合員の権利義務

(1) 加入

労働者は、労働組合に「加入」することにより、構成員(組合員)としての資格を取得する。労働者の労働組合への「加入」は、労働者と労働組合との間の申込みと承諾という二つの意思表示からなる契約の締結と位置づけられる[*31]。この契約を「組合員契約」と呼ぶこともできよう。

労働組合に加入するかどうか(契約を締結するかどうか)は、労働者の自由である。加入の手続についても、法令上の規制はない。

他方、労働組合は、原則として自由に組合加入資格を設定することができるが、憲法 14 条の平等取扱原則を尊重することは公序(民 90 条)又は信義則(民１条２項)上の義務と解されるから、職種、産業、企業、雇用形態等により加入資格を限定することは組合自治の領域に属する[*32]が、労組法５条２項４号の定める労働者の人種、宗教、性別、門地又は身分を基準として組合加入資格を限

*29　朝日新聞(小倉支店)事件・最大判昭 27・10・22 民集 6 巻 9 号 857 頁参照。
*30　損害保険ジャパン労働組合事件・東京地判平 16・3・24 労判 883 号 47 頁。
*31　全ダイエー労組事件・横浜地判平元・9・26 労判 557 号 73 頁。
*32　全ダイエー労組事件・横浜地判平元・9・26 労判 557 号 73 頁。

定し、あるいは、組合加入を拒否することは、団結権保障の趣旨に照らし正当な理由のある場合[*33]を除き、公序(民90条)に反し、違法である。

また、組合加入資格があり所定の手続を経て加入を申し込んでいる労働者の加入を拒否することは、正当な理由[*34]がある場合を除き、当該労働者の団結権を侵害し違法である。

(2) 組合員の権利と義務

組合規約は、それに従うという労働者の同意がある場合はもちろんのこと、そのような同意がなくても、労働者の労働組合への加入(組合員契約の締結)により、労働組合と労働者の組合員契約(権利義務関係)の内容となる[*35]。

また、組合員が労働組合で均等の取扱を受ける権利や組合運営に参加する権利は、労働者の団結権の一部であり、労働組合が組合員を均等に取扱い組合運営への参加権を保障し組合を民主的に運営することは、公序(民 90 条)であり信義則上の義務(民 1 条 2 項)であるから、組合員は組合規約記載の有無にかかわらず、①労働組合の全ての問題に参与する権利、②均等取扱を受ける権利、③人種・宗教・性別・門地・身分により組合員資格を剥奪されない権利、④組合役員の選出又は選出する代議員についての直接無記名投票権、⑤少なくとも毎年一回の総会への出席権、⑥会計監査報告を受ける権利、⑦同盟罷業開始の決定又は決定する代議員についての直接無記名投票権、⑧規約改正の決定又は決定する代議員についての直接無記名投票権(労組5条2項3号～9号)を有する。

他方、労働者は、組合規約に基づき、組合費納付義務、労働組合の決議・指令に従う義務その他労働組合の統制に服する義務、綱領・組合規約の遵守義務等を負う。また、組合規約に特に規定がなくとも、信義則(民 1 条 2 項)上、組合の活動を妨害する行為を避止する義務等も負う[*36]。

(3) 脱退

労働者は、労働組合を「脱退」することにより、組合員資格を喪失する。労働者の労働組合からの「脱退」は、労働者からの「組合員契約」の解約である。

組合員契約は、一般に期間の定めのないものとして締結されるので、期間の定めのない契約の一般原則に基づき、労働者は解約権(脱退の自由)を有する。

---

*33　例えば、女性労働者が、女性差別の是正を特に重要な運動方針として「女性ユニオン」を設立し加入資格を女性に限定することは適法であろう。

*34　例えば、近い過去に除名された者等。

*35　前記第3章「権利義務関係の決定システムと法源」第2節4(2)。

*36　国労(広島地本<組合上告>)事件・最三小判昭 50・11・28 民集 29 巻 10 号 1698 頁/労判 240 号 22 頁①事件参照。

組合規約に労働者の脱退（解約権の行使）を制限する規定（脱退には執行委員会の承認を要する等）がある場合もあるが、①労働組合は労働者の自発的結合に基づく団結体であるから、信義則上、労働者の組合員契約の解約権が留保されていること、②労働者の組合員契約の解約権は、新たに労働組合を結成し又は他の労働組合に加入する前提であり、団結権の中の「労働組合選択権」の一部であることから、労働組合による除名処分審査中の解約[*37]や、争議行為中の解約等、信義則（民１条２項）違反又は権利濫用（民１条３項）に該当しうる解約[*38]の制限を除いては、労働者の解約権の行使を実質的に制限する組合規約は、信義則（民１条２項）違反、また、団結権（労働組合選択権）侵害の公序違反で無効であり[*39]、労働者は解約権を行使することができる[*40]。

ただし、解約に関する手続的規制（書面による脱退届の提出、予告の必要性等）や効力の発生時期に関する規定は、解約権の行使を不当に制限しない合理的な規制であれば有効である[*41]。

(4) 除籍

「除籍」とは、労働組合からの組合員契約の解約であって、統制処分（→後記６）としての性質を持たないものをいう。

組合員契約は、一般に期間の定めのないものとして締結されるので、期間の定めのない契約の一般原則に基づき、労働組合も解約権を有する。

しかし、除籍が組合員にとって大きな不利益をもたらすものであることに鑑み、労働組合の解約権の行使は、組合規約違反、又は、信義則（民１条２項）違反若しくは権利濫用（民１条３項）であってはならず、客観的に合理的な理由と社会通念上の相当性がなければ当該解約（除籍）は無効である。

(5) 除名・資格停止

労働組合の労働者に対する統制処分（→後記６）として、「除名」又は「資格停止」が行われ有効であれば、労働者は組合員資格を喪失あるいは停止される。

---

*37　除名処分と脱退とでは、闘争積立金の返還の有無等、労働者の経済的利益が異なるので、除名される前に労働者が脱退する場合がある。

*38　全金協和精工支部事件・大阪地決昭55・6・21判時982号148頁/判タ427号112頁。

*39　日本鋼管（鶴見製作所）事件・東京高判昭61・12・17労判487号20頁（同事件・最一小判平元・12・21集民158号659頁/労判553号6頁もこの判断を支持）。

*40　ただし、労働者が解約権を行使し脱退した後、労働組合選択権を行使しない場合（別組合を結成せず、別組合に加入もしない場合）、脱退した労働組合が当該労働者と労働契約を締結している使用者とユニオン・ショップ協定（→後記５(1)）を締結している場合は、その適用を受け解雇される可能性がある。

*41　日本鋼管（鶴見製作所）事件・東京高判昭61・12・17労判487号20頁、全逓神戸港支部事件・神戸地判昭63・12・23労判547号74頁。

5　ユニオン・ショップ

(1)「ユニオン・ショップ」と「ユニオン・ショップ協定」

「ユニオン・ショップ」とは、「使用者が、労働組合に対し、自己が労働契約を締結している労働者のうち当該労働組合に加入しない者又は当該組合員でなくなった者を解雇する義務を負う」という内容の労働協約（「ユニオン・ショップ協定」）に基づき、使用者が労働組合に対し当該解雇義務を負う制度である。

(2) ユニオン・ショップ協定を締結しうる労働組合

ユニオン・ショップは、ユニオン・ショップ協定（以下「ユ・シ協定」ともいう。）を締結している労働組合の組織拡大に資するが、使用者がその意のままにできる御用組合を一部の労働者に結成させてユ・シ協定を締結し、御用組合を拡大する危険性もあるので、ユ・シ協定を締結しうる労働組合は、一定の労働者を組織し代表性を有するものでなければならない。

労組法７条１号但書は、「労働組合が特定の工場事業場に雇用される労働者の過半数を代表する場合において、その労働者がその労働組合の組合員であることを雇用条件とする労働協約を締結すること」は労組法７条１号の禁止する不当労働行為ではないと定めており、「特定の工場事業場に雇用される労働者の過半数を代表している労働組合」は一定の代表性を有しているから、使用者が当該労働組合とユ・シ協定を締結することは不当労働行為に該当せずこれを禁止しないが、使用者がそれ以外の労働組合とユ・シ協定を締結することは不当労働行為に該当し、これを禁止していると解される。

したがって、ユ・シ協定を締結しうる労働組合は、「特定の工場事業場に雇用される労働者の過半数を代表している労働組合（労組法上の労働組合）」である。「特定の工場事業場」の範囲は、ユ・シ協定締結当事者が自由に選択できる（一つの事業場でも、複数の事業場でも、当該使用者の全ての事業場でも可能である）。

(3) ユニオン・ショップ協定の効力

ユ・シ協定は、使用者にユ・シ協定締結組合の組合員でない労働者を解雇させることにより、労働者に対しユ・シ協定締結組合への加入と組合員資格の維持を間接的に強制するものである。

このユ・シ協定の効力を、憲法 28 条の団結権との関係でどのように解するかが問題となるところ、憲法 28 条の保障する団結権は、①労働者個人及び労働組合の団結権（労働者を組織する権利を含む）の双方を含み、②全ての労働者及び全ての労働組合に平等に保障されるもので、③「積極的団結権」（労働組合を結成し労働組合に加入する権利と労働組合を選択する権利）のみを含み「消極的団結権」（団結しない自由）は含まれない。けだし、労働者の経済的地位を向上させるのは「積極的団結権」であって「消極的団結権」ではなく(団結しなければ労働者の経済的地位は向上しない)、憲法により結社の自由とは別に特別に保障する価値があるのは「積極的団結権」のみだからである。

したがって、ユ・シ協定は、労働者の積極的団結権及び別組合の団結権を侵害することはできず、かかる侵害が生じない限りで効力を有する。
具体的には、ユ・シ協定締結組合に加入しない労働者又は組合員資格を失った労働者のうち、1)別組合の組合員ではない未組織労働者を対象として使用者の解雇義務を定める規定は、憲法 28 条(及び民法 90 条)に違反せず、有効である。けだし、団結しない自由は憲法 28 条の保障する団結権に含まれないからである。それに対して、2)別組合の組合員である労働者を対象として使用者の解雇義務を定める規定は、憲法 28 条の保障する団結権(労働者の組合選択の自由及び別組合の団結権)を侵害し公序(民 90 条)違反で無効である[*42]。

なお、ユ・シ協定は、協定締結組合が「特定の工場事業場に雇用される労働者の過半数を代表している労働組合(労組法上の労働組合)」という要件を充足している限りにおいて効力を有し、例えば組合員の大量脱退によりこの要件を充足しなくなった場合はその時点で効力を失う。

(4) ユニオン・ショップ協定に基づく解雇の効力

使用者が、ユ・シ協定締結組合の組合員でない労働者をユ・シ協定に基づき解雇した場合、1)当該労働者が未組織労働者であるときは、ユ・シ協定に基づく解雇義務が発生し、解雇の客観的に合理的な理由と社会通念上の相当性を是認することができるので、①就業規則作成義務のある事業場では、所定の手続を履践した就業規則に、解雇事由として「ユ・シ協定締結組合の組合員又は別組合員でないこと」を定め、②使用者が当該労働者に解雇の理由を十分に説明・協議したが労働者が当該労働組合又は別組合に加入せず、当該労働者に解雇理由を通知したときは、当該解雇は、就業規則所定の解雇事由に該当する事実が存在し、信義則(労契 3 条 4 項)違反、解雇権濫用(労契 16 条)ではない[*43]。

これに対して、2)当該労働者が別組合員であるときは、ユ・シ協定に基づく解雇義務が発生していないので、他に解雇の客観的に合理的な理由と社会通念上の相当性がない限り、少なくとも、期間の定めのない労働契約であれば解

*42　三井倉庫港運事件・最一小判平元・12・14 民集 43 巻 12 号 2051 頁/労判 552 号 6 頁、日本鋼管(鶴見製作所)事件・最一小判平元・12・21 集民 158 号 659 頁/労判 553 号 6 頁、大阪白急タクシー事件・大阪地判昭 56・2・16 労判 360 号 56 頁、本四海峡バス(本案訴訟)事件・神戸地判平 13・10・1 労判 820 号 41 頁等。
*43　解雇が有効となる要件は、前記第 13 章「労働契約の終了」第 2 節・第 3 節 1。

雇権の濫用であり（労契 16 条）、期間の定めのある労働契約であれば「やむを得ない事由」（労契 17 条 1 項）がなく解雇権の濫用でもあり（労契 16 条）、当該解雇は無効である[*44]。また、当該解雇は、労働者の雇用を保持する利益・名誉、団結権（組合選択権）を侵害する不法行為に該当しうるものであり、損害賠償（慰謝料）を請求しうる[*45]。

図 16.3　ユニオン・ショップ

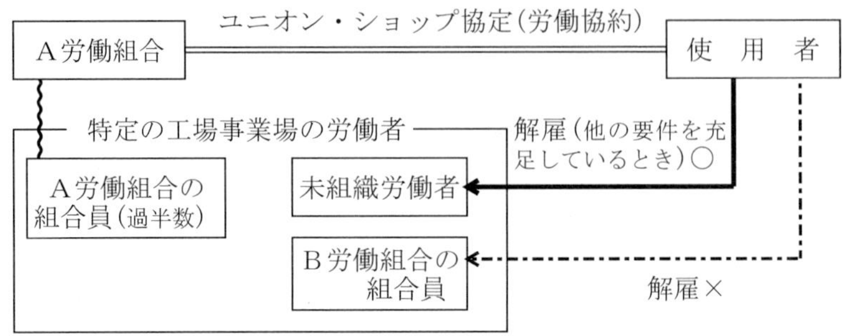

(5)　除名が無効である場合のユ・シ協定に基づく解雇の効力

ユ・シ協定締結組合を除名され別組合に入っていない労働者を使用者がユ・シ協定に基づき解雇したが、当該除名が無効と判断された場合は、当該労働者はユ・シ協定締結組合の組合員で、ユ・シ協定に基づく解雇義務が発生していないので、当該解雇は、他に解雇の客観的に合理的な理由と社会通念上の相当性がない限り、少なくとも、期間の定めのない労働契約であれば解雇権の濫用（労契 16 条）、期間の定めのある労働契約であれば「やむを得ない事由」（労契 17 条 1 項）がなく解雇権の濫用でもあり（労契 16 条）、当該解雇は無効である[*46]。

また、使用者が除名処分が無効であることを認識し、あるいは十分に認識し得たのにそれを看過して解雇を行ったときは、当該解雇は不法行為である[*47]。

(6)　組合加入資格のない／組合加入を拒否された労働者の解雇の効力

ユ・シ協定締結組合に加入する資格のない労働者は、解雇義務の対象として

*44　三井倉庫港運事件・最一小判平元・12・14 民集 43 巻 12 号 2051 頁/労判 552 号 6 頁、日本鋼管（鶴見製作所）事件・最一小判平元・12・21 集民 158 号 659 頁/労判 553 号 6 頁、本四海峡バス（本案訴訟）事件・神戸地判平 13・10・1 労判 820 号 41 頁。

*45　本四海峡バス（本案訴訟）事件・神戸地判平 13・10・1 労判 820 号 41 頁。

*46　日本食塩製造事件・最二小判昭 50・4・25 民集 29 巻 4 号 456 頁/労判 227 号 32 頁、東海カーボン（本案訴訟）事件・福岡地小倉支判昭 52・6・23 労民 28 巻 3 号 196 頁/労判 284 号 21 頁、同事件・福岡高判昭 55・12・16 労民 31 巻 6 号 1265 頁/労判 355 号 34 頁。

*47　東海カーボン（本案訴訟）事件・福岡地小倉支判昭 52・6・23 労民 28 巻 3 号 196 頁/労判 284 号 21 頁、同事件・福岡高判昭 55・12・16 労民 31 巻 6 号 1265 頁/労判 355 号 34 頁。

も組織の拡大にはつながらない。また、ユ・シ協定締結組合への加入資格があり加入を申し込んだが合理的な理由なく加入を拒否された労働者[*48]については、協定締結組合がその団結権を自ら放棄するものといえよう。したがって、これらの労働者を解雇義務の対象とするユ・シ協定の規定は解雇の目的(協定締結組合の団結の強化)を逸脱するもので公序(民 90 条)違反で無効であり、解雇義務は発生せず、当該労働者に対して行われた解雇も無効である。

6　統制処分

「統制処分」とは、組合員の労働組合に対する義務違反や統制違反等を理由として、労働組合が組合員に対して行う制裁であり、その内容として、除名、組合員の権利停止、制裁金、譴責、戒告、始末書提出等がある。

統制処分についての法令上の規定はないので、①統制権の法的根拠(→(1))と、②統制権の行使の適法性(→(2))が問題となる。

(1) 統制権の法的根拠

労働組合が団結活動・争議行為を行うにあたり、労働組合の統一を図りその団結力を強化するためには、合理的な範囲内で組合員の行動を規制することが必要である。したがって、労働組合は、憲法 28 条の団結権保障の効果として、その目的(労働者の労働条件の維持改善その他経済的地位の向上)を達成するために必要かつ合理的な範囲内において、組合員に対する統制権を有し、その内容の一つとして、統制違反者に対する制裁(統制処分)をなしうる(団結権説)[*49]。

(2) 統制権の行使の適法性

労働組合の統制権の行使(統制処分)は、適法であることが必要である。

具体的には、第一に、罪刑法定主義的観点から、予め、組合規約に、統制事由(統制処分の対象となる行為)と統制処分の内容を定め、組合員に周知することが、信義則(民 1 条 2 項)上必要である。したがって、特段の事情がある場合を除き、組合規約所定の統制事由に該当しない行為を統制処分の対象とすること、又は、組合規約に規定されていない内容の統制処分を行うことは、信義則違反(権利濫用でもある)であり、無効である[*50]。

第二に、組合規約の定める統制事由は、労働組合の目的を達成するために必

---

*48　東邦亜鉛事件・東京地判昭 31・5・9 労民 7 巻 3 号 462 頁/判時 82 号 20 頁。
*49　三井美唄労組事件・最大判昭 43・12・4 刑集 22 巻 13 号 1425 頁/労判 74 号 8 頁。
*50　全逓(福岡中央支部)事件・最一小判昭 62・10・29 集民 152 号 63 頁/労判 506 号 7 頁参照。ただし、統制処分ではない除籍は、正当な理由があれば可能である(前記 4(4))。

要かつ合理的なものでなければならず[*51]、必要かつ合理的な範囲を超える統制事由の定めは、統制権の限界（内在的制約）を超えるものとして、公序（民 90 条）又は信義則（民 1 条 2 項）に反し、無効である。例えば、組合員の政治的活動又は政治的活動への参加拒否を統制事由としても、組合員の政治的自由を直接侵害するもので無効である[*52]。また、労働組合の指令違反は統制事由となしうるが、違法な指令に従う義務はない[*53]ので、違法な指令に従わなくても「指令違反」はなく、これを理由とする統制処分は違法・無効である。

第三に、統制事由に該当する事実の存在は、形式的に統制事由に該当する事実が存在するだけでなく、労働組合の団結のために統制処分をすることが必要な事実、すなわち、実質的に統制事由に該当する事実の存在が必要である。

図 16.4　統制権の法的根拠と行使の適法性

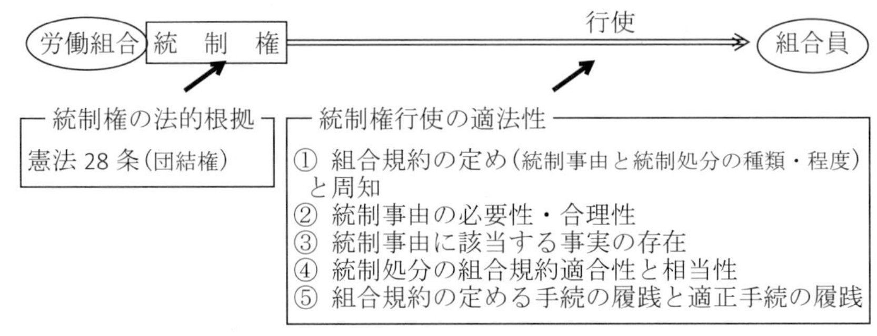

第四に、統制処分としては、除名、権利停止、制裁金（罰金）、譴責（戒告）等があるが、組合規約に定められた範囲内で、かつ、統制事由に該当する事実（統制違反の内容）と他の違反者との均衡に照らし、相当な内容の処分でなければならない。重すぎる処分、あるいは、他の違反者との均衡を欠く処分は、信義則（民 1 条 2 項）違反、統制権濫用（権利濫用）（民 1 条 3 項）で、無効である[*54]。

第五に、統制処分を行うにあたり、組合規約所定の手続が履践されなければならず、履践していない場合は、特段の事情がない限り、組合規約違反で違法・無効である。また、組合規約の規定の有無・内容にかかわらず、最小限の適正手続（当該組合員に弁明の機会を与えること、除名は特に慎重な手続をとること等）の履

*51　ヤンマー滋賀労組事件・大津地判昭 54・10・31 労判 346 号 68 頁参照。
*52　三井美唄労組事件・最大判昭 43・12・4 刑集 22 巻 13 号 1425 頁/労判 74 号 8 頁、中里鉱業所事件・最二小判昭 44・5・2 集民 95 号 257 頁参照。
*53　国労（広島地本〈労働者〉）上告事件・最三小判昭 50・11・28 民集 29 巻 10 号 1634 頁/労判 240 号 22 頁②事件。
*54　姫路合同貨物自動車事件・大阪地決昭 49・3・4 労判 208 号 60 頁。

践が必要であり、履践していない場合は、特段の事情がない限り、信義則違反(民 1 条 2 項)、又は、統制権濫用(権利濫用)(民 1 条 3 項)で違法・無効である。

7　労働組合に対する使用者の便宜供与

(1)　便宜供与と法的根拠

使用者の労働組合の活動に対する援助を「便宜供与」と言う。

使用者が労働組合の運営のための経費の支払につき経理上の援助を与えることは、一定のものを除き不当労働行為として禁止されている(労組 7 条 3 号)[*55]。

また、禁止されていない便宜供与(組合事務所の貸与、チェック・オフ〈→後記(2)〉等)でも、便宜供与を行うかどうかは原則として使用者の自由であり、労働者や労働組合が便宜供与を求める権利を憲法 28 条の団結権として有しているわけではない[*56]ので、便宜供与を求めるためには法的根拠(労働協約、使用者の同意等)が必要である。

ただし、ある労働組合に対する便宜供与を合理的な理由なく他の労働組合に行わないことは、支配介入の不当労働行為(労組 7 条 3 号)[*57]や団結権侵害の不法行為に該当し、継続して行われてきた便宜供与の廃止は、①使用者に当該便宜供与を廃止する合理的な理由があり、②合理的理由を示して労働組合と交渉しその了解を得るよう努力し、③了解を得られない場合は労働組合に準備のための適当な猶予期間を与えるなど相当の配慮を行ったのでなければ、支配介入の不当労働行為(労組 7 条 3 号)[*58]や不法行為[*59]に該当しうる。

(2)　「チェック・オフ」

「チェック・オフ」とは、労働組合と使用者が、「使用者が当該労働組合の組合員である労働者の賃金から組合費相当額を控除し、それを一括して当該労働組合に支払う」という内容の「協定」(「チェック・オフ協定」)を締結し、使用者が当該控除と支払を行うことであり、労働組合の組合費徴収方法の一つである。チェック・オフは、労働組合から見れば、費用と労力をかけずに組合費を確実に徴収する方法であり、組合の組織運営に有益な制度といえよう。

---

*55　後記第 20 章「不当労働行為と法的救済」第 3 節 6。

*56　三菱重工業(長崎造船所・全造船三菱重工支部)事件・最一小判昭 48・11・8 集民 110 号 407 頁/労判 190 号 29 頁。

*57　後記第 20 章「不当労働行為と法的救済」第 3 節 5。

*58　東京流機製造事件・東京地判昭 58・1・20 労民 30 巻 1 号 31 頁/労判 404 号 47 頁。

*59　太陽自動車・北海道交運(便宜供与廃止等)事件・東京地判平 17・8・29 労判 902 号 52 頁/判時 1909 号 105 頁。

図 16.5　チェック・オフ

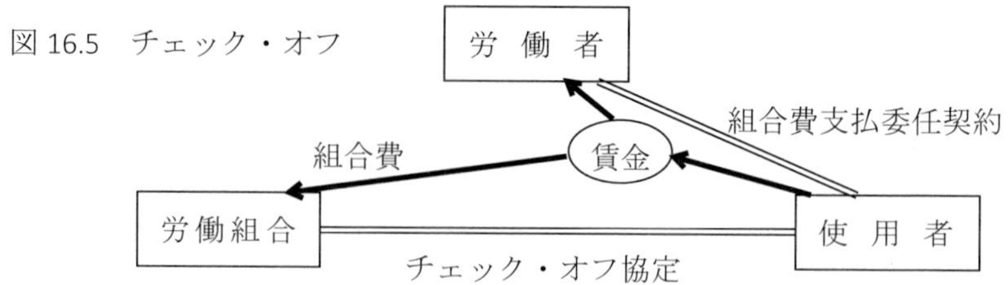

ア　チェック・オフ協定を締結しうる労働組合

使用者が賃金から組合費相当額を控除した残りを労働者に支払うことは、賃金の全額払原則（労基 24 条 1 項本文）に抵触するところ、当該労働組合が「過半数組合」（当該事業場の労働者の過半数を組織する労働組合〈労組法上の労働組合〉[*60]）で、「過半数代表」である場合は、チェック・オフ協定は、過半数代表と使用者との間の「労使協定」（賃金の一部控除を許容する労使協定〈労基法 24 条 1 項但書〉）であるので、使用者がチェック・オフ協定が対象とする組合員の賃金から組合費相当額を控除しても労基法 24 条 1 項違反ではないとの最高裁判決[*61]もある。

しかし、①憲法 28 条は、全ての労働組合に平等な団結権を保障していること[*62]、②チェック・オフ協定は、協定締結組合の組合員以外にその効力は及ばず、当該組合員を代表する労働組合が締結主体であればよいことから、チェック・オフについては、「労働組合」（憲法上の労働組合）との書面による協定があれば、労基法 24 条 1 項に違反しないと解するのが、憲法 28 条と労基法 24 条 1 項の整合的解釈、及び、労基法 24 条 1 項の合理的解釈であろう。

イ　対象組合員の同意

労働組合（判例によれば過半数組合）との書面によるチェック・オフ協定があり、チェック・オフが労基法 24 条 1 項違反とならないとしても、チェック・オフをするためには、組合員が賃金の一部を組合費として労働組合に支払うことを使用者に委任する同意（組合費支払委任契約の締結）が必要である[*63]。

---

*60　労基法上「労働組合」の定義はないが、労組法上の労働組合と概念を異にする理由は特にないので、労基法にいう「労働組合」は、労組法上の労働組合であると解される。

*61　中労委（済生会〈中央病院〉）事件・最二小判平元・12・11 民集 43 巻 12 号 1786 頁/労判 552 号 10 頁。

*62　中労委（済生会中央病院）事件・最二小判平元・12・11 民集 43 巻 12 号 1786 頁/労判 552 号 10 頁の奥野久之裁判官の反対意見。

*63　エッソ石油事件・最一小判平 5・3・25 集民 168 号下 127 頁/労判 650 号 6 頁（同事件・大阪高判平 3・2・26 労判 615 号 55 頁も同旨）、中労委（ネスレ日本〈東京・島田〉）事件・最一小判平 7・2・23 民集 49 巻 2 号 281 頁/労判 686 号 15 頁、中労委（ネスレ日本〈霞が浦工場〉）事件・最一小判平 7・2・23 労判 670 号 10 頁。

第17章　団体交渉

本章では、団体交渉権と、団体交渉権により保障される団体交渉（「正当な団体交渉」）について、①団体交渉権と団体交渉の機能・形態（→第 1 節）、②団体交渉権により保障される団体交渉（→第 2 節）、③正当な理由のない団体交渉拒否と法的救済（→第 3 節）の順に検討する。

第１節　団体交渉権と団体交渉の機能・形態

1　団体交渉権

(1)　「団体交渉」の定義

憲法 28 条は、労働者（勤労者）に対し「団体交渉をする権利」を保障している。

「団体交渉」は、「労働者が、その代表者（団結体）を通じて、使用者又は使用者団体と、雇用・労働条件その他の待遇や集団的労使関係上のルール等について行う交渉」と定義することができる。

(2)　権利主体

団体交渉権の第一次的な権利主体は、労働者（勤労者）（憲 28 条）であり、労組法 3 条の定める「労組法上の労働者」[*1]である。

しかし、団体交渉権は、その権利の性質上、集団的に行使される。したがって、憲法 28 条所定の権利を享受する団結体（①憲法上の労働組合、及び、②憲法上の保護を受ける一時的団結体）も、二次的に団体交渉権の権利主体となり、これら団結体の全てが平等に団体交渉権を享受する。

なお、団体交渉権の享受主体は「労働者」で「使用者」等は含まれない。したがって、使用者その他労働関係の当事者は、団体交渉に応じる「義務」を負う場合があるが、団体交渉を求める「権利」は有しない。

2　団体交渉の機能

団体交渉は、①労働条件に関する労働者と使用者の対等決定の実現と労働者の雇用保障・労働条件等の維持・向上、②労働関係法規違反の是止と権利紛争

*1　前記第 2 章「労働法の主体」第 1 節 4・5 参照。

の自主的解決による、労働関係法規と労働者の権利の実効性確保、③労使自治に基づく個別的労働関係及び集団的労使関係に関するルールの設定、④労働者間の労働条件引き下げ競争と使用者間の労働力コスト引き下げ競争を抑制することによる、労働市場における公正競争の実現、⑤労働関係立法の整備・促進等の機能を有する。

３　団体交渉の形態

団体交渉の形態及び団体交渉を行いうるレベルについて、特に法的規制はなく、①企業内交渉、②企業横断的交渉、③企業別交渉と企業横断的交渉の中間的形態、④企業横断的な労働者代表と個別使用者との交渉等がありうる。

(1)　企業内交渉

企業内交渉としては、①企業レベルで、当該企業の労働者の労働条件等について行われる「企業別交渉」、②企業の事業場レベルで、当該事業場の労働者の労働条件等について行われる「事業場別交渉」、③事業場の職場レベルで、当該職場の労働者の労働条件等について行われる「職場交渉」等がある。

(2)　企業横断的交渉

企業横断的交渉としては、①産業部門レベル、職種・職業レベル、企業グループレベルで、当該産業、職種・職業、企業グループの労働者の労働条件等について行われる「産業別交渉」「職種別・職業別交渉」「企業グループ別交渉」、②地域レベル、地方レベル、全国レベルで、当該地理的範囲の労働者の労働条件等について行われる「地域交渉」「地方交渉」「全国交渉」、③前記①と②を組み合わせた交渉(産業別の地方交渉等)がある。

(3)　企業別交渉と企業横断的交渉の中間形態

企業別交渉と企業横断的交渉の中間的な形態として、①企業別交渉への上部団体役員の参加、②「共同(連名)交渉」(企業別組合とその上部団体とが共同で使用者と交渉)、③「集団(連合)交渉」(産業別組合の統制下にいくつかの企業別組合と各企業との交渉を同一テーブルで同時に行う交渉、企業別組合が一斉に企業別交渉を行う方式をさす場合もある)、④「対角線交渉」(産業別上部団体が単独で個々の使用者と交渉)、⑤「対角線集団交渉」(対角線交渉の相手方使用者を一堂に会させて同交渉を集団的に行う方式)等がある。

(4)　企業横断的な労働者代表と個別使用者の交渉

企業横断的な労働者代表と個別使用者の交渉としては、地域・地方・全国レベルあるいは産業部門別・職種別で労働者を組織している労働組合が組合員のために当該組合員が労働契約を締結している使用者と行う団体交渉等がある。

第２節　団体交渉権により保障される団体交渉

団体交渉権により保障される団体交渉(「正当な団体交渉」)の範囲は、「誰が、何について、誰に対して、どのような手続で、どのような行為を、いつ、求めることができるのか」により画定される。

すなわち、①団体交渉の主体(→ 1)、②団体交渉の対象事項と相手方(→ 2)、③団体交渉の手続(→ 3)、④求めうる団体交渉(団体交渉義務)の内容(→ 4)、⑤団体交渉を求めうる時期(→ 5)の五つの点から画定される。

1　団体交渉の主体

(1) 団体交渉権の権利主体と団体交渉の主体

団体交渉権の第一次的な権利主体は、労働者(勤労者)(憲 28 条)であるが、団体交渉権はその権利の性質上集団的に行使される。

したがって、第二次的な団体交渉権の権利主体であり、具体的に団体交渉権を行使し「団体交渉の主体」となるのは、憲法 28 条所定の権利を享受する団結体(①憲法上の労働組合、及び、②憲法上の保護を受ける一時的団結体)である。ただし、求めうる法的救済は異なる(→第 3 節)。

(2) 団体交渉の主体と交渉権限を有する者

「団体交渉の主体」は、団体交渉権の第二次的権利主体である、労働者の団結体である。

これに対し、「交渉権限を有する者」は、実際に団体交渉において交渉する権限を有する者である。交渉権限を有する者は、団体交渉の主体が労組法上の労働組合である場合は、「労働組合の代表者又は労働組合の委任を受けた者」(労組 6 条)であり、団体交渉の主体が憲法組合又は憲法上の保護を受ける一時的団結体である場合も同様と解される。委任を受けることができる者(交渉権限を認められる者)は、特に制限はないが、通常は自然人である。

2　団体交渉権の対象事項と相手方

(1) 団体交渉権により保障される交渉事項

団体交渉の主体となりうる憲法 28 条所定の権利を享受する団結体が、団体交渉の対象となしうる事項(交渉事項)として団体交渉権により保障される事項は、団体交渉権の意義*2に照らせば、その構成員である労働者に関する*3、①労働関係法規上の義務(公法上の義務・努力義務を含む)に関する事項、②労働関係上の権利義務(信義則上の義務・注意義務を含む)に関する事項、③雇用・労働条件の維持改善等に関する事項、及び、④当該団結体との集団的労使関係ルール(団体交渉等の手続・便宜供与等)に関する事項であり、利益紛争のみならず権利紛争も含まれる。

(2) 団体交渉権を行使しうる相手方

ア　「団体交渉権を行使しうる相手方」の判断基準

団体交渉権により保障される交渉事項(→前記(1))は、前記①～④の類型毎にその性質・内容を異にし、誰に対して団体交渉を求めるべきかが異なるので、団体交渉の主体となりうる団結体が団体交渉権を行使し団体交渉を求めうる相手方(「団体交渉権を行使しうる相手方」)の判断基準は、交渉事項の類型毎に設定され、団体交渉権を行使しうる相手方に該当するかどうかは、当該判断基準に照らして、交渉事項毎に決定される(「交渉事項対応説」)。

①団結体の構成員である労働者に適用される「労働関係法規上の義務(公法上の義務・努力義務を含む)に関する事項」については、a「当該労働関係法規上の義務を負う者」*4が「団体交渉権を行使しうる相手方」である。

②団結体の構成員である労働者の「労働関係上の権利義務(信義則上の義務・注意義務を含む)に関する事項」については、b「当該労働関係上の権利義務を有する者」*5が「団体交渉権を行使しうる相手方」である。

③団結体の構成員である労働者の「雇用・労働条件の維持改善等に関する事項」については、c「当該雇用・労働条件の維持改善等に関する事項を現実か

---

*2　前記第15章「集団的労使関係法総論」3参照。

*3　団体交渉権の第一次的享受主体は労働者であり、団結体は第二次的享受主体としてその構成員である労働者の団体交渉権を集団的に行使するのであるから、構成員以外の労働者に関する事項についての団体交渉権を憲法上保障されるものではない。

*4　現在の労働契約上の使用者(出向先を含む)、過去の労働契約上の使用者(労基22条1・3・4項、23条等)、派遣先(派遣27条、29条の2、39条～47条の4、49条の3等)、元方事業者<定義：安衛15条1項本文>(安衛29条1・2項、30条の3第1項)、特定元方事業者<定義：安衛15条1項本文>(安衛15条、15条の2、30条)、建設業の元方事業者(安衛29条の2)、製造業の元方事業者(安衛30条の2)、注文者(安衛3条3項、31条1項、31条の2、31条の4)、発注者<定義：安衛30条2項前段>(安衛30条2項、30条の2第2項)、特定発注者等<定義：安衛31条の3第1項>(安衛31条の3第1項)、鉱業権者<定義：鉱山保安法2条1項>(鉱山保安法5条～12条)等。

*5　現在の労働契約上の使用者(出向先を含む)、当該団結体との労働協約等締結当事者、過去の労働契約上の使用者、賃金支払義務の重畳的債務引受者、派遣先、元方事業者、特定元方事業者、注文者、発注者、特定発注者等、鉱業権者、親会社、当該労働者と「特別の社会的接触の関係」にある者等。

つ具体的に支配又は決定することができる地位にある者」[*6]が「団体交渉権を行使しうる相手方」である。

④当該団結体との「集団的労使関係ルール（団体交渉等の手続・便宜供与等）に関する事項」については、「前記①～③の事項のいずれかに団体交渉義務を負う者」及び「労働協約、労使慣行、集団的労使関係上の信義則等に基づき権利義務を有する者」が、当該団結体との集団的労使関係の成立を肯定しうるので、「団体交渉権を行使しうる相手方」と解されよう。

そして、当該労働者につき、ある労働関係法規上の義務を負う者[*7]、安全配慮義務を負う者[*8]、ある雇用・労働条件等を支配又は決定することができる地位にある者[*9]が、それぞれ複数存在し、一の交渉事項につき、団体交渉権を行使しうる相手方が複数存在する場合もある（「相手方複数説」）。

イ　「団体交渉権を行使しうる相手方」該当性

「団体交渉権を行使しうる相手方」に該当しうるのは、現在・過去・将来の使用者、派遣先、親会社、一定の注文者・委任者等、元方事業者・特定元方事業者、労働協約締結当事者等の労働関係の当事者である（→前記ア参照）[*10]。

(3)　団体交渉権を行使しうる相手方と義務的団交事項

ア　「義務的団交事項」と「任意的団交事項」

団体交渉権を行使しうる相手方から見て、憲法 28 条に基づき団体交渉に応じる義務を負う事項を「義務的団交事項」と呼び、団体交渉に応じる義務を負わない（応じるかどうかは任意である）事項を「任意的団交事項」と呼ぶ。

なお、義務的団交事項に該当しなくても、労働協約で団体交渉の対象とされている事項については、当該労働協約の相手方は団体交渉義務を負う。

イ　「義務的団交事項」の定義

当該団結体との関係で、当該相手方の「義務的団交事項」は、1）当該団結

*6　現在の労働契約上の使用者（出向先を含む）に加えて、合併・事業譲渡・会社分割等による将来の労働契約上の使用者、派遣先、親会社、一定の注文者・委任者等。

*7　例えば、セクシュアル・ハラスメント防止対策義務（均等 11 条 1 項）は、派遣元と派遣先の双方に適用される（派遣 47 条の 2）。

*8　例えば、請負人の労働者に対する安全配慮義務を、当該請負人のみならず発注者や注文者（上位の請負人）が負う場合もある。

*9　例えば、派遣労働者の一定の雇用・労働条件については派遣元と派遣先、子会社等の労働者の雇用・労働条件については子会社等と親会社の双方が、支配又は決定しうる地位にある。

*10　具体的には、労組法 7 条 2 号の不当労働行為（団体交渉拒否）の成否の判断において同号の「使用者」に該当するかどうかとして論じられることが殆どである（→後記第 20 章「不当労働行為と法的救済」第 2 節 1・第 3 節 4 参照）。

体の構成員である労働者に関する、①労働関係法規上の義務（公法上の義務・努力義務を含む）に関する事項で当該相手方が義務を負うもの、②労働関係上の権利義務に関する事項で当該相手方が権利義務を有するもの、③雇用・労働条件の維持改善等に関する事項で当該相手方が支配・決定することができる地位にあるもの、及び、2）前記①～③が存在する場合又は当該団結体と労働協約等により権利義務関係を有する場合は、当該団結体との集団的労使関係の運営（ルール）に関する事項である。

これをまとめれば、「団体交渉を申し入れた団結体の構成員である労働者の雇用・労働条件その他の待遇、又は、当該団結体と相手方との間の集団的労使関係の運営に関する事項で、かつ、当該相手方が決定又は対応しうる（すべき）もの」と定義することもできる[*11]。

３　団体交渉の手続

団体交渉の手続について、第一に、法令上の規定はないが、労働協約の定めや労使慣行等が存在する場合は、当該手続に従って団体交渉が行われる。

第二に、団体交渉を申し入れる団結体は、集団的労使関係上の信義則（民１条２項）上の義務として、憲法 28 条により保障された団体交渉権の行使であることを明確化するために、団体交渉の主体、交渉権限を有する者、団体交渉の対象事項を明らかにし、団体交渉の主体となりうることや当該事項が義務的団交事項であることを示すために必要であれば、組合員の人数や氏名（の一部）を示す義務を負う。したがって、それが明確化されない場合は、団体交渉を申し入れられた者は、団体交渉義務を負わず、団体交渉を拒否することができる。

第三に、団体交渉の日時・場所・時間・交渉参加者等については、当該団結体と相手方との間で調整し決定されることになるが、合理的理由なく相手方が当該条件に固執し団体交渉を拒否した場合は、団体交渉義務違反となる[*12]。

---

*11　中労委（INAX メンテナンス）事件・最三小判平 23・4・12 集民 236 号 327 頁/労判 1026 号 27 頁、中労委（エス・ウント・エー）事件・東京地判平 9・10・29 労判 725 号 15 頁、本四海峡バス（本案訴訟）事件・神戸地判平 13・10・1 労判 820 号 41 頁、中労委（根岸病院）事件・東京高判平 19・7・31 労判 946 号 58 頁等も、ほぼこの内容で義務的団交事項を定式化している。

*12　中労委（商大自動車教習所）事件・東京高判昭 62・9・8 労判 508 号 59 頁〈最三小判平元・3・28 労判 543 号 76 頁もこれを維持〉、大阪労委（四條畷カントリー娯楽部）事件・大阪地判昭 62・11・30 労判 508 号 28 頁、中労委（亮正会）事件・東京地判平 2・11・8 労民 41 巻 6 号 913 頁/労判 574 号 14 頁、中労委（函館厚生院）事件・東京地判平 20・3・26 労判 969 号 77 頁、中労委（大乗淑徳学園〈淑徳大学〉）事件・東京地判平 31・3・14 労判 1205 号 38 頁。

4　求めうる団体交渉（団体交渉義務）の内容

(1)　誠実交渉義務

団結体が、団体交渉権を行使しうる相手方に求めうる団体交渉の内容、換言すれば、相手方の負う団体交渉義務は、「誠実交渉義務」である。

誠実交渉義務は、第一に、単に団体交渉の場に出席し、あるいは、労働者代表の要求や主張を聞くだけでなく、それらの要求や主張に対しその具体性や追求の程度に応じた回答や主張をなし、その論拠を示したり必要な資料を提示し、誠実な対応を通じて合意達成の可能性を追求する義務である[*13]。

第二に、団体交渉に応ずべき団結体が複数存在する場合は、それぞれの団結体に対し、誠実交渉義務を尽くし、実質的に平等な取扱いを確保しなければならない。したがって、それぞれの団結体との団体交渉において、相手方からの提案の時期・内容、資料の提示、説明の内容等に関し、合理的な理由のない差異を設けることは許されない[*14]。

ただし、団体交渉権を行使しうる相手方は、団結体に対し譲歩する義務はないので、十分な協議の後、合意に至らなくても誠実交渉義務違反とはならない。

また、団体交渉において、吊し上げ、暴行、脅迫、監禁などが許されないことはいうまでもなく、労働者側の対応がそのような態様である場合は、相手方は団体交渉を拒否することができる[*15]。

(2)　団体交渉の打ち切りと再開

団体交渉権を行使しうる相手方は、誠実団交義務を尽くし十分に協議された後、交渉事項に関し労使双方の主張が対立し交渉が進展する見込みがなく団体交渉を継続する余地がなくなった場合は、団体交渉を拒否することができる[*16]。

---

*13　東京労委（カール・ツァイス）事件・東京地判平元・9・22 労判 548 号 64 頁/判時 1327 号 145 頁、中労委（エス・ウント・エー）事件・東京地判平 9・10・29 労判 725 号 15 頁、中労委（日本 IBM）事件・東京地判平 14・2・27 労判 830 号 66 頁、中労委（モリタほか）事件・東京地判平 20・2・27 労判 967 号 48 頁、中労委（社会福祉法人ハートフル記念会〈ひまわりの会〉）事件・東京地判平 27・11・27 労判 1145 号 41 頁、同事件・東京高判平 28・4・21 労判 1145 号 34 頁、香川労委（詫間港運）事件・高松地判平 27・12・28 労判 1137 号 15 頁等。

*14　中労委（NTT 西日本）事件・東京地判平 22・2・25 労判 1004 号 24 頁/判時 2079 号 128 頁、同事件・東京高判平 22・9・28 労判 1017 号 37 頁。

*15　東京労委（マイクロ精機）事件・東京地判昭 58・12・22 労判 424 号 44 頁。

*16　徳島労委（池田電器〈船井電機〉）事件・最二小判平 4・2・14 労判 614 号 6 頁、東京労委（寿建築研究所）事件・東京地判昭 50・9・30 労民 26 巻 5 号 748 頁/労判 235 号 18 頁、同事件・東京高判昭 52・6・29 労民 28 巻 3 号 223 頁/労判 281 号 64 頁（最二小判昭 53・11・24 集民 125 号 709 頁/労判 312 号 54 頁もこれを維持）、中労委（黒川乳業）事件・東京地判平元・12・20 労判 554 号 30 頁、中労委（EMG マーケティング〈モービル石油〉）事件・東京地判平 25・10・30 労判 1087 号 28 頁。

しかし、事情の変更があれば、使用者は再び団体交渉に応じる義務があり、相当の日時が経過すれば、事情の変化が生じ、団体交渉の再開が有意義なものとなるのが通常であるので、事情の変更が推認される[*17]。

5　団体交渉を求めうる時期

争議行為は、相手方との交渉を有利に進めるための労働者の圧力手段であるので、当該団結体は、争議行為中も、団体交渉を求めうる。

特定の労働者の懲戒処分も、特段の事情がない限り、当該労働者の団結体は当該労働者の使用者が懲戒処分を決定する前に団体交渉を求めうる[*18]。

団体交渉の対象事項が過去の使用者の行為等（解雇、賃金未払、安全配慮義務違反）に関するものである場合は、団結体は、信義則上、合理的な期間内に団体交渉を求める必要があり、著しく時機を逸するような場合は、相手方は団体交渉義務を負わない。しかし、アスベスト被災による癌の発症など、長期間を経てから問題が顕在化する場合もあるので、団体交渉を求める時期が過去の使用者の行為から長期間経過した後であっても、合理的な理由があれば、相手方は団体交渉義務を負う[*19]。

第3節　正当な理由のない団体交渉拒否と法的救済

正当な理由のない団体交渉拒否（誠実交渉義務違反を含む）については、①労働委員会（→ 1）と、②裁判所（→ 2）において、法的救済を求めることができる。

1　労働委員会における法的救済

正当な理由のない団体交渉拒否は、労組法7条2号の「団体交渉拒否」の不当労働行為に該当し、同条3号の「支配介入」の不当労働行為にも該当しうる[*20]。

したがって、団体交渉を拒否された団結体が、労働委員会における資格審査により法適合決定を受けて法適合認証組合（労組 5 条 1 項）となった場合は、当該組合は、当該団体交渉拒否が労組法 7 条 2 号（及び 3 号）の不当労働行為であ

*17　東京労委（寿建築研究所）事件・東京高判昭 52・6・29 労民 28 巻 3 号 223 頁/労判 281 号 64 頁。

*18　中労委（光仁会）事件・東京地判平 21・2・18 労判 981 号 38 頁。

*19　兵庫労委（住友ゴム工業）事件・大阪高判平 21・12・22 労判 994 号 81 頁/判時 2084 号 153 頁（最一小決平 23・11・10 労判 1034 号 98 頁〈要旨〉により確定）、中労委（ニチアス）事件・東京地判平 24・5・16 別冊中央労働時報 1427 号 3 頁/労経速 2149 号 3 頁。

*20　中労委（亮正会）事件・東京地判平 2・11・8 労民 41 巻 6 号 913 頁/労判 574 号 14 頁。

るとして、労働委員会に救済を申立て、救済を受けることができる[*21]。

求める救済命令は、当該労働組合の求める当該事項に関し誠実に団交に応じよとの団体交渉命令や、使用者の謝罪文の掲示・交付等である。

２　裁判所における法的救済

憲法 28 条の団体交渉権保障は、労使間において労働者及び団結体の団体交渉権を尊重すべき公序（民 90 条）を形成する[*22]。したがって、正当な理由のない団体交渉拒否（誠実団体交渉義務違反を含む）は、団結権・団体交渉権を侵害し公序に反するものであり、労働組合は、第一に、当該団体交渉拒否が不法行為[*23]又は信義則違反に該当し、信用の失墜や社会的評価の毀損という損害（非財産的損害・無形の損害）を被ったときは、賠償請求することができる。

また、労組法 7 条は、労働組合が同条 2 号所定の「使用者」[*24]に対して団体交渉を求める法律上の地位を有し「使用者」はこれに応ずべき地位にあることを定めたものである。したがって、労働組合は、第二に、団体交渉の主体、交渉事項、相手方のいずれかにつき争いがある場合は、当該事項について団体交渉を求め得る法的地位にあることの確認請求をなすことができる[*25]。

しかし、団体交渉義務の内容の特定が困難であること等に鑑みれば、憲法 28 条及び労組法 7 条が労働組合の団体交渉「請求権」を定めていると解することは困難である[*26]ので、労働組合は、憲法 28 条や労組法 7 条に基づき団体交渉を行うことを求めることはできない。ただし、労働協約や労使慣行により、具体的な団体交渉義務の内容（団交事項、手続、提出すべき資料等）が定められているときは、当該労働協約上の団体交渉義務の履行を求めることができる[*27]。

---

*21　後記第 20 章「不当労働行為と法的救済」第 3 節 4・5、第 4 節 1。

*22　新聞之新聞社事件・東京高決昭 50・9・25 労民 26 巻 5 号 723 頁/労判 238 号 52 頁。

*23　本四海峡バス（本案訴訟）事件・神戸地判平 13・10・1 労判 820 号 41 頁、神谷商事事件・東京地判平 15・6・16 労判 865 号 38 頁、同事件・東京高判平 15・10・29 労判 865 号 34 頁、スカイマーク（スカイネットワーク）事件・東京地判平 19・3・16 労判 945 号 76 頁/判時 1963 号 147 頁、太陽自動車事件・東京地判平 21・3・27 労判 986 号 68 頁、三和機材事件・千葉地判平 22・3・19 労判 1008 号 50 頁、名古屋自動車学校事件・名古屋地判平 24・1・25 労判 1047 号 50 頁、エクソンモービル事件・東京高判平 24・3・14 労判 1057 号 114 頁。

*24　当該団結体が団体交渉権を行使しうる相手方と同じと解される（後記第 20 章「不当労働行為と法的救済」第 3 節 4(1)参照）。

*25　国鉄（団交応諾義務確認請求）事件・東京地判昭 61・2・27 労民 37 巻 1 号 123 頁/労判 469 号 10 頁、同事件・東京高判昭 62・1・27 労民 38 巻 1 号 1 頁/労判 505 号 92 頁（最二小判平 3・4・23 集民 162 号 547 頁労判 589 号 6 頁も維持）、本四海峡バス（仮処分）事件・神戸地決平 12・3・14 労判 718 号 31 頁、同（本案訴訟）事件・神戸地判平 13・10・1 労判 820 号 41 頁等参照。

*26　新聞之新聞社事件・東京高決昭 50・9・25 労民 26 巻 5 号 723 頁/労判 238 号 52 頁。

*27　エス・ジー・エス事件・神戸地判昭 61・12・5 労判 487 号 36 頁。

第18章　団結活動と争議行為

本章では、団結権及び団体行動権により保障されうる行為（団結活動及び争議行為）について、①団結権・団体行動権と法律上の制限（→第１節）、②団体行動権により保障される争議行為（正当な争議行為）（→第２節）、③団結権・団体行動権により保障される団結活動（正当な団結活動）（→第３節）、④正当性のない団結活動・争議行為と法的責任（→第４節）、⑤団結活動・争議行為と賃金（→第５節）、⑥使用者の対抗行為（→第６節）の順に検討する。

第１節　団結権・団体行動権と法律上の制限

１　団結権・団体行動権の権利主体と保障される行為

（1）権利主体

憲法28条は、労働者（勤労者）に「団結権」と「団体行動権」を保障する。

団結権と団体行動権の第一次的な享受主体は、労働者（勤労者）（憲28条）であり、「労組法上の労働者」（労組３条）*1である。

しかし、「団結権」のうち、「団結体を結成し、又はこれに加入する権利」は個人的に行使することが可能である*2が、「団結体を運営し、強化・拡大する権利」は、権利の性質上、集団的に行使される。また、団体行動権も、その権利の性質上、集団的に行使される。

したがって、団結権及び団体行動権は、憲法28条所定の権利を享受する団結体（①憲法上の労働組合〈労組法上の労働組合・憲法組合〉、及び、②憲法上の保護を受ける一時的団結体）も、第二次的に享受主体となる*3。

（2）団結権と団体行動権により保障されうる行為

本書では、団結権又は団体行動権により保障されうる行為のうち、①「労務の不提供（同盟罷業）又は不完全な提供（怠業）、及び、これを維持強化するための行為」を「争議行為」と定義し、②争議行為以外の行為を「団結活動」と定

---

*1　前記第２章「労働法の主体」第１節４・５参照。

*2　単位組合、争議団等の結成・加入が典型的である。それに対し、連合組合の結成は、団結体（単位組合等）が団結権を行使し新たな団結体（連合組合）を結成することになる。

*3　前記第１章「労働法の位置づけと体系」第１節４(3)イ参照。

義し、区別する。また、これに対応して、①争議行為を行う権利を「争議権」、②団結活動を行う権利を「団結活動権」と定義する[*4]。

２　争議行為の法律による制限

「争議行為」（その定義は、それぞれの法律の条文により異なる）については、法律上、公務労働者の争議行為が全面的に禁止されている他、①労調法、②スト規制法、及び、③船員法がその規制を行っている。

(1) 労調法

労調法は、「同盟罷業、怠業、作業所閉鎖その他労働関係の当事者が、その主張を貫徹することを目的として行ふ行為及びこれに対抗する行為であって、業務の正常な運営を阻害するもの」を「争議行為」と定義し（労調 7 条）、労働関係の調整と労働争議の予防・解決、安全、公衆の日常的生活への配慮等の観点から、以下のような争議行為の制限を行っている。

第一に、調停で、関係当事者の調停案受諾後その解釈・履行につき意見の不一致が生じた場合、一定期間それに関する争議行為は禁止される（労調 26 条）。

第二に、工場事業場の安全保持の施設の正常な維持・運行の停廃又はこれを妨げる争議行為は禁止されている（労調 36 条）。「安全保持の施設」とは、人命・身体に対する危害予防又は衛生上必要な施設であり、例えば、炭鉱におけるガス爆発防止施設、落盤防止施設、通信施設等である[*5]。このような争議行為を行わないことは、団体行動権の内在的制約からも導かれ、あるいは、労働者及び団結体の信義則上の義務であるとも言えよう。

第三に、「公益事業」（公衆の日常生活に欠くことのできない、運輸事業、郵便・信書便又は電気通信事業、水道・電気・ガス供給事業、医療・公衆衛生事業）（労調 8 条）における争議行為は、労働委員会及び厚生労働大臣又は都道府県知事への少なくとも 10 日前の予告が必要とされ（労調 37 条 1 項）、違反については、労働委員会の請求により 10 万円以下の罰金が科される（労調 42・39 条）。

第四に、内閣総理大臣が、公益事業又は規模が大きいあるいは特別の性質の事業のため争議行為による当該業務の停止が国民経済の運行を著しく阻害し又は国民の日常生活を著しく危うくする虞が現実に存するとして緊急調整の決定（労調 35 条の 2）をしたときは、その公表日から 50 日間、関係当事者の争議行為は禁止され（労調 38 条）、違反には 20 万円以下の罰金が科される（労調 40 条）。

---

*4　前記第 15 章「集団的労使関係法総論」2。

*5　中労委（青山信愛会〈新潟精神病院〉ほか）事件・最三小判昭 39・8・4 民集 18 巻 7 号 1263 頁/判時 380 号 6 頁。

（2）スト規制法

電気事業及び石炭鉱業における争議行為の方法の規則に関する法律〈スト規制法〉（昭 28 法 171）は、電気事業及び石炭鉱業の特殊性と国民経済・国民の日常生活に対する重要性に鑑み（スト規制 1 条）、これらの事業における争議行為の方法につき、以下のように規定している。なお、同法違反に罰則はない。

第一に、電気事業（一般の需要に応じ電気を供給する事業又はこれに電気を供給することを主たる目的とする事業：スト規制 1 条）の事業主又は電気事業に従事する者は、争議行為として、電気の正常な供給を停止する行為その他電気の正常な供給に直接に障害を生ぜしめる行為をしてはならない（スト規制 2 条）。

第二に、石炭鉱業の事業主又は石炭鉱業に従事する者は、争議行為として、鉱山保安法（昭 24 法 70）に規定する保安の業務の正常な運営を停廃する行為であって、鉱山における人に対する危害、鉱物資源の滅失若しくは重大な損壊、鉱山の重要な施設の荒廃又は鉱害を生ずるものをしてはならない（スト規制 3 条）。

（3）船員法

船員法 30 条は、①船舶が外国の港にあるとき、又は、②その争議行為に因り人命若しくは船舶に危険が及ぶようなときは、労働関係に関する争議行為をしてはならないと定めている。

第２節　団体行動権により保障される争議行為

団体行動権により保障される争議行為（「正当な争議行為」）の範囲*6は、「誰が、どのような内部意思形成を経て、何を目的として、どのような手続で、どのような行為をなしうるか」により画定される。

したがって、当該行為が正当な争議行為かどうか、すなわち、「争議行為の正当性」は、①主体（→ 1）、②集団的意思の形成（→ 2）、③目的（→ 3）、④手続（→ 4）、⑤手段・態様（→ 5）の五つの点から判断される。

1　主体

（1）一般的基準

団体行動権の第一次的な享受主体は、労働者（勤労者）個人であるが、団体行

*6　これを画定する法律上の規定はなく、解釈に委ねられている。労調法 7 条は、同法の「争議行為」の定義を定めたもので、争議行為の正当性の判断基準ではない（山田鋼業事件・最大判昭 25・11・15 刑集 4 巻 11 号 2257 頁/判タ 9 号 53 頁、愛光堂事件・最二小判昭 27・2・22 刑集 6 巻 2 号 288 頁）。

動権はその権利の性質上集団的に行使される。

したがって、争議行為の主体として争議権（団体行動権の一部）を行使しうるのは、団体行動権の第二次的な享受主体、すなわち、憲法 28 条所定の権利を享受する団結体（①憲法上の労働組合〈労組法上の労働組合・憲法組合〉、及び、②憲法上の保護を受ける一時的団結体）である（→前記第１節１(1)）。

（2） 具体的判断

労働組合の全部の組合員ではなく一部の組合員が争議行為に参加する場合、例えば、一部の組合員の労務不提供である部分スト・指名ストは、それが当該労働組合の方針に基づいて行われるものであれば、当該争議行為の主体は労働組合であり、主体の点で正当である。

これに対し、①労働組合の組合員の一部の集団、あるいは、②それ自体として労働組合としての組織を備えていない下部組織・職場組織が、組合所定の機関の承認を受けないで行う「山猫スト」の場合、当該争議行為の主体は労働組合ではない。また、組合員個人は、団体行動権の享受主体ではあるが、組合員である限りはその所属する労働組合の統制に従わなければならず、当該労働組合の行為の範囲内でなければ団体行動権を行使することはできない。したがって山猫ストは主体の点で正当ではない[*7]。

2　集団的意思の形成

（1） 一般的基準

争議行為は、労働者の団結体がその集団的意思に基づき行う行為である。

したがって、当該団結体が団体行動権の一部である争議権を行使し争議行為を行うためには、その行為の性質上、当該団結体において民主的な手続により争議行為の集団的意思を形成し、争議行為の開始を決定することが必要である。

（2） 同盟罷業の開始手続

労組法は、同盟罷業の開始には組合員又は代議員の直接無記名投票の過半数による決定を必要とする旨を組合規約として定めることを求め（労組５条２項８号）、かかる定めを法適合組合の要件とする（労組５条１項）が、かかる定めの遵守を争議行為の正当性要件と定めているわけではないので、労組法５条２項８号所定の手

*7　日本製鉄事件・福岡地小倉支判昭 25・5・16 労民 1 巻 3 号 301 頁、国際電信電話事件・大阪地判昭 36・5・19 労民 12 巻 3 号 282 頁、西日本鉄道事件・福岡高判昭 37・10・4 労民 13 巻 5 号 1036 頁、川崎重工業事件・大阪高判昭 38・2・18 労民 14 巻 1 号 46 頁、明治乳業事件・東京地判昭 44・10・28 労民 20 巻 5 号 1415 頁/労判 90 号 45 頁、北海道急行トラック事件・札幌地決昭 53・6・9 労判 307 号 40 頁。

続が履践されなくても集団的意思の形成が否定されるわけではない*8。

しかし、組合規約に同盟罷業又は争議行為の開始手続として、労組法５条２項８号所定の手続又は（及び）それ以外の手続（組合大会への付議、中央執行委員会の決定等）が定められている場合*9は、当該労働組合における民主的な意思形成のため、その遵守が必要であり、組合規約所定の手続が履践されなかった場合は、特段の事情がある場合*10をのぞき、集団的意思形成における手続上の瑕疵が存在し、その正当性が否定される。

３　目的

(1)　一般的基準

団体行動権は、労働者の雇用・労働条件の維持改善その他経済的地位の向上を具体的に実現するために労働者に保障された権利であり、「団結活動」は、その主体である団結体の構成員である労働者の雇用・労働条件の維持改善その他経済的地位の向上が主たる目的であれば、目的の点で正当性を認めうる。

しかし、「争議行為」は、「労務の不提供（同盟罷業）又は不完全な提供（怠業）、及び、これを維持強化するための行為（ピケッティング等）」であり、参加労働者が労務提供義務を負う労働契約上の使用者の業務を直接阻害しうる行為である。それゆえ、争議行為は、団結活動とは異なり、その目的とする雇用・労働条件の維持改善等が、争議行為の相手方である、争議行為参加労働者の労働契約上の使用者によって決定又は対応しうるもので、当該使用者に対する要求を実現する圧力手段として行うことが、信義則上要求される。

したがって、争議行為は、原則として、「『争議行為の主体である団結体の構成員である労働者の雇用・労働条件その他の待遇に関する事項、又は、当該団結体と使用者との間の集団的労使関係の運営に関する事項であって、かつ、当該労働契約上の使用者が決定し又は対応することが可能な事項』*11に関する要求の実現」を主たる目的*12とすることが必要である。

(2)　具体的判断

正当な理由のない団体交渉拒否、不当労働行為、労働協約違反、労働災害の

---

*8　興国人絹パルプ事件・大分地判昭 41・10・25 労民 17 巻 5 号 1280 頁。

*9　問題となった事案として、日本化薬事件・山口地判昭 30・10・13 労民 6 巻 6 号 916 頁、同事件・広島高判昭 34・5・30 労民 10 巻 3 号 531 頁。

*10　西神テトラパック事件・神戸地判平 10・6・5 労判 747 号 64 頁。

*11　義務的団交事項（→前記第 17 章「団体交渉」第 2 節 2(3)イ）とは異なる。

*12　主たる目的がこれに該当すれば、国に対する政治的要求を兼ねていても正当である（順天堂病院事件・東京地判昭 40・11・10 労民 16 巻 6 号 909 頁/判時 428 号 29 頁）。

発生等に抗議して行われる「抗議スト」[*13]、人事[*14]・生産・経営[*15]に関する要求を実現するための争議行為、当該労働組合の組合員ではない労働者（非組合員）の雇用・労働条件に関する要求[*16]を実現するための争議行為も、要求事項が争議行為の主体たる団結体の構成員である労働者の雇用・労働条件や待遇に影響を与え、争議行為の相手方である使用者が決定・対応しうる事項であれば、目的の点で正当であるが、国又は地方公共団体を名宛人として労働者の政治的主張・要求の示威・実現を目的として行われる「政治スト」等の争議行為は、争議行為の相手方である使用者が決定又は対応しうる事項の実現を目的とする争議行為ではないので、目的の点でその正当性は否定される[*17]。

4　手続

(1)　一般的基準

争議行為は、使用者に対する要求を実現するために、労務を全部又は一部提供せず、その労働力の利用を全部又は一部制限する行為であり、直接使用者の業務に影響を与える圧力手段である。

したがって、当該団結体が争議権を行使し争議行為を行うためには、①まずは団体交渉により要求の実現を図り、②争議行為の開始時に、争議行為の内容、争議行為対象部門・対象労働者、開始時期・終了時期等を通告し、③労働協約所定の手続を履践すること等が、集団的労使関係上の信義則上、原則として必要であり、場合により、④相当な期間をおいた予告義務を負う（→(2)〜(5)）。

これらの手続を履践していない場合、信義則違反と判断されうるが、争議行為の正当性は、義務違反の内容・程度や争議行為に至る経緯、使用者の法令・労働協約違反の有無等も踏まえて総合的に判断される[*18]。

---

*13　明治乳業事件・東京地判昭 44・10・28 労民 20 巻 5 号 1415 頁/労判 90 号 45 頁、JR 東日本（千葉動労・争議行為）事件・千葉地判平 12・7・14 労判 797 号 75 頁/判時 1747 号 161 頁。

*14　大濱炭鑛事件・最二小判昭 24・4・23 刑集 3 巻 5 号 592 頁。

*15　日本航空事件・東京地決昭 41・2・26 労民 17 巻 1 号 102 頁/判時 440 号 11 頁。

*16　高知新聞社事件・最三小判昭 35・4・26 民集 14 巻 6 号 1004 頁/判時 223 号 28 頁。

*17　全農林警職法事件・最大判昭 48・4・25 刑集 27 巻 4 号 547 頁/労判 175 号 10 頁、三菱重工業（長崎造船所）事件・最二小判平 4・9・25 労判 618 号 14 頁、日本検数協会事件・名古屋高判昭 46・4・10 労判 127 号 15 頁、国労宮原操車場事件・大阪高判昭 51・10・5 判時 841 号 107 頁/判タ 345 号 309 頁（最三小決昭 53・2・28 判タ 361 号 227 頁により確定）、三菱重工業（広島精機製作所）事件・広島地判昭 54・1・24 労判 314 号 52 頁/判時 929 号 129 頁、三菱重工業（長崎造船所）事件・長崎地判昭 60・9・24 労判 460 号 38 頁、同事件・福岡高判平 4・3・31 労判 611 号 52 頁。

*18　日本化薬事件・広島高判昭 34・5・30 労民 10 巻 3 号 531 頁。

（2）団体交渉を経ること

争議行為は使用者に対する要求を実現するための圧力手段であるから、争議行為の主体である団結体は、原則として、争議行為を開始する前に、争議行為の相手方である使用者に対してその要求を伝え、かつ、団体交渉による要求の実現を試みる信義則上の義務を負う[*19]。

したがって、争議行為を開始するためには、使用者が、当該要求を議題とする正当な団体交渉の申し入れに対し、①団体交渉への参加を拒否したこと、②団体交渉に参加せずに当該要求を拒否したこと、③団体交渉に参加するかどうか相当な期間内に回答しないこと、④団体交渉に参加した上で当該団結体の要求を拒否したこと[*20]のいずれかが、原則として必要である[*21]。

上記④の「使用者が団体交渉において要求を拒否したこと」については、必ずしも団体交渉が最終的に打ち切りになるまで待つ必要はなく[*22]、使用者が拒否した一定の段階、あるいは、使用者が回答を引き延ばしている場合等に、交渉を有利に進めるために争議行為を開始することは認められる。

また、使用者の法令・労働協約違反、不当労働行為、労働災害発生についての抗議・是正等を目的とする争議行為である場合、又は、使用者が従来から正当な理由なく団体交渉拒否を繰り返し団体交渉による紛争解決が期待できない等の特段の事情がある場合等については、使用者は既に労働者の要求（法令・労働協約の遵守、不当労働行為を行わないこと、労働災害の防止）や団体交渉を拒否しているとも位置づけることができるので、団体交渉を経ないで開始された争議行為も、信義則あるいは衡平の見地に照らし、正当性が肯定される。

（3）相当な期間をおいた予告

争議行為を行うにあたり、公益事業（労調８条１項）の労働委員会等への 10 日前の予告義務（労調 37 条１項、前記第１節 2(1)）を除き、法律上、争議行為の予告義務はない。また、労調法 37 条１項は公益保護を目的とするもので、同項所定の予告のない争議行為が直ちに正当性を欠くものとはならない[*23]。

---

*19　日本検数協会事件・名古屋高判昭 46・4・10 労判 127 号 15 頁。

*20　高知新聞社事件・最三小判昭 35・4・26 民集 14 巻 6 号 1004 頁/判時 223 号 28 頁。

*21　富士文化工業事件・浦和地判昭 35・3・30 労民 11 巻 2 号 280 頁参照。

*22　日本航空事件・東京地決昭 41・2・26 労民 17 巻 1 号 102 頁/判時 440 号 11 頁、同事件・東京地判昭 44・9・29 労民 20 巻 5 号 1043 頁/判時 577 号 28 頁。

*23　日本航空事件・東京地決昭 41・2・26 労民 17 巻 1 号 102 頁/判時 440 号 11 頁、同事件・東京地判昭 44・9・29 労民 20 巻 5 号 1043 頁/判時 577 号 28 頁。国際電信電話事件・大阪地判昭 36・５・19 労民 12 巻 3 号 282 頁は、労調法 37 条 1 項違反の争議行為は違法とする。

また、争議行為は事業の運営の阻害により使用者に圧力をかける手段であるから、事業運営の混乱を避けるためにその具体的内容を予告する信義則上の義務があるとはいえず[*24]、争議行為の予告により使用者に再考の機会を付与する信義則上の義務があるとも言えない。

したがって、一般に、争議行為を行う団結体が、争議行為の内容及び開始時期について相当な期間をおいて予告する義務を負うとはいえない[*25]。

しかし、①関係者の生命・身体・健康に対する危険防止と安全確保、又は、施設や機械の損壊防止等、信義則上、争議行為の予告が必要とされる場合、②争議行為の予告義務が労働協約に定められ、又は、当該労使関係の信義則上の義務となっている場合[*26]等は、当該労働組合は相当な期間をおいた争議行為予告義務を負い、予告のない争議行為はその正当性を否定されうる。

また、争議行為の内容及び開始時期等をいったん予告した後、十分な猶予期間を置かずに当該争議行為を前倒し実施した場合、当該具体的事情において、信義則に反し、正当性を否定されうる場合もある[*27]。

(4)　争議行為開始の通告

争議行為は、同盟罷業(労務の不提供)、怠業(労務の不完全な提供)、ピケッティング(事業場の出入り口の封鎖等)等の手段・態様を採るところ、それらは、単なる欠勤(労務の不提供)、さぼりや体調不良(労務の不完全な提供)、単なる妨害(事業場の出入り口の封鎖)と必ずしもその区別は明確ではない。したがって、当該行為が当該労働者及び団結体の団体行動権の行使としての争議行為であることを明らかにするために、争議行為の予告時点ですでに通知している場合等を除き、争議行為開始時又は開始後遅滞なく、争議行為の内容、対象部門・労働者、開始・終了時期等を使用者に通告することが信義則上必要である[*28]。

---

*24　全日空事件・東京地判昭 42・4・24 判時 483 号 71 頁、白井運輸事件・東京地判平 18・12・26 労判 934 号 5 頁参照。

*25　日本化薬事件・山口地判昭 30・10・13 労民 6 巻 6 号 916 頁、日本航空事件・東京地決昭 41・2・26 労民 17 巻 1 号 102 頁/判時 440 号 11 頁、同事件・東京地判昭 44・9・29 労民 20 巻 5 号 1043 頁/判時 577 号 28 頁、財団法人厚生団(東京厚生年金病院)事件・東京地判昭 41・9・20 労民 17 巻 5 号 1134 頁/判時 477 号 43 頁。

*26　JR 東日本(千葉動労・争議行為)事件・千葉地判平 12・7・14 労判 797 号 75 頁/判時 1747 号 161 頁。

*27　JR 東日本(千葉動労・争議行為)事件・千葉地判平 12・7・14 労判 797 号 75 頁/判時 1747 号 161 頁、同事件・東京高判平 13・9・11 労判 817 号 57 頁/判時 1764 号 131 頁。

*28　日本航空事件・東京地決昭 41・2・26 労民 17 巻 1 号 102 頁/判時 440 号 11 頁、同事件・東京地判昭 44・9・29 労民 20 巻 5 号 1043 頁/判時 577 号 28 頁、日本テキサス・インスツルメンツ事件・浦和地判昭 49・12・6 労民 25 巻 6 号 552 頁/労判 216 号 28 頁。日本化薬事件・広島高判昭 34・5・30 労民 10 巻 3 号 531 頁は、争議通告のない怠業を正当と判断。

(5) 労働協約所定の手続等の履践

争議行為を行うにあたっては、集団的労使関係における信義則上の義務である「相対的平和義務」（労働協約の有効期間中は当該労働協約で既定の事項の改廃を目的とした争議行為を行わない義務）、労働協約上の「絶対的平和義務」（当該労働協約の有効期間中は、協約で定めた事項のみならず一切の事項について争議行為を行わない義務）、「平和条項」（労使間で紛争が生じた場合、労使の経営協議会への付議や労働委員会へのあっせん申請等の一定の手続を行った後、又は、一定の期間経過後でなければ争議行為を行わない旨を定める規定）を遵守する義務を負う。

したがって、これらの平和義務・平和条項違反の争議行為は、正当性を否定されうる[*29]が、違反の内容・程度、具体的状況等も踏まえ総合的に判断される。

5　手段・態様

(1) 一般的基準

争議行為の手段・態様として、第一に、言うまでもなく、暴力の行使はしてはならず、労組法１条２項但書は、「いかなる場合においても、暴力の行使は、労働組合の正当な行為と解釈されてはならない」と定めている。

第二に、関係者の生命・身体・健康に対する十分な配慮が必要であり、業務の性質上その停廃が関係者の生命・身体・健康に対する危険を生ぜしめる事業場・施設では、争議行為に際し危険防止と安全確保のために配慮しなければ正当性を有しない[*30]。この点に関し、①工場事業場の安全施設の正常な維持・運行の停廃・妨害、②鉱山保安法に規定する保安業務の正常な運営を停廃する行為で鉱山における人に対する危害等を生ずるもの、③船員の争議行為で人命若しくは船舶に危険が及ぶものは、法律上明文で禁止されている（労調 36 条、スト規制法 3 条、船員法 30 条）（→前記第 1 節 2）。

第三に、争議行為の正当性の限界は、団体行動権の保障と使用者等の自由権・財産権等の調和の中に求められる[*31]。一定期間労務を全部又は一部提供しないことにより、使用者の労働力の利用を制限するという手段・態様の争議行為（同盟罷業又は怠業）は、労働者の債務（労務）不履行又は不完全履行と評価される行

---

*29　弘南バス事件・最三小判昭 43・12・24 民集 22 巻 13 号 3194 頁/判時 546 号 17 頁。

*30　病院の従業員による争議行為について、中労委（青山信愛会<新潟精神病院>ほか）事件・最三小判昭 39・8・4 民集 18 巻 7 号 1263 頁/判時 380 号 6 頁、順天堂病院事件・東京地判昭 40・11・10 労民 16 巻 6 号 909 頁/判時 428 号 29 頁、中労委（亮正会<高津中央病院事件>）事件・東京高判平 3・7・15 労民 42 巻 4 号 571 頁参照（いずれも当該事案では正当性を肯定）。

*31　山田鋼業事件・最大判昭 25・11・15 刑集 4 巻 11 号 2257 頁/判タ 9 号 53 頁。

為ではあるが、正当な争議行為であることに異論はない[*32]。しかし、さらにどのような手段・態様の行為を行うことができるかは論点となる（→(2)～(8)）。

(2) 同盟罷業（ストライキ）

「同盟罷業（ストライキ）」は、労務の不提供という態様の争議行為である。同盟罷業は、1）参加者の範囲の点から、①全面スト（団結体の構成員全員によるスト）、②部分スト（団結体の構成員の一部によるスト）、③指名スト（指名された特定の労働者によるスト）、④波状スト（参加者が順番に波状的に参加するスト）等に分類され、2）実施期間の点から、①無期限スト（スト終了時を定めずに行われるスト）、②時限スト（時間を区切って行われるスト）等に分類されるが、いずれも手段・態様の点で正当である[*33]。

(3) 怠業（サボタージュ、スローダウン）

「怠業（サボタージュ、スローダウン）」は、労務の不完全な提供という態様の争議行為である。怠業は、1）参加者の範囲、及び、2）実施期間の点から、前記(2)の同盟罷業と同様に分類されるとともに、3）方法の点で、作業能率を低下させる、作業の速度を落とす[*34]、職務の一部を履行しない[*35]等、多様であるが、いずれも、労務の不完全な提供という消極的な態様に止まる限り（意図的に不良品を生産したり機械を破壊したりしない限り）、手段・態様の点で正当である[*36]。

(4) 順法（遵法）闘争

「順法（遵法）闘争」とは、法規を平常時よりも厳格に遵守して労務を遂行し、平常時に比し事業の能率を低下させるという態様の争議行為である[*37]。労働契

---

*32　朝日新聞（小倉支店）事件・最大判昭 27・10・22 民集 6 巻 9 号 857 頁/判タ 25 号 42 頁、羽幌炭鉱事件・最大判昭 33・5・28 刑集 12 巻 8 号 1694 頁/判時 150 号 4 頁、御國ハイヤー事件・最二小判平 4・10 集民 166 号 1 頁/労判 619 号 8 頁等。

*33　日本化薬事件・山口地判昭 30・10・13 労民 6 巻 6 号 916 頁、同事件・広島高判昭 34・5・30 労民 10 巻 3 号 531 頁、日本航空事件・東京地決昭 41・2・26 労民 17 巻 1 号 102 頁/判時 440 号 11 頁、同事件・東京地判昭 44・9・29 労民 20 巻 5 号 1043 頁/判時 577 号 28 頁、興国人絹パルプ事件・大分地判昭 41・10・25 労民 17 巻 5 号 1280 頁、全日空事件・東京地判昭 42・4・24 判時 483 号 71 頁。

*34　日本化薬事件・山口地判昭 30・10・13 労民 6 巻 6 号 916 頁、同事件・広島高判昭 34・5・30 労民 10 巻 3 号 531 頁。

*35　関西電力事件・京都地判昭 30・3・17 労民 6 巻 2 号 218 頁、東洋タクシー事件・釧路地帯広支判昭 57・11・29 労判 404 号 67 頁、水道機工事件・最一小判昭 60・3・7 集民 144 号 141 頁/労判 449 号 49 頁。

*36　日本化薬事件・山口地判昭 30・10・13 労民 6 巻 6 号 916 頁、日本テキサス・インスツルメンツ事件・浦和地判昭 49・12・6 労民 25 巻 6 号 552 頁/労判 216 号 28 頁。

*37　日本化薬事件・山口地判昭 30・10・13 労民 6 巻 6 号 916 頁、同事件・広島高判昭 34・5・30 労民 10 巻 3 号 531 頁、大東洋生コン事件・大阪地判平 3・11・14 労民 42 巻 6 号 817 頁/労判 598 号 37 頁。

約上の始業時間・終業時間等を平常時よりも厳格に遵守することにより、平常時に比し事業の能率を低下させる「定時出勤・定時退勤闘争」[*38]「所定時間外労働拒否闘争」[*39]等もこれに類似するものといえよう。

順法(遵法)闘争等は、それが法規又は労働契約が客観的に要求している内容を遵守するものであれば「労務の完全な提供」であって当然正当であり、法規又は労働契約が客観的に要求している程度を超える態様で、平常時に比し事業の能率を低下させる場合は「怠業」(→前記(3))として判断される。

(5) ボイコット

「ボイコット」とは、「同盟罷業・怠業を行っている労働者等が、使用者に対する圧力手段として、相手方である使用者、又は、使用者の親会社、取引先、融資銀行等の製造・販売する商品を買わないように一般消費者に求めること」と定義することができ、使用者の商品の不買運動を第一次ボイコット、使用者以外の者の商品の不買運動を第二次ボイコットと呼ぶ。

第一次ボイコットは、それが言論による説得に止まり、かつ、虚偽の事実や誤解を与えかねない事実を述べない限り、正当である[*40]。

第二次ボイコットは、直接的には使用者以外の者に対し経済的打撃を与える手段であるが、それが言論による説得に止まり、かつ、虚偽の事実や誤解を与えかねない事実を述べない限り、言論の自由の範囲内で正当と言えよう。

(6) ピケッティング

「ピケッティング」とは、「同盟罷業・怠業を行っている労働者等が、それを維持・強化し業務の運営の阻害という効果を確保・拡大するために、労務を提供しようとする争議行為不参加労働者、操業継続に必要な行為をしようとする使用者側の者、出入構しようとする取引先・顧客等に対し、それをしないよう、呼びかけ、説得、実力阻止その他の働きかけをなす行為」と定義しうる。

最高裁は、使用者側の業務遂行行為に対し暴行脅迫をもって妨害する行為は、正当な争議行為ではなく[*41]、また、不法に使用者側の自由意思を抑圧しあるいは

*38　日本化薬事件・山口地判昭30・10・13労民6巻6号916頁、同事件・広島高判昭34・5・30労民10巻3号531頁。

*39　岡惣事件・新潟地長岡支判平13・2・15労判815号20頁、同事件・東京高判平13・11・8労判815号14頁。

*40　岩田屋事件・福岡地判昭36・5・19労民12巻3号347頁、福井新聞社事件・福井地判昭43・5・15労民19巻3号714頁/労判70号11頁。

*41　朝日新聞(小倉支店)事件・最大判昭27・10・22民集6巻9号857頁/判タ25号42頁、羽幌炭鉱事件・最大判昭33・5・28刑集12巻8号1694頁/判時150号4頁、駐留軍横浜陸上部隊事件・最二小判昭33・6・20刑集12巻10号2250頁/判時156号33頁。

その財産に対する支配を阻止する行為も正当な争議行為ではない[*42]と判示し、タクシー会社等の場合も、労働者側がスト期間中、非組合員等による営業用自動車の運行を阻止するために、説得活動の範囲を超えて、当該自動車等を排他的占有下に置き自動車運行を阻止する行為は正当な争議行為ではないとする[*43]。

しかし、争議権の中には、争議行為参加労働者の労働力の減少という効果を実質的に維持するために必要かつ相当な手段を取る権利も含まれると解されるから[*44]、スト不参加労働者、使用者側の者、取引先・顧客に対し、①言論による説得（平和的説得）を行い、②団結の示威（鉢巻・ゼッケンの着用、人垣、スクラム、労働歌の高唱等）により、相手方が労務提供・操業継続・出入構をなしうる余地を残す程度に働きかけることは許容され、③一定の実力行使（スクラムや座り込み）も、それが、同盟罷業・怠業参加労働者の業務への代替労働者の従事（スト破り）又は代替製品の搬入等を阻止するために必要最小限の範囲でかつ相当な手段であれば、正当な争議行為と解すべきである。

また、労働協約に「スキャップ禁止条項」（使用者が争議行為中の労働者の業務に別の労働者を従事させて操業を継続することを禁止又は制限する条項）が定められているのに、使用者がこれに違反して代替労働者を従事させようとしたときは、争議行為参加労働者がこれを一定の実力行使により妨害しても、諸般の事情からみて正当な範囲と認められる限りは正当な争議行為である。

(7) 職場占拠

「職場占拠」は、「争議行為に参加している労働者が、団結を維持し又は同盟罷業中の操業を妨害・阻止するために、使用者の施設・事業場等を占拠し争議行為参加者以外の出入構を阻止・制限する行為」と定義することができる。「ピケッティング」と重なる行為である場合もあろう。

使用者の占有を排除せず操業を妨害しない単なる「滞留」は正当であるが、それを超える職場占拠は、争議行為参加労働者の労働力の減少という効果の実質的維持のために必要かつ相当な手段である場合は正当と解すべきであろう。

(8) 生産管理（自主管理）

「生産管理（自主管理）」とは、「労働者の団結体が使用者の意に反して使用者

---

*42　山田鋼業事件・最大判昭 25・11・15 刑集 4 巻 11 号 2257 頁/判タ 9 号 53 頁、羽幌炭鉱事件・最大判昭 33・5・28 刑集 12 巻 8 号 1694 頁/判時 150 号 4 頁、駐留軍横浜陸上部隊事件・最二小判昭 33・6・20 刑集 12 巻 10 号 2250 頁/判時 156 号 33 頁、御國ハイヤー事件・最二小判平 4・10・2 集民 166 号 1 頁/労判 619 号 8 頁。

*43　御國ハイヤー事件・最二小判平 4・10・2 集民 166 号 1 頁/労判 619 号 8 頁。

*44　御國ハイヤー事件・高松高判平元・2・27 労判 537 号 61 頁/判時 1313 号 158 頁参照。

の工場・事業場や設備資材等をその占有下に置き、使用者の指揮命令を排除して自己の手により企業経営を行うこと」と定義しうるが、使用者の所有権・営業権・経営権等を全面的に排除しその権利を労働者が行使するもので、特段の事情がある場合を除き、その正当性は否定される[*45]。

第３節　団結権・団体行動権により保障される団結活動

団結権及び団体行動権により保障される団結活動（「正当な団結活動」）の範囲[*46]は、「誰が、どのような内部意思形成を経て、何を目的として、どのような手続で、どのような行為をなしうるか」により画定される。

したがって、当該行為が正当な団結活動かどうか、すなわち、「団結活動の正当性」は、①主体（→ 1）、②集団的意思の形成（→ 2）、③目的（→ 3）、④手続（→ 4）、⑤手段・態様（→ 5）の五つの点から判断される。

1　主体

第一に、未組織労働者は、団結体の組織又は加入という団結活動についてはその主体となることができる。

第二に、憲法 28 条所定の権利を享受する団結体（①憲法上の労働組合〈労組法上の労働組合・憲法組合〉、及び、②憲法上の保護を受ける一時的な団結体）は、団結権・団体行動権を享受し（→前記第１節 1(1)）、団結活動の主体となることができる。

労働者は、団結権及び団体行動権の第一次的享受主体であるが、労働組合の組合員あるいは一時的団結体の構成員となった場合はその団結権及び団体行動権は当該団結体に集約されるので、当該団結体の組合規約あるいは統制に従い、当該団結体の行為の範囲内でのみ、団結活動を行いうる[*47]。

具体的には、①団結体の機関決定や指令に基づく行為は、一部の組合員・構成員の行為でも、主体は当該団結体である。また、それ以外の自発的な行為でも、労働者の雇用・労働条件の維持改善その他の経済的地位の向上を目指し、所属団結体の自主的・民主的運営を志向するもので、②団結体の運動方針の遂行行為と目しうる行為、その運動方針に反しない行為、③労働組合の役員・代議員選挙の選挙活動、④団結体の方針決定過程での言論活動等については、団結体の行為と解すべきで、当該団結体が団結権・団体行動権の享受主体であれ

*45　山田鋼業事件・最大判昭 25・11・15 刑集４巻 11 号 2257 頁/判タ９号 53 頁。
*46　これを画定する法律上の規定はなく、解釈に委ねられている。
*47　三井鉱山（三池鉱業所）事件・福岡高判昭 48・12・7 労判 192 号 44 頁/判時 742 号 103 頁。

ば、主体の点で正当性を有する*48。しかし、⑥団結体の方針決定後のその方針に反する行為は、当該団結体の行為ではなく、主体の点で正当性を有しない。

2　集団的意思の形成

団結活動は、未組織労働者による団結体の結成や団結体への加入等を除き、労働者の団結体の集団的意思に基づく行為であるので、民主的手続により集団的意思を形成し、団結活動の実施を決定することが必要である。

ただし、特に法令上の規定はなく、組合規約や当該団結体の民主的手続に委ねられる。また、当該団結体で明示的に決定されていなくても、黙示的に許容され、又は、許容されるべき行為は、集団的意思に基づく行為である。

3　目的

団結権及び団体行動権は、労働者の雇用・労働条件の維持改善その他経済的地位の向上を具体的に実現するために労働者に保障された権利である。

したがって、団結活動権（団結権及び団体行動権の一部）の行使である団結活動は、「その主体である団結体の構成員である労働者の雇用・労働条件の維持改善その他経済的地位の向上」が主たる目的であれば、目的の点で正当である。

そして、当該目的であれば、労働契約上の使用者又は団体交渉権を行使しうる相手方との関係で有利な雇用・労働条件を獲得するための活動のみならず、それ以外の企業、会社役員、使用者団体等への働きかけ*49、不特定多数の人に対する働きかけ、政治的・社会・文化的活動であるが広く労働者の生活利益の擁護と向上に直接又は間接に関係する活動も保障される*50。

4　手続

団結活動について、対外的な手続は法令上定められておらず、特に必要ではないが、当該団結体が、労働協約又は労使慣行により、一定の手続（施設使用の届出や通知等）を履践する義務を負っている場合は、当該手続を行う必要がある。

---

*48　中労委（千代田化工建設）事件・東京高判平 7・6・22 労判 688 号 15 頁（同事件・最一小判平 8・1・26 労判 688 号 14 頁も維持）参照。

*49　東海商船（全日本海員組合）事件・東京地判平 10・2・25 労判 743 号 49 頁/判時 1659 号 124 頁、同事件・東京高判平 11・6・23 労判 767 号 27 頁。

*50　三井美唄労組事件・最大判昭 43・12・4 刑集 22 巻 13 号 1425 頁/労判 74 号 8 頁、国労（広島地本<労働者上告>）事件・最三小判昭 50・11・28 民集 29 巻 10 号 1634 頁/労判 240 号 22 号②事件、国労（広島地本<組合上告>）事件・最三小判昭 50・11・28 民集 29 巻 10 号 1698 頁/労判 240 号 22 頁①事件。

5　手段・態様

(1) 問題の所在

団結活動には、多様な手段・態様があり、基本的に自由である。

しかし、①参加労働者の就業時間内に行われる団結活動（集会に参加、労働組合の業務に従事、ゼッケン・ワッペン・リボン・バッジ等を着用しての就労等）（→(2)）は、参加労働者の労働契約上の労働義務と抵触する可能性があり、②事業場内で又は使用者の施設・物品等を利用して行われる団結活動（ビラ貼付、ビラ配布、集会、情宣活動等）（→(3)）は、使用者の所有権や施設管理権等と抵触する可能性がある。また、③情報宣伝活動・要請活動・抗議活動等の団結活動（→(4)）については、働きかけをなしうる相手方が制限される場合もあり、その内容・場所・方法等によっては、相手方の名誉・信用、営業権、プライバシー等を侵害し、企業秩序を乱し、労働者の誠実義務等に抵触する可能性がある。

(2) 就業時間内の団結活動

労働者は、労働義務のある時間は、労働契約の本旨に従ってその労務を提供する義務を負う。

就業時間内の団結活動は、団結活動を行っている時間は労務を提供していないか不完全にしか提供していないから、その点は同盟罷業又は怠業と同じであるところ、同盟罷業又は怠業が団体行動権により保障されるためには、前記第２節で検討した争議行為の正当性の要件を充足することが必要である。

したがって、労働者が同盟罷業を行いその時間中に団結活動（例えばビラの作成）を行うことは、争議行為の正当性の要件を充足する限り正当であるが、そうでなければ、就業時間内の団結活動は原則として正当ではない[*51]。

しかし、就業時間内の団結活動であっても、①労働契約上の根拠（就業規則や労働協約上の許容規定、合意あるいは事実たる慣習（民 92 条）により労働契約の内容となっている労使慣行等）、又は、使用者の承諾（同意）があり[*52]、その時間の労働義務が免除されている場合は正当であり、また、②特段の事情がある場合（当該団結活動が労働者の団結権等の保障のため不可欠であり、当該活動をするにいたった原因が専ら使用者側にあり、当該団結活動によって会社業務に具体的支障を生じない場合等）[*53]、

---

*51　中労委（済生会<中央病院>）事件・最二小判平元・12・11 民集 43 巻 12 号 1786 頁/労判 552 号 10 頁、千葉労委（オリエンタルモーター）事件・千葉地判昭 62・7・17 労判 506 号 98 頁等。

*52　日本化薬事件・山口地判昭 30・10・13 労民 6 巻 6 号 916 頁、同事件・広島高判昭 34・5・30 労民 10 巻 3 号 531 頁。

*53　千葉労委（オリエンタルモーター）事件・千葉地判昭 62・7・17 労判 506 号 98 頁。

③就業時間中に、労働者の要求や労働組合名を記載したリボン・ワッペン・腕章・鉢巻等を着用したり、労働組合のバッジをつけたりする団結活動(「服装闘争」)であって、使用者の業務の内容、当該労働者の職務の性質・内容、当該活動の態様など諸般の事情を勘案し、労働義務の履行としてなすべき身体的精神的活動と矛盾せず、かつ、業務に支障を及ぼすおそれがなく、労働義務に違反しない場合[*54]も、正当と解すべきであろう。

(3) 使用者の施設等を利用した団結活動

使用者は、職場環境を適正良好に保持し規律ある業務の運営体制を確保しうるようその所有又は管理する物的施設を管理利用する、施設管理権を有する。

そして、労働者及び労働組合等の団結権・団体行動権の中に、使用者の物的施設を利用して団結活動を行う権利が当然に含まれているとまでは解することはできず、企業別組合はその活動に当該企業の物的施設を利用する必要性が大きいから利用権を有するとは解することはできない[*55]。また、争議行為やその準備期間中、当然に使用者の施設管理権が制限されるわけではない[*56]。

しかし、第一に、使用者の施設等の利用につき、労働協約若しくは労働契約上の根拠又は使用者の同意[*57]がある場合は、当該団結活動は当然正当である。

第二に、使用者が施設利用を許さないこと又は制限することが、信義則(労働者及び労働組合等の団結権・団体行動権を尊重する義務)違反、又は、施設管理権の濫用と認められる特段の事情がある場合[*58]は、許可なく使用者の施設等を利用した団結活動も正当と解すべきである。そして、使用者の信義則違反・施設管理権濫用は、①当該団結体の弱体化を図る目的で行われたとき、②他の団結体には利用を許諾するが当該団結体には正当な理由なく許諾しない等、中立保

---

*54　東京労委(大成観光〈ホテルオークラ〉)事件・最三小判昭 57・4・13 民集 36 巻 4 号 659 頁/労判 383 号 19 頁は、ホテル職員の就業時間中のリボン着用闘争の正当性を否定した原審の判断を是認しているが、疑問である。

*55　国鉄(札幌運転区)事件・最三小判昭 54・10・30 民集 33 巻 6 号 647 頁/労判 329 号 12 頁、中労委(済生会中央病院)事件・最二小判平元・12・11 民集 43 巻 12 号 1786 頁/労判 552 号 10 頁、中労委(オリエンタルモーター・〈会社上告〉)事件・最二小判平 7・9・8 集民 176 号 699 頁/労判 679 号 11 頁。

*56　国鉄(札幌運転区)事件・最三小判昭 54・10・30 民集 33 巻 6 号 647 頁/労判 329 号 12 頁、御國ハイヤー事件・最二小判平 4・10・2 集民 166 号 1 頁/労判 619 号 8 頁。

*57　日本化薬事件・広島高判昭 34・5・30 労民 10 巻 3 号 531 頁。

*58　国鉄(札幌運転区)事件・最三小判昭 54・10・30 民集 33 巻 6 号 647 頁/労判 329 号 12 頁、中労委(済生会〈中央病院〉)事件・最二小判平元・12・11 民集 43 巻 12 号 1786 頁、中労委(オリエンタルモーター〈会社上告〉)事件・最二小判平 7・9・8 集民 176 号 699 頁/労判 679 号 11 頁(いずれも当該事案では「特段の事情」を否定)、中労委(日本チバガイギー)事件・東京地判昭 60・4・25 労民 36 巻 2 号 237 頁/労判 452 号 27 頁(「特段の事情」を肯定)。

持義務に違反するときは肯定され（労組法７条３号違反[*59]でもある）、その他、③施設の場所、利用する時間、利用する労働者（当該企業の労働者以外の労働者の参加の有無等）、利用方法・団結活動の態様（ビラ貼付[*60]、ビラ配布、組合大会[*61]等）、使用者側の業務上の支障の有無・程度等に照らして判断すべきである[*62]。

(4) 情報宣伝活動・要請活動・抗議活動等の団結活動

団結活動としての情報宣伝活動・要請活動・抗議活動等は、就業時間内に、又は、使用者の施設等を利用して行われる場合は、その観点からも正当性が問題となるが（→前記(2)(3)）、それ以外にも、①働きかけをなしうる相手方、②内容、③活動場所、④時間・方法等の点から正当性が判断される。

第一に、情報宣伝活動等は、労働契約上の使用者又は団体交渉権を行使しうる相手方[*63]以外にも、雇用・労働条件に影響を与えうる地位にある企業、使用者団体、国・地方自治体等に対して行うことができるが、働きかけをなしうる相手方の範囲は、当該行為の目的と要求の内容に照らし、その者に働きかける客観的に合理的な理由と社会通念上の相当性の有無により画定される[*64]。

第二に、情報宣伝の内容は、使用者等の経営方針や企業活動を批判することも含みうるものであり、そのために多少の不利益を受けたり社会的信用が低下することがあっても使用者はこれを受忍すべきであるが、虚偽の事実や誤解を与えかねない事実を記載して、使用者等の利益を不当に侵害したり、名誉、信用を毀損、失墜させたり、あるいは企業の円滑な運営に支障を来したりするような場合には、団結活動として正当性の範囲を逸脱する[*65]。

---

*59　後記第20章「不当労働行為と法的救済」第３節５参照。

*60　ビラ貼りは、剥離後も施設に汚損を残すような方法や社屋外で常用される乗用車への貼付など、その方法や場所によっては正当性を否定される（否定例として、国光電機事件・東京地判昭41・3・29労民17巻2号273頁/労判22号9頁、ミツミ電機事件・東京高判昭63・3・31労判516号5頁/判タ682号132頁）。

*61　国産自動車事件・東京高判平3・9・19労旬1349号58頁、同事件・最三小判平6・6・7労旬1349号58頁。

*62　神奈川労委（池上通信機）事件・最三小判昭63・7・19集民154号373頁/労判527号5頁の伊藤正巳裁判官の補足意見参照。

*63　Aほか（教育社労働組合ほか）事件・東京地判平25・2・6労判1073号65頁、眞壁組ほか（全日建運輸連帯関西生コン支部）事件・大阪地判平8・5・27労判699号64頁、A大学（A大学生協労組ほか）事件・東京地決平21・9・10判時2056号99頁/判タ1314号292頁は、団体交渉権を行使しうる相手方に限定するようだが支持できない。

*64　富士美術印刷（全労協全国一般東京労組フジビグループ分会）事件・東京高判平28・7・4労判1149号16頁は、直接には労使関係に立たない者に対する団体行動も憲法28条の保障の対象となりうるとするが具体的な範囲は明確にしていない。

*65　中国電力事件・山口地判昭60・2・1労判447号21頁/判時1152号166頁、同事件・広島高判平元・10・23労判583号49頁/判時1345号128頁。

第三に、団結権等は、一般的には企業経営者の私生活の領域までは及ばないので、団結活動が企業経営者の私生活の領域において行われた場合には、経営者の住居の平穏や地域社会における名誉・信用という具体的な法益を侵害しない限りにおいて、表現の自由の行使として相当性を有し容認されることがあるに止まる[*66]。ただし、特段の事情がある場合（経営者が多額の賃金を支払わず、確定判決に従わず、対応に誠実さが全くない場合や、当該企業が消滅して職場領域がない場合等）は、これを考慮すべきであろう。

第四に、私生活の領域以外での情報宣伝活動等も、時間帯、態様（街宣車・拡声器の使用、シュプレヒコール、面会を求める行為、出荷・搬入の阻止、業務妨害、取引先銀行への文書送付等）が、目的、相手方、情宣の内容、相手方が受ける不利益、従来の経緯等の諸般の事情を考慮して、団結権・団体行動権の行使としても社会通念上相当な範囲を超え、相手方の名誉・信用の毀損、営業権等を侵害する場合は、正当な団結活動ではない[*67]。

第４節　正当性のない団結活動・争議行為と法的責任

団結権又は団体行動権により保障される「正当な」団結活動・争議行為については、①刑罰を科されないこと、②損害賠償責任を負わないこと、③不利益取扱いからの保護が認められる[*68]。

これに対して、正当でない団結活動・争議行為が行われた場合は、刑事責任の他、①使用者等に対する損害賠償責任の有無（→ 1）、②参加者に対する解雇・懲戒処分等の不利益な取扱いの可否（→ 2）、③差止請求の当否（→ 3）、④第三者に対する不法行為責任の有無（→ 4）等が問題となる。

---

*66　旭ダイヤモンド工業（東京・中部地域労働者組合ほか）事件・東京地判平 16・11・29 労判 887 号 52 頁/判時 1883 号 128 頁、同事件・東京高判平 17・6・29 労判 927 号 67 頁、石原産業代表者 A（全日建運輸連帯関西生コン支部）事件・大阪地決平 20・3・28 労判 959 号 164 頁〈ﾀﾞｲｼﾞｪｽﾄ〉、ミトミ建材センターほか（全日建運輸連帯関西生コン支部ほか）事件・大阪地決平 24・9・12 労経速 2161 号 3 頁、A ほか（教育社労働組合ほか）事件・東京地判平 25・2・6 労判 1073 号 65 頁。

*67　大沢生コン事件・東京地判平 8・1・11 労経速 1611 号 22 頁、東海商船（全日本海員組合）事件・東京地判平 10・2・25 労判 743 号 49 頁/判時 1659 号 124 頁、同事件・東京高判平 11・6・23 労判 767 号 27 頁、トクヤマほか（全日建連帯関西生コン支部ほか）事件・大阪地判平 23・9・21 労判 1039 号 52 頁、大谷生コン（全日建連帯関西生コン支部）事件・大阪地判平 25・3・13 労判 1078 号 73 頁等。

*68　前記第 15 章「集団的労使関係法総論」4（1）～（3）。

1　損害賠償責任

(1)　責任主体

正当性のない団結活動・争議行為において損害賠償責任が問題となるのは、1)団結活動については、ビラ貼付等による備品・施設の損傷、情宣活動等による使用者・経営者の名誉・信用の毀損、平穏に営業活動を営む権利の侵害等、2)争議行為については、会社の備品・施設等の損傷、操業の停止に伴う製造工程の仕掛品の腐敗・品質低下や売上の減少等の損害があった場合等である。

いずれも、責任主体としては、①団結活動・争議行為の主体たる団結体、②参加者、③争議行為の企画・指令・指導者(組合役員等)が想定されるところ、団結活動・争議行為の集団的性質から、①の団体責任のみを肯定するか、それとも、①の団体責任のみならず、②の個人責任、及び、③の幹部責任も肯定するかが重要な論点である。

(2)　責任の有無と判断基準

従来の裁判例は、①正当性のない争議行為の主体たる労働組合(法人又は法人格なき社団)は、使用者の債権侵害、操業権侵害、所有権侵害等の不法行為責任を問われうるし(労組12条の6が準用する一般社団法人及び一般財団法人に関する法律78条又はその類推適用、民709条・715条1項)[*69]、②正当性のない同盟罷業・怠業に参加した労働者は、債務不履行責任(民415条)を、正当性のないピケッティングや職場占拠等に参加した労働者又は支援者は、使用者の債権侵害等の不法行為責任(民709条)を問われうるし[*70]、③正当性のない争議行為を企画・指令・指導した者も、使用者の債権侵害等の不法行為責任(民709条)を問われうる[*71]としている。また、不法行為責任の主体が労働組合と労働者である場合、その損害賠償責任の関係は不真正連帯責任とされている[*72]。

しかし、団結活動及び争議行為は、団結体が主体であり、かつ、集団的意思に基づき行われている限り、当該団結体の、集団的性質を有する行為である。

---

*69　みすず豆腐事件・長野地判昭42・3・28労民18巻2号237頁/労判46号18頁、三井鉱山ほか(日本炭鉱労働組合ほか・炭労杵島争議)事件・東京地判昭50・10・21労民26巻5号870頁/労判237号29頁、書泉事件・東京地判平4・5・6労民43巻2=3号540頁/労判625号44頁、岡惣事件・新潟地長岡支判平13・2・15労判815号20頁、同事件・東京高判平13・11・8労判815号14頁、JR東日本(千葉動労・争議行為)事件・東京高判平13・9・11労判817号57頁。

*70　書泉事件・東京地判平4・5・6労民43巻2=3号540頁/労判625号44頁、本山製作所事件・仙台地判平15・3・31労判858号141頁等。

*71　大和交通事件・奈良地判平12・11・15労判800号31頁、岡惣事件・新潟地長岡支判平13・2・15労判815号20頁、同事件・東京高判平13・11・8労判815号14頁。

*72　本山製作所(損害賠償請求)事件・仙台地判平15・3・31労判858号141頁。

したがって、当該団結体が法人又は社団性を有する労働組合（労組法上の労働組合又は憲法組合）である限り、賠償義務を負うのは、当該労働組合だけであると解すべきである。ただし、企画・指令・指導者が集団的意思から逸脱して個人的な判断に基づき指揮を行った場合、あるいは、当該団結活動又は争議行為中に、参加労働者が団結体の集団的意思に反する行為により（例えば自分の意思で勝手に器物を損壊して）損害を与えた場合は、当該損害については、当該労働者が不法行為責任を負うと解すべきである。

これに対して、労働組合ではなく組合員の一部が主体であれば、当該行為に基づく損害賠償の主体は、当該行為参加労働者、及び、企画・指令・指導者であると解すべきである。また、当該団結体が一時的な団結体で社団性がなく損害賠償責任の主体となり得ないときは、損害賠償の主体は、当該行為参加労働者、及び、企画・指令・指導者であるとせざるを得ないであろう。

２　不利益な取扱い

（1）不利益な取扱いの可否

正当性のない団結活動・争議行為については、その参加者や指導者に対する不利益な取扱い（懲戒処分、解雇等）が有効、適法かどうかが問題となる。

団結活動及び争議行為は、団結体が主体で集団的意思に基づく限り、当該団結体の行為で集団的性質を有する行為であるが、正当でない行為に参加しなくても統制処分の対象とはならない（したがって参加を拒否することが可能である）[*73]こと等に鑑みれば、参加者・指令者の個人としての責任を一切否定し、懲戒処分や解雇等を一切行うことはできないと解することはできない[*74]。

（2）正当性の判断基準と懲戒・解雇等が有効となる要件

しかし、正当性のない団結活動や争議行為に参加しあるいは指導した場合も、それが直ちに企業秩序を乱し又は乱すおそれがあるとは限らず[*75]、解雇の客観的に合理的な理由と社会通念上の相当性が肯定されるわけではない。また、特に一般の労働者は、正当性の欠如を認識せず又は認識することが困難である場合も多いから、これらの事情も踏まえて、懲戒処分又は解雇等が有効となる要

*73　前記第 16 章「団結の結成と運営」第 2 節 6（2）。

*74　郵政大臣（全逓東北地本）事件・最三小判昭 53・7・18 民集 32 巻 5 号 1030 頁/労判 302 号 33 頁、国鉄（札幌運転区）事件・最三小判昭 54・10・30 民集 33 巻 6 号 647 頁/労判 329 号 12 頁。

*75　弘南バス事件・最三小判昭 43・12・24 民集 22 巻 13 号 3194 頁/判時 546 号 17 頁、住友化学事件・最二小判昭 54・12・14 集民 128 号 201 頁/労判 336 号 46 頁、香川労委（倉田学園〈大手前校〉）事件・最三小判平6・12・20民集48巻8号1496頁/労判669号13頁。

件[*76]を充足するかどうかを判断することが必要である。

3　差止請求

情報宣伝活動等が、使用者・経営者の名誉・信用毀損、平穏に営業活動を営む権利の侵害、自己の住居の平穏の侵害、プライバシーの侵害等に該当し、正当性を否定され、かつ、将来もそのような活動が行われる蓋然性が高い場合は、不法行為に基づく損害賠償のみならず、当該活動の差止請求も認容されうる[*77]。

また、争議行為も、正当ではなく、かつ、当該争議行為により回復し償うことができない損害等が発生し必要性があるときは、差止請求も認容される[*78]。

4　第三者に対する不法行為責任

労働組合の正当でない争議行為により、使用者と取引関係にある第三者が損害を被った場合（例：元請企業での労働組合の正当でないピケッティングにより、当該企業で修理等を請け負う下請業者がその業務を履行できなかったが、待機しているその労働者に賃金を支払わなければならず害を被った場合）、使用者が契約責任を負担し、労働組合及び組合員は直接第三者に対しては不法行為責任を負担しないが、使用者から求償権を行使され使用者に対して損害賠償責任を負うことはある[*79]。

第５節　団結活動・争議行為と賃金

団結活動・争議行為と賃金については、①就業時間中の団結活動参加労働者の賃金請求権（→ 1）、②争議行為参加労働者の争議行為期間中の賃金請求権（→ 2）、③争議行為不参加労働者の争議行為期間中の賃金請求権・休業手当請求権（→ 3）の有無等が主な論点である。

---

*76　前記第 12 章「労働契約内容の設定・変更と懲戒処分」第 3 節 4、第 13 章「労働契約の終了」第 2 節・第 3 節。

*77　関西宇部（全日建運輸連帯関西生コン支部）事件・大阪地判平 25・11・27 労判 1087 号 5 頁、富士美術印刷（全労協全国一般東京労組フジビグループ分会）事件・東京高判平 28・7・4 労判 1149 号 6 頁等。

*78　ストライキ禁止仮処分申請の却下例として、ノースウエスト航空事件・東京地決昭 48・12・26 労民 24 巻 6 号 666 頁/労判 193 号 22 頁、同事件・東京高決昭 48・12・27 労判 193 号 24 頁、認容例として、パン・アメリカン航空事件・東京地決昭 48・12・26 労民 24 巻 6 号 669 頁/労判 193 号 23 頁。

*79　菱中興業（王子製紙労組）事件・札幌地室蘭支判昭 43・2・29 労民 19 巻 1 号 295 頁/判時 522 号 6 頁。

1　就業時間中の団結活動参加労働者の賃金請求権

就業時間中に団結活動に参加した労働者の団結活動中の賃金請求権については、①労働者の団結活動（リボン着用等）が労働義務に違反しない場合（正当な団結活動）（→前記第 3 節 5(2)）は、労務が履行されているので、労働者は賃金請求権を有するが、②労働義務に抵触する就業時間中の団結活動については、労務を履行していないか不完全にしか履行していないので、異なる定めがある場合を除き、労働者はその時間につき賃金請求権を全部又は一部有しない[*80]。

2　争議行為参加労働者の争議行為期間中の賃金請求権

(1)　同盟罷業参加労働者の賃金請求権

同盟罷業（ストライキ）参加労働者のスト期間中の賃金請求権の有無と内容は労働契約の内容により定まる。労務の履行と賃金請求権は対価関係にあるので、スト期間中は賃金請求権を有しないとされている場合も多いであろうが、異なる約定は可能であり、純然たる月給制（労務を履行しない日や時間があっても賃金は減額されない）、出来高給制（売り上げや成果により賃金が決定され、労働時間と賃金が連動しない）等が定められている場合は、その定めに従い賃金額が算定される。

(2)　怠業参加労働者の賃金請求権

怠業参加労働者の怠業期間中の賃金請求権の有無と内容も労働契約の内容により定まるが、怠業参加者は労務を不完全にしか提供・履行していないので、純然たる月給制や出来高給制である場合を除き、労務の履行割合でのみ賃金請求権を有するとされている場合も多いであろう。

その場合、使用者が労務を受領し、質又は（及び）量の点で不完全ながら労務の履行があったと認められるときは、使用者は、不完全な部分の賃金を減額しうるが、減額しうる賃金の範囲と額は使用者が立証することになる[*81]。

(3)　生活保障的な賃金部分の請求権

同盟罷業・怠業期間中については、家族手当・住宅手当等、労務と直接対応せず生活保障的な賃金部分の請求権の有無も問題となるが、生活保障的な賃金であっても当然に請求権が発生するのではなく、労働契約の解釈の問題であり、請求権の発生する賃金部分の有無と範囲は労働契約の内容により定まる[*82]。

---

*80　国（沖縄米軍基地）事件・福岡高那覇支判昭 53・4・13 労民 29 巻 2 号 253 頁/労判 297 号 18 頁。

*81　関西電力事件・京都地判昭 30・3・17 労民 6 巻 2 号 218 頁、東洋タクシー事件・釧路地帯広支判昭 57・11・29 労判 404 号 67 頁。

*82　三菱重工業（長崎造船所）事件・最二小判昭 56・9・18 民集 35 巻 6 号 1028 頁/労判 370 号 16 頁。

(4) 賞与

賞与額の算定方法は、労働契約の内容により決定され、強行法規に反しない限り自由であるが、賞与の額を対象期間中の労働の量に応じて機械的に定め、通常の欠勤と同様に同盟罷業・怠業期間中の不就労部分を欠勤扱いとする合意や就業規則や労働協約の規定は適法である。

しかし、賞与の額の算定において勤務成績評価が用いられる場合、同盟罷業・怠業期間中の不就労をマイナス評価することは、当該同盟罷業・怠業が正当な争議行為であれば、不利益取扱い・支配介入(労組７条１号・３号)の不当労働行為[*83]に該当し、また、公序違反、信義則違反であり、当該評価による賞与の減額部分については、不法行為又は債務不履行による損害賠償を請求しうる。

3　争議行為不参加労働者の争議行為期間中の賃金請求権・休業手当請求権

(1) 賃金請求権

企業あるいは事業場の労動者の一部がストライキを行った場合、スト不参加労働者が賃金請求権を有するのは、①使用者がスト不参加労働者の労務を受領し当該労働者が労務を履行したとき[*84](当該不参加労働者が争議行為実施組合の組合員である場合も含む[*85])、②スト不参加労働者が債務の本旨に従った労務の提供をし、労務の履行が可能(スト不参加労働者の労働が社会観念上不能又は無価値ではない)であるにもかかわらず使用者が労務の受領を拒否したとき[*86]で、「債権者の責めに帰すべき事由」(民536条2項前段)による履行不能として、民法536条2項前段に基づき賃金を請求することができるとき[*87]、③スト不参加労働者の労働が社会観念上不能又は無価値で使用者が労務の受領を拒否した場合又は争議行為参加者のピケにより就労できなかった場合であるが、当該争議行為の原因が使用者の違法行為にある等「特別の事情」があり、「債権者の責めに帰すべき事由」(民536条2項前段)による履行不能として、民法536条2項前段に基づき賃金を請求することができるとき[*88]である。

これに対し、スト不参加労働者の労働が社会観念上不能又は無価値となり、

---

*83　後記第20章「不当労働行為と法的救済」第3節1・5。

*84　高知県ハイヤータクシー労組事件・高松高判昭51・11・10労民27巻6号587頁/労判277号106頁。

*85　東武鉄道事件・東京地判昭41・9・20労民17巻5号1100頁/労判32号11頁。

*86　正当なロックアウト(→後記第6節2)である場合を除く。

*87　日本油脂(王子工場)事件・東京地判昭26・1・23労民2巻1号67頁/判タ10号34頁。

*88　高知県ハイヤータクシー労組事件・高松高判昭51・11・10労民27巻6号587頁/労判277号106頁。

使用者が労務の受領を拒否した場合は、特別の事情がある場合を除き、債権者の責めに帰すべき事由による履行不能に該当せず、スト不参加労働者は賃金請求権を有しない。そして、この理は、当該スト不参加労働者が、ストライキ実施組合の組合員か否か、また、当該ストライキの正当性にかかわらない[*89]。

(2) 休業手当請求権

それでは、争議行為不参加労働者が賃金請求権を有しないとき、当該労働者は休業手当（労基 26 条）請求権を有するか。

労基法 26 条の「使用者の責に帰すべき事由」は、労働者の生活保障のために使用者に平均賃金の６割の負担を要求するのが社会的に正当かという観点から判断され、使用者側に起因する経営・管理上の障害を含む[*90]。

鑑みるに、争議行為不参加労働者が争議行為実施組合の組合員である場合、当該ストは、当該労働者から見て会社側に起因する事象ではなく、スト不参加者は休業手当請求権を有しない[*91]。

これに対して、争議行為不参加労働者が争議行為実施組合の組合員以外（未組織労働者・別組合員）である場合は、争議行為を理由とする休業は、当該労働者から見て使用者側に起因する経営・管理上の障害であり、その生活保障を考慮し休業手当請求権が認められると解すべきであろう[*92]。

第６節　使用者の対抗行為

労働者の団結活動・争議行為への使用者の対抗行為については、①争議行為中の操業・操業確保措置の可否（→ 1）、②使用者がロックアウトを行った場合の労働者への賃金支払義務の有無（→ 2）等が主な論点である。

1　争議行為中の操業・操業確保措置

使用者は、労働者側の正当な争議行為によって業務の正常な運営が阻害され

*89　ノースウエスト航空〈労働者上告〉事件・最二小判昭 62・7・17 民集 41 巻 5 号 1350 頁/労判 499 号 6 頁②事件、パインミシン製造事件・宇都宮地判昭 35・11・22 労民 11 巻 6 号 1344 頁。

*90　ノースウエスト航空〈会社上告〉事件・最二小判昭 62・7・17 民集 41 巻 5 号 1283 頁/労判 499 号 6 頁①事件。日本油脂（王子工場）事件・東京地判昭 26・1・23 労民 2 巻 1 号 67 頁/判タ 10 号 34 頁は、「経営者として不可抗力を主張し得ない一切の場合」と表現する。

*91　ノースウエスト航空〈会社上告〉事件・最二小判昭 62・7・17 民集 41 巻 5 号 1283 頁/労判 499 号 6 頁①事件。

*92　明星電気事件・前橋地判昭 38・11・14 労民 14 巻 6 号 1419 頁。ノースウエスト航空〈会社上告〉事件・最判昭 62・7・17 民集 41 巻 5 号 1283 頁もこの見解と矛盾しない。

ることを受忍しなければならないが、争議行為中であっても業務の遂行自体を停止しなければならないものではなく、操業阻止を目的とする労働者側の争議手段に対し操業継続のために必要な対抗措置をとることができる[*93]。

しかし、労働者は、参加労働者の分の労働力の減少という効果を実質的に維持するために、代替労働者が同盟罷業・怠業参加労働者の業務に従事すること（スト破り）等を一定の限度で阻止できると解すべきであり、また、スキャップ禁止協定がある場合は、使用者はこれを遵守する義務を負う（→前記２節５(6)）。

２　ロックアウト

「ロックアウト」は、「使用者が、労働争議を自己に有利に導く手段として、労働者の提供する労務の受領を拒否する行為」と定義しうる。

ロックアウトに関する主な論点は、ロックアウト期間中の使用者の労働者に対する賃金支払義務の有無で、休業手当（労基26条）支払義務も問題となりうる。

最高裁判決[*94]は、「個々の具体的な労働争議における労使間の交渉態度、経過、組合側の争議行為の態様、それによって使用者側の受ける打撃の程度等に関する具体的諸事情に照らし、衡平の見地から見て労働者側の争議行為に対する対抗防衛手段として相当と認められる」場合は正当な争議行為であり、使用者は対象労働者に対する賃金支払義務を免れるとする。

しかし、憲法上、団体行動権が保障されているのは労働者だけであることに鑑みれば、あえて、使用者の「争議権」を認め、使用者が賃金支払義務を負わないロックアウトを「正当な争議行為」と評価する必要はなく、端的に、労働者の争議行為に対する対抗防衛手段として相当である使用者の労務受領拒否の場合の労務不能は、民法536条２項前段の「債権者の責めに帰すべき事由」による履行不能に該当しないので、同期間中の賃金支払義務はなく、また、労基法 26 条の「使用者の責に帰すべき事由」による休業でもないので休業手当支払義務もないと評価すれば良いであろう。

---

*93　山陽電機軌道事件・最二小決昭53・11・15刑集32巻8号1855頁/労判308号38頁、国鉄（札幌運転区）事件・最三小判昭 54・10・30 民集 33 巻 6 号 647 頁/労判 329 号12頁、御國ハイヤー事件・最二小判平4・10・2集民166号1頁/労判619号8頁、JR東日本（千葉動労・争議行為）事件・東京高判平13・9・11労判817号57頁。

*94　丸島水門事件・最三小判昭50・4・25民集29巻4号481頁/労判227号12頁、第一小型ハイヤー事件・最二小判昭52・2・28集民120号185頁/労判278号61頁、山口放送事件・最二小判昭55・4・11民集34巻3号330頁/労判340号25頁、日本原子力研究所事件・最二小判昭58・6・13民集37巻5号636頁/労判410号18頁、安威川生コンクリート事件・最三小判平18・4・18民集60巻4号1548頁/労判915号6頁等。

第19章　労働協約

本章では、労組法第３章が定める労働協約制度について、①労働協約の定義・意義・機能・法的性質（→第１節）、②労働協約の成立要件と期間（→第２節）、③労働協約の法的効力と法的救済（→第３節）、④労働協約の拡張適用制度（→第４節）、⑤労働協約による労働契約内容の変更（→第 5 節）、⑥労働協約の終了と権利義務関係（→第６節）の順に検討する。

第１節　労働協約の定義・意義・機能・法的性質

1　定義

「労働協約」とは、「労働組合と使用者又はその団体との間の労働条件その他に関する合意であって、書面に作成され両当事者が署名又は記名押印したもの」（労組 14 条参照）と定義することができる。

労基法等所定の「労使協定」（当該事業場の過半数代表と使用者との書面による協定）も、「過半数代表」が「過半数組合」であって労組法 14 条の要件を充足すれば、労組法上の「労働協約」に該当し[*1]、その法的性質を併せ持つ。

2　意義

労働協約は、労働協約を締結した労働組合の組合員であり、当該労働組合のために費用（組合費）を負担し、労力（団結活動、団体交渉等）を提供する労働者の雇用を保障しその労働条件を維持・向上させることを直接の目的とすることにより、労働組合に加入する労働者を増大させ、労働者全体の雇用・労働条件の維持・向上と経済的地位の向上を目的とするものと位置づけうる。

3　機能

労働協約の機能としては、①雇用・労働条件保障と福利厚生の拡充、②団結強化措置（便宜供与等）の拡大・具体化、③集団的労使関係ルールの具体化、④労使紛争処理システムの補充、⑤使用者間と労働者間の公正競争の実現がある。

---

*1　九州自動車学校事件・福岡地小倉支判平 13・8・9 労判 822 号 78 頁。

4　法的性質

労働協約は、①労働協約の当事者である労働組合と、使用者又はその団体との間の一種の「契約」であるが、②労働協約の中の「労働条件その他の労働者の待遇に関する基準」を定めた部分は、労働協約の当事者ではない労働者の労働契約を規律する一種の「法規範」でもあるという二重の法的性質を有する。

労働協約の「法規範」としての効力は、憲法 28 条を根底に有し、憲法 28 条の団結権・団体交渉権を具体化するものであるが、憲法 28 条から直ちに導かれるものではなく、労組法所定の要件を充足した「労働協約」について、労組法 16 条が創設した法的効力と考えられる。

第２節　労働協約の成立要件と期間

労働協約は、契約の一種であるので、その成立要件として当事者の合意が必要であるが、「労働協約」として成立するためには、それに加えて、労組法 14 条（「労働組合と使用者又はその団体との間の労働条件その他に関する労働協約は、書面に作成し、両当事者が署名し、又は記名押印することによつてその効力を生ずる」）の定める、①当事者（→ 1）、②内容（→ 2）、③要式（→ 3）を充足することが必要であり、「労働協約」の期間については、労組法 15 条が特別の定めをおいている（→ 4）。

1　当事者

(1)　「労働組合と使用者又はその団体」

労働協約として成立するためには、その当事者が「労働組合」と「使用者又はその団体」（労組 14 条）であることが必要である。

ア　「労働組合」

労働協約の当事者となり得るのは、労組法２条の定める「労組法上の労働組合」である[*2]。憲法組合及び憲法上の保護を受ける一時的団結体は、憲法 28 条所定の権利の享受主体ではあるが、労働協約の当事者にはなり得ない。

イ　「使用者又はその団体」

労働協約の当事者たる「使用者」は、特に限定はなく、個人又は法人の双方がありうる。

労働協約の当事者たる「使用者団体」は、構成員たる使用者のために統一的

*2　労組法 17 条により拡張適用の対象となる労働協約の締結主体も同様である（大輝交通事件・東京地判平７・10・４労判 680 号 34 頁）。

な団体交渉を行い協約を締結し得ることが規約又は慣行上予定されている団体である[*3]。このような団体以外の使用者団体が、一時的に交渉権限・協約締結権限を委任され代理人として労働協約書を作成し、署名又は記名押印した場合は、協約当事者は個々の使用者となる。

団体交渉は任意に行うことができ、また、労働協約も任意に締結することができるので、労働協約の当事者となることができる「使用者又は使用者団体」は、労働協約当事者組合が団体交渉権を行使することができる相手方（労働協約当事者組合に団体交渉義務を負う者）[*4]に限定されない。

ウ　協約締結権限と手続

労働協約は、使用者側[*5]についても、労働組合側についても、協約締結権限を有する者により締結されることが必要である。

労働組合の代表者は、交渉権限は有している（労組 6 条）が、労働協約が協約当事者以外の第三者である労働者（組合員）の労働契約に対し規範的効力（→後記第 3 節 4）を含む法的効力を有することに鑑みれば、協約締結権限は、代表者の代表権の中に当然に含まれるものではなく[*6]、組合規約又は総会の決議に基づき付与されていることが必要であると解すべきである[*7]。

また、組合規約や総会の決議により労働協約の締結手続（組合大会での決議や職場会での意見聴取の必要性等）が定められている場合は、当該手続の履践が必要であり[*8]、履践されていないと協約締結権限に瑕疵があり、無効となりうる[*9]。

また、労働協約の締結権限を付与された者は、協約の締結に当たり、信義則（民 1 条 2 項）上、必要かつ相当な民主的手続を履践することが必要であろう。

*3　大阪地区生コンクリート協同組合事件・大阪地判平元・10・30 労民 40 巻 4=5 号 585 頁。

*4　前記第 17 章「団体交渉」第 2 節 2(2) 参照。

*5　国鉄清算事業団（国鉄〈池袋電車区・蒲田電車区〉）事件・東京地判昭 63・2・24 労民 39 巻 1 号 21 頁/労判 512 号 22 頁、香川県農協事件・高松地判平 13・9・25 労判 823 号 56 頁。

*6　法人である労働組合については、①労組法 12 条の 2 の「事務」には労働協約の締結は含まれないと解するか、あるいは、②同条の「組合規約に反することはできず」は根拠規定がなければ協約締結権限はないと解すべきであろう。

*7　労組法 12 条の 2 参照。山梨県民信用組合事件・最二小判平 28・2・19 民集 70 巻 2 号 123 頁/労判 1136 号 6 頁もこう解していると思われる。

*8　1) 法人である労働組合の代表者については、①労組法 12 条の 2 の「事務」に労働協約の締結は含まれないと解する場合は、同条を類推適用し、②同条の「組合規約に反することはできず」は根拠規定がなければ協約締結権限はないと解する場合は、同条を直接適用でき、2) 法人でない労働組合の代表者についても同様に解される。

*9　中根製作所事件・東京高判平 12・7・26 労判 789 号 6 頁（最三小決平 12・11・28 労判 797 号 12 頁により確定）、鞆鉄道事件・広島高判平 16・4・15 労判 879 号 82 頁、箱根登山鉄道事件・横浜地小田原支判平 16・12・21 労判 903 号 22 頁、同事件・東京高判平 17・9・29 労判 903 号 17 頁参照。

労組法 12 条の 3 は「法人である労働組合の管理については、代表者に加えた制限は、善意の第三者に対抗できない」と定め、法人以外の労働組合についても準用されると解されるので、労働組合の代表者が組合規約所定の手続を履践せずに労働協約を締結した場合、善意の使用者は労働協約が有効であると主張できるかどうかが問題となるが、労働協約は、労組法 12 条の 3 の「管理」には含まれず(少なくとも規範的部分は含まれず)、協約締結権限に瑕疵のある労働協約は、善意の使用者に対しても無効と解すべきであろう。

(2)「労組法上の労働組合」以外の組織と使用者の合意

憲法組合と一時的団結体は、労働協約の当事者になり得ないので、使用者又は使用者団体との合意は、書面によるかどうかにかかわらず、「労働協約」ではない。しかし、代表者が各労働者から代理権を付与され一括して労働契約を締結したと解されるときは、その合意の内容は各労働契約の内容となる。

また、労働者側に社団性がある場合(憲法組合)は、当該合意に当事者間の「契約」としての効力を肯定することはできる。

2　内容

(1)「労働条件その他」

労組法は、労働協約の内容について「労働条件その他」(労組 14 条)とのみ定めているので、何についての合意であれば、労働協約として成立するのかが問題となるが、労働協約の機能(→前記第 1 節 3)に照らせば、労働協約の内容は、「労働者の雇用・労働条件と福利厚生、労働組合の団結強化のための措置、集団的労使関係ルール、労使紛争処理システムに関するもの」とその範囲を画定することができ、これについての合意であれば、労働協約として成立しうる。

(2) 労働協約締結権限(対象範囲)の限界－協約自治の限界

しかし、労働者の雇用・労働条件に関わる事項については、労働組合の労働協約締結権限(協約の対象としうる範囲)には一定の限界(協約自治の限界)がある。

具体的には、①労働組合は、労働者の既得の権利について管理処分権を有するものではないから、すでに発生している労働者の賃金請求権を減額・放棄したり[*10]、期限の猶予を与える定め[*11]は無効であり、②労働災害が発生した場合

---

*10　香港上海銀行事件・最一小判平元・9・7 集民 157 号 433 頁/労判 546 号 6 頁、朝日火災海上保険(高田)事件・最三小判平 8・3・26 民集 50 巻 4 号 1008 頁/労判 691 号 16 頁、室井鉱業事件・福岡地飯塚支判昭 32・6・7 労民 8 巻 3 号 363 頁。

*11　平尾事件・最一小判平 31・4・25 集民 261 号 233 頁/労判 1208 号 5 頁、くろがね工業事件・横浜地判昭 38・9・14 労民 14 巻 5 号 1149 頁。

に労働協約で定めた補償以上の請求を制限するといった、労働者の訴権の行使を制約する定めも無効であり[*12]、③特定の労働者の労働条件の設定・変更及び労働契約の終了も、当該労働者の同意又は委任がある場合でなければ、労働協約の内容とはできないと解すべきである。

これに対し、④退職金・定年年齢の不利益変更[*13]や、⑤使用者の配転・出向命令権や時間外労働命令権等、個別的労働条件変更権の創設[*14]は、労働者全体の雇用の維持等や他の労働条件の引き上げ等のために必要な場合もあるから、労働協約の内容とし得るとした上で、労働協約の効力を判断すべきである。

3　要式

(1) 書面作成と署名又は記名押印

労働協約の成立は、①書面により作成され、②両当事者（労働組合と使用者又は使用者団体）が署名し又は記名押印することを要件とする（労組 14 条）[*15]。書面の表題、形式は問わないが、当事者の合意内容が明確でなければならない[*16]。

(2) 書面性・署名又は記名押印を欠く労使合意

労働組合と使用者との間に労働条件その他に関する合意が成立したとしても、書面性や両当事者の署名又は記名押印（のいずれか）を欠く場合は、「労働協約」ではない。けだし、労働協約は、①規範的効力（労組 16 条）、②一般的拘束力（労組 17 条、18 条）、③就業規則に対する規制（労基 92 条）等の法的効力を付与されており、その存在及び内容は明確なものでなければならないからである[*17]。

(3) 同一書面に記載されていない労使合意

労使の合意内容が同一書面に記載されていない場合（往復文書等）の労使合意

---

*12　東海カーボン事件・福岡地小倉支判昭 52・6・23 労民 28 巻 3 号 196 頁/労判 284 号 21 頁、同事件・福岡高判昭 55・12・16 労民 31 巻 6 号 1265 頁/労判 355 号 34 頁。ただし、損害賠償を請求するか上積み補償を受領するかを被災労働者又は遺族に選択させる労働協約の定めはその訴権を制限するものではないから、労働協約の内容としうる。

*13　朝日火災海上保険（石堂）事件・神戸地判平 5・2・23 労判 629 号 88 頁、同事件・大阪高判平 7・2・14 労判 675 号 42 頁。労働協約による労働契約内容の不利益変更の肯否については、後記第 5 節参照。

*14　日立製作所（武蔵工場）事件・最一小判平 3・11・28 民集 45 巻 8 号 1270 頁/労判 594 号 7 頁の味村治裁判官の補足意見。

*15　労組法 14 条は強行規定である（医療法人南労会事件・大阪地判平 9・5・26 労判 720 号 74 頁、エフ・エフ・シー事件・東京地判平 16・9・1 労判 882 号 59 頁）。

*16　一橋出版事件・東京地判平 15・4・21 労判 850 号 38 頁。

*17　都南自動車教習所事件・最三小判平 13・3・13 民集 55 巻 2 号 395 頁/労判 805 号 23 頁、安田生命保険事件・東京地判平 4・5・29 労判 615 号 31 頁、秋保温泉タクシー事件・仙台高決平 15・1・31 労判 844 号 5 頁、エフ・エフ・シー事件・東京地判平 16・9・1 労判 882 号 59 頁、中労委（EMG マーケティング〈モービル石油〉）事件・東京地判平 25・10・30 労判 1087 号 28 頁等。

については、労働協約としての規範的効力を否定する下級審裁判例[*18]もあるが、労使間の妥結内容が当事者間で明確化され、かつ、書面の形式上も合意が成立した事実及びその合意内容を記した文言が一義的に明らかである場合は[*19]、労働協約としての成立と規範的効力を肯定すべきであろう[*20]。

(4) 労働協約であることを否定される労使合意の法的効力

法所定の要式を欠くために労働協約として成立せず、規範的効力を否定される「労使合意」も、第一に、契約の成立要件を充足していれば、当事者である労働組合と使用者との間の契約としての効力が認められる。

第二に、労働組合が各労働者から代理権を付与され一括して使用者と労働契約を締結したと解されるときは、その労使合意と同じ内容が労働者と使用者の合意により労働契約の内容となる。また、当該労使合意による一時金支払の約定等について、労働協約が締結されていないとの理由による使用者の支払拒絶の主張が信義則違反であると解される場合もある[*21]。

4　労働協約の期間

労働協約は、1)有効期間の定をする場合は、3 年を限度とし、3 年を超える有効期間の定をした労働協約は 3 年の期間の定をした労働協約とみなされる(労組 15 条 1・2 項)。2)有効期間の定がない場合は、当事者の一方が署名又は記名押印した文書により、少なくとも 90 日前に相手方に予告することによって、解約することができる。一定の期間を定め、期間経過後も期限を定めず効力を存続する旨の定があり[*22]、その期間が経過した後も同様である(労組 15 条 3・4 項)。

労働協約に「自動更新条項」(協約当事者のいずれか又は双方から協約を終了させる旨の意思表示がなければ協約を更新する)があり、自動更新後の協約の有効期間を定める場合は、その有効期間の上限は 3 年であり、「自動延長条項」(期間満了後も新協約が締結されない場合は、一定期間協約の有効期間を延長する)がある場合は、協約の有効期間は自動延長期間と併せて 3 年が上限となる。

なお、合意による解約はいつでも可能である。

---

*18　医療法人南労会事件・大阪地判平 9・5・26 労判 720 号 74 頁。

*19　労働協約締結の申込とこれに対する承諾が別文書で明記されている場合等。

*20　国(在日米軍基地労働者)事件・東京地判昭 42・6・23 労民 18 巻 3 号 660 頁/判タ 209 号 229 頁。

*21　秋保温泉タクシー事件・仙台高決平 15・1・31 労判 844 号 5 頁。

*22　有効期間中に改訂協約が成立しなかった場合は成立するまで有効とする旨規定されている場合は、労使一方の意思により期間が無期限に延長されうるので、「期限を定めず効力を存続する旨の定」(労組 15 条 3 項後段)に該当する(国光電機事件・東京地判昭 41・3・29 労民 17 巻 2 号 273 頁/労判 22 号 9 頁)。

第３節　労働協約の法的効力と法的救済

労働協約の定めは、その有する法的効力により、規範的部分(→ 1)と債務的部分(→ 2)に分類することができ、労働協約の法的効力は、債務的効力(→ 3)と、規範的効力(→ 4)がある。また、労働協約違反については、どのような法的救済を求めることができるかが問題となる(→5)。

1　規範的部分

労働協約の定めのうち、「労働条件その他労働者の待遇に関する基準」(労組16条)を定めた部分は、債務的効力のみならず、規範的効力も有するので、一般に「規範的部分」と呼ばれている。

「労働条件その他労働者の待遇に関する基準」は、労働契約関係を規律するに足りる明確な準則[*23]、あるいは、労働者の処遇に関する具体的で客観的な準則[*24]であれば、賃金額や労働時間等の具体的労働条件に関する一定の「水準」のみならず、労働契約内容の設定・変更、懲戒処分、労働契約の終了に関するルールや使用者の権利の行使要件[*25]等、労働者の労働条件・労働環境・処遇に関するもの全てを含むものである。

2　債務的部分

労働協約の定めのうち、「規範的部分」以外の定めであって、債務的効力のみを有する部分は、一般に「債務的部分」と呼ばれている。

「債務的部分」に該当する事項としては、集団的労使関係に関するルール等がある。具体的には、①ユニオン・ショップ協定[*26]、②組合事務所・掲示板の貸与、在籍専従、チェック・オフ協定等の便宜供与[*27]、③団体交渉の手続、④相対的平和義務(労働協約の有効期間中に当該労働協約で既定の事項の改廃を目的とした争議行為を行わない義務)・絶対的平和義務(労働協約の有効期間中に当該労働協約で既定の事項のみならず一切の事項につき争議行為を行わない義務)に関する条項、平和

*23　日本運送事件・神戸地判昭 60・3・14 労判 452 号 60 頁。
*24　ノース・ウエスト航空事件・東京高判平 20・3・27 労判 959 号 18 頁。
*25　エコスタッフ(エムズワーカース)事件・東京地判平 23・5・30 労判 1033 号 5 頁(配転・出向、懲戒、解雇等を行うにあたって、使用者が労働組合と事前協議をする旨の「事前協議条項」、あるいは、労働組合の同意を得る旨の「同意条項」も含まれる)。
*26　前記第 16 章「団結の結成と運営」第 2 節 5 参照。
*27　前記第 16 章「団結の結成と運営」第 2 節 7 参照。

条項（労使間で紛争が生じた場合一定の手続・期間を経なければ争議行為を行わないという条項）、⑤争議行為の手続、⑥苦情処理手続等が挙げられる。

3　債務的効力

労組法には、労働協約の法的効力についての一般的な規定はない。

しかし、労働協約は、協約当事者である労働組合と使用者又は使用者団体との間の「契約」である。したがって、労働協約の全ての定めは、協約当事者である労働組合と使用者又は使用者団体との間の契約としての効力を有する[*28]。この労働協約の「契約としての効力」が、「債務的効力」である。

図 19.1　労働協約と法的効力

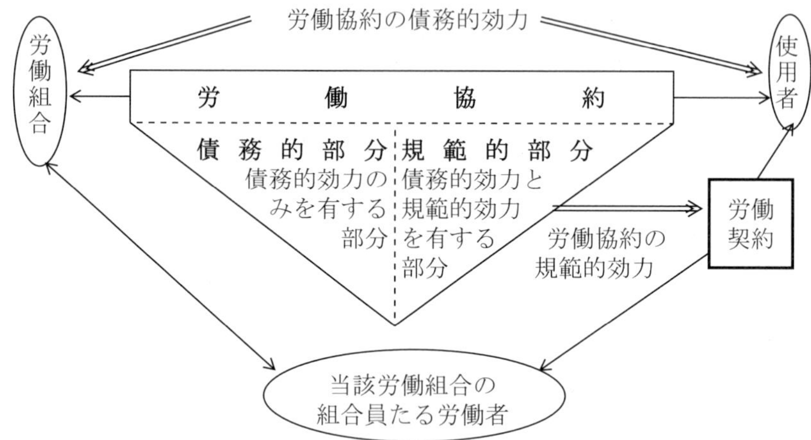

4　規範的効力

(1)　労組法 16 条の定め

労組法 16 条は、労働協約の定めのうち、「労働条件その他労働者の待遇に関する基準」を定めた部分は、①それに違反する労働契約の部分に対しては、これを無効とし、無効となった部分は基準の定めるところによることとなり（強行的直律的効力）、②労働契約に定めがない部分についても、基準の定めるところによる（直律的効力）と定めている。

すなわち、「労働条件その他労働者の待遇に関する基準」を定めた部分は、

*28　例えば、債務的部分に属する平和義務に違反する争議行為は、労働組合の使用者に対する契約上の債務不履行となる（弘南バス事件・最三小判昭 43・12・24 民集 22 巻 13 号 3194 頁/判時 546 号 17 頁）。

①違反する労働契約の部分については、強行的直律的効力により、労働協約の定める基準へと修正し、②労働契約に定めがない部分については、直律的効力により、労働協約の定める基準がこれを補充することを定めている。

このように、労働協約が有する、①強行的直律的効力により、労働協約の定めに違反する労働契約の部分を修正する効力、及び、②直律的効力により、労働契約に定のない部分を補充する効力が、「規範的効力」である。

(2) 規範的効力の内容

労働協約当事者は、協約自治の限界(→前記第 2 節 2(2))を超えない限り、労働条件その他の労働者の待遇に関して、①「最低基準」を設定するか、②「統一的基準」を設定するかを自由に選択することができる。労使自治・協約自治は最大限尊重されるべきであるし、労働者の雇用・労働条件の維持・向上のために設定すべき基準を判断しうるのは労働組合であるからである。

したがって、協約当事者が、第一に、「最低基準」を設定した場合、最低基準を下回る労働契約の部分は当該基準に「違反」し、労働協約の強行的直律的効力により労働協約の定める基準と同じ内容に修正される。これに対し、最低基準を下回らない労働契約は、有効である。また、労働契約に定めがない場合は、労働協約の直律的効力により労働協約の定める基準が労働契約を補充する。この場合、当該労働協約の定めは「最低基準効」を有することになる。

第二に、「統一的基準」を設定した場合、当該基準と異なる労働契約の部分は当該基準に「違反」し、労働協約の強行的直律的効力により労働協約の定める基準と同じ内容に修正される。また、労働契約に定めがない場合は、労働協約の直律的効力により労働協約の定める基準が労働契約を補充する。この場合、当該労働協約の定めは「両面的規範的効力」を有することになる。

(3) 規範的効力の肯否

労働協約の成立(→前記第 2 節)により、労働協約の規範的部分については、規範的効力(→前記(2))が発生するが、労働協約の定めが、労働条件の最低基準を定める強行法規や公序(民 90 条)に反する場合、当該定めは無効である。

また、当該労働協約が統一的基準を設定しその両面的規範的効力により労働条件が不利益に変更されることになる場合は、当該労働協約が「特定の又は一部の組合員を殊更不利益に取り扱うことを目的として締結されたなど労働組合の目的を逸脱して締結されたとき」は、労働協約の規範的効力を当該労働者に及ぼすことは信義則上できない(不利益変更については、後記第 5 節 1(2))。

(4) 労働協約の定めと労働契約の関係

労働協約の規範的効力については、①労働協約の定めが外部から労働契約を規律する効力とする見解（外部規律説）と、②労働協約の定めが労働契約の内部に入ってその内容となる効力とする見解（内容化体説）がある。

内容化体説[*29]をとると、賞与や退職金に関する定めであれば、労働協約失効後も労働者は労働契約上の請求権を有し妥当な結論となる場合も多いが、使用者の時間外労働命令権、配転・出向命令権についての定めであれば、労働契約上使用者の権利が残ることになり、妥当な結論とならない場合も多い。

したがって、外部規律説[*30]をとり、労働協約失効後の労働契約の内容は信義則に則した労働契約の解釈により決定し、結果的妥当性を図るべきである（→後記第6節2(2)）。ただし、労働協約の定めが、労働契約当事者の合意、事実たる慣習、同じ定めの就業規則の効力により、労働契約の内容となる場合はある[*31]。

(5) 規範的効力の及ぶ労働契約の範囲

労組法は、労働協約の規範的効力が及ぶ労働契約の範囲を定めていない。

しかし、組合員以外の労働者の労働契約を規律する正当化理由は存在しないから、労働協約の規範的効力が及ぶ労働契約は、協約当事者が適用対象として選択した労働契約で、かつ、協約当事者組合の組合員と協約当事者である使用者（又は使用者団体の構成員である使用者）との間で締結された労働契約である。

また、規範的効力は、労働協約締結前に組合員資格を喪失した労働者の労働契約には及ばず[*32]、労働協約締結時は組合員であったがその後組合員資格を喪失した労働者の労働契約には、組合員資格を喪失した時点から及ばない[*33]。この場合、その後の当該労働者の労働契約の内容については、外部規律説により合理的に解釈される（→前記(4)）[*34]。

---

*29　香港上海銀行事件・大阪地判昭58・3・28労民36巻1号48頁/労判407号28頁、三菱重工業（長崎造船所）事件・長崎地判昭60・6・26労民36巻3号494頁/労判456号7頁。

*30　香港上海銀行事件・最一小判平元・9・7集民157号433頁/労判546号6頁、日本製鉄事件・福岡地小倉支判昭25・5・16労民1巻3号301頁、安田生命保険事件・東京地判平7・5・17労判677号17頁、佐野第一交通事件・大阪地岸和田支決平14・9・13労判837号19頁、京王電鉄事件・東京地判平15・4・28労判851号35頁等。

*31　明石運輸事件・神戸地判平14・10・25労判843号39頁、音楽之友社事件・東京地判平25・1・17労判1070号104頁。

*32　阪和銀行事件・和歌山地判平13・3・6労判809号67頁。

*33　北港タクシー事件・大阪地判昭55・12・19労判356号9頁/判時1001号121頁、安田生命保険事件・東京地判平7・5・17労判677号17頁、NTT西日本事件・大阪地決平15・4・7労判853号42頁、京王電鉄事件・東京地判平15・4・28労判851号35頁。

*34　昇進等により組合加入資格を喪失し組合員でなくなった管理職労働者の退職金・企業年金等については、労働協約の規範的効力が及ばなくなった後も労働契約の内容は労働協約の規定によるとの合理的意思解釈等により妥当な結論を導くことが可能であろう。

５　求めうる法的救済

(1) 規範的部分についての違反

ア　規範的効力に基づく救済

労働契約の一方当事者が規範的部分に属する条項につき違反した場合、労働契約の他方当事者は、規範的部分に属する条項が労働契約の内容を規律していることを前提として、裁判所において法的救済を求めることができる。

例えば、労働者は、使用者に対し、労働協約で定めた賃金が支払われない場合、未払賃金の支払を請求することができる。また、労働協約で定めた手続を履行せずに解雇や懲戒処分が行われた場合、労働協約で定めた手続の履行は解雇権や懲戒権の行使要件となっているので、当該解雇や懲戒処分が労働契約違反で無効であることを前提とした法的救済を求めることができる[*35]。

イ　債務的効力に基づく救済

使用者が規範的部分について違反した場合、労働組合は、労働者個人の請求権の行使では実現を期し得ない場合（職場環境、作業体制などの従業員の集団的取り扱い等）に限らず、その履行を求める給付請求をなすことができ[*36]、又は、不履行（違反）によって生じた損害賠償（団結権侵害による無形の損害等）を請求できる。

また、労働協約の効力の存否を裁判所の判決により公権的に確定することが労使紛争の解決に直截的であり有効である場合は、労働組合による労働協約の規定の効力の確認請求も認めることができる[*37]。

(2) 債務的部分についての違反

債務的部分は、債務的効力を有する。したがって、労働協約の一方当事者が債務的部分について違反した場合、労働協約の他方当事者は、その履行の請求[*38]、不履行（違反）によって生じた損害賠償の請求[*39]、不作為義務については差止請求を行うことができる[*40]。

第４節　労働協約の拡張適用制度

労働協約の効力が及ぶ範囲には限界があるところ（→前記第 3 節 3・4(5)）、協

*35　東京金属ほか（解雇）事件・水戸地下妻支決平 15・6・16 労判 855 号 70 頁。
*36　佐野安船渠事件・大阪高判昭 55・4・24 労民 31 巻 2 号 524 頁/労判 343 号 50 頁。
*37　佐野安船渠事件・大阪高判昭 55・4・24 労民 31 巻 2 号 524 頁/労判 343 号 50 頁、黒川乳業事件・大阪高判平 18・2・10 労判 924 号 124 頁。
*38　エム・ディー・エス事件・東京地決平 14・1・15 労判 819 号 81 頁〈ﾀﾞｲｼﾞｪｽﾄ〉。
*39　山手モータース労働組合事件・神戸地判昭 48・7・19 判タ 299 号 387 頁。
*40　東京金属ほか（搬出禁止）事件・水戸地下妻支決平 15・6・19 労判 855 号 12 頁。

約当事者組合の組合員の雇用保障と労働条件の維持・向上のためには、さらに、労働協約の適用対象を拡大し、使用者相互間及び労働者相互間の公正競争の基盤を拡大することが必要となる場合がある。

労組法は、労働協約の適用対象を拡大する拡張適用制度として、①工場事業場単位の拡張適用制度（労組 17 条）（→ 1）、及び、②地域的拡張適用制度（労組18条）（→ 2）を定めている。

1　工場事業場単位の拡張適用制度

労組法 17 条の定める工場事業場単位の拡張適用制度は、「一の工場事業場に常時使用される同種の労働者の四分の三以上の数の労働者が一の労働協約の適用を受けるに至ったとき」に、「当該工場事業場に使用される他の同種の労働者に関しても、当該労働協約が適用される」という制度である。

（1）制度の趣旨・目的

労働協約は、協約当事者組合の組合員の雇用・労働条件保障を直接の目的とするものであり（→前記第 1 節 2）、工場事業場単位の拡張制度も同様である。協約当事者組合の組合員以外の労働者の労働条件が引き上げられ、当該労働協約の恩恵を受けることもあるが、それは結果であって直接の目的ではない[*41]。

したがって、工場事業場単位の拡張適用制度は、当該労働協約が一定の要件を充足する場合、その規範的効力を協約当事者組合の組合員以外の労働者の労働契約にも及ぼし、当該工場事業場における同種の労働者の労働条件を協約の定める基準で統一することにより、①協約当事者組合の団結権を維持強化し、②当該工場事業場における同種の労働者の公正労働基準を設定し、労働者相互間の公正競争を実現し、もって、③協約当事者組合の組合員の雇用保障と労働条件の維持・向上を図ることを主たる目的とする[*42]。

（2）拡張適用の要件

労組法 17 条は、工場事業場単位の拡張適用の要件として、「一の工場事業場に常時使用される同種の労働者の四分の三以上の数の労働者が一の労働協約の適用を受けるに至ったとき」と定める。拡張適用の法的効力は、17 条所定の要件の充足により、特別の手続を要せず自動的に発生する。

ア　「一の工場事業場」

事業場単位の拡張適用の場所的範囲は、「一の工場事業場」であり、労基法

---

*41　富士重工業（宇都宮製作所）事件・宇都宮地判昭 40・4・15 労民 16 巻 2 号 256 頁/労判 40 号 15 頁。

*42　朝日火災海上保険（高田）事件・最三小判平 8・3・26 民集 50 巻 4 号 1008 頁/労判 691 号 16 頁も本文①②を目的と判示する。

及び労契法にいう「事業場」と同じ概念である[*43]。一つの企業に複数の工場事業場がある場合は、その各々が労組法17条にいう「一の工場事業場」である[*44]。

イ　「常時使用される」

「常時使用される」とは、当該労働者の名称の如何を問わず、実質的に常時使用される者をいうと解される。

ウ　「同種の労働者」

「同種の労働者」とは、当該労働協約が適用対象とする労働者である。そして、労働協約の適用対象とする労働者は、協約当事者の合意により定められるので、当該労働協約が「教員」という職種の労働者を全て対象としているのであれば「教員」、当該工場事業場の「工員」を対象としているのであれば当該工場事業場の「工員」が、それぞれ「同種の労働者」である。

ただし、労働組合が組合加入資格を否定している労働者の労働契約を、労働協約の適用対象としてその契約内容を規律する正当化理由は存在しないので、協約当事者が労働協約の適用対象労働者としうるのは、協約当事者組合への加入資格を有する労働者に限定される。したがって、①労組法2条但書1号が定める「使用者の利益代表者」（当該労働者は労働協約を締結できる労組法上の労働組合への加入資格を有していない〈厳密に言えば、当該労働者が加入している組織は労組法上の労働組合ではなく労働協約を締結することはできない〉）、及び、②「使用者の利益代表者」には該当しないが、協約当事者組合において組合加入資格を有しないこととされている労働者[*45]は、これを労働協約の適用対象者とすることはできず、「同種の労働者」となることはない。

エ　「四分の三以上の数の労働者」が
「一の労働協約の適用を受けるに至ったとき」

「四分の三以上の数の労働者が一の労働協約の適用を受けるに至ったとき」は、協約当事者組合員、未組織労働者、別組合員を全て含めて分母となる「一の工場事業場に常時使用される同種の労働者」の中で、その4分の3以上の労働者が、協約当事者組合の組合員として、一つの労働協約の適用を受けるに至ったときである[*46]。

---

*43　都市開発エキスパート事件・横浜地判平19・9・27労判954号67頁。

*44　朝日火災海上保険（高田）事件・最三小判平8・3・26民集50巻4号1008頁/労判691号16頁、都市開発エキスパート事件・横浜地判平19・9・27労判954号67頁等。

*45　労働組合は原則として組合加入資格を自由に決定することができる（→前記第16章「団結の結成と運営」第2節4(1)）。

*46　大輝交通事件・東京地判平7・10・4労判680号34頁。

当該労働協約の定めが使用者と当該労働者の合意若しくは事実たる慣習（民92 条）により労働契約の内容になっている場合、又は、同じ定めの就業規則が労働契約の内容となっている場合は、「適用を受けるに至ったとき」に該当しない。けだし、工場事業場単位で拡張適用された労働協約の規範的効力は両面的規範的効力も含む（→後記(4)イ）ものであり、当該効力を組合員以外の労働者に及ぼすことを肯定するためには、協約当事者組合が、同種の労働者の４分の３以上を組織し代表しているという正当化根拠が必要だからである。

また、「一の労働協約」は、単一の労働協約（労組 14 条）であることが必要である。けだし、工場事業場単位の拡張適用は要件の充足により自動的に拡張適用の効果が発生するので、「一の労働協約」は、同一内容の労働協約であることが客観的に明らかな単一の労働協約に限定されると解すべきだからである。

オ　存続要件

労組法 17 条の定める「一の工場事業場に常時使用される同種の労働者の四分の三以上の数の労働者が一の労働協約の適用を受けるに至ったとき」という要件は、拡張適用の発生要件であるのみならず、拡張適用の存続要件でもある。

したがって、拡張適用後、組合員として労働協約の適用を受ける同種の労働者の比率が下がり「四分の三以上」という要件を充足しなくなった場合は、その時点で拡張適用は終了し、労働協約は拡張適用対象者との関係では失効する。

(3)　拡張適用の対象事項

拡張適用の対象事項は、労働協約の「規範的部分」である[*47]。

(4)　拡張適用の法的効力

工場事業場単位の拡張適用において、拡張適用の対象事項は規範的部分であるので、①債務的効力、及び、②規範的効力を有する。

ア　債務的効力

規範的部分の債務的効力により、協約当事者である使用者は、協約当事者組合に対して、拡張適用の対象となった「他の同種の労働者」との間の「労働契約」についても、労働協約で定めた基準を遵守する義務を負う。

イ　規範的効力

規範的部分の規範的効力は、協約当事者である使用者と「他の同種の労働者」との間の「労働契約」に及ぶ。

労組法 17 条は、労働協約の規範的部分の規範的効力の適用範囲を組合員以外

---

*47　三菱重工業（長崎造船所・全造船三菱重工支部）事件・最一小判昭 48・11・8 集民 110 号 407 頁/労判 190 号 29 頁。

の労働者にも拡張する規定であり、拡張適用される基準と規範的効力の内容は、拡張適用される労働協約の定める基準及び規範的効力の内容と同じである*48。

したがって、当該労働協約の定める基準が、①最低基準として設定されている場合は、当該基準は最低基準効を有し、②労働者にとって有利な定めも不利な定めも許容しない統一的基準として設定されている場合は、当該基準は両面的規範的効力を有する（したがって、当該労働協約が定める基準が拡張適用対象者にとって不利な基準であれば労働条件が引き下げられる）。

しかし、例外として、「当該労働協約を特定の未組織労働者に適用することが著しく不合理であると認められる特段の事情のあるとき」は、信義則上、労働協約の規範的効力を当該労働者に及ぼすことはできない*49。

（5）拡張適用の規範的効力の及ぶ範囲

拡張適用された労働協約の規範的効力の及ぶ労働契約は、「当該工場事業場に使用される他の同種の労働者」の労働契約である。すなわち、「当該労働協約が適用対象とする労働者であって、協約当事者組合の組合員でない労働者」の労働契約である。

協約当事者組合の加入資格を有しない労働者は、労働協約の適用対象とすることはできないから、労組法 17 条の「同種の労働者」となることはなく（→前記(2)ウ）、当然、「他の同種の労働者」にも含まれないから、拡張適用の対象とならず、拡張適用された労働協約の規範的効力が及ぶことはない。

また、別組合員は、協約当事者組合への加入資格があり、拡張適用された労働協約の適用対象（例えば事務職員）に含まれ、労組法 17 条の定める「同種の労働者」に含まれる場合でも、当該労働協約の当事者組合及びその組合員の団結権・団体交渉権、並びに、別組合と別組合員の団結権・団体交渉権を共に保障するため、労働協約の拡張適用の対象とすることはできず、したがって、同条の定める「他の同種の労働者」には含まれず、拡張適用された労働協約の規範的効力は及ばないとの解釈*50が、憲法 28 条と労組法 17 条とに整合的である。

---

*48　朝日火災海上保険（高田）事件・最三小判平 8・3・26 民集 50 巻 4 号 1008 頁/労判 691 号 16 頁。

*49　朝日火災海上保険（高田）事件・最三小判平 8・3・26 民集 50 巻 4 号 1008 頁/労判 691 号 16 頁。都市開発エキスパート事件・横浜地判平 19・9・27 労判 954 号 67 頁もこれを引用。

*50　佐野安船渠事件・大阪地判昭 54・5・17 労民 30 巻 3 号 661 頁/労判 322 号 60 頁、同事件・大阪高判昭 55・4・24 労民 31 巻 2 号 524 頁/労判 343 号 50 頁、北港タクシー事件・大阪地判昭 55・12・19 労判 356 号 9 頁/判時 1001 号 121 頁、大輝交通事件・東京地判平 7・10・4 労判 680 号 34 頁、中労委（ネスレ日本・賞与差別）事件・東京地判平 12・12・20 労判 810 号 67 頁/判時 1753 号 149 頁等。

したがって、拡張適用の対象となる労働者は、協約当事者組合の組合加入資格を有し、協約対象労働者の範囲に含まれる、未組織労働者である。

図 19.2　工場事業場単位の拡張適用

<table>
<tr><td colspan="6">工　場　事　業　場　の　全　労　働　者</td></tr>
<tr><td colspan="4">A組合加入資格を有する労働者[*51]</td><td colspan="2">A組合加入資格のない労働者</td></tr>
<tr><td colspan="3">協約適用対象の職務・職位にある労働者（＝「同種の労働者」〈労組 17 条〉）</td><td rowspan="2">協約適用外の職位・職務の労働者</td><td rowspan="2">使用者の利益代表に該当しないが、A組合の規約上A組合の加入資格を有しない労働者</td><td rowspan="2">使用者の利益代表者</td></tr>
<tr><td>A 組合員</td><td>非組合員</td><td>別組合員</td></tr>
</table>

規範的効力（労組 16 条）

規範的効力（労組 17 条／工場事業場単位の拡張適用）

規範的部分（適用対象者の職務・職位を規定）	債務的部分
労働協約	

A労働組合　　使　用　者

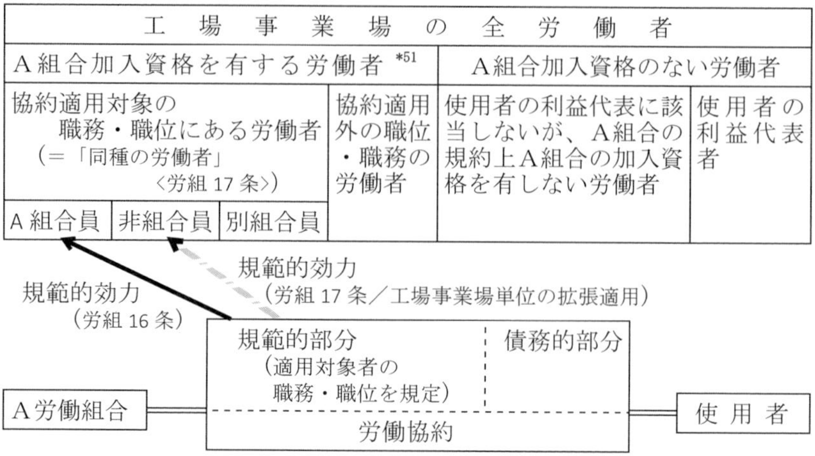

(6)　拡張適用の終了と権利義務関係

労組法 17 条に基づく工場事業場単位の拡張適用は、同条所定の拡張適用の要件を充足しなくなった時点、あるいは、当該労働協約自体が終了し失効した時点で終了する。

拡張適用された労働協約の定める労働条件が、労働契約当事者の合意若しくは事実たる慣習（民 92 条）、又は、同じ定めの就業規則の効力により労働契約の内容となっている場合は、拡張適用終了後も、労働協約の定めと同じ労働条件が労働契約の内容として残る。

しかし、そうでなければ、労働協約の規範的効力は労働契約を外部から規律する効力である（外部規律説）（→前記第 3 節 4(4)）ので、拡張適用終了後の労働契約の内容は、信義則に則した労働契約の解釈により決定される。

2　地域的拡張適用制度

労組法 18 条の定める地域的拡張適用制度は、「一の地域において従業する同種の労働者の大部分が一の労働協約の適用を受けるに到ったとき」に、「当該

*51　当該組合加入資格（の一つ）が「別組合に入っていないこと」であり、別組合に入っているが他の組合加入資格は充足している者を含む。

労働協約の当事者の双方又は一方の申立てに基づき」、「労働委員会の決議により」、「厚生労働大臣又は都道府県知事が、当該地域において従業する他の同種の労働者及びその使用者をも当該労働協約の適用を受けるべきことの決定をする」制度である。

(1) 制度の趣旨・目的

労組法 18 条の定める地域的拡張適用制度は、当該労働協約の定める労働条件を、「一の地域」における「同種の労働者」の最低基準としてその労働条件を維持・向上させることによって、「一の地域」の使用者相互間及び労働者相互間の公正競争を実現させるものである。

(2) 拡張適用の要件

ア　実質的要件

地域的拡張適用の実質的要件は、「一の地域において従業する同種の労働者の大部分が一の労働協約の適用を受けるに至ったこと」である（労組 18 条 1 項）。

労働協約の締結主体のうち、労働者側は、地域的拡張適用の申立てを行いうる労働組合、すなわち、法適合認証組合である（労組 5 条 1 項）。

「一の労働協約」とは、単一の労働協約又は同一内容の複数の労働協約である。拡張適用の対象は決定・公示され明確化されるので、同一内容の複数の労働協約を対象とすることもできる。

「一の地域」（地理的範囲）とは、当該労働協約の地理的適用範囲の全部又は申立人が選択したその一部である。

「同種の労働者」（人的適用範囲）とは、当該労働協約の適用対象労働者の全部又は申立人が選択したその一部である。

「大部分」とは、概ね 4 分の 3 程度と解されている。

「適用を受ける」労働者は、①労組法 16 条により協約当事者組合の組合員として適用を受ける労働者、②労組法 17 条の工場事業場単位の拡張適用により適用を受ける労働者、及び、③合意、事実たる慣習、就業規則により当該労働協約の定める労働条件が労働契約の内容となり、事実上当該労働協約が適用されている労働者全てを含む。

イ　形式的要件

地域的拡張適用の形式的要件は、①労働協約の当事者の双方又は一方により、厚生労働大臣又は都道府県知事に対し、拡張適用決定の申立てがあったこと（労組 18 条 1 項）、②労働委員会の拡張適用すべき旨の決議があったこと（修正可）（労組 18 条 1・2 項）、③労働委員会の決議を受けて、厚生労働大臣又は都道府県知事による拡張適用の決定とその公告があったことである（労組 18 条 1・3 項）。

(3) 拡張適用の期間

地域的拡張適用の期間は、厚生労働大臣又は都道府県知事の決定・公告により定められた期間である。ただし、実質的要件を充足しなくなった時点、又は、当該労働協約自体が終了し失効した時点で拡張適用の効力は終了する。

(4) 拡張適用の対象事項

地域的拡張適用の対象事項は、労働協約の「規範的部分」の中の最低基準を定めた条項であり、条項の一部を拡張適用の対象とすることも可能である。

(5) 拡張適用の法的効力

拡張適用の対象となしうる規範的部分には、債務的効力と規範的効力がある。

したがって、その債務的効力により、協約当事者である使用者（又は使用者団体の構成員である使用者）及び拡張適用の対象となった使用者は、協約当事者である労働組合に対して、拡張適用の対象となった労働契約についても、労働協約で定めた基準を遵守する義務を負う。

また、拡張適用される事項は、労働条件の最低基準を設定する条項のみであるから、その規範的効力は最低基準効でり、拡張適用された労働協約の定めが当該労働契約よりも労働者にとって有利であれば、労働契約の内容は労働協約の定める基準と同じ内容へと有利に修正され、あるいは、労働協約の定める基準により補充される。

(6) 拡張適用の規範的効力（最低基準効）の及ぶ範囲

ア　労働者

拡張適用の対象となる労働者は、「一の地域において従業する他の同種の労働者」である（労組 18 条 1 項）。

第一に、拡張適用される規範的部分は労働条件の最低基準を定めるものだけで、最低基準効しかないので、別組合の組合員に適用しても当該別組合及び別組合員の団結権侵害とはならない。したがって、「他の同種の労働者」には、協約当事者組合の組合員、未組織労働者のみならず、別組合員も含まれる。

第二に、労組法 2 条 1 号但書の「使用者の利益代表者」、及び、協約当事者組合への加入資格を有しない者は、工場事業場単位の拡張適用（労組 17 条）の場合と同様、労働協約の適用対象としうる労働者ではなく、「同種の労働者」ではない。したがって、「他の同種の労働者」（拡張適用の対象となる労働者）に含まれることはなく、拡張適用の対象とはならない。

イ　使用者

拡張適用の対象となる使用者は、「一の地域において従業する他の同種の労働者」の使用者、すなわち、拡張適用の対象となる労働者と労働契約を締結している使用者である。

拡張適用の対象となる使用者には、①　協約締結当事者である使用者（又は使用者団体の構成員である使用者）と、②それ以外の使用者の双方が含まれうる。

図 19.3　地域的拡張適用

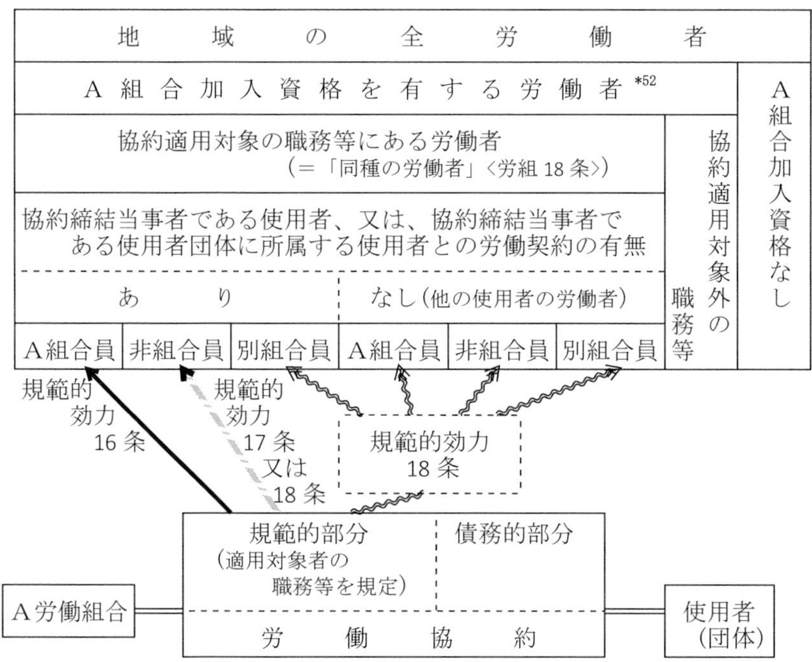

第５節　労働協約による労働契約内容の変更

労働協約の規範的部分の規範的効力により、労働契約の内容を変更しうるかどうかは、①協約当事者組合の組合員の労働契約内容の変更（労組 16 条）（→ 1）、②工場事業場単位の拡張適用（労組 17 条）による労働契約内容の変更（→ 2）、③地域的拡張適用（労組 18 条）による労働契約内容の変更（→ 3）のいずれかにより、根拠条文と要件が異なる。

*52　当該組合加入資格（の一つ）が「別組合に入っていないこと」であり、別組合に入っているが他の組合加入資格は充足している者を含む。

1　協約当事者組合員の労働契約内容の変更

労働協約の新たな締結又は改訂により、規範的部分の定めが新設又は変更された場合、協約当事者組合の組合員の労働契約の内容は、当該規範的部分の規範的効力(労組 16 条)により変更されるであろうか。

(1) 最低基準として設定されている場合

労働協約の定める基準が最低基準である場合、1)労働協約の定めが当該労働契約よりも労働者にとって有利であるときは、その規範的効力(最低基準効)により(労働者と使用者の合意がなくても)、労働契約の内容は労働協約の定める基準と同じ内容へと有利に修正され、あるいは、労働協約の定める基準により補充される。しかし、2)労働協約の定めが当該労働契約よりも労働者にとって有利でないときは、労働契約の内容は変更されない。

(2) 統一的基準として設定されている場合

労働協約の定める基準が統一的基準であるときは、その規範的効力(両面的規範的効力)により(労働者と使用者の合意がなくても)、労働契約の内容は、労働協約の定める基準と同じ内容へと修正され、あるいは、労働協約の定める基準により補充されることになり、労働契約内容の有利な変更のみならず、不利益な変更も原則として肯定される*53。けだし、長期的・全体的・総合的視点から、組合員の雇用保障と労働条件の維持・向上のために、ある労働条件の不利益変更が必要となる場合もあり、労使自治・協約自治の範囲内であるからである。

しかし、例外的に、当該協約が、①当該労働協約が締結されるに至った経緯、②当時の使用者の経営状態、③同協約に定められた基準の全体としての合理性に照らして、「特定の又は一部の組合員を殊更不利益に取り扱うことを目的として締結されたなど労働組合の目的を逸脱して締結されたとき」は、信義則に反し、不利益変更効は否定される*54と解すべきであり、①の「経緯」において

*53　朝日火災海上保険(石堂)事件・最一小判平 9・3・27 集民 182 号 673 頁/労判 713 号 27 頁、茨木高槻交通事件・大阪地判平 11・4・28 労判 765 号 29 頁、日本鋼管(鶴見製作所)事件・横浜地判平 12・7・17 労判 792 号 74 頁、鞆鉄道事件・広島地福山支判・平 14・2・15 労判 825 号 66 頁、箱根登山鉄道事件・横浜地小田原支判平 16・12・21 労判 903 号 22 頁、同事件・東京高判平 17・9・29 労判 903 号 17 頁、日本郵便逓送事件・大阪地判平 17・9・21 労判 906 号 36 頁、中央建設国民健康保険組合事件・東京高判平 20・4・23 労判 960 号 25 頁等。

*54　朝日火災海上保険(石堂)事件・最一小判平 9・3・27 集民 182 号 673 頁/労判 713 号 27 頁、日本鋼管(鶴見製作所)事件・横浜地判平 12・7・17 労判 792 号 74 頁、箱根登山鉄道事件・横浜地小田原支判平 16・12・21 労判 903 号 22 頁、同事件・東京高判平 17・9・29 労判 903 号 17 頁、日本郵便逓送事件・大阪地判平 17・9・21 労判 906 号 36 頁、中央建設国民健康保険組合事件・東京高判平 20・4・23 労判 960 号 25 頁。

は、特に不利益を被る組合員の意見を十分くみ上げる真摯な努力をし、内部での十分な民主的議論がなされたかどうかも検討されるべきである。

2　工場事業場単位の拡張適用による労働契約内容の変更

工場事業場単位の拡張適用（労組17条）により労働協約が拡張適用された場合、拡張適用の対象となる未組織労働者の労働契約内容変更の肯否が問題となる。

(1) 最低基準として設定されている場合

拡張適用された労働協約の定める基準が最低基準である場合、1)労働協約の定めが当該労働契約よりも労働者にとって有利であるときは、その規範的効力（最低基準効）により（労働者と使用者の合意がなくても）労働契約の内容は労働協約の定める基準と同じ内容へと有利に修正され、あるいは、労働協約の定める基準により補充される。しかし、2)労働協約の定めが当該労働契約よりも労働者にとって有利でないときは、労働契約の内容は変更されない。

(2) 統一的基準として設定されている場合

労働協約の定める基準が統一的基準であるときは、その規範的効力（両面的規範的効力）により（労働者と使用者の合意がなくても）、労働契約の内容は、労働協約の定める基準と同じ内容へと修正され、あるいは、労働協約の定める基準により補充されることになり、労働契約内容の有利な変更のみならず、不利益な変更も原則として肯定される*55。

しかし、例外的に、①労働協約により特定の未組織労働者にもたらされる不利益の程度・内容、②労働協約が締結されるに至った経緯等に照らして、「当該労働協約を特定の未組織労働者に適用することが著しく不合理であると認められる特段の事情のあるとき」は、信義則に反し、不利益変更効は否定される*56。

3　地域的拡張適用による労働契約内容の変更

地域的拡張適用（労組 18 条）においては、拡張適用の対象となる規範的部分は労働条件の最低基準を設定する条項のみで、その規範的効力は最低基準効である（→前記第 4 節 2(4)(5)）。したがって、拡張適用された労働協約の定めが当該労働契約よりも労働者にとって有利であれば、労働契約の内容は労働協約の定める基準と同じ内容へと有利に修正され、あるいは、労働協約の定める基準により補充されるが、労働者にとって有利でなければ、当該労働契約の内容は変更されない。

---

*55　朝日火災海上保険（高田）事件・最三小判平8・3・26民集50巻4号1008頁/労判691号16頁。
*56　朝日火災海上保険（高田）事件・最三小判平8・3・26民集50巻4号1008頁/労判691号16頁。

第６節　労働協約の終了と権利義務関係

１　労働協約の終了

(1) 労働協約の終了事由

労働協約は、①有効期間の満了、②目的の達成（当該年の昇給・一時金の支払[*57]、一時的問題の処理のための協約）、③当事者の消滅（使用者〈自然人〉の死亡・企業の解散〈清算終了時〉、労働組合の解散）、④これと抵触する内容の労働協約の新たな締結[*58]、⑤労働協約の解約により、終了する。

合意による労働協約の解約はいつでも可能である。また、期間の定めのない労働協約、又は、期間を定めずに自動延長された労働協約は、一方が署名又は記名押印した文書によって相手方に少なくとも 90 日前に予告すれば解約することができる（労組 15 条 3 項・4 項）[*59]。ただし、信義則（民 1 条 2 項）違反、解約権の濫用[*60]（民 1 条 3 項）、不当労働行為（労組 7 条 3 号）[*61]に該当する場合は、当該解約は無効である。

また、事情変更を理由とする、期間の定めのある労働協約の期間途中の解約又は期間の定めのない労働協約の予告を経ない解約も理論的にはあり得る[*62]。

(2) 一部解約の可否

労働協約の解約の要件（労組 15 条 3 項・4 項）を充足すれば、一方当事者は労働協約を解約することができる。

しかし、一つの労働協約に複数の事項が定められている場合、各事項は相互に関連を有し、ある事項についての一方の譲歩と別の事項についての他方の譲歩により全体の合意が成立するなど、労働協約全体が一体をなすものとして成立するのが通例である。

したがって、特約がある場合を除き、当事者は、労働協約の一部の条項のみ解約するという部分解約権は有しておらず、相手方の同意がない限り一部のみ

---

*57　大阪経済法律学園事件・大阪地判平 20・11・20 労判 981 号 124 頁。

*58　九州自動車学校事件・福岡地小倉支判平 13・8・9 労判 822 号 78 頁。

*59　ニチバン事件・東京地決昭 54・6・7 労判 322 号 27 頁/判時 944 号 111 頁。

*60　岩井金属工業事件・東京地判平 8・3・28 労判 694 号 65 頁、黒川乳業事件・大阪地判平 17・4・27 労判 897 号 43 頁。

*61　布施自動車教習所ほか事件・大阪地判昭 57・7・30 労判 393 号 35 頁/判時 1058 号 129 頁。協約終了の効力ではなく不当労働行為該当性が争われた事案として、駿河銀行事件・東京地判平 2・5・30 労判 563 号 3 頁/判時 1362 号 123 頁。

*62　ニチバン事件・東京地決昭 54・6・7 労判 322 号 27 頁/判時 944 号 111 頁、中労委（黒川乳業）事件・東京地判平元・12・20 労判 554 号 30 頁。

を解約することはできないが、①解約される条項が、労働協約の締結に至る経緯やその内容自体に鑑みて他の条項と対比して独立しており、②一部を解約することにより他方の当事者に労働協約締結当時に予想していなかった不利益を与えないなどの特段の事情がある場合は、労組法 15 条 3 項又は信義則上、部分解約権を有し[*63]、解約の必要性と相当性、手続(合意解約のために十分な交渉をの経たこと)に照らし、解約権の行使が信義則違反又は解約権の濫用でなければ解約は有効である。

2　労働協約終了後の権利義務関係

(1)　債務的部分

労働協約の終了により、債務的部分は失効し、労働組合への便宜供与、事業場内の団結活動の取扱い、団交の手続・ルール等は法的根拠を失うことになる。ただし、合理的理由のない従来の取扱いの廃止、変更は、不法行為又は不当労働行為(労組 7 条 3 号)と判断されることがあり得る[*64]。

(2)　規範的部分

当該労働協約の定める労働条件が、労働契約当事者の合意、事実たる慣習(民 92 条)により労働契約の内容となっている場合、又は、就業規則に同じ定めがあり労働契約の内容となっている場合[*65]は、規範的部分の失効後も、労働協約の定めと同じ労働条件が労働契約の内容として残る。

しかし、そうでなければ、労働協約の規範的効力は労働契約を外部から規律する効力である(外部規律説)(→前記第 3 節 4(4))ので、規範的部分の失効後は、当該労働協約により規律されていた労働契約の部分は空白となり、当該部分の内容は、信義則に則した労働契約の解釈により決定されることになる。

賃金や賞与の支給基準については、労働協約失効後も、就業規則等の補充規範となる合理的な基準がない場合は、新たな労働協約、就業規則、又は使用者と労働者の合意により労働契約内容の変更が行われない限り、従来の労働協約の定めが労働契約の内容を規律するということが、当事者の合理的意思であると解されよう[*66]。

---

*63　黒川乳業事件・大阪地判平 17・4・27 労判 897 号 43 頁、同事件・大阪高判平 18・2・10 労判 924 号 124 頁参照。

*64　前記第 16 章「団結の結成と運営」第 2 節 7(1)。

*65　香港上海銀行事件・最一小判平元・9・7 集民 157 号 433 頁/労判 546 号 6 頁。

*66　鈴蘭交通事件・札幌地判平 11・8・30 労判 779 号 69 頁、九州自動車学校事件・福岡地小倉支判平 13・8・9 労判 822 号 78 頁、佐野第一交通事件・大阪地岸和田支決平 14・9・13 労判 837 号 19 頁。

第20章　不当労働行為と法的救済

本章では、不当労働行為と法的救済について、①概要と趣旨・目的(→第 1 節)、②不当労働行為の主体である「使用者」(→第 2 節)、③不当労働行為の成立要件(→第 3 節)、④不当労働行為の法的救済(→第 4 節)の順に検討する。

第１節　概要と趣旨・目的

1　不当労働行為

「不当労働行為」とは、労組法 7 条により、「使用者」が行うことを禁止される行為である。

不当労働行為の具体的内容は、労組法 7 条 1 ～ 4 号に規定されており、具体的には、1)「不利益取扱い等」(①「不利益取扱い」: 労組 7 条 1 号、②「黄犬契約」: 労組 7 条 1 号、③「報復的不利益取扱い」: 労組 7 条 4 号)、2)「団体交渉拒否」(労組 7 条 2 号)、3)「支配介入・経費援助」(①「支配介入」: 労組 7 条 3 号、②「経費援助」: 労組 7 条 3 号)が定められている。

図 20.1　不当労働行為の各類型の関係

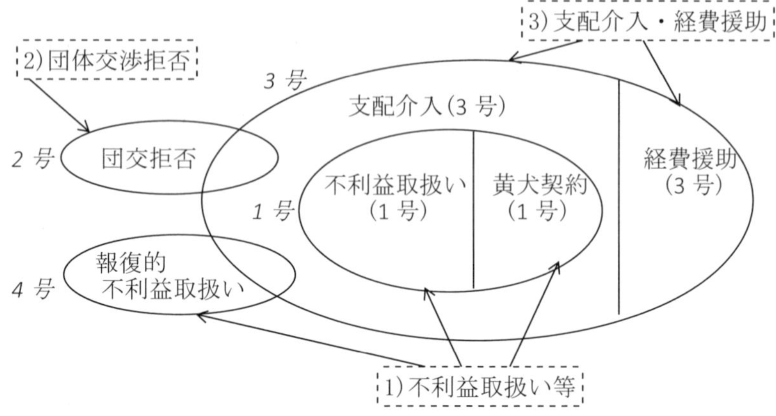

2　不当労働行為救済制度

「不当労働行為救済制度」(労組 20 条・27 条～ 27 条の 21、労委則 29 条～ 56 条の 3)

は、「労働委員会」(労組 19 条～ 26 条)という独立・専門行政委員会が、労組法上の労働者(労組 3 条)又は法適合認証組合(5 条 1 項)から申立てのあった使用者の行為が「不当労働行為」に該当するかどうかを審査し、該当する場合は、侵害された団結権等を回復するために適切な救済命令を発する制度である。

3　不当労働行為救済制度の趣旨・目的

労働委員会による不当労働行為救済制度は、憲法 28 条所定の権利の保障を強化することを目的とし、①労働者又は団結体の団結権・団体交渉権・団体行動権を侵害する使用者の一定の行為を「不当労働行為」という独自の概念により明確化してこれを禁止していること、②労働委員会という労使関係に専門的な行政委員会が不当労働行為該当性について審査を行い、不当労働行為であれば救済命令を発し、使用者に公法上の義務を課して、正常な労使関係秩序の迅速な回復、確保を図ること、③労働委員会が多様な事案に応じた適切な救済命令の内容を決定する裁量を有していることをその特徴とする制度である[*1]。

第２節　不当労働行為の主体である「使用者」

不当労働行為の主体である「使用者」については、①誰が労組法 7 条の「使用者」か(→ 1)、②「使用者の行為」の判断基準(→ 2)が主な論点である。

1　労組法７条の「使用者」

(1)　「使用者」概念の意義

憲法 28 条の保障する労働者及び団結体の団結権・団体交渉権・団体行動権の侵害は、全ての者が行いうるものであり、団結権等を侵害する「不法行為」は全ての者がその主体となりうる。また、その侵害の態様も多種多様であろう。

しかし、労組法 7 条は、「使用者」が「不当労働行為」を行うことを禁止し、「使用者」が「不当労働行為」を行った場合に限り、労働委員会による不当労働行為救済制度の対象としている。したがって、不当労働行為禁止規定(労組 7 条)における「使用者」とは誰かが問題となる。

(2)　「使用者」概念と不当労働行為の類型

労組法 7 条柱書は、「使用者は、次の各号に掲げる行為をしてはならない」

*1　東京労委(第二鳩タクシー)事件・最大判昭 52・2・23 民集 31 巻 1 号 93 頁/労判 269 号 14 頁参照。

と定めており、労組法７条の使用者は統一的概念であるとも解しうる。

しかし、第一に、労組法には「使用者」の定義規定がなく、「使用者」は各条文・各号毎に合理的に解釈することが可能であること、第二に、労組法７条の定める不当労働行為は、類型毎にその性質・内容を異にすることから、労組法７条の「使用者」については、不当労働行為の類型毎に検討することが妥当であるので(「個別類型説」)、類型毎に検討する(→第３節)。

なお、労組法７条の「使用者」は、救済命令の名宛人ともなり、不当労働行為の責任主体として公法上の義務を負担する者であるから、法律上独立した権利義務の帰属主体であることを要し、法人であれば法人企業に限定され、その組織の構成部分(工場・支社等)[*2]や、役員・労働者は「使用者」に該当しない。

２　使用者の行為

(1)　「使用者」と「現実の行為者」

「不当労働行為」に該当する行為には、法律行為以外の行為も含まれるから、「使用者」と「現実の行為者」は異なる場合がある。

例えば、法人企業において、労働者に労働組合の脱退を促す行為(労組７条３号の支配介入に該当しうる)を行った者が、管理職、別組合員、一般従業員、企業外の第三者等である場合、「使用者」は当該法人企業であるが、「現実の行為者」は、管理職、別組合員、一般の従業員、企業外の第三者等である。また、「使用者」が自然人である場合も、使用者以外の者に労働組合脱退を促す行為を行わせた場合、「現実の行為者」は使用者以外の者である。

この場合、「現実の行為者」の行為を「使用者」に帰責できるか、すなわち、当該行為は「使用者の行為」と評価できるかどうかが問題となる。「使用者の行為」でなければ、労働委員会による不当労働行為救済制度の対象とはならないからである。ただし、「使用者の行為」でなくても、当該行為が不法行為に該当すれば、「不法行為」につき裁判所において救済を求めることはできる。

(2)　「使用者の行為」の判断基準

現実の実行者の行為を「使用者の行為」と評価することができる場合としては、①会社の役員としての行為、②使用者又は会社の機関等の指示・命令や意思(黙示を含む)を受けて行われた行為[*3]、会社内での統一した意思に基づいてな

---

*2　中労委(済生会〈中央病院〉)事件・最三小判昭 60・7・19 民集 39 巻 5 号 1266 頁/労判 455 号 4 頁。

*3　北海道労委(北日本倉庫港運)事件・札幌地判昭 56・5・8 労判 372 号 58 頁、中労委(オンセンド)事件・東京地判平 20・10・8 労判 973 号 12 頁/判時 2057 号 154 頁。

された行為[*4]等があり、③使用者の代理人としての行為[*5]、④代理人や会社の役員以外の者による、使用者又は会社の機関等の指示・命令、意思を受けてなされたと評価できない行為も、「使用者の事業の執行についてなされた行為」であれば「使用者の行為」と解すべきであろう[*6]。

第３節　不当労働行為の成立要件

不当労働行為の類型として、労組法７条は、①「不利益取扱い」(労組７条１号)(→ 1)、②「黄犬契約」(労組７条１号)(→ 2)、③「報復的不利益取扱い」(労組７条４号)(→ 3)、④「団体交渉拒否」(労組７条２号)(→ 4)、⑤「支配介入」(労組７条３号)(→ 5)、⑥「経費援助」(労組７条３号)(→ 6)を定めている。また、⑦使用者の複数の労働組合又はその組合員に対する取扱いの相違が、上記①～⑥の不当労働行為に該当する場合がある(→ 7)。

なお、一つの行為が同時に複数の類型の不当労働行為に該当する場合もある。例えば「不利益取扱い」(労組７条１号)(例：労働組合の役員であることを理由とする解雇)の多くは「支配介入」(労組７条３号)にも該当する。

1　不利益取扱い

「使用者」は、労働者(労組３条)に対して、「労働組合の組合員であること、労働組合に加入し、若しくはこれを結成しようとしたこと若しくは労働組合の正当な行為をしたこと」「の故をもって」、「解雇し、その他これに対して不利益な取扱いをすること」(労組７条１号本文)を禁止されている。

(1)　「使用者」

「不利益取扱い」は、労働契約の締結に関する不利益な取扱い(採用拒否等)、及び、労働契約締結後(労働契約展開中・終了時・終了後)の雇用・労働条件等に関わる不利益な取扱いの双方を禁止すると解される(→(6))。

したがって、労組法７条１号により、当該労働者に対して「不利益取扱い」

---

*4　中労委(朝日火災海上)事件・東京地判平 13・8・30 労判 816 号 27 頁、同事件・東京高判平 15・9・30 労判 862 号 41 頁。

*5　東京労委(日本航空)事件・東京地判平 26・8・28 労判 1106 号 5 頁。

*6　中労委(JR 東海<JR 東海労組・科長脱退勧奨>)事件・最二小判平 18・12・8 集民 222 号 585 頁/労判 929 号 5 頁は、労組法 2 条 1 号所定の使用者の利益代表者に近接する職制上の地位にある者が使用者又は会社の機関等の意を体して行った行為は、使用者と具体的な意思の連絡がなくても使用者の行為と評価できるとするが、「意を体して」を③の黙示の指示と位置づけているか、当該行為を④の「使用者の事業の執行についてなされた行為」と解しているのであれば妥当であろう。

を禁止されている「使用者」は、①近い将来、当該労働者の労働契約上の使用者となる現実かつ具体的な可能性がある者、②労働契約締結後、当該労働者に不利益な取扱いをなしうる者（当該労働者に対し、a 労働関係法規上の義務を負う者[*7]、b 労働関係上の権利義務を有する者[*8]、c 雇用・労働条件等について現実かつ具体的に支配又は決定することができる地位にある者[*9]）である。

（2）不利益取扱いの理由①－「労働組合の組合員であること」

労組法 7 条 1 号にいう「労働組合」は、労組法上の労働組合（労組 2 条）であり（憲法組合、一時的な団結体は含まれない）、「組合員であること」の中には、①労働組合の組合員であることのみならず、②特定の労働組合の組合員であること、③労働組合の役員であること、④労働組合の中の一部のグループに属していること[*10]、労働組合の執行部批判派グループであること等も含まれる。

（3）不利益取扱いの理由②
－「労働組合に加入し、若しくはこれを結成しようとしたこと」

労組法 7 条 1 号に言う、「労働組合に加入し、若しくはこれを結成しようとしたこと」の中には、文字通りの行為の他、一時的な団結体の労働者や未組織労働者の団結活動等もこれに含めて考えることができる場合がある。

（4）不利益取扱いの理由③－「労働組合の正当な行為をしたこと」

「労働組合」の行為には、①労働組合の機関の決定に基づく行為、労働組合の役員の組合代理人としての行為、労働組合の事前の明示又は黙示の授権に基づく行為のみならず、組合員の自発的な行為でも、②労働組合の運動方針の遂行行為と目しうる行為、運動方針に格別反しない行為、③労働組合の役員・代議員選挙における選挙活動、④労働組合の方針決定過程での言論活動等が含まれ、労働組合の「行為」としては、団体交渉、団結活動、争議行為、労働協約の締結等が含まれる。

「正当な」労働組合の行為か否か（団体交渉、団結活動、争議行為の「正当性」）については、関連部分[*11]を参照されたい。

---

*7　現在の労働契約上の使用者、過去の労働契約上の使用者（当該労働契約終了後）（労基 22 条 1・3・4 項、23 条等）、派遣先等。

*8　現在の労働契約上の使用者、過去の労働契約上の使用者（当該労働契約終了後）、出向先、賃金支払義務の重畳的債務引受者、当該労働者と「特別の社会的接触の関係」にある者、派遣先、親会社等。

*9　現在の労働契約上の使用者、出向先、合併・事業譲渡・会社分割等による将来の労働契約上の使用者（将来の労働条件）、派遣先、親会社等。

*10　東京労委（北辰電機製作所）事件・東京地判昭 56・10・22 労民 32 巻 5 号 312 頁/労判 374 号 55 頁。

*11　前記第 17 章「団体交渉」第 2 節、第 18 章「団結活動と争議行為」第 3 節・第 2 節。

(5)　「故をもって」

不利益な取扱いは、前記(2)～(4)の事実以外の理由で行われる可能性のある行為である(例えば、欠勤が多いことを理由とする解雇)。

したがって、労組法 7 条 1 号の不当労働行為の成立は、前記(2)～(4)の事実「の故をもって(を理由として)」後記(6)の不利益な取扱いをしたこと、すなわち、「組合員であること等の事実を認識し、そのことの故に不利益な取扱いをしようと意欲し、不利益な取扱いを実現したこと」によって肯定される[*12]。

(6)　「解雇その他の不利益な取扱い」の内容

労組法７条１号が禁止する「解雇その他の不利益な取扱い」は、①採用拒否、②労働契約の更新拒否・労働契約の承継拒否[*13]、③懲戒処分、④休職、⑤賃金(賞与・退職金)・福利厚生に関する不利益な取扱い[*14]、⑥降職・降格・降給すること、⑦昇進・昇格・昇給させないこと[*15]、⑧人事考課における低査定、⑨配転[*16]・出向、⑩業務内容上の差別[*17]、⑪身体的・精神的に不利益な職務内容(単純作業、雑作業をさせる等)[*18]、⑫労働条件以外の不利益な取扱い(懇親会、スポーツ大会等の会社の行事に参加させない等)、⑬解雇、⑭退職勧奨等、雇用・労働条件及びこれに関わる経済的・身体的・精神的不利益を広く含み[*19]、また、労働者の団結活動に対し不利益を与える場合も含むと解される[*20]。

最高裁判決[*21]は、「採用拒否」は、それが従前の雇用契約関係における不利

*12　中労委(オリエンタルモーター)事件・東京地判平 14・4・24 労判 831 号 43 頁、同事件・東京高判平 15・12・17 労判 868 号 20 頁。

*13　中労委(青山会)事件・東京高判平 14・2・27 労判 824 号 17 頁(最三小決平 16・2・10 中央労働時報 1032 号 61 頁/中労委 DB もこれを維持)。

*14　福岡労委(西日本重機)事件・最一小判昭 58・2・24 集民 138 号 235 頁/労判 408 号 50 頁、中労委(黒川乳業)事件・東京地判平元・12・20 労判 554 号 30 頁。

*15　北海道労委(渡島信用金庫)事件・札幌地判平 26・5・16 労判 1096 号 5 頁。

*16　中労委(西神テトラパック)事件・東京高判平 11・12・22 労判 779 号 47 頁、中労委(JR 北海道<JR 北海道労組・配転>)事件・東京地判平 20・12・8 労判 980 号 31 頁、中労委(社会福祉法人ハートフル記念会<ひまわりの会>)事件・東京地判平 27・11・27 労判 1145 号 41 頁、同事件・東京高判平 28・4・21 労判 1145 号 34 頁。

*17　奈良労委(奈良学園)事件・奈良地判平 2・4・25 労判 567 号 42 頁、サンデン交通事件・最三小判平 9・6・10 労判 718 号 15 頁、若松運輸・鉄構運輸事件・千葉地判平 12・9・13 労判 795 号 15 頁、中労委(明泉学園 S 高校)事件・東京地判平 28・6・29 労判 1150 号 33 頁、中労委(東急バス)事件・東京地判平 28・12・21 労判 1157 号 17 頁。

*18　千葉労委(オリエンタルモーター)事件・千葉地判昭 62・7・17 労判 506 号 98 頁。

*19　大濱炭鑛事件・最二小判昭 24・4・23 刑集 3 巻 5 号 592 頁。

*20　関東醸造事件・東京高判昭 34・4・28 労民 10 巻 2 号 257 頁/判時 193 号 30 頁、中央相互銀行事件・名古屋地判昭 47・2・9 判時 663 号 92 頁。

*21　中労委(JR 北海道・JR 貨物<国労・不採用>)事件・最一小判平 15・12・22 民集 57 巻 11 号 2335 頁/判時 1847 号 8 頁。

益な取扱いとして不当労働行為が成立する等の特段の事情がない限り、労組法７条１号の禁止する「不利益取扱い」に当たらないと判示するが、労働者の団結権と労働権保障という観点からは、労働契約締結時にその団結活動等を理由として不利益取扱い（採用拒否等）を受けないということが重要であり、「採用拒否」も禁止されていると解すべきであろう。

２　黄犬契約

「使用者」は、労働者（労組　３　条）に対し、「労働組合に加入せず、若しくは労働組合から脱退することを雇用条件とすること」（労組７条１号本文）を禁止される。

(1)　「使用者」

「黄犬契約」も、「不利益な取扱い」と同様、労働契約の締結時及び労働契約締結後のいずれの時点でも禁止されていると解される（→(2)）。

したがって、労組法７条１号により、当該労働者に対して「黄犬契約」を禁止されている「使用者」は、①近い将来当該労働者の労働契約上の使用者となる現実かつ具体的な可能性がある者、及び、②労働契約締結後、当該労働者の雇用の継続につき支配または決定することができる地位にある者[*22]である。

(2)　禁止されている行為の内容

「労働組合に加入せず、若しくは労働組合から脱退することを雇用条件とすること」は、具体的には、「労働者が労働組合に加入しないこと、又は、労働組合から脱退すること（特定の労働組合に加入せず又は特定の労働組合から脱退することを含む）」を、①雇用条件として提示したこと、②雇用条件として労働者に約定させること、③約定しない労働者の採用又は雇用の継続を拒否することである。「労働組合」は労組法上の労働組合（労組２条）である。

最高裁判決[*23]は、労組法７条１号の「黄犬契約」は労働契約締結時に適用されると判示するが、労働契約締結後も適用されると解すべきである。

(3)　労組７条１号但書により許容される場合

使用者は、特定の工場事業場に雇用される労働者の過半数を代表する労働組合と、労働者が当該労働組合の組合員であることを雇用条件とする労働協約、すなわち、クローズド・ショップ協定（現在当該労働組合の組合員であることを雇用条件とする労働協約）、又は、ユニオン・ショップ協定[*24]（現在又は採用後当該労働

---

*22　現在の労働契約上の使用者、派遣先、親会社等。

*23　中労委（JR 北海道・JR 貨物<国労・不採用>）事件・最一小判平 15・12・22 民集 57 巻 11 号 2335 頁/判時 1847 号 8 頁。

*24　前記第 16 章「団結の結成と運営」第 2 節 5 参照。

組合の組合員であることを雇用条件とする労働協約）を締結することは許容されている（労組７条１号但書）。

3　報復的不利益取扱い

「使用者」は、労働者（労組 3 条）に対して、労働者が労働委員会に対し不当労働行為の申立てをしたこと若しくは再審査の申立てをしたこと、又は、労働委員会における不当労働行為の審査手続（調査・審問・和解）若しくは労調法による労働争議の調整手続において証拠を提示し若しくは発言をしたことを理由として、その労働者を解雇し、その他これに対して不利益な取扱いをすること（「報復的不利益取扱い」）を禁止されている（労組７条４号）[*25]。

労組法７条４号により、当該労働者に対して「報復的不利益取扱い」を禁止されている「使用者」は、労組法７条１号により「不利益取扱い」を禁止されている「使用者」と同じであり（→前記 1(1)）、「理由として」の内容は、労組法７条１号の「故をもって」の内容と同じであり（→前記 1(5)）、禁止されている「解雇その他不利益な取扱い」の内容は、労組法７条１号の「解雇その他の不利益な取扱い」の内容と同じと解される（→前記 1(6)）。

4　団体交渉拒否

「使用者」は、「使用者が雇用する労働者（労組 3 条）の代表者と団体交渉をすることを正当な理由がなくて拒むこと」（労組 7 条 2 号）を禁止されている。

(1)　労組法７条２号の意義と各概念

労組法７条２号は、憲法 28 条の団体交渉権保障の実効性を確保するための規定であり、憲法 28 条とはこれと表裏一体となって団体交渉権を保障する関係にあるから、労組法７条２号にいう、①「労働者」（労組 3 条）は、憲法 28 条の「勤労者」と同義で、団体交渉権（憲 28 条）の一次的享受主体であるから、②「労働者の代表者」は、団体交渉権（憲 28 条）の二次的享受主体として、団体交渉の主体となりうる団結体（憲法上の労働組合<労組法上の労働組合・憲法組合>、及び、憲法上の保護を受ける一時的団結体）であり、③労組法 7 条 2 号により当該労働者の代表者（団結体）に対して正当な理由のない団体交渉拒否を禁止されている「使用者」（当該団結体の構成員である労働者を「雇用する」者）は、当該団結体が憲法 28 条に基づき「団体交渉権を行使しうる相手方」である（→図 20・2）。

---

*25　これに該当するとした裁判例として、大阪労委（JR 貨物・報復的不利益取扱い）事件・大阪高判平 11・4・8 労判 769 号 72 頁、同事件・大阪地判平 10・10・26 労判 755 号 32 頁/判タ 1010 号 262 頁。

図 20.2　労組法７条２号の使用者

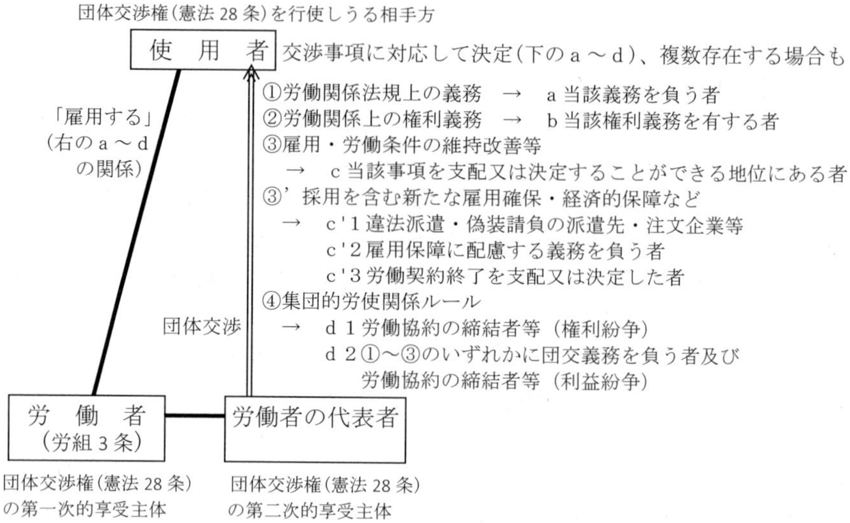

(2)　「使用者」の判断基準と該当性

労組法７条２号の「使用者」は、団体交渉の主体となりうる団結体が「団体交渉権を行使しうる相手方」であるから、「団体交渉権を行使しうる相手方」と同様、「労組法７条２号の使用者」の判断基準も交渉事項の類型毎に設定され、当該判断基準に従い、交渉事項毎に、団体交渉義務を負う「労組法７条２号の使用者」かどうかが判断される（「交渉事項対応説」）[*26]。

したがって、団体交渉を申し入れられた者が、当該交渉事項について「使用者」であり、団体交渉義務を負う（「団体交渉をすることを正当な理由なく拒むこと」を禁止される）ということは、当該交渉事項は団体交渉を申し入れられた者の「義務的団交事項」[*27]であるということであり、当該交渉事項が「義務的団交事項」かどうかという論点は、当該交渉事項について「使用者」かどうかという論点に包摂される。

(3)　「団体交渉をすることを正当な理由がなくて拒むこと」

「団体交渉をすることを拒むこと」には、①団体交渉に参加しないことのみならず、②誠実交渉義務[*28]に違反していることも含まれる。

---

*26　前記第 17 章「団体交渉」第２節２参照。
*27　前記第 17 章「団体交渉」第２節２(3)参照。
*28　前記第 17 章「団体交渉」第２節４参照。

団体交渉を拒否する「正当な理由」は、①団体交渉の打ち切り又は再開拒否の正当な理由があること[*29]、②団交の手続・態様、時期等に関して団体交渉に応じない正当な理由があること[*30]等である。

5　支配介入

「使用者」は、「労働者が労働組合を結成し、若しくは運営することを支配し、若しくはこれに介入すること」を禁止されている(労組7条3号本文)。

(1)　「使用者」

労組法7条3号は、特に、当該労働者が代表者を通じて団体交渉権を行使しうる相手方が、当該労働者に対してその労働組合の結成・運営に関して支配介入する可能性が高く、かつ、その支配介入が重大な団結権侵害となるので、これを不当労働行為として禁止したと解される。

したがって、労組法7条3号により当該労働者に対して「支配介入」を行うことを禁止されている「使用者」は、労組法7条2号により当該労働者の代表者との団体交渉を正当な理由なく拒否することを禁止されている「使用者」と基本的に同じである(→前記4(2))。

ただし、「不利益取扱い」(労組7条1号)、「黄犬契約」(労組7条1号)「報復的不利益取扱い」(労組7条4号)は「支配介入」にも該当するので、これらを禁止されている「使用者」(→前記1(1)・2(1)・3)も含まれる。

(2)　「労働組合を結成し、若しくは運営すること」

労組法7条3号に言う「労働組合」は、労組法上の労働組合(労組2条)である。「労働組合を結成し、若しくは運営すること」の中には、文字通りの行為の他、一時的な団結体の構成員の労働者や未組織労働者の団結活動等もこれに含めて考えることができる場合がある。

(3)　「支配し、若しくはこれに介入すること」

「支配し、若しくはこれに介入すること」とは、端的に言えば、憲法28条の趣旨に照らし、客観的に、労働者による労働組合の結成・運営という、労働者及び労働組合の団結権・団体交渉権・団体行動権を侵害する行為(あるいは団結権・団体交渉権・団体行動権が尊重されている正常な労使関係秩序を侵害する行為)と定義することができる。ただし、現実に、労働組合の結成や運営に影響を及ぼしたり損害を与えたことは必要ではない[*31]。

*29　前記第17章「団体交渉」第2節4(2)参照。
*30　前記第17章「団体交渉」第2節3・5参照。
*31　東京労委(日本航空)事件・東京地判平26・8・28労判1106号5頁。

「不利益取扱い」「黄犬契約」「報復的不利益取扱い」（労組７条１号・４号）は、基本的に「支配介入」にも該当し、「団体交渉拒否」（労組７条２号）も「支配介入」に該当しうる[*32]。他方、「不利益取扱い」や「団交拒否」に該当しない「支配介入」も存在する（例：労働組合不加入の働きかけ、労働組合への掲示板貸与の拒否）。

「支配介入」の具体的態様としては、労働組合の結成、組織・運営、役員選挙、方針等への批判・介入[*33]、労働組合の組合員や役員等の解雇・配転[*34]・懲戒処分[*35]、便宜供与の中止・廃止[*36]、団結活動の妨害[*37]、争議行為組合を弱体化するためのスト期間中のスト不参加者への特別手当の支給[*38]、別組合の結成援助、複数の労働組合のどれかの支持又は批判[*39]、労働者への組合脱退・不加入の働きかけ、組合の会合の監視、組合幹部懐柔のための買収・供応、会社解散と解雇[*40]、労働組合に対する損害賠償請求[*41]等、様々なものがありうる。

(4) 因果関係、団結権侵害の意思・意図等の要否

労組法７条３号の「支配介入」は、労組法７条１号「不利益取扱い」とは異なり、一定の事実（組合員であること等）を理由とした行為であること（「因果関係」の存在）を要件としていない。反組合的な意思・意図、労働組合に対する嫌悪や、団結権等を侵害する意思・意図等も要件としていない。

---

*32　肯定例として、中労委（黒川乳業）事件・東京地判平元・12・20 労判 554 号 30 頁。

*33　中労委（プリマハム）事件・東京地判昭 51・5・21 労判 254 号 42 頁/判時 832 号 103 頁、北海道労委（北日本倉庫港運）事件・札幌地判昭 56・5・8 労判 372 号 58 頁、中労委（日本チバガイギー）事件・東京地判昭 60・4・25 労民 36 巻 2 号 237 頁/労判 452 号 27 頁、中労委（朝日火災海上保険）事件・東京地判平 13・8・30 労判 816 号 27 頁、同事件・東京高判平 15・9・30 労判 862 号 41 頁、中労委（オンセンド）事件・東京地判平 20・10・8 労判 973 号 12 頁/判時 2057 号 154 頁、東京労委（日本航空）事件・東京地判昭 26・8・28 労判 1106 号 5 頁。

*34　中労委（朝日火災海上保険）事件・東京地判平 13・8・30 労判 816 号 27 頁、同事件・東京高判平 15・9・30 労判 862 号 41 頁。

*35　神奈川労委（JR 東日本<国労神奈川・組合バッジ>）事件・東京高判平 11・2・24 労判 763 号 34 頁（最一小決平 11・11・11 労判 770 号 32 頁で確定）、中労委（光仁会）事件・東京地判平 21・2・18 労判 981 号 38 頁、中労委（A 大学学園）事件・東京高判平 29・12・21 労判 1186 号 44 頁。

*36　東京流機製造事件・東京地判昭 58・1・20 労民 30 巻 1 号 31 頁/労判 404 号 47 頁。

*37　中労委（JR 東海<JR 東海労組・大阪掲示物撤去①>）事件・東京高判平 19・8・28 労判 949 号 35 頁、中労委（JR 東海<JR 東海労組・大阪掲示物撤去②>）事件・東京高判平 19・5・30 労判 949 号 83 頁<ﾀﾞｲｼﾞｪｽﾄ>、中労委（文際学園）事件・東京地判平 31・2・28 労判 1211 号 165 頁。

*38　中労委（JR 東日本<千葉動労・褒賞金>）事件・東京高判平 19・5・17 労判 948 号 23 頁、大分タクシー事件・大分地労委昭 47・4・27 労判 157 号 70 頁等。

*39　中労委（吉田鉄工所）事件・東京地判昭 48・6・19 判タ 298 号 302 頁。

*40　中労委（東京書院）事件・東京地判昭 48・6・28 判タ 298 号 314 頁。

*41　読売テレビ事件・大阪労委昭 48・5・8 労旬 838 号 54 頁。

したがって、客観的に、「労働者又は団結体の団結権・団体交渉権・団体行動権（憲法 28 条のみならず労働協約等で定められた権利も含む）を侵害する行為」に該当すれば、特段の事情がある場合を除き、「支配介入」が成立し、当該行為に及んだ使用者の意思の内容は考慮する必要がない。

具体的には、第一に、労働者又は団結体が自主的に決定すべき、団結の結成・組織運営・方針・団結活動や争議行為に働きかける行為（複数の労働組合の中の一部の労働組合の支持又は批判等も含む）や、労働協約、就業規則、事実たる慣習、労働契約に基づく団結権等保障のための義務の不履行（約定した便宜供与の不履行等）は、特段の事情がある場合を除き、憲法 28 条又は労働協約等により保障された労働者又は団結体の団結権等を侵害する行為で、「支配介入」が成立する。

第二に、便宜供与（使用者の施設を利用させること、就業時間中の団結活動の容認、組合事務所や組合掲示板の貸与、チェック・オフ等）の拒否又は中止・廃止、労働協約の解約、正当性を欠く争議行為に対する損害賠償請求等は、それが信義則違反又は権利濫用（労働組合の弱体化等の意図・目的を含む）と認められるような特段の事情がある場合は、団結権等を侵害する行為として「支配介入」が成立する。

第三に、労働者に対する不利益な取扱いは、多様な理由により行われるから、「不利益取扱い」（労組 7 条 1 号）が成立する場合（組合員であること等を理由とする不利益な取扱い）に、団結権等を侵害する行為として「支配介入」が成立する。

しかし、支配介入と判断された場合の救済命令の内容（団結権回復のために必要な措置）を決定するにあたり、当該行為をなした使用者の意思・意図の内容・程度は考慮されるべきであり、例えば、強い反組合的意思に基づきなされた行為については、それを踏まえた内容の救済命令が発出されるべきである。

6　経費援助

「使用者」は、「労働組合の運営のための経費の支払につき経理上の援助を与えること」を禁止されている（労組 7 条 3 号本文）。ただし、労働者が労働時間中に時間又は賃金を失うことなく使用者と協議し、又は交渉することを使用者が許すことを妨げるものではなく、かつ、厚生資金又は経済上の不幸若しくは災厄を防止し、若しくは救済するための支出に実際に用いられる福利その他の基金に対する使用者の寄附及び最小限の広さの事務所の供与は許容される（労組 7 条 3 号但書）。

(1)　「労働組合」

労組法 7 条 3 号にいう「労働組合」は、労組法上の労働組合（労組 2 条）である。ただし、法の趣旨に照らし、他の要件は充足するが労組法 2 条但書 2 号に該当する（既に経費援助を受けている）労働組合は含まれると解される。

（2）「使用者」

労組法７条３号は、当該労働組合が団体交渉権を行使しうる相手方が当該労働組合に経費援助する可能性が高く、かつ、その経費援助が重大な団結権侵害となるので、これを不当労働行為として禁止したものと解される。

したがって、労組法７条３号により当該労働組合に「経費援助」を行うことを禁止されている「使用者」は、当該労働組合が団体交渉権を行使しうる相手方、すなわち、「労組法 7 条 2 号の使用者」（→前記 4(2)）と同じと解される。

（3）許容される経費援助

経費援助は、使用者及び労働組合の意図にかかわらず労働組合の自主性と独立性を浸食する危険性があるから、禁止されている経費援助は形式的該当性で判断すべきであり、また、労組７条３号但書は例示規定と解されるので、労組７条３号但書に列挙された例外、及び、これに準ずる掲示板の貸与、組合事務所の光熱費負担等が許容される「経費援助」である。

なお、無給の在籍専従や組合休暇の承認は、単に当該労働者の労働義務を免除し賃金を支払わないものであるから、「経費援助」には該当せず、チェック・オフも組合員の支払う組合費を労働組合に引き渡すだけであり使用者が労働組合にお金を払うものではないから、「経費援助」には該当しない。

（4）団結権侵害の意思・意図等の要否

経費援助は、使用者及び労働組合の意図にかかわらず労働組合の自主性と独立性を浸食する危険性があり、労働組合は使用者から財政的に独立しているべきであるから、当該使用者の団結権等を侵害する意思・意図の有無にかかわらず、「経費援助」に該当すると解すべきである。

7　複数組合主義・中立保持義務と不当労働行為

（1）複数組合主義と中立保持義務

憲法 28 条所定の権利を享受する団結体（憲法上の労働組合〈労組法上の労働組合・憲法組合〉及び憲法上の保護を受ける一時的団結体）は全て、平等な団結権・団体交渉権・団体行動権等を保障されており（「複数組合主義」）、使用者は、憲法 28 条を享受する全ての団結体の団結権等を平等に承認、尊重する義務（「中立保持義務」あるいは「平等取扱義務」）を負う。

「憲法 28 条所定の権利を享受する団結体全てに対する平等な団結権等の保障」（複数組合主義と使用者の中立保持義務・平等取扱義務）という観点に照らし、使用者が、複数の労働組合の中で、ある労働組合（の組合員）を合理的な理由なく不利益に取り扱いあるいは優遇する行為を「複数組合間差別」と呼ぶこともあるが、使用者による複数の団結体(の構成員)に対する異なる取扱いは、ある団結体(の構成員)の団結権等を侵害する不法行為に該当する場合があるとともに、労組法７条１～４号のいずれかに該当し、不当労働行為となる場合もある。

(2) 雇用・労働条件等

使用者が、労働者の賃金、査定・昇給・昇格・昇進、配転・出向等の雇用・労働条件等について、特定の労働組合の組合員であることを理由に不利益な取扱いをした場合、「特定の労働組合の組合員であること」は、複数組合主義と使用者の中立保持義務に照らし、労組法７条１号所定の「労働組合の組合員であること」の中に含まれるから(→前記第３節１(2))、「不利益取扱い」(労組７条１号)に該当し、「支配介入」(同条３号)にも該当する[*42]。

(3) 団体交渉における説明・協議

当該使用者が団体交渉に応ずべき団結体(「使用者が雇用する労働者の代表者」: 労組７条２号)が複数存在する場合、使用者はいずれの団結体とも誠実に団体交渉を行い、各団結体との対応において、中立保持義務を負う[*43]。

したがって、それぞれの団結体との団体交渉において、使用者からの提案の時期・内容、資料の提示、説明の内容等に関し、合理的な理由のない差異を設けてはならず[*44]、中立保持義務に違反した場合は、当該使用者の行為は、労組法７条２号の団交拒否に該当し、また、労組法７条３号の支配介入にも該当する。

(4) 便宜供与

使用者は、労働組合に対し、企業施設等の一部を利用させる義務を当然に負うものではないが[*45]、団体交渉義務を負う労働組合(「使用者が雇用する労働者の代表者」: 労組７条２号)が複数存在する場合は、当該労働組合に対して、便宜供与の点でも中立保持義務を負うと解される。

判例においても、「同一企業内に複数の労働組合が併存」(当該企業の労働者〈の一部〉を組織している労働組合が複数存在)している場合、使用者は、各組合に対し中立的な態度を保持し、その団結権を平等に承認、尊重すべきであり、各組合の性格・傾向等により、一方の組合の組織強化を助けたり他方の組合の弱体化

---

*42　典型的な例として、中労委(紅屋商事)事件・東京地判昭54・3・15労民30巻2号426頁/判時941号131頁、同事件・最二小判昭61・1・24集民147号23頁/労判467号6頁。

*43　中労委(日産自動車〈残業差別〉)事件・最三小判昭60・4・23民集39巻3号730頁/労判450号23頁参照。

*44　中労委(NTT西日本)事件・東京地判平22・2・25労判1004号24頁/判時2079号128頁、同事件・東京高判平22・9・28労判1017号37頁。

*45　前記第18章「団結活動と争議行為」第3節5(3)参照。

を図ることは許されず[*46]、使用者がこのような意図に基づき一方の組合に不利益な取扱いをすることは労組法７条３号の支配介入となること[*47]、使用者の中立保持義務は便宜供与の場面でも異ならず[*48]、使用者が一方の労働組合に組合事務所等を貸与し他方の労働組合に貸与を拒否することは、取扱いを異にする合理的な理由が存在しない限り、他方の組合の弱体化を図ろうとする意図を推認させ、労組法７条３号の支配介入の不当労働行為に該当すると述べている。

ただし、中立保持義務の内容は、当該複数の労働組合に全く同じ便宜供与を提供する義務ではなく、合理的な理由があれば、異なる取扱い（例：組合員数の多い労働組合に広い組合事務所を貸与）も許容されよう。

第４節　不当労働行為の法的救済

不当労働行為については、①労働委員会による不当労働行為救済制度（→ 1）が存在するが、当該行為が無効又は不法行為・債務不履行に該当するとして、②裁判所による救済（→ 2）を求めることも可能である。

当事者適格があれば、どちらの救済制度を選択してもよく、また、双方の法的救済を求めることもできる。

1　労働委員会による不当労働行為救済制度

（1）初審における申立人

労組法７条各号に該当する不当労働行為について、労働委員会に救済を求める申立人となりうるのは、労組法には明記されていないが、当該不当労働行為により団結権等を侵害された、①労組法上の労働者（労組 3 条）、及び、②法適合認証組合（労組法 5 条 1 項）と解される。ただし労組法 7 条 2 号については、

*46　中労委（日産自動車〈残業差別〉）事件・最三小判昭 60・4・23 民集 39 巻 3 号 730 頁/労判 450 号 23 頁。

*47　東京労委（日産自動車〈便宜供与差別〉）事件・最二小判昭 62・5・8 集民 151 号 1 頁/労判 496 号 6 頁、中労委（モリタほか）事件・東京地判平 20・2・27 労判 967 号 48 頁。

*48　東京労委（日産自動車〈便宜供与差別〉）事件・最二小判昭 62・5・8 集民 151 号 1 頁/労判 496 号 6 頁、中労委（灰孝小野田レミコン）事件・東京地判平 5・2・4 労民 44 巻 1 号 36 頁/労判 636 号 73 頁、同事件・東京高判平 5・9・29 労民 44 巻 4=5 号 789 頁/労判 650 号 71 頁、中労委（東洋シート〈組合事務所〉）事件・東京地判平 7・6・8 労判 683 号 65 頁、同事件・東京高判平 8・10・24 労判 737 号 23 頁（同事件・最一小判平 9・4・24 労判 737 号 23 頁も維持）、中労委（日本郵政公社〈小石川郵便局ほか〉）事件・東京地判平 19・3・1 労判 946 号 45 頁、同事件・東京高判平 19・9・26 労判 946 号 39 頁、中労委（モリタほか）事件・東京地判平 20・2・27 労判 967 号 48 頁（いずれも合理的理由の存在を否定）。

求める救済内容(団交応諾命令)に鑑み、法適合認証組合のみである[*49]。

(2) 初審における被申立人

初審における被申立人は、労組法7条の「使用者」である(労組27条参照)。ただし、不当労働行為の類型により「使用者」の範囲は異なる(→前記第3節)。

(3) 審査・救済機関と救済手続の枠組み

不当労働行為の審査と救済を行うのは、「労働委員会」である[*50]。

不当労働行為の審査と救済手続(労組20条・27条～27条の26、労委則)は、概略以下の通りである。①「初審」は、各都道府県にある「都道府県労働委員会」で行われるのが通例である[*51]。その救済又は棄却命令に不服がある者は、②東京にある「中央労働委員会」に「再審査」を申し立てるか、あるいは、③当該都道府県の地方裁判所に初審の救済又は棄却命令(行政処分)の「取消訴訟」を提起することができる(この判決に不服がある場合は、高裁－最高裁へと進むことになる)。②の中央労働委員会の救済又は棄却命令に不服がある場合は、④東京地裁にその救済又は棄却命令の「取消訴訟」を提起することができる(この判決に不服がある場合は、東京高裁－最高裁へと進むことになる)。

(4) 救済命令の内容

労働委員会は、使用者の行為の「不当労働行為該当性」については労組法7条の解釈により判断し裁量を有しない[*52]が、使用者の行為が不当労働行為に該当する場合は、これによって生じた侵害状態を是正、除去し、正常な集団的労使関係秩序の回復、確保を図るために必要かつ適切と考えられる是正措置を決定し命ずる権限を有し、「救済命令の内容」の決定については、裁量権を有する[*53]。

具体的な救済命令の内容として、原職復帰(解雇、配転、降職・降格・降給等の不利益取扱い・支配介入前の地位への復帰)、バックペイ(不利益な取扱いがなければ得られたであろう賃金相当額の支払)、団交応諾命令、誠実団交応諾命令(具体的な資料の

---

*49　法適合認証組合であることは救済命令を発する要件で不当労働行為の審査手続に入る要件ではないので、救済命令を発する時までに資格審査の決定があればよく(東京労委<東京光の家>事件・東京地判昭61・2・27労判471号26頁<東京高判昭61・6・18労判500号38頁、最二小判昭62・3・20労判500号32頁も維持>)、「併行審査」は違法ではない(中労委<エスエムシー>事件・東京地判平8・3・28労判694号43頁)。

*50　前記第15章「集団的労使関係法総論」5(3)参照。

*51　労組法施行令27条1～4項。同条5項は「中央労働委員会において全国的に重要な問題であると認めた事件」に関しては中労委が審査をする旨を規定している。

*52　東京労委(寿建築研究所)事件・最二小判昭53・11・24集民125号709頁/労判312号54頁。

*53　東京労委(第二鳩タクシー)事件・最大判昭52・2・23民集31巻1号93頁/労判269号14頁、中労委(日産自動車<残業差別>)事件・最三小判昭60・4・23民集39巻3号730頁/労判450号23頁。

提出等)、昇進・昇格・昇給における差別を是正させる命令、将来同種の行為を行うことを禁止する命令、ポストノーティス(謝罪文の掲示)、文書交付等がある。

2　裁判所による救済

(1)　救済を求めうる者(原告)

裁判所に救済を求めうるのは、①労働者(労組 3 条)と、②社団性を有する憲法上の労働組合である(民訴 29 条)[*54]。ただし、団体交渉拒否(労組 7 条 2 号)に該当する行為は、団体交渉の主体である団結体の団体交渉権の侵害であり、原告となりうるのは、②のみであろう。

(2)　相手方(被告)

不当労働行為に該当する行為について訴えられるのは労組法 7 条の使用者であろうが、不法行為の被告は労組法 7 条の使用者に限定されない。

(3)　求めうる救済

不利益取扱い等の禁止規定(労組 7 条 1・4 号)及び支配介入・経費援助禁止規定(同条 3 号)は、不当労働行為の成立要件を定めるとともに、私法上の強行規定であり、当該行為をしないことは使用者又は使用者団体の信義則上の義務(民 1 条 2 項、労契 3 条 4 項)である[*55]。

したがって、同規定に該当する使用者の行為は、法律行為(解雇、懲戒処分、労働協約の解約等)であれば、労組法 7 条違反で無効であり[*56]、労働者又は労働組合は、それを前提とする法的救済を求めることができる。また、当該行為は、団結権等を侵害する不法行為や信義則違反に該当しうるものであり、労働者及び労働組合は、それぞれ、その団結権等を侵害されたことについて、損害賠償を請求することができる[*57]。

団体交渉拒否の禁止規定(労組 7 条 2 号)に該当する行為について、求めうる法的救済については、前記第 17 章「団体交渉」第 3 節 2 を参照されたい。

---

*54　労働委員会で申立人となりうる団結体が法適合認証組合のみであるのとは異なる。

*55　日本メール・オーダー事件・東京地判平 21・4・13 労判 986 号 52 頁。

*56　医療法人新光会事件・最三小判昭 43・4・9 民集 22 巻 4 号 845 頁/労判 74 号 79 頁。

*57　損害賠償請求を認容したものとして、サンデン交通事件・山口地下関支判平 3・9・30 労判 606 号 55 頁、同事件・広島高判平 6・3・29 労判 669 号 74 頁/判タ 868 号 189 頁(最三小判平 9・6・10 労判 718 号 15 頁も維持)、岡惣事件・新潟地長岡支判平 13・2・15 労判 815 号 20 頁、同事件・東京高判平 13・11・8 労判 815 号 14 頁、渡島信用金庫事件・札幌地判平 13・9・17 労判 826 号 9 頁、同事件・札幌高判平 14・3・15 労判 826 号 5 頁、生コン製販会社経営者ら事件・大阪地判平 27・3・31 労判 1135 号 39 頁、同事件・大阪高判平 27・12・11 労判 1135 号 29 頁。

判例等索引

最高裁

最二小判 昭24・4・23刑集3巻5号592頁［大濱炭鑛］ 281,329
最 大 判 昭24・5・18刑集3巻6号772頁［旧東京第一陸軍造兵廠］ 6,238
最 大 判 昭25・11・15刑集4巻11号2257頁［山田鋼業］ 278,284,287,288
最二小判 昭27・2・22刑集6巻2号288頁［愛光堂］ 278
最 大 判 昭27・10・22民集6巻9号857頁［朝日新聞(小倉支店)］ 257,285,286
最二小判 昭29・11・26民集8巻11号2075頁［正木土建］ 144
最二小判 昭31・11・2民集10巻11号1413頁［関西精機］ 85
最一小判 昭32・11・14民集11巻12号1943頁［品川白煉瓦岡山工場労組］ 256
最 大 判 昭33・5・28刑集12巻8号1694頁［羽幌炭鉱］ 285,286,287
最二小判 昭33・6・20刑集12巻10号2250頁［駐留軍横浜陸上部隊］ 286,287
最二小判 昭35・3・11民集14巻3号403頁［細谷服装］ 196
最三小判 昭35・4・26民集14巻6号1004頁［高知新聞社］ 281,282
最一小判 昭35・7・14刑集14巻9号1139頁［小島撚糸］ 92,97
最 大 判 昭36・5・31民集15巻5号1482頁［日本勧業経済会］ 84,85
最二小判 昭37・7・20民集16巻8号1656頁［国(米軍山田部隊〈労働者上告〉)］ 82
最三小判 昭39・8・4民集18巻7号1263頁［中労委（青山信愛会〈新潟精神病院〉ほか）］ 277,284
最 大 判 昭41・10・26刑集20巻8号901頁［全逓東京中郵］ 6,7,239
最三小判 昭43・4・9民集22巻4号845頁［医療法人新光会］ 241,340
最 大 判 昭43・12・4刑集22巻13号1425頁［三井美唄労組］ 263,264,289
最三小判 昭43・12・24民集22巻13号3194頁［弘南バス］ 284,295,308
最 大 判 昭43・12・25民集22巻13号3459頁［秋北バス］ 169
最二小判 昭44・5・2集民95号257頁［中里鉱業所］ 264
最一小判 昭44・12・18民集23巻12号2495頁［福島県教組］ 85
最二小判 昭45・10・30民集24巻11号1693頁［群馬県教組］ 85
最二小判 昭48・1・19民集27巻1号27頁［シンガー・ソーイング・メシーン］ 85
最二小判 昭48・3・2民集27巻2号191頁［国(林野庁白石営林署)］ 116,118,119
最二小判 昭48・3・2民集27巻2号210頁［国鉄(郡山工場)］ 116,118,119
最一小判 昭48・4・12集民109号53頁［日立製作所(横浜工場)］ 178
最 大 判 昭48・4・25刑集27巻4号547頁［全農林警職法］ 7,281
最二小判 昭48・10・19労判189号53頁［日東タイヤ］ 176
最一小判 昭48・11・8集民110号407頁［三菱重工業(長崎造船所・全造船三菱重工支部)］ 265,314
最 大 判 昭48・12・12民集27巻11号1536頁［三菱樹脂］ 71,164
最一小判 昭49・7・22民集28巻5号927頁［東芝(柳町工場)］ 198,205
最一小判 昭49・9・30民集28巻6号1382頁［国労大分地本］ 256
最三小判 昭50・2・18集民114号139頁［全金大興電機支部］ 256
最三小判 昭50・2・25民集29巻2号143頁［国(陸上自衛隊車両整備工場)］ 149
最三小判 昭50・4・25民集29巻4号481頁［丸島水門］ 300
最二小判 昭50・4・25民集29巻4号456頁［日本食塩製造］ 262
最三小判 昭50・11・28民集29巻10号1634頁［国労(広島地本〈労働者上告〉)］ 255,264,289
最三小判 昭50・11・28民集29巻10号1698頁［国労(広島地本〈組合上告〉)］ 255,258,289
最一小判 昭51・7・8民集30巻7号689頁［茨石(茨城石炭商事)］ 55
最二小判 昭52・1・31集民120号23頁［高知放送］ 200
最 大 判 昭52・2・23民集31巻1号93頁［東京労委（第二鳩タクシー）］ 325,339
最二小判 昭52・2・28集民120号185頁［第一小型ハイヤー］ 300
最三小判 昭52・12・13民集31巻7号974頁［電電公社(目黒電報電話局)］ 114
最三小決 昭53・2・28判タ361号227頁［国労宮原操車場］ 281
最三小判 昭53・7・18民集32巻5号1030頁［郵政大臣(全逓東北地本)］ 295

高等裁判所

地方裁判所・簡易裁判所

労働委員会

事 項 索 引

〈著者紹介〉

川 口 美 貴（かわぐち みき）

1961年　大阪府高槻市で生まれる
1985年　大阪大学法学部卒業
1990年　大阪大学大学院法学研究科博士課程単位取得終了
1990年　静岡大学人文学部法学科助教授
2003年　　　　　同　　　　　教授
2004年　関西大学大学院法務研究科（法科大学院）教授　現在に至る
2005年　弁護士登録（第二東京弁護士会）

［主な著書］
『国際社会法の研究』信山社（1999年）
『建設産業の労働条件と労働協約』旬報社（2003年）（共著）
『労働協約と地域的拡張適用』信山社（2011年）（共著）
『労働者概念の再構成』関西大学出版部（2012年）
『レクチャージェンダー法』法律文化社（2012年）（共著）
『アクチュアル労働法』法律文化社（2014年）（共著）
『労働法』信山社（2015〔初版〕、2020年〔第4版〕）
『労働法演習　司法試験問題と解説』信山社（2016〔初版〕、2020年〔第4版〕）

基礎から学ぶ労働法〔第2版〕

2016（平成28）年9月30日　第1版第1刷発行
2020（令和2）年9月25日　第2版第1刷発行
3696:P376 ¥3200E-012-016-004

著　者　川　口　美　貴
発行者　今井　貴　稲葉文子
発行所　株式会社　信山社
〒113-0033　東京都文京区本郷6-2-9-102
Tel 03-3818-1019　Fax 03-3818-0344
info@shinzansha.co.jp
笠間才木支店　〒309-1611　茨城県笠間市笠間515-3
Tel 0296-71-9081　Fax 0296-71-9082
笠間来栖支店　〒309-1625　茨城県笠間市来栖2345-1
Tel 0296-71-0215　Fax 0296-72-5410
出版契約　2020-3696-5-01011　Printed in Japan

印刷・製本／藤原印刷
ISBN978-4-7972-3696-5 C3332　分類328.600-a001労働法